Vorwort/Bedienungsanleitung

Dialogmarketing boomt – bereits mehr als 500 000 Menschen arbeiten in Deutschland in dieser Branche, Tendenz steigend. Mit den beiden Ausbildungsberufen „Servicefachkraft für Dialogmarketing" und „Kaufmann/Kauffrau für Dialogmarketing" steht inzwischen auch eine eigene, branchenspezifische Ausbildung zur Verfügung, die sich einer hohen Akzeptanz bei Unternehmen und Auszubildenden erfreut.

Als sinnvolle und aufeinander abgestimmte Ergänzung zur dreibändigen Lehrbuchreihe „Ausbildung im Dialogmarketing" dient der Band „Prüfungstraining". Um die Prüfungsanforderungen noch besser zu treffen, wurden für die **3. Auflage** zahlreiche Aufgaben ausgetauscht bzw. überarbeitet. Insgesamt **mehr als 1 000** programmierte (gebundene) und offene (ungebundene) Fragen unterstützen eine optimale Vorbereitung auf die **Zwischen- und Abschlussprüfung** in den beiden Ausbildungsberufen.

Prüfungsgrundlage ist die Ausbildungsordnung und der darauf basierende AKA-Stoffkatalog, dementsprechend wurde auch die Gliederung im „Prüfungstraining" vorgenommen. Im Anhang des Buches findet sich dazu ein hilfreiches **Prüfungsraster**, aus dem genau hervorgeht, welche Themengebiete in welcher Frageform in den einzelnen Prüfungen vorkommen. Selbstverständlich schadet es aber auch nicht, mit offenen Fragen zu üben, wenn in der Prüfung programmiert gefragt wird, und umgekehrt. Bereits für die **Zwischenprüfung** relevante Fragen sind zusätzlich mit einem **Z** in der Randspalte gekennzeichnet. Stilistisch orientieren sich die Fragen an den typischen Prüfungsfragen. Aus Gründen der besseren Lesbarkeit wird nur die männliche Form verwendet; selbstverständlich sind gleichzeitig immer auch alle weiblichen Auszubildenden angesprochen.

Direkt im Anschluss an jedes Kapitel finden Sie die **Lösungen** zu den Fragen. Bei den Lösungen und Beispielen zu den offenen Fragen kann es im Einzelfall auch andere oder alternative Ansätze geben. Zusätzliche Informationen werden im Internet als BuchPlusWeb-Angebot unter www.bildungsverlag1.de/buchplusweb/23007 zur Verfügung gestellt (bitte auf „Unterrichts-/Zusatzmaterial" klicken).

Grundlage der Prüfungsvorbereitung ist die sorgfältige Bearbeitung der Lehrbuchinhalte von „Ausbildung im Dialogmarketing". Erst im Anschluss daran sollten die Prüfungsfragen bearbeitet werden. Im Anhang der drei Lehrbücher findet sich jeweils die Zuordnung der Lernfelder zu den Themengebieten der Prüfung, dies ermöglicht eine einfache Zuordnung der einzelnen Inhalte.

Viel Erfolg bei den Prüfungen!

Saarbrücken, Sommer 2014 Joachim Weiß

Inhaltsverzeichnis

1 Dienstleistungsangebot

Z *1. Aufgabe*

Als kundenorientiertes Unternehmen achtet die Dialogfix GmbH stets auf den richtigen Marketingmix. Stellen Sie fest, was das Unternehmen damit anstrebt.

1. Marketingmix bedeutet, für jede Zielgruppe des Unternehmens eine individuelle Werbestrategie zu fahren.
2. Marketingmix bedeutet, die Preise je nach Kundensegment zu differenzieren.
3. Marketingmix bedeutet, eine Vielzahl unterschiedlicher Produkte anzubieten.
4. Marketingmix bedeutet, das Marketingbudget der jeweiligen Marktsituation anzupassen.
5. Marketingmix bedeutet, verschiedene Marketinginstrumente zu kombinieren.

Z *2. Aufgabe*

Welche zwei Instrumente gehören nicht in den „klassischen" Marketingmix?

1. Vertriebspolitik
2. Personalpolitik
3. Produktpolitik
4. Preispolitik
5. Prozesspolitik
6. Kommunikationspolitik

Z *3. Aufgabe*

Ordnen Sie zu, um welches Marketinginstrument es sich jeweils handelt. Tragen Sie jeweils die richtige Ziffer in die Kästchen ein.

☐ Dialogfix beschäftigt eigene Spezialisten, die sich um die ständige Verbesserung betriebsinterner Abläufe kümmern.

☐ Dialogfix erhöht die Anzahl der angebotenen Druckermodelle auf sieben.

☐ Dialogfix ist auf der Fachmesse „nextSTEP" mit einem Infostand vertreten.

☐ Dialogfix setzt auf eine konstante Mitarbeiterentwicklung und bietet zahlreiche Schulungsmöglichkeiten an.

☐ Dialogfix betreibt ausschließlich Direktversand.

☐ Dialogfix bietet im Sortiment von Unterhaltungselektronik günstige Einsteiger- und hochwertige Profimodelle an.

1. Produktpolitik
2. Preispolitik
3. Kommunikationspolitik
4. Vertriebspolitik
5. Personalpolitik
6. Prozesspolitik

4. Aufgabe

□□ Z

Welche zwei der nachfolgenden Aussagen beziehen sich auf die Kommunikationspolitik?

1. Dialogfix plant, in einer Niederlassung in Mannheim einen Lagerverkauf zu eröffnen.
2. Für Journalistenanfragen ist bei Dialogfix die Pressesprecherin zuständig.
3. Um die Kunden besser zu informieren, wird ihnen ein monatlicher E-Mail-Newsletter zugeschickt.
4. Die Mitarbeiter werden regelmäßig in Verkaufstechniken geschult.
5. Einmal pro Jahr überprüft eine unabhängige Beratungsfirma die Unternehmensprozesse der Dialogfix auf deren Wirtschaftlichkeit.
6. Dialogfix gewährt auf alle Produkte eine verlängerte Garantiezeit von 36 Monaten.

5. Aufgabe

□ Z

Die Serviceabteilung der Dialogfix GmbH ist als Callcenter organisiert. Stellen Sie fest, welches Merkmal somit dort nicht zutrifft.

1. Hohe Serviceorientierung der Mitarbeiter
2. Wirtschaftliche Bearbeitung von Kundenkontakten
3. Überwiegend schriftliche Bearbeitung von Kundenkontakten
4. Spezielle technische Infrastruktur
5. Fokus auf individuelle Kundenkommunikation

6. Aufgabe

□ Z

Als Inhouse-Callcenter nutzt die Dialogfix GmbH gelegentlich auch externe Dienstleister. Welches Argument spricht aus der Sicht der Dialogfix GmbH gegen die Nutzung eines externen Callcenters?

1. Die technische Infrastruktur muss beim externen Callcenter erst aufwendig an eigene Unternehmensbedürfnisse angepasst werden.
2. Die Mitarbeiter im externen Callcenter haben keinen persönlichen Bezug zum Unternehmen des Auftraggebers.
3. Gerade für die Bearbeitung einfacher Sachverhalte ist das externe Callcenter gut geeignet.
4. Startkosten fallen nicht an.
5. Auf schwankendes Anrufvolumen können externe Callcenter flexibel reagieren.

7. Aufgabe

□ Z

Welchen Vorteil kann der externe Dienstleister der Dialogfix GmbH bieten?

1. Rasche Anpassung des Personaleinsatzes möglich.
2. Vertiefte Produktkenntnisse.
3. Hohe Identifikation der Mitarbeiter mit den Produkten.
4. Bessere Bearbeitung von komplexen Sachverhalten.
5. Geringer Schulungsbedarf für die Produkte.

Z *8. Aufgabe* ☐

Neben ihren Aktivitäten im Dialogmarketing nutzt die Dialogfix GmbH auch Elemente des Direktmarketings. Stellen Sie fest, welche Tätigkeit dem Direktmarketing zuzuordnen ist.

1. Inbound-Telefonie
2. Individuelle Beantwortung einer Fax-Anfrage
3. Chat mit Produktinteressenten
4. Mailing an alle Bestandskunden
5. Outbound-Aktion zur Kundenrückgewinnung

Z *9. Aufgabe* ☐

Welche der folgenden Aussagen zu Direkt- und Dialogmarketing trifft ausschließlich auf Dialogmarketing zu?

1. Der Kunde soll zu einer messbaren Response veranlasst werden.
2. Die individuelle Kommunikation steht im Vordergrund.
3. Es soll eine wechselseitige Beziehung mit Kunden und Interessenten hergestellt werden.
4. Die Kommunikation zielt auf die Masse und erfolgt in gleicher, überwiegend schriftlicher Form.
5. Postwurfsendungen sind ein wichtiges Instrument.

Z *10. Aufgabe*

Ordnen Sie die folgenden Begriffe den einzelnen Marketingmaßnahmen zu.

☐ Outbound-Telefonie	1. Dialogmarketing
☐ Internet-Werbebanner	2. Direktmarketing
☐ Direct Response	3. Klassische Werbung
☐ TV-Spot	
☐ Postwurfsendung	
☐ Plakatwerbung	
☐ Zeitungsanzeige	
☐ Katalog	

Z *11. Aufgabe* ☐

Thomas arbeitet an der Infohotline der Dialogfix GmbH. Er beantwortet die Fragen der Kunden und leitet bei Bedarf an Kollegen weiter. Welche Begriffskombination beschreibt die Tätigkeiten von Thomas zutreffend?

1. First Level – Inbound – Externes Callcenter
2. First Level – Outbound – Internes Callcenter
3. Second Level – Outbound – Externes Callcenter
4. Backoffice – Inbound – Internes Callcenter
5. First Level – Inbound – Internes Callcenter

12. Aufgabe Z

Bei der Dialogfix GmbH fallen unterschiedliche Tätigkeiten an. Ordnen Sie zu, zu welchem Bereich diese Tätigkeiten jeweils gehören. Tragen Sie die richtige Ziffer in die Kästchen ein.

☐ Beantwortung sehr komplexer Fragen
☐ Versand der bestellten Produkte
☐ Anrufannahme
☐ Beantwortung von Standardfragen
☐ Rechnungserstellung
☐ Weitervermittlung von Anrufen
☐ Betreuung besonderer Kundengruppen

1. First Level
2. Second Level
3. Backoffice

13. Aufgabe ☐☐ Z

Um die komplexen Aufgaben bei der Dialogfix GmbH bewältigen zu können, verlangt das Unternehmen von neuen Mitarbeitern eine Vielzahl von Qualifikationen, die sich in sogenannte Hard Skills und Soft Skills unterscheiden lassen. Stellen Sie fest, welche zwei Formulierungen aus einer Stellenanzeige der Dialogfix GmbH sich auf Soft Skills beziehen.

1. EDV-Kenntnisse
2. Abgeschlossene Berufsausbildung
3. Produktkenntnisse Software
4. Teamfähigkeit
5. Englische Sprachkenntnisse
6. Frustrationstoleranz

14. Aufgabe Z

Kundenorientierung ist der Dialogfix GmbH sehr wichtig. Deshalb bietet sie umfangreiche Serviceleistungen an. Ordnen Sie zu, ob es sich im Folgenden um Pre-Sales-Service, Sales-Service oder After-Sales-Service handelt.

☐ Die Bestellhotline der Dialogfix GmbH ist für die Kunden rund um die Uhr erreichbar.
☐ Durch die regelmäßige Teilnahme an Kommunikationstrainings und Produktschulungen sind die Mitarbeiter der Dialogfix GmbH in der Lage, die Kunden im Verkaufsgespräch sehr gut zu beraten.
☐ Nach einer erfolgten Bestellung bekommt der Kunde automatisch eine E-Mail, in der die Dialogfix GmbH zum Kauf gratuliert und ihn auffordert, bei auftretenden Problemen mit dem Produkt sofort anzurufen.
☐ Alle Kontaktdaten und notwendigen Produktinformationen sind auf der Homepage der Dialogfix GmbH direkt ersichtlich.
☐ Der Mitarbeiter informiert während des Verkaufsgesprächs über laufende Rabattaktionen.

1. Pre-Sales-Service
2. Sales-Service
3. After-Sales-Service

Z *15. Aufgabe* ☐

Die Dialogfix GmbH ist auch als externer Dienstleister tätig. Dabei bietet sie ihren Auftraggebern sämtliche Arbeiten rund um die Auftragsabwicklung an, wie z. B. die Lagerhaltung der Waren, den Versand und die Rechnungserstellung. Stellen Sie fest, welche Zusatzleistung der Dialogmarketingbranche hiermit angesprochen wird.

1. Fulfillment
2. Offshoring
3. Lettershop
4. Benchmarking
5. Direct Response

Z *16. Aufgabe* ☐

Ein typisches Merkmal der Dialogmarketingbranche ist die Unterscheidung in Inbound und Outbound. Stellen Sie fest, welche Tätigkeit dem Outbound zuzuordnen ist.

1. Marktforschung
2. Help Desk
3. Reklamationsbearbeitung
4. Infohotline
5. Bestellannahme

Situation zu den Aufgaben 17 bis 25:

Carola Klein hat vor zwei Wochen ihre Ausbildung zur Servicefachkraft für Dialogmarketing bei der Dialogfix GmbH begonnen. Um sich einen ersten Branchenüberblick zu verschaffen, befragt sie ihren Ausbilder.

Z *17. Aufgabe* ☐☐

Welche zwei Informationen des Ausbilders über die Entwicklung der Dialogmarketingbranche sind falsch?

1. Schon in den Anfängen der Dialogmarketingbranche waren Outbound-Tätigkeiten das am weitesten verbreitete Geschäftsmodell für Callcenter.
2. Äußerst wichtig für die Verbreitung von Callcentern war die Erfindung eines Anrufverteilsystems (ACD).
3. Firmen in den USA waren Pioniere für den Einsatz von Callcentern.
4. Durch den Einsatz von Computern konnten deutliche Kostensenkungen in Callcentern erreicht werden.
5. Einen wichtigen Schub für die Akzeptanz von Callcentern gab es durch das Telefonbanking.
6. Durch den Trend zum Offshoring werden immer mehr Callcenter-Dienstleistungen in die Heimatländer der jeweiligen Kunden (Anrufer) verlagert.

18. Aufgabe ☐ Z

Um die wachsende Bedeutung des Dialogmarketings zu erklären, erläutert Carolas Ausbilder die Entwicklung der Beschäftigtenzahlen. Ermitteln Sie anhand der folgenden Tabelle, um wie viel Prozent die Anzahl der Callcenter-Mitarbeiter im Zeitraum von 2005 bis 2008 gestiegen ist. Runden Sie auf ganze Prozente.

Anzahl der Callcenter-Mitarbeiter (in Tsd.)					
1997	116,1	2001	261,8	2005	350,0
1998	150,5	2002	280,0	2006	400,0
1999	187,3	2003	320,0	2007	420,0
2000	224,8	2004	330,0	2008	440,0

Quelle: vgl. Datamonitor (2006): profiTel Call Center Atlas, 2006 (verändert), Call Center Verband Pressemitteilungen (verändert)

19. Aufgabe ☐ Z

Welche der folgenden Aussagen über die Standortwahl eines Callcenters ist zutreffend?

1. Der Begriff Outsourcing wurde speziell für die Dialogmarketingbranche entwickelt und bezeichnet ausschließlich die Auslagerung von Callcenter-Leistungen ins Ausland.
2. Beim Offshoring werden unternehmerische Tätigkeiten organisatorisch aus dem Unternehmen herausgenommen und als externe Leistung von Tochterunternehmen wieder günstig eingekauft.
3. Beim Outsourcing spielt die maximale räumliche Entfernung eine entscheidende Rolle.
4. Ins Ausland verlagerte Callcenter leiden z. B. wegen mangelnder Qualifikation der Mitarbeiter unter Akzeptanzschwierigkeiten, was teilweise zur Zurückverlagerung der Callcenter nach Deutschland geführt hat.
5. Für die Standortwahl spielt die Qualifikation der Mitarbeiter die mit Abstand wichtigste Rolle, die entstehenden Kosten sind nachrangig.

20. Aufgabe ☐ Z

Immer wieder ist in der Öffentlichkeit vom volkswirtschaftlichen Strukturwandel die Rede. Welche Aussage ist in diesem Zusammenhang richtig?

1. In Deutschland leben immer mehr ältere Menschen, die oft einen höheren Beratungsaufwand beim Kauf haben. Dies begünstigt die Ausweitung des Dienstleistungssektors.
2. In den vergangenen Jahren ist die Bedeutung des tertiären Sektors stetig gefallen.
3. Noch nie war die Bedeutung von Land- und Forstwirtschaft so groß wie heute.
4. Durch den Strukturwandel hat die Dialogmarketingbranche als Querschnittsbranche ausgedient.
5. Strukturwandel bedeutet, dass man den Informations- bzw. Wissenssektor wegen seiner Wichtigkeit mittlerweile auch als Primärsektor bezeichnet.

Z ### *21. Aufgabe*

Das Callcenter der Dialogfix GmbH ist Teil der Dienstleistungsgesellschaft. Dieser Begriff geht auf das Sektorenmodell der Volkswirtschaft zurück. Ordnen Sie die aufgeführten Branchen den einzelnen Sektoren zu.

☐ Obstplantage	1.	Primärsektor
☐ Hersteller von Mobilfunkgeräten	2.	Sekundärsektor
☐ Anbieter von Mobilfunktarifen	3.	Tertiärsektor
☐ Versicherungsagentur		
☐ Automobilhersteller		

Z ### *22. Aufgabe*

„In einem Dienstleistungsbetrieb wie dem Callcenter können auch Sachleistungen vertrieben werden. Das leuchtet ein. Aber wodurch unterscheiden sich denn Sach- und Dienstleistungen?", fragt Carola Klein. Ordnen Sie zu, ob die folgenden Beschreibungen auf Sach- oder Dienstleistungen zutreffen.

☐ Nicht lagerfähig	1.	Sachleistung
☐ Übertragbar	2.	Dienstleistung
☐ Erstellung und Nutzung zeitlich getrennt		
☐ Keine Vorführmöglichkeit		
☐ Immateriell		

Z ### *23. Aufgabe* ☐

Der Ausbilder möchte Carola in diesem Zusammenhang auch den Unterschied zwischen den originären und den produktbegleitenden Dienstleistungen der Dialogfix GmbH verdeutlichen. Stellen Sie fest, in welchem Beispiel der Ausbilder eine originäre Dienstleistung anspricht.

1. Bestellannahme für Hard- und Software
2. Marktforschung zum Thema „Umfang der Modellpalette"
3. Infohotline für eine Rückrufaktion
4. Bearbeitung von Reklamationen
5. Annahme von Anrufen (Overflow) für die Mercury AG

Z ### *24. Aufgabe* ☐

Carola diskutiert mit ihrem Ausbilder über die Aufgaben des Marketings. Welche betriebliche Tätigkeit gehört <u>nicht</u> in den Bereich Marketing?

1. Bilanzanalyse
2. Verkaufsförderung
3. Werbung
4. Preisgestaltung
5. Distribution

25. Aufgabe Z

Carola interessiert sich besonders für die Unterschiede zwischen „klassischem Marketing" und Dialogmarketing. Zum Vergleich zieht sie die TV-Werbung der Dialogfix GmbH und die Tätigkeit im Callcenter heran. Wie lautet die richtige Zuordnung?

☐ Einseitige Kommunikation	1.	TV-Werbung
☐ Individuelle und zielgenaue Ansprache möglich	2.	Callcenter
☐ Hohe Streuverluste		
☐ Antwortmöglichkeit direkt gegeben		
☐ Flexibler und kurzfristiger Einsatz möglich		
☐ Schwierige Erfolgskontrolle		
☐ Ziel: Imageaufbau		

Situation zu den Aufgaben 26 bis 38:

Zum fünfzehnjährigen Bestehen der Dialogfix GmbH ist ein Firmenfest geplant, zu dem neben den Mitarbeitern des Unternehmens auch externe Gäste eingeladen sind. Martin Schneider, Assistent der Geschäftsleitung, bittet Sie, ihn bei der Erstellung einer Präsentation zur Firmengeschichte zu unterstützen.

26. Aufgabe ☐ Z

Sie schlagen vor, sich zunächst um die organisatorische Vorbereitung der Präsentation zu kümmern. Welcher der folgenden Punkte gehört nicht zu dieser Aufgabe?

1. Tag und Uhrzeit der Präsentation vereinbaren.
2. Zeitliche Abfolge festlegen und ggf. Pausen einplanen.
3. Den genauen Teilnehmerkreis festlegen und Einladungen versenden.
4. Ein Ergebnisprotokoll vor der Präsentation auf den Tischen verteilen.
5. Eine Raumreservierung veranlassen.

27. Aufgabe ☐ Z

Der aktuelle Entwurf der Präsentation soll verbessert werden, da er nur Textfolien beinhaltet. Welcher Gestaltungstipp ist bei der vorliegenden Themenstellung falsch?

1. Berücksichtigen Sie die „vier Verständlichmacher" Einfachheit, Gliederung, Prägnanz und Stimulanz, um die Textfolien sinnvoll aufzubereiten.
2. Verwenden Sie bildhaft aufbereitete Informationen, da das Gehirn diese schneller verarbeiten kann als Textinformationen. So steigt auch die Wahrscheinlichkeit, dass die Informationen besser im Gedächtnis bleiben.
3. Nutzen Sie eine Tabelle, um Preisvergleiche übersichtlich darzustellen.
4. Verwenden Sie ein Kreisdiagramm, um die Mitarbeiterentwicklung der Dialogfix GmbH darzustellen.
5. Größenvergleiche lassen sich gut in einem Säulendiagramm darstellen.

Z *28. Aufgabe* ☐

Beim ersten Test der Präsentation beobachten Sie den Assistenten der Geschäftsleitung. Welcher der folgenden Schlüsse, die Sie aus der Beobachtung gezogen haben, ist falsch?

1. Die Verwendung von Stichwortzetteln ist besser als das Ablesen des Textes, da die Verbindung zum Publikum besser gehalten werden kann.
2. Sprechpausen und eine Variation der Lautstärke und Betonung helfen, die Präsentation zu strukturieren und abwechslungsreich zu gestalten.
3. Es ist besser, sich stets am Rednerpult festzuhalten, als Gestikelemente einzusetzen, da deren Wirkung auf das Publikum schlecht abzuschätzen ist.
4. Um seine eigene Mimik im Vorfeld der Präsentation zu beobachten ist es sinnvoll, die Präsentation auch vor dem Spiegel zu üben.
5. Alle verbalen und nonverbalen Signale während der Präsentation sollten ein stimmiges Gesamtbild des Redners erzeugen, das natürlich und überzeugend wirkt.

Z *29. Aufgabe* ☐

Die Teilnehmer an der Präsentation können über verschiedene Sinneskanäle erreicht werden. Stellen Sie fest, welcher Lerntyp besonders gut mit einer PowerPoint-Präsentation angesprochen wird.

1. Auditiver Lerntyp
2. Visueller Lerntyp
3. Motorischer Lerntyp
4. Monologischer Lerntyp
5. Kommunikativer Lerntyp

30. Aufgabe

Martin Schneider bittet Sie, ihn bei der Erstellung einer zusätzlichen PowerPoint-Folie zu unterstützen. Die PowerPoint-Folie soll den Strukturwandel von der Industriegesellschaft hin zur Dienstleistungsgesellschaft darstellen. Finden Sie fünf Ursachen für diesen Strukturwandel.

31. Aufgabe

In der Präsentation möchte Martin Schneider den Trend zur Dienstleistungsgesellschaft mit Zahlen belegen. Ermitteln Sie dazu anhand der Tabelle folgende Daten:

- Wie hoch ist der prozentuale Anteil der Beschäftigten im Sekundärsektor?
- Um wie viel Prozentpunkte ist der Anteil der Erwerbstätigen im sekundären Sektor zwischen 1991 und 2007 gestiegen bzw. gesunken?
- Welchen prozentualen Rückgang hatte der primäre Sektor zu verzeichnen?
- Um wie viele Prozentpunkte hat sich der tertiäre Sektor in diesem Zeitraum verändert?

Bereich	Prozentualer Anteil der Beschäftigten im jeweiligen Bereich	
	1991	**2007**
Dienstleistungen	60	72
Industrie	29	20
Bau	7	6
Landwirtschaft (einschließlich Forstwirtschaft und Fischerei)	4	2

Quelle: vgl. https://www.destatis.de/DE/ZahlenFakten/Indikatoren/LangeReihen/Arbeitsmarkt/lrerw013.html (verändert)

32. Aufgabe

In welche Bereiche lässt sich der tertiäre Sektor noch weiter unterteilen?

33. Aufgabe

Im Vorfeld der Präsentation wurde alternativ auch die Nutzung einer Pinnwand erwogen. Stellen Sie je vier Vor- und Nachteile der beiden Präsentationsmedien Pinnwand und Beamer dar.

34. Aufgabe

Eine Präsentation endet nicht mit dem Schlusssatz! Ein bedeutender Bestandteil ist die sich anschließende Phase der Nachbereitung. Nennen und beschreiben Sie zwei sinnvolle Handlungsschritte, die hierbei zum Einsatz kommen sollten.

35. Aufgabe

Um Sicherheit zu gewinnen, bittet Sie Martin Schneider, ihm bei einem abschließenden Probedurchlauf zuzuschauen und Feedback zur Präsentation zu geben. Nennen Sie fünf Regeln, die Sie bei diesem Feedback berücksichtigen müssen.

36. Aufgabe

Um den externen Besuchern die Geschäftsfelder des Unternehmens zu verdeutlichen, sollen jeweils drei Tätigkeiten aus dem Inbound und dem Outbound vorgestellt werden. Finden Sie geeignete Beispiele, die in der Präsentation aufgeführt werden können.

37. Aufgabe

Die Dialogfix GmbH überlegt, zukünftig einen Teil ihres Inbound-Callcenters ins Ausland zu verlagern. Welche Chancen bietet ein solcher Schritt und welche Risiken sind mit ihm verbunden?

38. Aufgabe

Aus Kostengründen überlegt die Geschäftsleitung, die Aktivitäten im Bereich des klassischen Marketings komplett einzustellen. Im Gegenzug sollen die Neukundenakquise per Telefon sowie die Cross-Selling- und Up-Selling-Aktivitäten forciert werden. Nennen Sie drei Gründe, die gegen ein solches Vorhaben sprechen.

Lösungen zu Kapitel 1

1. Aufgabe	5	*15. Aufgabe*	1
2. Aufgabe	2, 5	*16. Aufgabe*	1
3. Aufgabe	6, 1, 3, 5, 4, 2	*17. Aufgabe*	1, 6
4. Aufgabe	2, 3	*18. Aufgabe*	26 %
5. Aufgabe	3	*19. Aufgabe*	4
6. Aufgabe	2	*20. Aufgabe*	1
7. Aufgabe	1	*21. Aufgabe*	1, 2, 3, 3, 2
8. Aufgabe	4	*22. Aufgabe*	2, 1, 1, 2, 2
9. Aufgabe	2	*23. Aufgabe*	5
10. Aufgabe	1, 3, 1, 3, 2, 3, 3, 2	*24. Aufgabe*	1
11. Aufgabe	5	*25. Aufgabe*	1, 2, 1, 2, 2, 1, 1
12. Aufgabe	2, 3, 1, 1, 3, 1, 2	*26. Aufgabe*	4
13. Aufgabe	4, 6	*27. Aufgabe*	4
14. Aufgabe	1, 2, 3, 1, 2	*28. Aufgabe*	3
		29. Aufgabe	2

30. Aufgabe
- Wegfall von industriellen Arbeitsplätzen durch Automatisierung in der Produktion und damit verbundene Produktivitätsfortschritte.
- Durch die Globalisierung wird die weltweite Arbeitsteilung gefördert, arbeitsintensive und somit teure Branchen werden in Länder mit niedrigem Lohnniveau verlagert.
- Die Arbeits- und Lebenswelt wird immer komplexer, was den Bedarf an Beratungsleistungen erhöht.
- Dienstleistungen können durch den technischen Fortschritt, z. B. in der Informationstechnologie, kostengünstig erbracht werden.
- Die Bevölkerung ist einem gesellschaftlichen Wandel unterworfen. So begünstigen z. B. Freizeitorientierung und eine höhere Lebenserwartung das Entstehen neuer Dienstleistungen.

31. Aufgabe
- Der prozentuale Anteil der Beschäftigten im Sekundärsektor liegt 2007 bei 26 % (Industrie 20 %, Bau 6 %).
- Der Anteil der Erwerbstätigen im sekundären Sektor lag 1991 bei 36 % und 2007 bei 26 %. Der Anteil ist somit um 10 Prozentpunkte gesunken.
- Der primäre Sektor ist um 50 % zurückgegangen (50 % von 4 = 2).
- Der Anteil der Erwerbstätigen im tertiären Sektor lag 1991 bei 60 % und 2007 bei 72 %. Der Anteil ist somit um 12 Prozentpunkte gestiegen.

32. Aufgabe Der tertiäre Sektor lässt sich unterteilen in den Bereich der klassischen Dienstleistungen (z. B. Handel, Verkehr, Tourismus) und in den Bereich der kommunikationsorientierten Dienstleistungen (z. B. Finanzdienstleistungen, Informationsverarbeitung, Beratung). Dieser Bereich wird auch als Informationssektor oder Wissenssektor bezeichnet.

33. Aufgabe **Pinnwand**

Vorteile:

- Flexibler und einfacher Einsatz ohne technischen Aufwand möglich.
- Elemente auf der Pinnwand können einfach umgruppiert werden.
- Einbindung der Teilnehmer möglich.
- Vielfältige Gestaltungsmöglichkeiten in Design und Text sorgen für Auflockerung.
- Ergebnis kann langfristig sichtbar bleiben.

Nachteile:

- Materialverbrauch an Papier und Schreibgeräten.
- Begrenzte Menge an darstellbaren Informationen.
- Gruppengröße bzw. Teilnehmerzahl sollte ca. 20 Personen nicht überschreiten.
- Bei ungeübten Teilnehmern Gefahr der schlechten Lesbarkeit und Unübersichtlichkeit.
- Erstellung von Unterlagen (Handout) für die Teilnehmer schwierig.

Beamer

Vorteile:

- Großer Teilnehmerkreis kann angesprochen werden.
- Gestaltungselemente können Interesse und Aufmerksamkeit wecken.
- Leichtes Erstellen von Unterlagen (Handout) mittels Programm möglich.
- Präsentation kann über das entsprechende Programm leicht verändert werden.
- Große Informationsmengen können verarbeitet werden.

Nachteile:

- Technische Abhängigkeit (Stromanschluss, Projektionsfläche, Gerät).
- Sicht- und Lichtverhältnisse können die Präsentation beeinträchtigen.
- Meist keine Einbindung der Teilnehmer möglich, Gefahr der Passivität.
- Vorkenntnisse bei Erstellung und Handhabung erforderlich.
- Geringe Aufmerksamkeitsdauer, Gefahr der Reizüberflutung.

34. Aufgabe **Feedback geben:** Hierbei handelt es sich um eine wertungsfreie Rückmeldung der Zuhörer an den Vortragenden. Neben der fachlich-inhaltlichen Seite bezieht Feedback auch immer die emotionale Ebene mit ein. Ziel ist die subjektive Beschreibung ohne Wertung.

Präsentation und Feedback reflektieren: Zum Abschluss der Nachbereitungsphase sollte die Reflexion stehen, um eigene Stärken und Schwächen zu analysieren und Anregungen für zukünftige Präsentationen zu gewinnen.

35. Aufgabe
- Beschreiben, was sichtbar und hörbar ist.
- Konkrete, nachvollziehbare Einzelheiten benennen.
- Konstruktiv, nicht destruktiv sein.
- Zeitnah, nicht verspätet erfolgen.
- Unmittelbar, nicht über andere erfolgen.
- Nicht verallgemeinern und pauschalisieren.
- Nichtssagende Aussagen vermeiden.
- Interpretationen und Analysen vermeiden.

36. Aufgabe **Inbound:** Bestellannahme, Technischer Support, Kundenservice
Outbound: Kundenrückgewinnung, Mahn- und Inkassowesen, Telefonverkauf

37. Aufgabe Chancen:
- Die Dialogfix GmbH kann durch die Arbeitsplatzverlagerung Kosten einsparen, wenn die Lohnkosten niedriger sind als in Deutschland.
- Immobilien sind ggf. günstiger zu erwerben bzw. zu mieten.
- Die Steuerbelastung ist ggf. niedriger als in Deutschland.

Risiken:
- Verständigungsschwierigkeiten aufgrund von Sprachproblemen oder kulturellen Unterschieden schaffen Akzeptanzprobleme und beeinträchtigen die Kundenzufriedenheit.
- Mangel an qualifizierten Arbeitskräften.
- Die Sicherung des Datenschutzes muss ggf. mit Mehraufwand auch im Ausland absolut gewährleistet werden.

38. Aufgabe
- Über das klassische Marketing kann eine größere Zielgruppe angesprochen werden als durch Dialogmarketing.
- Der Bekanntheitsgrad kann gesteigert und ein positives Image aufgebaut werden.
- Bei einem kompletten Verzicht auf klassisches Marketing besteht die Gefahr, dass das Unternehmen nur von einem kleinen Teil der potenziellen Zielgruppe wahrgenommen wird. Dies kann dazu führen, dass große Vorbehalte z.B. bei einer Neukundenakquise bestehen, da die potenziellen Kunden noch nie etwas von dem Unternehmen gehört haben und sich nichts unter dem Namen vorstellen können. Die Dialogfix GmbH hätte somit große Schwierigkeiten, ihren Umsatz mit Neukunden zu steigern.

2 Arbeitsorganisation, Kooperation, Teamarbeit

1. Aufgabe ☐☐ *Z*

Im betrieblichen Entscheidungsprozess differenziert die Dialogfix GmbH u. a. nach strategischen und operativen Entscheidungen. Stellen Sie fest, in welchen zwei Fällen es sich um eine strategische Entscheidung handelt.

1. Für das kommende Geschäftsjahr wird das Gewinnziel um 10 % erhöht.
2. Die nächste Besprechung der Geschäftsleitung wird aus Termingründen um zwei Tage verschoben.
3. Um die Verkaufsziele im laufenden Monat noch zu erreichen, wird eine Erfolgsprämie ausgesetzt.
4. Für den Serverausfall am Freitag von 10:00 bis 12:00 Uhr gelten besondere Regelungen.
5. Mira Rolshagen übernimmt eine Schicht für den erkrankten Agent Moritz Hummel.
6. Die Produktpalette des Unternehmens soll zusätzlich um Smartphones und Tablet-PCs erweitert werden.

2. Aufgabe ☐ *Z*

Teamleiter Joel Weiß setzt bei der Dialogfix GmbH den kooperativen Führungsstil ein. Prüfen Sie, welche Verhaltensweise er dabei auf jeden Fall umsetzen muss.

1. Auf jegliche Führung vollständig verzichten.
2. Die eigenen Entscheidungen kompromisslos durchsetzen.
3. Diskussionen grundsätzlich unterbinden.
4. Die Eigeninitiative der Mitarbeiter fördern.
5. Den Mitarbeitern keinen Entscheidungsspielraum zugestehen.

3. Aufgabe ☐ *Z*

Stellen Sie fest, in welchem Fall die Dialogfix GmbH auf die Führungstechnik „Management by Exception" zurückgreift.

1. Die Unternehmensführung legt für die einzelnen Teams klare Zielvorgaben fest.
2. Bis zu einer Höhe von 50,00 € können Agents kulanzhalber eine Kundengutschrift veranlassen, höhere Summen bedürfen der Zustimmung des Teamleiters.
3. Dem einzelnen Agent werden individuelle Verkaufsziele vorgegeben, wobei er in die Zielfestlegung mit eingebunden wird.
4. Führungsentscheidungen und Zielfestlegungen werden grundsätzlich durch Mehrheitsentscheidungen der Teammitglieder getroffen.
5. Sämtliche Entscheidungen im operativen Geschäft müssen vom Teamleiter genehmigt werden, lediglich in vereinzelten Ausnahmesituationen hat der Agent ein Mitspracherecht.

Z *4. Aufgabe* ☐☐☐☐☐☐

Die Dialogfix GmbH setzt häufig die Technik der Moderation ein. Stellen Sie den Ablauf einer Moderation (Moderationszyklus) dar, indem Sie die richtige Reihenfolge der Schritte von links nach rechts in die Kästchen eintragen.

1. Thema bearbeiten
2. Abschluss
3. Maßnahmen planen
4. Themen sammeln
5. Einstieg
6. Themen wählen

Z *5. Aufgabe* ☐

Zur Unternehmenskultur gehört auch die regelmäßige Überprüfung und Anpassung des Corporate Designs. Worum muss sich ein Unternehmen hierbei kümmern?

1. Wahrnehmung des gesamten Unternehmens von Außenstehenden
2. Gestaltung der Produktpolitik
3. Handlungsanweisungen für die Mitarbeiter
4. Erscheinungsbild des Internetauftritts
5. Interne Unternehmenskommunikation

Situation zu den Aufgaben 6 bis 15:
Es ist geplant, eine gemeinsame Besprechung Ihres Teams mit drei weiteren Teams Ihres Unternehmens durchzuführen.

6. Aufgabe ☐☐☐☐☐☐☐

Ihr Teamleiter hat Ihnen den Auftrag erteilt, die Besprechung Ihres Teams zu organisieren. Bringen Sie die dazu notwendigen Schritte in die richtige Reihenfolge, indem Sie die Ziffern 1 bis 7 von links nach rechts in die Kästchen eintragen.

1. Ergebnisprotokoll anfertigen.
2. Mit dem Teamleiter Inhalt und Ziele der Besprechung abklären.
3. Einladungen inklusive Tagesordnung an die einzelnen Teammitglieder versenden.
4. Tagesordnung in Absprache mit dem Teamleiter erstellen.
5. Besprechungsraum einrichten und vorbereiten.
6. Ergebnisprotokoll an die Teilnehmer übermitteln.
7. Nach Auswertung der Teilnahmezusagen den Besprechungsraum reservieren.

7. Aufgabe ☐ Z

Für die Planung der Besprechung empfiehlt Ihnen Ihr Teamleiter, auf das Eisenhower-Prinzip zurückzugreifen. Welchen Grundsatz müssen Sie demnach beachten?

1. Die zu erledigenden Aufgaben nach Wichtigkeit und Dringlichkeit gewichten.
2. Alle Tätigkeiten inklusive dem geplanten Zeitbedarf notieren.
3. Eine Einteilung in kurz-, mittel- und langfristige Aufgaben vornehmen.
4. Sich zunächst auf die 20 % der wichtigsten Aufgaben konzentrieren.
5. 40 % Pufferzeiten einplanen.

8. Aufgabe ☐ Z

Sie fragen Ihren Teamleiter nach einem Tipp, wie Sie die weitere Planung gut strukturiert vornehmen können. Welche Methode wird er Ihnen jetzt nennen?

1. BERGE-Methode
2. ALPEN-Methode
3. TÄLER-Methode
4. GIPFEL-Methode
5. ALMEN-Methode

9. Aufgabe ☐ Z

Sie sollen auch ein Brainstorming durchführen. Worauf müssen Sie dabei achten?

1. Keine Kritik an den geäußerten Ideen üben.
2. Durchführungszeit mindestens zwei Stunden.
3. Ideen nicht aufschreiben.
4. Maximal sechs Teilnehmer.
5. Die Ideen sofort strukturieren und weiterbearbeiten.

10. Aufgabe ☐ Z

Alternativ erwägen Sie, statt des Brainstormings als Kreativitätstechnik die 635-Methode durchzuführen. Mit wie vielen Ideen können Sie bei konsequenter Durchführung rechnen?

1. 5 Ideen
2. 14 Ideen
3. 90 Ideen
4. 108 Ideen
5. 635 Ideen

11. Aufgabe ☐ Z

Bei der Besprechung sollen auch die Ziele für das kommende Geschäftsjahr in Gruppenarbeit für alle sichtbar erarbeitet werden. Ihr Teamleiter beauftragt Sie, ein geeignetes Medium auszuwählen. Wofür werden Sie sich zweckmäßigerweise entscheiden?

1. Tafel
2. Overhead-Projektor
3. Notizblock
4. Beamer
5. Pinnwand

Z *12. Aufgabe* ☐

In der Gruppenarbeit soll auch die Mindmap-Methode eingesetzt werden. Stellen Sie fest, welchen Vorteil Sie damit erreichen können.

1. Gehirngerechtes Arbeiten, da sowohl das analytisch-logische Denken als auch das bildliche Vorstellungsvermögen gefördert werden.
2. Rasche Bearbeitungszeit in der Gruppenarbeit, da diese Methode schnelles Lesen und Erfassen von Texten ermöglicht.
3. Konfliktfreies Miteinander in der Gruppe, da Stress bei der Bearbeitung minimiert wird.
4. Umgehende Entscheidungsfindung, da Mindmaps stets Prioritäten beinhalten.
5. Entspanntes Arbeiten, da die Gehirntätigkeit auf ein Minimum reduziert wird.

Z *13. Aufgabe* ☐

Welchen Übermittlungsweg wählen Sie für das Ergebnisprotokoll der Sitzung, um es den Empfängern möglichst rasch und kostengünstig zukommen zu lassen?

1. Rundschreiben
2. Versand per Post
3. E-Mail
4. Telefax
5. Übergabe des Ausdrucks in einem persönlichen Gespräch

Z *14. Aufgabe* ☐

Nach dem Ende der Besprechung bitten Sie Ihren Teamleiter um ein Feedback. Welchen Grundsatz muss er dabei beachten?

1. Das Feedback möglichst allgemein halten.
2. Ich-Botschaften senden.
3. Einen ausreichenden zeitlichen Abstand für das Feedback wählen.
4. Auf konkrete Einzelheiten verzichten.
5. Interpretationen und Vermutungen in den Mittelpunkt stellen.

Z *15. Aufgabe* ☐☐

Als ein Ergebnis der Besprechung sollen Änderungen in der Aufbauorganisation erfolgen. Prüfen Sie, welche zwei Maßnahmen dazu geeignet sind.

1. Die unbeliebte Abteilungsleiterin Isolde Spring-Mayer wird intern versetzt.
2. Die Dokumentenerfassung wird künftig extern erledigt.
3. Die Zuständigkeiten der Teamleiter werden neu festgelegt.
4. Die Abteilungen „Personal" und „Schulung/Ausbildung" verschmelzen.
5. Die Bearbeitung von Reklamationen wird neu geregelt.
6. Die Stabsstelle „Öffentlichkeitsarbeit" wird neu eingerichtet.

Situation zu den Aufgaben 16 bis 20:
Die Callcenter-Arbeitsplätze der Dialogfix GmbH sind in mehreren Großraumbüros angeordnet. Aufgrund der guten Geschäftsentwicklung soll ein zusätzliches Großraumbüro angemietet und eingerichtet werden.

16. Aufgabe ☐ Z

Von Ihrem Ausbilder erhalten Sie den Auftrag, die Auswirkungen von Umweltfaktoren am Arbeitsplatz auf die Arbeitsleistung zu untersuchen. Welche Aussage wird Ihr Ausbilder korrigieren müssen?

1. Lärmbelastungen im Callcenter lassen sich durch Parkettfußböden reduzieren.
2. Viele Grünpflanzen verbessern die Luftqualität.
3. Helle Farben vergrößern optisch kleine Räume.
4. Künstliches Licht ist für die Augen unangenehmer als natürliches.
5. Eine zu niedrige Luftfeuchtigkeit führt zu unangenehmen elektrostatischen Aufladungen.

17. Aufgabe ☐ Z

Prüfen Sie, welchen Vorteil das Unternehmen durch die Raumform „Großraumbüro" erzielt.

1. Geringer Geräuschpegel
2. Ungestörte Arbeitsumgebung
3. Geringer Flächenverbrauch
4. Gute klimatische Bedingungen
5. Unbeobachtete Arbeitsatmosphäre

18. Aufgabe ☐ Z

Um eine ergonomische Gestaltung der neuen Arbeitsplätze zu erreichen, müssen einige Bestimmungen beachtet werden. Worum müssen Sie sich dabei jedoch <u>nicht</u> kümmern?

1. Unfallverhütungsvorschriften der Berufsgenossenschaften
2. DIN-Normen für die Arbeitsplatzausstattung
3. Regelungen des Handelsgesetzbuchs (HGB)
4. Maßnahmen der Bildschirmarbeitsverordnung (BildscharbV)
5. Anforderungen der Arbeitsstättenverordnung (ArbStättV)

19. Aufgabe ☐ Z

Prüfen Sie, in welchem Fall die Dialogfix GmbH im neuen Großraumbüro die Vorgaben der Bildschirmarbeitsverordnung (BildscharbV) zutreffend umsetzt.

1. Der Abstand zum Bildschirm beträgt mindestens 30 cm.
2. Der Bildschirm ist dreh- und neigbar.
3. Tastatur und Bildschirm sind fest miteinander verbunden.
4. Das Sonnenlicht kann ungehindert auf den Bildschirm fallen.
5. Die Tastaturoberfläche verfügt über einen modernen „Spiegel-Look".

Z *20. Aufgabe*

In dem neuen Großraumbüro soll eine Abteilung mit 64 Mitarbeitern Platz finden. Da aufgrund von Teilzeitarbeit, Urlaub oder Krankheit nie alle Mitarbeiter gleichzeitig anwesend sind, werden für lediglich 50 % der Mitarbeiter physische Arbeitsplätze („Seats") eingerichtet. Welche Fläche muss das neue Großraumbüro mindestens aufweisen, wenn pro Seat mit 15 m^2 kalkuliert wird?

Situation zu den Aufgaben 21 bis 22:
Die Unternehmensleitung der Dialogfix GmbH plant, in einigen Abteilungen verstärkt Vordrucke und Formulare einzusetzen.

Z *21. Aufgabe*

Welche Erwartung kann damit nicht realisiert werden?

1. Beschleunigung des innerbetrieblichen Informationsflusses
2. Standardisierung von Arbeitsschritten
3. Vermeidung von inhaltlichen Fehlern
4. Leichtes Erkennen fehlender Informationen
5. Kostenersparnis

Z *22. Aufgabe*

Prüfen Sie, in welcher Situation der Einsatz von Vordrucken ungeeignet ist.

1. Bestellung von Büromaterial
2. Urlaubsantrag
3. Beschwerdemanagement
4. Beurteilung von Auszubildenden
5. Betriebliches Vorschlagswesen

Situation zu den Aufgaben 23 bis 28:
Auf Ihrem Schreibtisch haben sich Unmengen von Unterlagen angehäuft.

Z *23. Aufgabe*

Um wieder Ordnung zu schaffen, möchten Sie die Unterlagen zunächst nach ihrer Wertigkeit sortieren. Wo müssen Sie daher die aktuellen Produktbeschreibungen Ihres Unternehmens einordnen?

1. Unterlagen mit Tageswert
2. Unterlagen mit Gesetzeswert
3. Unterlagen mit Sammelwert
4. Unterlagen mit Prüfwert
5. Unterlagen mit Dauerwert

24. Aufgabe ☐ Z

Für die langfristige Archivierung der Unterlagen mit Dauerwert benötigen Sie ein zuverlässiges Speichermedium. Prüfen Sie, welches Medium dazu am besten geeignet ist.

1. Diskette
2. Externe Festplatte
3. CD-ROM
4. Digitale Speicherkarte
5. Mikrofilm

25. Aufgabe ☐ Z

Welches versehentlich auf Ihrem Schreibtisch gelandete Schriftstück sollten Sie schleunigst zur Abteilungsablage zurückbringen?

1. Rechnung der Fa. Schmidtke Bürosysteme (bezahlt)
2. Organisationshandbuch (Einzelstück)
3. Stellenteil der FAZ (vom letzten Oktober)
4. Rückrufwunsch des Kunden Michael Hintz (unerledigt)
5. Geschäftsbericht der Dialogfix GmbH (ausgedruckte PDF-Datei)

26. Aufgabe ☐ Z

Um Ihre persönliche Arbeitsorganisation zu verbessern, möchten Sie die Erkenntnisse des Pareto-Prinzips nutzen. Worauf müssen Sie demnach achten?

1. Alle anfallenden Aufgaben sind gleich wichtig und dringend.
2. Achten Sie stets darauf, einen Zeitpuffer von 20 % einzuplanen.
3. Nach 80 Minuten intensiver Arbeit sollten 20 Minuten Pause eingelegt werden.
4. In nur 20 % der verfügbaren Zeit können bereits 80 % der Ergebnisse erzielt werden.
5. In der Summe muss man stets 100 % Leistung liefern.

27. Aufgabe ☐ Z

Damit Sie zukünftig einen besseren Überblick über Ihre Unterlagen haben, empfiehlt Ihnen eine Kollegin, das chronologische System anzuwenden. Was hat die Kollegin damit gemeint?

1. Ordnung nach Zahlen
2. Ordnung nach Zeitangaben
3. Ordnung nach Farben
4. Ordnung nach Stichworten
5. Ordnung nach Buchstaben

28. Aufgabe ☐ Z

Die Ablage erledigen Sie überwiegend mittels einer Ordnerregistratur. Geben Sie an, welche Eigenschaften diese Registraturform zutreffend charakterisieren.

1. übersichtlich, zeitsparende Handhabung, umständliche Suche
2. kostensparend, unübersichtlich, unflexible Handhabung
3. schneller Zugriff, übersichtlich, zeitaufwendige Handhabung
4. hohe Materialkosten, hoher Platzbedarf, kostensparend
5. sehr kurze Zugriffszeit, unübersichtlich, schlechte Raumausnutzung

Situation zu den Aufgaben 29 bis 40:
Die Dialogfix GmbH wird vom Pay-TV-Sender „Thema-TV" mit dem Projekt „Umstellung des Verschlüsselungssystems" beauftragt. Den 200 000 Abonnenten von Thema-TV soll eine neue Berechtigungskarte (Smartcard) mit der Bitte zugesandt werden, mit dieser Smartcard die alte Karte im Receiver zu ersetzen und die alte Karte in einem Freiumschlag zurückzusenden. Alle Kunden, deren alte Karte nach vier Wochen noch nicht vorliegt, sollen telefonisch kontaktiert werden. Gleichzeitig wird eine Hotline geschaltet, die Kundenanfragen im Zusammenhang mit dem Kartentausch beantworten kann. Nach einer Projektlaufzeit von drei Monaten sollen 95 % aller Smartcards ausgetauscht sein. Die Dialogfix GmbH stellt ein Team unter der Führung eines erfahrenen Projektleiters zusammen, der über ein Budget von 100 000,00 € verfügen kann.

29. Aufgabe ☐☐

Zur Durchführung des vorliegenden Projektes stellt die Dialogfix GmbH ein neues Team zusammen. Welche zwei der nachfolgenden Merkmale können nicht zur Abgrenzung zwischen einem Team und einer Personengruppe dienen?

1. Gemeinsames, klar beschriebenes Ziel
2. Mehr als fünf Personen
3. Eigene Identität (Teamidentität)
4. Jedes Teammitglied leistet seinen Beitrag zur Zielerreichung
5. Zusammenstellung erfolgt nach Sympathie
6. Festgelegte Kommunikationsregeln

30. Aufgabe ☐

Durch welche der folgenden Aussagen wird der Begriff Teamidentität für das neu zu gründende Projektteam korrekt beschrieben?

1. Die Teammitglieder sehen sich nicht als Gruppe mit eigenem Wesen, sondern als Einzelpersonen.
2. Die Teammitglieder veröffentlichen ihre Identität im Team.
3. Die Teammitglieder sehen sich nicht als Einzelpersonen, sondern als Gruppe mit eigenem Wesen.
4. Die Teammitglieder befolgen die Anweisungen des Teamleiters.
5. Die Teammitglieder regeln strittige Fragen in demokratischen Prozessen.

31. Aufgabe ☐

Nach der Zusammenstellung des neuen Projektteams der Dialogfix GmbH wird ein Teamentwicklungsprozess stattfinden, der in vier Phasen aufgeteilt werden kann. Geben Sie an, welche Phase nicht dazugehört.

1. Norming
2. Performing
3. Storming
4. Forming
5. Controlling

32. Aufgabe ☐

Geben Sie an, welche der nachstehenden Beschreibungen auf die Forming-Phase zutrifft.

1. Konflikte, Macht- und Positionskämpfe
2. Erstes Kennenlernen der Teammitglieder
3. Gemeinsame Arbeit an der Zielerreichung
4. Entwicklung des Gruppenzusammenhalts
5. Teammitglieder haben ihre Rollen gefunden

33. Aufgabe ☐

Im neu gegründeten Team der Dialogfix GmbH sind Konflikte unvermeidlich. Welche Aussage zu Konflikten ist zutreffend?

1. Offene Konflikte sind besonders problematisch, weil man sie schwer erkennt.
2. Verdeckte Konflikte sind besonders problematisch, weil man sie schwer erkennt.
3. Offene Konflikte sind besonders problematisch, weil man sie leicht erkennt.
4. Verdeckte Konflikte sind besonders problematisch, weil man sie leicht erkennt.
5. Konflikte sind nur dann problematisch, wenn man sie erkennt.

34. Aufgabe

Konflikte können je nach Ursache in unterschiedliche Konfliktarten unterteilt werden. Ordnen Sie durch Eintrag der jeweiligen Ziffer in das Kästchen die folgenden Konflikte aus der Dialogfix GmbH der korrekten Kategorie zu.

☐ Zielkonflikt
☐ Wertekonflikt
☐ Beziehungskonflikt
☐ Rollenkonflikt

1. Teamleiterin Christa verfolgt das Ziel, einen höheren Umsatz zu erreichen. Sie möchte deshalb, dass Agentin Anna während des Beratungsgesprächs arglosen Kunden TV-Abonnements verkauft, die sie eigentlich nicht benötigen. Anna lehnt das ab, weil sie es unfair findet.
2. Christa hat Vorurteile gegenüber jungen Menschen („die haben heute keine Moral mehr") und überträgt diese auf Anna. Da Christa mit Annas jugendlicher Art nicht zurechtkommt, kritisiert sie oft deren Arbeit, auch wenn sie fehlerfrei war.
3. Anna soll auf Christas Anweisung hin im neuen Projekt ein Arbeitspaket übernehmen. Anna hat aber kein Interesse daran, sie möchte lieber eine Weiterbildungsmaßnahme besuchen.
4. Christa soll sich als Mitglied des Betriebsrats um die Anliegen der Mitarbeiter kümmern.

35. Aufgabe

Sobald es im Projektteam der Dialogfix GmbH zu Konflikten kommt, versucht der Teamleiter einzugreifen. Bringen Sie die nachfolgenden Schritte zur Konfliktlösung durch Eintrag der Ziffern 1 bis 5 in eine sinnvolle Reihenfolge.

☐ Konfliktgespräch führen
☐ Bereitschaft zur Konfliktlösung prüfen
☐ Konflikt eingrenzen
☐ Nachbearbeitung des Konflikts
☐ Konflikt wahrnehmen

36. Aufgabe ☐

Die Dialogfix GmbH muss zur Durchführung des vorliegenden Projektes auch Mitarbeiter einarbeiten. Welche der nachfolgenden Aussagen über die Wahl der passenden Einarbeitungsmethode ist zutreffend?

1. Die Wahl der Einarbeitungsmethode spielt keine große Rolle, weil alle Methoden sehr ähnlich sind.
2. Die Wahl der Einarbeitungsmethode hat keinen Einfluss auf die Motivation des neuen Mitarbeiters und sollte daher von fachlichen Aspekten bestimmt werden.
3. Die Wahl der Einarbeitungsmethode sollte von kurzfristigen Erfordernissen bestimmt werden, um möglichst schnell einen produktiven Mitarbeiter zu bekommen.
4. Die Wahl einer Einarbeitungsmethode sollte für das gesamte Unternehmen einheitlich erfolgen.
5. Die Wahl der Einarbeitungsmethode ist einerseits abhängig von den Kenntnissen und Fähigkeiten des einzuarbeitenden Mitarbeiters, andererseits von der Komplexität der neuen Aufgabe.

37. Aufgabe ☐

Die Einarbeitung neuer Mitarbeiter bei der Dialogfix GmbH erfolgt auch über das Patenmodell. Welche Aussage über dieses Modell ist <u>nicht</u> zutreffend?

1. Beim Patenmodell bekommt der neue Mitarbeiter einen Ansprechpartner im Unternehmen zugewiesen.
2. Der Pate kann auch Vorgesetzter des neuen Mitarbeiters sein, da auf diese Weise der bestehende Kontakt besonders gut genutzt werden kann.
3. Der Pate muss sich in die Situation des neuen Mitarbeiters hineinversetzen können.
4. Idealerweise handelt es sich bei dem Paten um einen erfahrenen Mitarbeiter mit einer Stelle, die derjenigen des neuen Mitarbeiters entspricht.
5. Der Pate muss über ausreichend Erfahrung im Unternehmen verfügen.

Z *38. Aufgabe* ☐

Die Versandstelle der neuen Smartcards kommt 12 Tage mit dem aktuellen Vorrat an Smartcards aus, wenn täglich 2 240 Stück bestellt werden. Durch das Outbound-Projekt steigt der Versand auf 2 688 Stück pro Tag. Nach wie vielen Tagen ist der Vorrat aufgebraucht?

39. Aufgabe Z

Sieben Agents des Teams der Dialogfix GmbH erledigen in 14 Arbeitstagen 4 704 Outbound-Telefonate, wenn acht Stunden täglich gearbeitet wird. Wegen eines anderen Projektes muss das Personal reduziert werden, sodass nur noch vier Agents täglich fünf Stunden telefonieren. Wie viele Gespräche werden jetzt bei sonst gleich bleibenden Bedingungen in 22 Werktagen absolviert?

40. Aufgabe

Da der Auftraggeber mit der Projektabwicklung durch die Dialogfix GmbH sehr zufrieden war, erteilt er auch einen Auftrag für eine Mailing-Aktion. Um diese Aktion durchführen zu können, muss die Dialogfix GmbH noch 500 000 Briefkuverts bestellen. Über den derzeitigen Lieferanten bezieht das Unternehmen je 1 000 Kuverts zum Einstandspreis von 50,00 €. Darüber hinaus liegt das Angebot eines Konkurrenzunternehmens vor:
500 000 Kuverts zum Listeneinkaufspreis von 10 000,00 €, 12 % Mengenrabatt und 2 % Skonto bei Zahlung innerhalb von 10 Tagen, es fallen zudem noch 120,00 € Bezugskosten an.
Für welchen Anbieter wird sich die Dialogfix GmbH entscheiden, wenn sie das Skonto in Anspruch nimmt? Geben Sie bei der Berechnung das Kalkulationsschema und einen Antwortsatz an.

Situation zu den Aufgaben 41 bis 49:

Die Dialogfix GmbH soll im Auftrag der Werkstattkette Autoteile Regun AG die Kundenzufriedenheit ermitteln und steigern. Hierzu erfolgt eine Telefonumfrage unter allen 150 000 Kunden, die im letzten Monat eine Werkstatt der Kette besucht haben. Zusätzlich werden in jeder Filiale Plakate mit einer Hotline aufgehängt, unter der sich Kunden mit Kritik oder Lob zu ihrer Filiale melden können. Kunden, die aufgrund einer Unzulänglichkeit der Werkstatt eine besonders schlechte Bewertung abgegeben haben, sollen ein Anschreiben sowie einen Gutschein als Entschuldigung bekommen. Ziel des Projektes ist es, ein Ranking der Filialen bezüglich der Kundenzufriedenheit zu erstellen, um darauf basierend entsprechende Maßnahmen einleiten zu können. Einmalig unzufriedene Kunden sollen über den Gutschein den Kontakt zu ihrer Filiale nicht verlieren und als Kunden erhalten bleiben. Die Dialogfix GmbH und die Autoteile Regun AG planen für das Projekt eine Laufzeit von vier Wochen und ein Budget von 100 000,00 € ein.

41. Aufgabe

Zur Durchführung des vorliegenden Projektes wird in der Dialogfix GmbH ein neues Team zusammengestellt. Nennen Sie vier Eigenschaften, durch die sich ein Team von einer willkürlich gebildeten Personengruppe unterscheidet.

42. Aufgabe

Das neu zusammengestellte Team der Dialogfix GmbH unterliegt einer Teamentwicklung, die allgemein in vier Phasen aufgeteilt werden kann. Nennen Sie diese Phasen und erläutern Sie zu jeder Phase, was sich darin abspielt. Geben Sie auch für jede Phase in einem Satz an, wie der Teamleiter die Teamentwicklung positiv beeinflussen kann.

43. Aufgabe

Als Möglichkeit zur frühzeitigen Vermeidung von Konflikten durch den Teamleiter der Dialogfix GmbH kann auch die Transparenz von Entscheidungen genannt werden. Erläutern Sie diese Aussage.

44. Aufgabe

Die Dialogfix GmbH muss zur Bewältigung des vorliegenden Projektes neue Mitarbeiter einarbeiten. In einem konkreten Fall ist zu entscheiden, ob der neue Mitarbeiter vor dem Praxiseinsatz auf eine umfangreiche Schulung geschickt wird oder nach kurzer Einweisung direkt mit der Tätigkeit beginnen soll („Learning by Doing"). Nennen Sie zwei wichtige Aspekte, die Sie in der beschriebenen Situation bei der Wahl der Einarbeitungsmethode berücksichtigen müssen, und geben Sie an, wie diese Aspekte Ihre Wahl beeinflussen.

45. Aufgabe

Eine bei der Dialogfix GmbH angewandte Einarbeitungsmethode ist das Patenmodell. Erläutern Sie dieses Modell und nennen Sie Vor- bzw. Nachteile. Welche Eigenschaften muss aus Ihrer Sicht ein Pate besitzen, um seiner Aufgabe gerecht zu werden?

46. Aufgabe

Die Auszubildende Nina Schäfer soll für die Projektleiterin Christa Zell das nächste Teammeeting organisieren. Erstellen Sie eine Checkliste mit den zehn wichtigsten Punkten, die Nina dabei beachten muss, und ordnen Sie diese den Phasen Planung, Vorbereitung, Durchführung und Nachbereitung des Teammeetings zu.

47. Aufgabe

Zu einem Teammeeting der Dialogfix GmbH werden drei Abteilungsleiter (Frau Stoll, Herr Grund, Frau Glößner) eingeladen, deren Anwesenheit unbedingt notwendig ist. Als Termine kommen 18./21./24. Mai infrage. Erläutern Sie, wie Nina diesen Umstand bei der Planung berücksichtigen sollte und skizzieren Sie ein Formular, das Nina hier einsetzen kann.

48. Aufgabe

Die Dialogfix GmbH plant für das vorliegende Projekt die Einführung eines IT-gestützten, vernetzten Terminplanungssystems für alle Teammitglieder. Erläutern Sie mindestens drei Vorteile eines solchen Systems gegenüber der Terminplanung in einem manuellen Kalender.

49. Aufgabe

Bevor das System für alle Mitarbeiter eingeführt wird, sollen Regeln zur Nutzung erarbeitet werden. Erstellen Sie eine Stichwortliste mit drei wichtigen Regeln, die jeder Mitarbeiter bei der Nutzung des Terminplanungssystems aus Ihrer Sicht beachten sollte.

Situation zu den Aufgaben 50 bis 54:
Die Dialogfix GmbH mietet im Nachbargebäude ein zusätzliches Großraumbüro an.

50. Aufgabe

Nennen Sie je drei Vor- und Nachteile, die mit dieser Raumform verbunden sind.

51. Aufgabe

Nennen Sie drei rechtliche Vorschriften, die von der Dialogfix GmbH bei der Einrichtung des Großraumbüros beachtet werden müssen, und geben Sie jeweils einen konkreten Inhalt dieser Vorschriften an.

52. Aufgabe

Das neue Großraumbüro wurde inzwischen bezogen, jedoch mehren sich die Klagen von Mitarbeitern über den hohen Lärmpegel. Schlagen Sie drei geeignete Maßnahmen zur Abhilfe vor.

53. Aufgabe

Um den Erfolg der Maßnahmen zu überprüfen, soll der Lärmpegel gemessen werden. Welche zwei Einheiten stehen zur Verfügung, um die Lautstärke zu messen?

54. Aufgabe

Nennen Sie neben dem Faktor „Lärm" drei weitere die Arbeitsleistung beeinflussende Umweltfaktoren, um die sich das Unternehmen bei der Büroeinrichtung kümmern muss.

Lösungen zu Kapitel 2

1. Aufgabe	1, 6	*21. Aufgabe*	3
2. Aufgabe	4	*22. Aufgabe*	3
3. Aufgabe	2	*23. Aufgabe*	4
4. Aufgabe	5, 4, 6, 1, 3, 2	*24. Aufgabe*	5
5. Aufgabe	4	*25. Aufgabe*	2
6. Aufgabe	2, 4, 3, 7, 5, 1, 6	*26. Aufgabe*	4
7. Aufgabe	1	*27. Aufgabe*	2
8. Aufgabe	2	*28. Aufgabe*	3
9. Aufgabe	1	*29. Aufgabe*	2, 5
10. Aufgabe	4	*30. Aufgabe*	3
11. Aufgabe	5	*31. Aufgabe*	5
12. Aufgabe	1	*32. Aufgabe*	2
13. Aufgabe	3	*33. Aufgabe*	2
14. Aufgabe	2	*34. Aufgabe*	3, 1, 2, 4
15. Aufgabe	4, 6	*35. Aufgabe*	4, 3, 2, 5, 1
16. Aufgabe	1	*36. Aufgabe*	5
17. Aufgabe	3	*37. Aufgabe*	2
18. Aufgabe	3	*38. Aufgabe*	10 Tage
19. Aufgabe	2	*39. Aufgabe*	2 640 Gespräche
20. Aufgabe	480 m²		

40. Aufgabe Derzeitiger Lieferant: 50,00 € : 1 000 St. = 0,05 €/St.

Konkurrenzangebot:

LEP	10 000,00 €
– Rabatt (12 %)	1 200,00 €
= ZEP	8 800,00 €
– Skonto (2 %)	176,00 €
= BEP	8 624,00 €
+ Bezugskosten	120,00 €
= ESP	8 744,00 € : 500 000 St. = 0,02 €/St.

Die Dialogfix GmbH wird sich für den günstigeren Konkurrenzanbieter entscheiden.

41. Aufgabe Gemeinsames, klar beschriebenes Ziel; Teamidentität; jedes Teammitglied leistet seinen Beitrag zur Zielerreichung; festgelegte Kommunikationsregeln.

42. Aufgabe **Forming** (erstes Kennenlernen der Teammitglieder): Teamleiter organisiert das Kennenlernen.

Storming (Konflikte, Macht- und Positionskämpfe): Teamleiter zeigt Ziele auf, klärt Konflikte und führt im Team allgemein akzeptierte Entscheidungen herbei.

Norming (Entwicklung des Gruppenzusammenhalts, Teammitglieder haben ihre Rollen gefunden): Teamleiter strukturiert und verteilt Aufgaben.

Performing (gemeinsame Arbeit an der Zielerreichung, Solidarität): Ohne besonderen Anlass kein Eingriff des Teamleiters erforderlich.

43. Aufgabe Einige Arten von Konflikten können vermieden werden, wenn Entscheidungen der Führungskräfte von allen Teammitgliedern akzeptiert werden. Hierzu ist es notwendig, dass die Teammitglieder über die Hintergründe und Wege einer Entscheidung informiert werden (Transparenz).

44. Aufgabe Die Wahl der Einarbeitungsmethode ist einerseits abhängig von den Kenntnissen und Fähigkeiten des einzuarbeitenden Mitarbeiters, andererseits von der Komplexität der neuen Aufgabe. Ist der Mitarbeiter selbstständig, flexibel und aufgeschlossen für neue Themen, kann „Learning by Doing" die richtige Methode sein, sofern die Tätigkeit, die er neu übernehmen soll, für diese Methode nicht zu komplex ist. Handelt es sich um ein langwierig zu erlernendes Themengebiet mit viel theoretischem Hintergrund, ist eine Schulung vorzuziehen. Das Gleiche gilt für den Fall, dass der Mitarbeiter unsicher ist oder zunächst ein fachliches Fundament benötigt.

45. Aufgabe Beim Patenmodell bekommt der neue Mitarbeiter einen Ansprechpartner im Unternehmen zugewiesen, der ihn bei allen Fragen der Einarbeitung unterstützen soll. Der Pate muss sich in die Situation des neuen Mitarbeiters hineinversetzen können und über ausreichend Erfahrung im Unternehmen verfügen. Idealerweise handelt es sich bei dem Paten um einen erfahrenen Mitarbeiter mit einer Stelle, die der des neuen Mitarbeiters entspricht. Es sollte sich nicht um den direkten Vorgesetzten des neuen Mitarbeiters handeln, damit das notwendige Vertrauensverhältnis entstehen kann.

46. Aufgabe **Planung:** Inhalte festlegen, Programm aufstellen, Teilnehmerkreis bestimmen, Termin und Ort bestimmen, Einladungen versenden.

Vorbereitung: Raum, Ausstattung und Medien reservieren, Bewirtung organisieren.

Durchführung: Teilnehmerbegrüßung, Platzvergabe, ggf. Teilnehmervorstellung, ggf. Programmausgabe, Protokollaufnahme.

Nachbereitung: Protokollerstellung und -versendung (ggf. mit weiteren Unterlagen), Abrechnung erstellen.

47. Aufgabe Zur Vermeidung aufwendiger Terminabstimmungen ist es sinnvoll, allen Teilnehmern mehrere Terminvorschläge zu machen und den Termin zu wählen, an dem alle teilnehmen können. Nach Abschluss der Abfrage ist der endgültige Termin allen Betroffenen mitzuteilen.

Beispiel:
Bitte möglichen Termin mit einem Kreuz markieren:

	18. Mai	21. Mai	24. Mai
Stoll			
Grund			
Glößner			

48. Aufgabe

- Flexible Übersichten (Tag, Woche, Monat) für Nutzer und andere Teammitglieder.
- Ein Termin wird nur einmal eingetragen und ist dann automatisch in unterschiedlichen Ansichten verfügbar. Teammitglieder können die freigegebenen Termine der Kollegen einsehen.
- Automatische Terminabfrage möglich: Es kann eine Terminanfrage per automatisierter E-Mail an mehrere Empfänger gesendet und automatisch bestätigt bzw. in den Kalender eingetragen werden.
- Datenschutz und Datensicherheit: Durch die Sicherung per Kennwort und die Speicherung der Daten auf einem Server besteht ein hoher Schutz gegen Spähversuche und Datenverlust.

49. Aufgabe

- Jeder Mitarbeiter muss die Eintragungen im System regelmäßig überprüfen und seine E-Mails lesen.
- Alle Termine müssen zeitnah eingetragen werden, damit man sich auf den Kalender des Mitarbeiters/Kollegen verlassen kann.
- Wird ein mobiles Endgerät benutzt, ist auf die regelmäßige Synchronisation zu achten.

50. Aufgabe

Beispiele für Vorteile	Beispiele für Nachteile
geringe Kosten pro Arbeitsplatz	hoher Geräuschpegel
vereinfachte Kommunikation	schlechte klimatische Bedingungen
gemeinsame Nutzung von Arbeitsmitteln	ständige Öffentlichkeit

51. Aufgabe

- Arbeitsstättenverordnung (ArbStättV), z. B. Anforderungen an Sanitär- und Pausenräume
- Arbeitsschutzgesetz, z. B. Gefährdungsbeurteilung des Arbeitsplatzes
- Bildschirmarbeitsverordnung (BildscharbV), z. B. reflexions- und blendungsfreier Bildschirm

52. Aufgabe

- Trennwände zwischen den Arbeitsplätzen
- schallschluckende Bodenbeläge (z. B. Teppiche) und Wandverkleidungen
- räumliche Abtrennung von lauten Bürogeräten (z. B. Drucker)

53. Aufgabe Sone und Dezibel

54. Aufgabe z. B. Licht, Raumklima, Farbgestaltung

3 Betriebliche Prozessorganisation, qualitätssichernde Maßnahmen

Situation zu den Aufgaben 1 bis 6:
Die Ellisec Versicherungs AG erstellt aufgrund von Kundenanfragen schriftliche Angebote, die nach zwei Wochen telefonisch nachgefasst werden. Der täglich gleich ablaufende Vorgang von der telefonischen Kontaktierung der Angebotsempfänger über deren Beratung bis zur Erfassung der Kundenentscheidung wurde von der Versicherung an die Dialogfix GmbH ausgelagert.

1. Aufgabe ☐

Aus welchem Grund handelt es sich bei dem vorliegenden Beispiel nicht um ein Projekt, sondern um einen Geschäftsprozess?

1. Die Angebotsverfolgung wurde ausgelagert, ein Projekt wird aber grundsätzlich nicht ausgelagert.
2. Die Angebotsverfolgung wird regelmäßig durchlaufen, ein Projekt wird aber u. a. durch seine Einmaligkeit charakterisiert.
3. Die Angebotsverfolgung hat einen ungewissen Ausgang, der von der Kundenentscheidung abhängt. Ein Projekt hat immer einen sicheren Ausgang.
4. Aus Sicht des Kunden ist der Anruf ein einmaliger Vorgang. Geschäftsprozesse werden u. a. durch ihre Einmaligkeit charakterisiert.
5. An der Angebotsverfolgung sind mehrere Mitarbeiter gleichzeitig beteiligt. In einem Projekt sind die Arbeitsschritte immer nacheinander abzuarbeiten.

2. Aufgabe

Die Dialogfix GmbH wirbt damit, wegen ihrer an den Geschäftsprozessen ausgerichteten Organisation viele Vorteile durch stärkere Kunden-, Mitarbeiter- und Wertschöpfungsorientierung bieten zu können. Ordnen Sie die nachstehenden Beschreibungen dem passenden Vorteil zu, indem Sie die entsprechende Ziffer in das Kästchen eintragen.

☐ Kundenorientierung	1. Prozessorientierung ermöglicht die Konzentration auf gewinnbringende Kernprozesse.
☐ Mitarbeiterorientierung	2. Prozessorientierung ermöglicht eine hohe Reaktionsgeschwindigkeit bei Marktveränderungen.
☐ Wertschöpfungsorientierung	3. Prozessorientierung umfasst ganzheitliche Aufgabenbereiche.

3. Aufgabe

Die Ellisec Versicherungs AG prüft derzeit, ob weitere Prozesse (z. B. die telefonische Entgegennahme von Schadensfällen) an die Dialogfix GmbH ausgelagert werden können. Zur Untersuchung der Prozesse werden diese allgemein in drei Hauptgruppen unterteilt. Ordnen Sie die nachstehenden Beschreibungen der korrekten Prozessart zu, indem Sie die entsprechende Ziffer in das Kästchen eintragen.

☐ Kernprozesse	1. Prozesse, die indirekte Beiträge zur Leistungserstellung darstellen
☐ Unterstützungsprozesse	2. Prozesse zur Planung, Lenkung und Kontrolle des Unternehmens
☐ Führungsprozesse	3. Prozesse der eigentlichen betrieblichen Leistungserstellung

4. Aufgabe ☐☐

Prüfen Sie, welche zwei der nachstehenden Prozesse der Ellisec Versicherungs AG den Kernprozessen zugeordnet werden können.

1. Schadensabwicklung
2. Prozess der Personalauswahl
3. Prozess der jährlichen Budgetplanung
4. Entwicklung neuer Versicherungstarife
5. Einführung einer neuen Software zur Gehaltsabrechnung
6. Buchhaltung

5. Aufgabe ☐

Im Zusammenhang mit der Auslagerung von Prozessen befasst sich die Ellisec Versicherungs AG auch intensiv mit Prozessschnittstellen und den damit verbundenen Herausforderungen. Welche der nachfolgenden Aussagen zu Prozessschnittstellen ist nicht korrekt?

1. Prozessschnittstellen kennzeichnen Übergabepunkte, an denen das Ergebnis eines Prozesses als Input eines anderen Prozesses dient.
2. Das Ergebnis des Vorprozesses muss sich nahtlos in den Folgeprozess einfügen lassen.
3. Bei Problemen mit Prozessschnittstellen ist zu ermitteln, ob der vorgelagerte oder der folgende Prozess Mängel aufweist.
4. Prozessschnittstellen müssen immer so gestaltet werden, dass es nur einen Prozessverantwortlichen für Vor- und Folgeprozess gibt.
5. Oft wechselt an einer Prozessschnittstelle der Prozessverantwortliche, sodass eine reibungslose Informationsübergabe erfolgen muss.

6. Aufgabe

Zur Optimierung ihrer Prozesse setzt die Ellisec Versicherungs AG auf Prozess-Benchmarking. Welche der nachfolgenden Aussagen hierzu ist korrekt?

1. Beim Prozess-Benchmarking wird die Leistung eines Prozesses mit der Leistung eines Prozesses mit gleicher Aufgabe in einem anderen Unternehmensteil oder Unternehmen verglichen.
2. Beim Prozess-Benchmarking wird bestimmt, dass es im Unternehmen einen Prozessverantwortlichen gibt, der sich um die Prozessoptimierung kümmert.
3. Beim Prozess-Benchmarking wird hauptsächlich versucht, Schnittstellen zu vermeiden, da diese unnötige Kosten verursachen.
4. Prozess-Benchmarking umfasst ausschließlich Kernprozesse, da diese für das Unternehmen am wichtigsten sind.
5. Prozess-Benchmarking ist eine regelmäßige Befragung der Kunden über deren Zufriedenheit mit einem Prozessablauf.

Situation zu den Aufgaben 7 bis 11:
Als Assistent des Teamleiters sind Sie bei der Dialogfix GmbH auch für das Prozessmanagement zuständig.

7. Aufgabe

Die Dialogfix GmbH erhält von einem externen Kunden den Auftrag, in einer Testaktion Interessenten anzurufen, die sich aufgrund eines Mailings für ein neues Smartphone interessieren und nähere Informationen wünschen. Bevor diese Kampagne startet, werden Sie als Teamleiter beauftragt, den Geschäftsprozess für diese Aktion zu definieren. Stellen Sie fest, welches Ziel Sie damit verfolgen.

1. Der Geschäftsprozess soll die Abfolge von zusammenhängenden Tätigkeiten darstellen, die der Erbringung dieser Dienstleistung dienen.
2. Der Geschäftsprozess wird nur ein einziges Mal durchlaufen, bevor die Testaktion startet, weitere Durchläufe sind nicht möglich.
3. Der Geschäftsprozess stellt die Aufbauorganisation und die Ablauforganisation der Dialogfix GmbH dar.
4. Der Geschäftsprozess soll den Teil der Abläufe widerspiegeln, der in Form eines Gesprächsleitfadens nur für den Agent von Bedeutung ist.
5. Der Geschäftsprozess definiert die wesentlichen Erfolgskennzahlen, darunter den Servicelevel und die Erreichbarkeitsvorgaben.

8. Aufgabe

Im Rahmen der Prozessoptimierung werden bei der Dialogfix GmbH betriebliche Prozesse in Kernprozesse (Hauptprozesse), Unterstützungsprozesse (Nebenprozesse) und Führungsprozesse (Managementprozesse) unterschieden. Ordnen Sie korrekt zu, indem Sie die Kennziffern der betrieblichen Prozesse neben den Aktivitäten eintragen.

Aktivitäten:

☐ Verkaufsgespräche am Telefon
☐ Beantwortung eines Kundenanliegens per E-Mail
☐ Lohn- und Gehaltsabrechnung
☐ Beurteilung der Mitarbeiter
☐ Controlling der Kennzahlen
☐ Objektbetreuung durch das Facility Management

Betriebliche Prozesse:

1. Kernprozesse (Hauptprozesse)
2. Unterstützungsprozesse (Nebenprozesse)
3. Führungsprozesse (Managementprozesse)

9. Aufgabe ☐

Für die Identifikation und Beschreibung von Prozessen möchte die Dialogfix GmbH auch das Bottom-up-Verfahren verwenden. Prüfen Sie, womit dies erreicht werden kann.

1. Sich an den Prozessen von erfolgreichen Mitbewerbern orientieren.
2. Im Wesentlichen die Ideen der Geschäftsführung umsetzen.
3. Alle Prozesse durch eine externe Unternehmensberatung bewerten lassen.
4. Die an der Umsetzung der Prozesse beteiligten Mitarbeiter einbinden.
5. Prozesse stets nach „Bauchgefühl" gestalten.

10. Aufgabe ☐

Bei der Dialogfix GmbH achten Sie darauf, alle Prozesse effektiv zu gestalten. Prüfen Sie, in welchem Fall die Effektivität eines Prozesses steigt.

1. Ein veränderter Gesprächsleitfaden verkürzt die AHT um 15 Sekunden.
2. Der Prozess des Beschwerdemanagements kann rasch auf andere Produkte angepasst werden.
3. Beim telefonischen Nachfassen der Angebote erhöht sich die Erfolgsquote um 20 %.
4. Die Kosten pro Call können um 20 Cent gesenkt werden.
5. Die Durchlaufzeit eines Prozesses sinkt um 30 Sekunden.

11. Aufgabe ☐

Verschiedene Anlässe führen dazu, dass im Unternehmen Prozesse angepasst werden müssen. In welchem Fall ist jedoch keine Prozessanpassung erforderlich?

1. Die Bestimmungen des Bundesdatenschutzgesetzes (BDSG) ändern sich.
2. Ein nur noch selten nachgefragtes Produkt wird aus dem Angebot gestrichen.
3. Tarifänderungen können zukünftig auch online erfolgen.
4. Für ein Software-Abonnement wird ein neuer Tarif eingeführt.
5. Die Angestellte Petra Britten kündigt zum Quartalsende.

12. Aufgabe

Für den Getränkehersteller Maries-Premium-Fruchtsäfte AG hat die Dialogfix GmbH die wöchentliche Bestellaufnahme bei Gastronomiekunden übernommen. Hierzu ruft ein Agent den Gastronomiekunden an und prüft zunächst anhand einer Liste, ob der Gesprächspartner zur Abgabe der Bestellung berechtigt ist. Erst wenn ein bestellberechtigter Gesprächspartner gefunden ist, wird die Bestellung aufgenommen. Sollten nicht alle gewünschten Waren lieferbar sein, erfolgen ein Hinweis und ein Alternativvorschlag. Die Bestellung wird erst abgeschlossen, wenn alle bestellten Waren lieferbar sind. Ordnen Sie die fünf Ziffern der im Programmablaufplan gekennzeichneten Felder den aufgeführten Schritten zu.

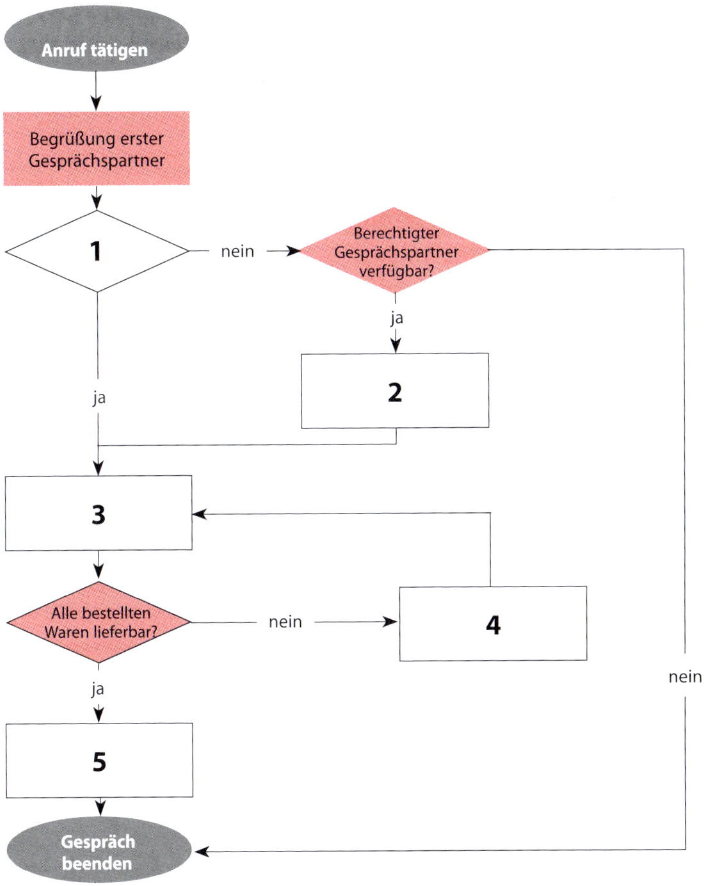

- ☐ Abfrage der zu bestellenden Waren
- ☐ Bestellung abschließen
- ☐ Gesprächspartner zur Bestellung berechtigt?
- ☐ Hinweis, dass Ware nicht lieferbar, und Vorschlag Alternative
- ☐ Begrüßung neuer Gesprächspartner

Situation zu den Aufgaben 13 bis 20:
Die Ellisec Versicherungs AG erstellt aufgrund von Kundenanfragen schriftliche Angebote, die nach zwei Wochen telefonisch nachgefasst werden. Der täglich gleich ablaufende Vorgang von der telefonischen Kontaktierung der Angebotsempfänger über deren Beratung bis zur Erfassung der Kundenentscheidung wurde von der Versicherung an die Dialogfix GmbH ausgelagert.

13. Aufgabe
Erläutern Sie, warum es sich hierbei um einen Geschäftsprozess und nicht um ein Projekt handelt.

14. Aufgabe
Die Dialogfix GmbH behauptet, wegen ihrer an den Geschäftsprozessen ausgerichteten Organisation viele Vorteile durch stärkere Kunden-, Mitarbeiter- und Wertschöpfungsorientierung zu haben. Erläutern Sie diese Aussage.

15. Aufgabe
Die Ellisec Versicherungs AG prüft derzeit, ob weitere Prozesse (z. B. die telefonische Entgegennahme von Schadensfällen) an die Dialogfix GmbH ausgelagert werden können. Zur Untersuchung der Prozesse werden diese allgemein in drei Hauptgruppen unterteilt. Nennen und erläutern Sie diese mit jeweils einem zur Situation passenden Beispiel.

16. Aufgabe
Geben Sie zwei Gründe an, die die Ellisec Versicherungs AG dazu bewegen könnten, weitere Prozesse an die Dialogfix GmbH auszulagern (Outsourcing).

17. Aufgabe
Gelegentlich muss die Dialogfix GmbH Prozesse anpassen. Nennen Sie drei mögliche Einflussfaktoren, die eine Prozessanpassung notwendig machen.

18. Aufgabe
Im Zusammenhang mit der Auslagerung von Prozessen befasst sich die Ellisec Versicherungs AG auch intensiv mit den Prozessschnittstellen. Erläutern Sie den Begriff Prozessschnittstelle, nennen Sie ein Beispiel und erläutern Sie die mit Schnittstellen zusammenhängenden Herausforderungen.

19. Aufgabe
Zur Beurteilung ihrer Prozesse setzt die Ellisec Versicherungs AG auf Prozess-Benchmarking. Erläutern Sie diesen Begriff anhand eines Beispiels.

20. Aufgabe
Erläutern Sie neben dem Prozess-Benchmarking zwei weitere Verfahren, mit denen die Ellisec Versicherungs AG ihre Prozesse überprüfen und anpassen kann.

21. Aufgabe

Die Dialogfix GmbH übernimmt für die MyMusical Entertainment AG die Abwicklung der telefonischen Kartenbestellungen. Nach der Entgegennahme des Anrufs werden vom Besteller zunächst das gewünschte Musical und dann der gewünschte Termin erfragt. Sind noch freie Plätze vorhanden, wird die Reservierung vorgenommen und das Gespräch beendet. Sollten zum gewünschten Termin keine Plätze mehr verfügbar sein, wird der Besteller um die Angabe eines Alternativtermins gebeten. Ist dies nicht möglich, wird das Gespräch beendet. Anderenfalls erfolgt eine Prüfung des Alternativtermins.
Erstellen Sie aus der Situationsbeschreibung einen Programmablaufplan (PAP).

22. Aufgabe

Von der FairBank AG hat die Dialogfix GmbH den Auftrag bekommen, die eingehenden Anträge für Konsumentenkredite zu bearbeiten. Nach dem Öffnen des Briefes werden die darin enthaltenen Unterlagen auf Vollständigkeit geprüft. Briefe mit unvollständigen Unterlagen werden zur Nachbearbeitung an ein Serviceteam weitergeleitet. Sind die Unterlagen vollständig, ist zu kontrollieren, ob alle Felder korrekt ausgefüllt sind und ob die Anträge unterschrieben sind. Trifft dies nicht zu, erfolgt ebenfalls die Weiterleitung zur Nachbearbeitung an ein Serviceteam. Vollständige und korrekte Anträge werden im System erfasst. Von dort erfolgt die automatische Weiterbearbeitung (Bonitätsprüfung, Auszahlung). Die Unterlagen werden von der Dialogfix GmbH zur Archivierung vorbereitet.
Erstellen Sie aus der Situationsbeschreibung einen Programmablaufplan (PAP).

23. Aufgabe

Die Dialogfix GmbH übernimmt als Outsourcing-Partner die Auftragsbearbeitung für einen führenden Hersteller von Mobiltelefonen. Dabei ist die Dialogfix GmbH sowohl für die Bestellannahme als auch für den Versand der Mobiltelefone an den Endkunden sowie für die Rechnungserstellung verantwortlich. Stellen Sie diesen Prozess der Auftragsbearbeitung im Callcenter in einer einfachen Input-Output-Beziehung grafisch dar!

Situation zu den Aufgaben 24 bis 28:
Die Dialogfix GmbH ist seit einem halben Jahr als Outsourcing-Partner für einen Pay-TV-Anbieter tätig und bearbeitet sowohl allgemeine kaufmännische als auch technische Kundenanfragen. Trotz anfänglich guter Fortschritte hinsichtlich Qualität und Produktivität ist die Entwicklung der letzten Wochen nicht zufriedenstellend, vertraglich vereinbarte Kennzahlen können nicht erreicht werden. Der verantwortliche Key-Account-Manager des Auftraggebers, Peter Schümann, verliert zusehends das Vertrauen und fordert Sie als Projektleiter auf, sämtliche Maßnahmen darzulegen, die eine unverzügliche Verbesserung der Kennzahlen erwarten lassen.

24. Aufgabe

In einem ersten Schritt sollen Sie sich mit den rasch zu ermittelnden Kennzahlen der technischen Qualitätskontrolle beschäftigen. Nennen und erläutern Sie zwei dieser Kennzahlen, die üblicherweise mittels ACD-Anlage ausgewertet werden.

25. Aufgabe

Welche weiteren qualitätsrelevanten Faktoren der Gesprächsführung können im Rahmen von Qualitätsmessungen geprüft werden? Nennen Sie Herrn Schümann zehn geeignete Faktoren!

26. Aufgabe

Nachdem die klaren Ziele und Leistungsstandards definiert wurden, stellen Sie die Methoden vor, mit denen Sie die Qualität der Auftragsdurchführung messen und verbessern werden. Ihre erste Wahl sind dabei Mystery Calls. Erläutern Sie diese Methode der Qualitätssicherung und nennen Sie mindestens je zwei Vor- und Nachteile dieser Methode.

27. Aufgabe

Herrn Schümann reichen Mystery Calls nicht aus. Er bittet Sie, auch Side-by-Side-Coachings und Silent Monitorings durchzuführen. Erläutern Sie diese Methoden und nennen Sie anschließend mindestens je zwei Vor- und Nachteile der jeweiligen Methode.

28. Aufgabe

Die durchgeführten Qualitätsmessungen decken zum Teil deutliche Abweichungen der Fachkompetenz der Mitarbeiter von den definierten Standards auf. Herr Schümann beauftragt Sie folglich, ein Lernkonzept zur Qualitätsverbesserung zu erstellen. Nennen Sie fünf notwendige Bestandteile dieses Lernkonzepts!

Lösungen zu Kapitel 3

1. Aufgabe	2	*7. Aufgabe*	1
2. Aufgabe	2, 3, 1	*8. Aufgabe*	1, 1, 2, 3, 3, 2
3. Aufgabe	3, 1, 2	*9. Aufgabe*	4
4. Aufgabe	1, 4	*10. Aufgabe*	3
5. Aufgabe	4	*11. Aufgabe*	5
6. Aufgabe	1	*12. Aufgabe*	3, 5, 1, 4, 2

13. Aufgabe Der vorliegende Geschäftsprozess wird mehrfach durchlaufen, ein Projekt wird hingegen u. a. durch seine Einmaligkeit charakterisiert.

14. Aufgabe
- Markt- und Kundenorientierung: Prozessorientierung ermöglicht flexible Auftragsabwicklung mit hoher Reaktionsgeschwindigkeit bzgl. Kundenwünschen und Marktveränderungen.
- Mitarbeiterorientierung: Prozessorientierung umfasst ganzheitliche Aufgabenbereiche und erhöht somit die Arbeitszufriedenheit und Motivation der Mitarbeiter.
- Wertschöpfungsorientierung: Durch die Prozessorientierung kann eine Konzentration auf die wertschöpfenden Kernprozesse erfolgen.

15. Aufgabe
- Kernprozesse (Hauptprozesse): eigentliche betriebliche Leistungserstellung, z. B. Prozess der Schadensabwicklung.
- Unterstützungsprozesse (Nebenprozesse): indirekte Beiträge zur Leistungserstellung, z. B. Prozess der Personalauswahl.
- Führungsprozesse (Managementprozesse): Planung, Lenkung und Kontrolle des Unternehmens, z. B. Prozess der jährlichen Budgetplanung.

16. Aufgabe
- der Dienstleister kann die Prozesse günstiger erbringen
- die Prozesse werden vom Dienstleister qualitativ hochwertiger ausgeführt

17. Aufgabe
- veränderte Kundenwünsche
- technische Neuerungen
- veränderte rechtliche Rahmenbedingungen
- neue Mitbewerber auf dem Markt

18. Aufgabe Prozessschnittstellen kennzeichnen Übergabepunkte, an denen das Ergebnis (Output) eines Prozesses als Input eines anderen Prozesses dient (z. B. wird das Ergebnis des Prozesses Schadensaufnahme von dem Prozess Schadensabwicklung übernommen). In der Regel wechselt bei einer Prozessschnittstelle der Prozessverantwortliche, sodass eine reibungslose Informationsübergabe erfolgen muss. Das Ergebnis des Vorprozesses muss sich nahtlos in den Folgeprozess einfügen lassen. Bei Problemen mit Prozessschnittstellen ist zu ermitteln, ob der vorgelagerte oder der folgende Prozess Mängel aufweist.

19. Aufgabe Die Leistung eines Prozesses kann mit der Leistung eines Prozesses mit gleicher Aufgabe in einem anderen Unternehmensteil oder Unternehmen verglichen werden. Wer die Prozesse optimal (i. d. R. schnell = kostengünstig, in guter Qualität = effektiv) durchführt, setzt die Benchmark, d. h. den Standard, an dem sich alle anderen orientieren sollten.

20. Aufgabe

- Kontinuierlicher Verbesserungsprozess (KVP): Stetige Prozessverbesserung durch kleine Schritte, die z. B. über den PDCA-Zyklus umgesetzt werden (Plan – Do – Check – Act).
- Betriebliches Vorschlagswesen: Nutzung von Verbesserungsvorschlägen der Mitarbeiter.

21. Aufgabe

Web

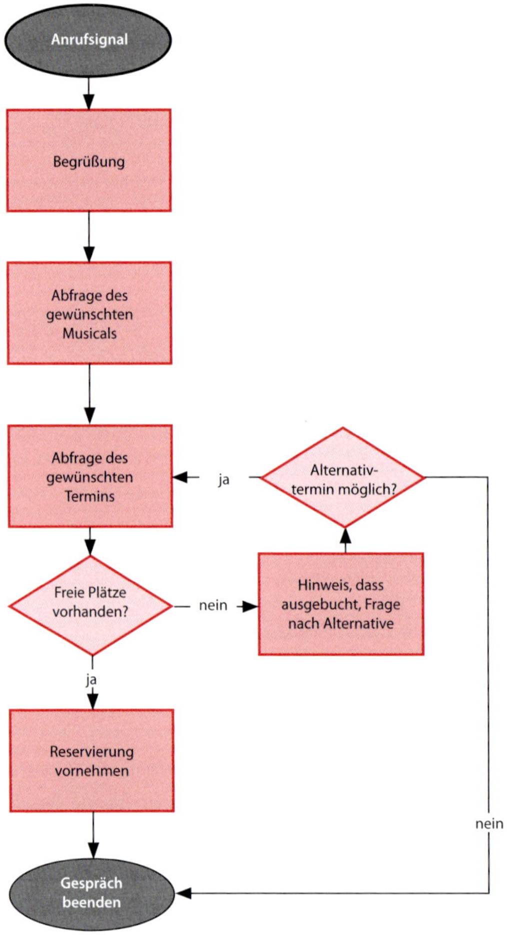

22. Aufgabe

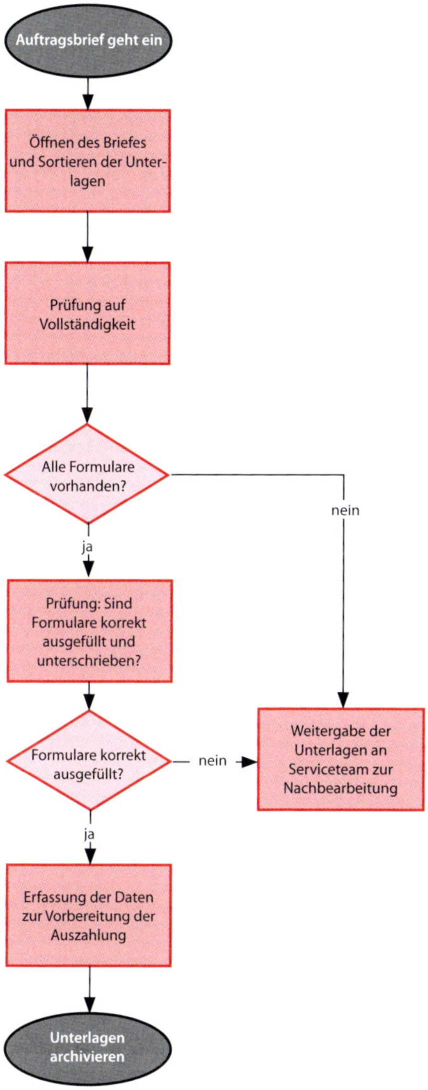

Hinweis zu den Lösungen zu Aufgabe 21 und 22: Ein- und Ausgaben werden auch als Rechteck dargestellt.

23. Aufgabe

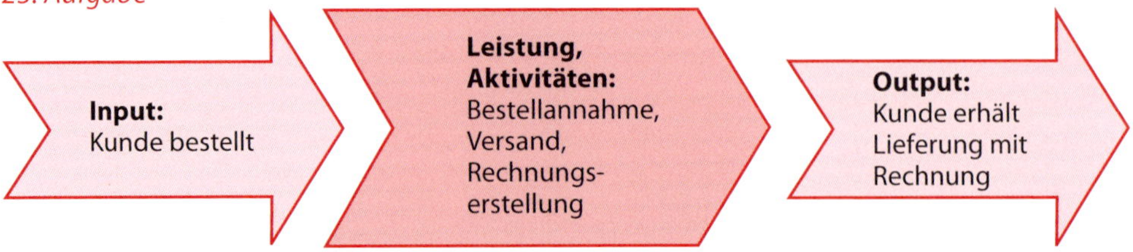

24. Aufgabe **Servicelevel:** Der Servicelevel ist die Größe zur Messung der Erreichbarkeit eines Callcenters. Er drückt aus, wie viel Prozent der Anrufe innerhalb einer bestimmten Zeit entgegengenommen werden.

Average Handling Time (AHT): Die AHT bezeichnet die gesamte Zeitspanne, die ein Kundengespräch in Anspruch nimmt. Sie setzt sich aus Gesprächszeit und Nachbearbeitungszeit zusammen.

25. Aufgabe Beispiele: Verbindlichkeit des Mitarbeiters gegenüber dem Kunden, Freundlichkeit, Fach-, Beratungs- und Lösungskompetenz des Mitarbeiters, Wertschätzung des Kunden, Gesprächsatmosphäre, Einfachheit der Aussagen gegenüber dem Kunden, Angebotsplatzierung/Kunden-Nutzen-Formulierung, Corporate Identity/Wording/Nutzung Sprachregelungen, aktive Gesprächsführung, Einwandbehandlung, Sprechgeschwindigkeit, Lautstärke, Verständnis für den Kunden aufbringen.

26. Aufgabe Bei **Mystery Calls** führen meist externe Unternehmen eine vorher vereinbarte Anzahl an Testanrufen in einem bestimmten Zeitraum durch. Da sich die Anrufer hier als Kunden ausgeben, wird die gestellte Situation vom Mitarbeiter nicht erkannt. Der Testanrufer wertet im Anschluss anhand vorgegebener Kriterien das Servicegespräch aus.

Vorteile:

- Das gesamte Kundenerlebnis kann gemessen werden (von der Warteschleife bis zum Mitarbeiter).
- Die Beurteilung erfolgt aus der Sicht des Kunden.
- Keine Prüfungssituation für den Agenten.

Nachteile:

- Technisch aufwendig, da bei Bestandskunden auch entsprechend ein Datensatz in der Kundendatenbank vorhanden sein muss.
- Die Urteile unterliegen dem subjektiven Eindruck des Anrufers.
- Es besteht die Gefahr, dass der Mitarbeiter die künstliche Situation erkennt.

27. Aufgabe Beim **Side-by-Side-Coaching** beobachtet der Teamleiter oder ein Coach den Mitarbeiter direkt am Arbeitsplatz. Über ein weiteres Headset hört er die Gespräche mit und wertet diese gemeinsam mit dem Mitarbeiter aus.

Vorteile:

- Neben dem Gespräch kann auch die Bedienung der Computerprogramme beobachtet werden.

- Das gesamte Verhalten des Mitarbeiters während des Gesprächs kann erfasst werden.

Nachteile:

- Falsches Verhalten des Mitarbeiters kann auch durch die als Prüfung empfundene Situation ausgelöst worden sein.
- Es besteht die Gefahr, dass der Mitarbeiter sein Verhalten nur für diese Beobachtungssituation ändert.

Beim **Silent Monitoring** sitzt der Qualitätsbeauftragte (Teamleiter, Coach oder Trainer) nicht am Arbeitsplatz des Agenten, sondern hört räumlich entfernt unbemerkt Gespräche mit.

Vorteile:

- Der Coach sitzt nicht unmittelbar beim Mitarbeiter, dieser fühlt sich weniger beobachtet, das Gespräch verläuft authentisch.
- Möglichkeit der Gesprächsaufzeichnung.

Nachteile:

- Rechtliche Rahmenbedingungen sind komplex.
- Gefahr des „gläsernen Mitarbeiters", permanente Überwachung.

28. Aufgabe Beispiele: Workshop zur Zieldefinition, Bedarfsanalyse, Erstellung von Schulungsunterlagen/Konzeptionierung, Schulung der Mitarbeiter, Zielerreichung überprüfen.

4 Sprachliche und schriftliche Kommunikation

Z *1. Aufgabe*

Von Ihrem Teamleiter erhalten Sie eine Einladung zu einem Seminar. Das Thema lautet „Nonverbale Kommunikation". Welche zwei Inhalte können Sie in diesem Seminar erwarten?

1. Argumentieren
2. Atemtechnik
3. Mimik
4. Sprechgeschwindigkeit
5. Lautstärke
6. Körperhaltung

Z *2. Aufgabe*

In einem Teammeeting empfiehlt Ihr Teamleiter, in der Kundenkorrespondenz verstärkt Textbausteine einzusetzen. Welchen Vorteil verspricht sich der Teamleiter davon?

1. Einheitliches Auftreten gegenüber dem Kunden
2. Individualität in der Korrespondenz
3. Umfassende Erhöhung der Kundenzufriedenheit
4. Vielfalt in den Formulierungen
5. Ausschluss inhaltlicher Fehler

Z *3. Aufgabe*

In den Textbausteinen wurde auf eine kundenorientierte Formulierung geachtet. Welcher Grundsatz ist demnach umgesetzt worden?

1. Auf Aktivformulierungen verzichten
2. Viele Substantivierungen verwenden
3. Einfache Wortwahl vermeiden
4. Viele Nebensätze einbauen
5. Möglichst viele Verben einsetzen

Z *4. Aufgabe*

Die Dialogfix GmbH hat für die Mitarbeiter ein Merkblatt zur Gestaltung von geschäftlichen E-Mails erstellt. Welche Regel wird darin nicht zu finden sein?

1. Rechtschreibregeln einhalten
2. Empfänger grundsätzlich duzen
3. Keine Smileys verwenden
4. E-Mails kurz und übersichtlich halten
5. Netiquette beachten

5. Aufgabe ☐ Z

In der schriftlichen Korrespondenz muss die Dialogfix GmbH die Regelungen der DIN 5008 beachten. Welches Themengebiet wird in dieser Norm jedoch nicht angesprochen?

1. Aufbau eines Briefes
2. Frankierung eines Briefes
3. Seitenabstände eines Briefes
4. Gestaltungshinweise für einen Brief
5. Struktur des Anschriftfeldes eines Briefes

6. Aufgabe ☐ Z

Welche Schreibweise des Datumsformates ist laut DIN 5008 richtig?

1. 2. Mai 2014
2. Mai 02 2014
3. 02. Mai 2014
4. 02:05:14
5. 14-02-05

7. Aufgabe ☐ Z

Sie erhalten den Auftrag, eine Präsentation zu den wesentlichen Inhalten der Transaktionsanalyse auszuarbeiten. Welches Themengebiet müssen Sie dazu nicht bearbeiten?

1. Egogramm
2. Sender und Empfänger
3. Ich-Zustände
4. Gekreuzte Transaktionen
5. Vier Seiten einer Nachricht

Situation zu Aufgabe 8:

Während eines Coachings hat sich gezeigt, dass die Rhetorikkenntnisse der Auszubildenden verbessert werden müssen. Der Teamleiter veranlasst eine Schulung. Florian führt während der Schulung ein simuliertes Beratungsgespräch.

„Der Laserdrucker xp 5000 wird vom Fachportal ‚OfficeWorld 2.0' als für Selbstständige und Kleinbetriebe sehr geeigneter Laserdrucker beschrieben, da der Drucker im Vergleich die geringsten Druckkosten pro Seite hat."

„Das Onlinemagazin ‚Druckertest' schreibt, dass dieser Drucker aufgrund seiner Größe gerade für kleine Büros sehr unpraktisch ist."

„Beim Kauf eines Laserdruckers für Selbstständige und Kleinbetriebe ist auf weitere Aspekte zu achten, wie Druckgeschwindigkeit und Druckqualität. Lassen Sie uns diese Punkte noch klären, damit Sie sich für den Drucker entscheiden, der wirklich zu Ihren Bedürfnissen passt."

Z **8. Aufgabe** ☐

Welchen Bauplan der Fünfsatz-Technik hat Florian angewendet?

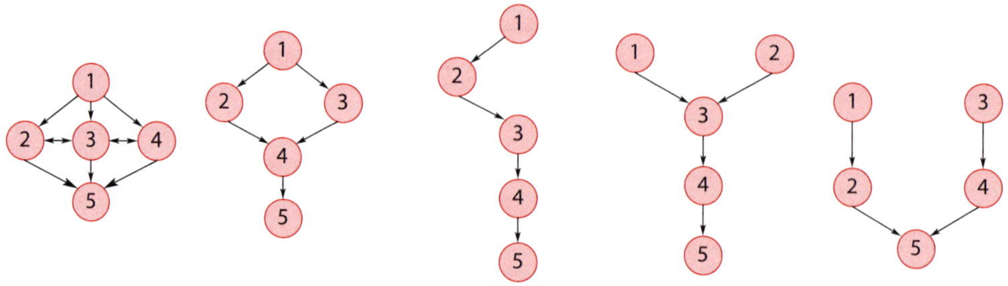

1. Aufsatzplan | 2. Dialektischer Aufbau | 3. Ausklammerung | 4. Kompromiss | 5. Vergleich

Situation zu den Aufgaben 9 bis 14:
Lilo Wuttkow absolviert ein Praktikum bei der Dialogfix GmbH. Nachdem sie einige Zeit an der Hotline zugehört hat, fällt ihr auf, dass im Kundengespräch unterschiedliche Fragearten verwendet werden.

Z **9. Aufgabe** ☐

Mit welchem Beispiel können Sie der Praktikantin die Frageart „offene Fragen" erläutern?

1. „Haben Sie unser Angebot schon erhalten?"
2. „Finden Sie nicht auch, dass das die optimale Lösung ist?"
3. „Sie denken dann noch mal darüber nach?"
4. „Was ist Ihnen wichtig?"
5. „Sollen wir das neue Angebot nehmen oder lieber die alte Variante?"

Z **10. Aufgabe** ☐

Lilo fragt Sie, welche Vorteile offene Fragen haben. Wie muss Ihre Antwort lauten?

1. Es ist eine kurze und knappe Antwort zu erwarten.
2. Mit der Frage wird bereits eine Entscheidungshilfe vorgegeben.
3. Der Kunde wird zu einer Entscheidung aufgefordert.
4. Der Kunde fühlt sich in seiner Antwortmöglichkeit nicht eingeengt.
5. Der Kunde kann aus zwei Alternativen auswählen.

Z **11. Aufgabe** ☐

Im Laufe des Praktikums soll Lilo testweise auch eigene Gespräche führen. In welcher Gesprächsphase raten Sie ihr zum Einsatz von offenen Fragen?

1. Auf offene Fragen sollte nach Möglichkeit ganz verzichtet werden.
2. Gleichmäßig über den Gesprächsverlauf verteilt.
3. Zu Beginn der Bedarfsermittlung.
4. Gegen Ende der Bedarfsermittlung.
5. Zum Gesprächsabschluss.

12. Aufgabe ☐☐ Z

Lilo fürchtet sich bei den anstehenden Gesprächen insbesondere davor, an einen aufgebrachten Kunden zu geraten. Welche zwei angemessenen Verhaltensweisen schlagen Sie der Praktikantin für solche Situationen vor?

1. Aktives Zuhören anwenden.
2. Streng am Gesprächsleitfaden festhalten.
3. Kundenanliegen herunterspielen.
4. Gesprächsförderer einsetzen.
5. Gesprächspausen vermeiden.
6. Auf das Kundenanliegen nicht weiter eingehen.

13. Aufgabe ☐ Z

Im Laufe des Praktikums weisen Sie Lilo darauf hin, dass es unterschiedliche Kundentypen gibt, bei denen differenzierte Gesprächsstrategien ratsam sind. Welche Strategie müssen Sie der Praktikantin im Umgang mit dem „Besserwisser" empfehlen?

1. Den Kunden umgehend zurechtweisen und die Oberhand behalten.
2. Den Kunden möglichst oft bestätigen.
3. Dem Kunden viele Suggestivfragen stellen.
4. Dem Kunden den eigenen Standpunkt verdeutlichen.
5. Den Kunden mit umfangreichem Faktenwissen überzeugen.

14. Aufgabe ☐ Z

Sie möchten der Praktikantin die deutsche Buchstabiertafel erläutern. Wie muss demnach der Nachname des Kunden Florian Mahler buchstabiert werden?

1. Michael – Anne – Hans – Ludwig – Erna – Rainer
2. Michael – Anton – Heinrich – Ludwig – Eugen – Richard
3. Martha – Anne – Holger – Ludwig – Emil – Robert
4. Martha – Anton – Heinrich – Ludwig – Emil – Richard
5. Moritz – Anton – Hans – Ludwig – Emil – Robert

Situation zu den Aufgaben 15 bis 19:

Auszubildende werden bei der KommunikativAktiv KG schon bald nach Beginn ihrer Ausbildung an der Hotline eingesetzt. Im Vorfeld stehen noch Schulungen in Kommunikationspsychologie an.

Z *15. Aufgabe*

Während der Schulung äußert Teilnehmer Florian folgenden Satz: „Es ist doch schon so spät!" Trainer Marco hört mit den Ohren des Empfängers daraus vier Botschaften. Ordnen Sie richtig zu!

☐ Sach-Ohr
☐ Selbstoffenbarungs-Ohr
☐ Beziehungs-Ohr
☐ Appell-Ohr

1. „Lasst uns für heute aufhören!"
2. „Ich kann mich nicht mehr konzentrieren."
3. „Du kannst bestimmt dafür sorgen, dass ich früher gehen kann."
4. „Es ist schon sehr spät."

Z *16. Aufgabe* ☐☐

In der Schulung werden auch Kundentelefonate simuliert. Florian vergisst den Datenabgleich zu Beginn des Telefonates. Ordnen Sie zu, welche beiden Pfeile den folgenden Dialog korrekt abbilden.

Trainer: „Der Datenabgleich ist wichtig und wird aus Sicherheitsgründen immer durchgeführt."
Florian: „Ey, es nervt mich total, dass du mir immer sagst, was ich tun soll."

Grafische Darstellung einer Transaktionsanalyse

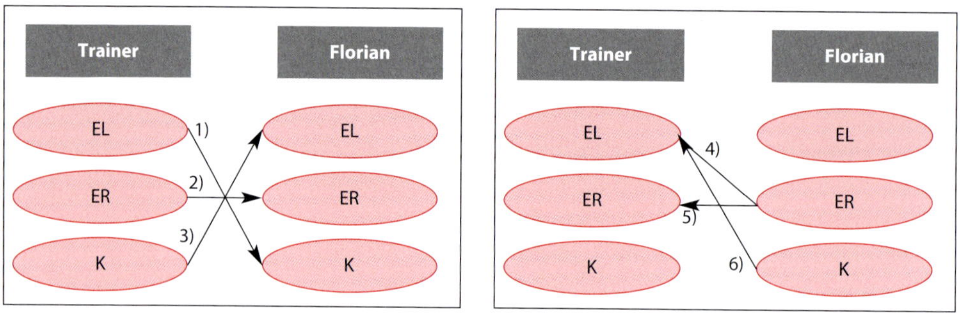

Z *17. Aufgabe* ☐

Fester Bestandteil dieser Schulungen ist das Konzept „Die vier Seiten einer Nachricht" nach Schulz von Thun. Welche der folgenden Aussagen ist hierzu richtig?

1. Das Kommunikationsmodell „Die vier Seiten einer Nachricht" basiert auf dem ersten Axiom von Watzlawick: „Man kann nicht *nicht* kommunizieren."
2. Das Modell „Die vier Seiten einer Nachricht" setzt sich zusammen aus „Die vier Botschaften des Senders" und „Die vier Ohren des Empfängers".
3. Die vier Ebenen des Modells lauten: Sachinhalt, Selbsterkenntnis, Beziehung und Appell.
4. Mit dem Sach-Ohr versucht der Empfänger, die Sachaussage auf der emotionalen Ebene zu interpretieren.
5. Das Modell wird auch als Dreiecks-Kommunikation bezeichnet.

18. Aufgabe ☐ Z

Ein weiteres Thema der Schulung ist die Aussage „Man kann nicht nicht kommunizieren". Auf welchen Verfasser ist diese Behauptung zurückzuführen?

1. Paul Watzlawick
2. Harry Ingham
3. Joseph Luft
4. Abraham Maslow
5. Frederick Herzberg

19. Aufgabe ☐ Z

Abschließend sollen die Erkenntnisse des Johari-Fensters thematisiert werden. In welcher Zeile findet sich eine korrekte Zuordnung?

1. Quadrant A: Mir unbekannt, anderen bekannt.
2. Quadrant B: Mir unbekannt, anderen unbekannt.
3. Quadrant C: Mir bekannt, anderen bekannt.
4. Quadrant D: Mir unbekannt, anderen unbekannt.
5. Quadrant E: Mir bekannt, anderen unbekannt.

Situation zu den Aufgaben 20 bis 24:
Die Auszubildende Carola Klein ist krank. Neben einer Erkältung hat sie zum ersten Mal auch Probleme mit ihrer Stimme. Sie ist heiser und bekommt keinen Ton heraus. Ihr Ausbilder schickt sie nach Hause.

20. Aufgabe ☐ Z

Carola Klein überlegt, wodurch ihre Stimme am Arbeitsplatz belastet wird. Welche Aussage ist richtig?

1. Carola achtet darauf, während der Arbeit genügend Wasser zu trinken.
2. In der Pause plaudert Carola kurz mit ihrer Kollegin.
3. Vor drei Monaten hat Carola das Rauchen aufgegeben.
4. Im Büro trägt Carola meist einen Schal.
5. Bei schwierigen Kundengesprächen steht Carola unter Stress und bekommt das Gefühl, einen Kloß im Hals zu haben, was das Sprechen erschwert.

21. Aufgabe ☐ Z

Zurück am Arbeitsplatz nimmt sich Carola vor, in Zukunft nicht wieder wegen ihrer Stimme auszufallen. Sie holt sich bei Kolleginnen und Kollegen Tipps zum Stimmtraining. Auf welchen Tipp sollte Carola aber besser nicht hören?

1. Carola soll versuchen, ihre Stimme und deren Wirkung aktiv wahrzunehmen.
2. Außerdem soll sie ihre optimale Sprechstimmlage finden, wobei mit der eher hohen Kopfstimme am leichtesten zu sprechen ist.

3. Sie bekommt den Tipp, ein möglichst breites Sprechspektrum (Resonanzraum) zu nutzen, um ihre Stimme voller klingen zu lassen.
4. Außerdem soll sie sich das Nuscheln abgewöhnen, da eine deutliche Aussprache das Verstehen am Telefon erleichtert und die Stimme entspannt.
5. Carola soll außerdem regelmäßig Entspannungspausen einlegen.

Z *22. Aufgabe* ☐

Zum ersten Mal hört Carola davon, dass man auch Stimmpflege betreiben kann. Welcher Vorschlag hierzu ist jedoch nicht angemessen?

1. Bei zu trockenen Räume sollte Carola ausreichend trinken (mindestens 2 Liter pro Tag), um die Schleimhäute zu befeuchten.
2. Bei Kälte sollte Carola einen warmen Schal tragen und Zugluft vermeiden, um Entzündungen des Kehlkopfs vorzubeugen.
3. Ihren Arbeitsplatz sollte Carola auf ergonomische und sprechgerechte Einrichtung überprüfen.
4. Um die schlechte Luft im Großraumbüro zu umgehen, sollte sie sich bei ihrem Gruppenleiter um ein Einzelbüro bemühen.
5. Zum Glück ist Carola Nichtraucherin und schadet so ihrer Stimme nicht noch zusätzlich.

Z *23. Aufgabe* ☐

An der Bestellhotline muss Carola zurzeit viele Beschwerdegespräche mit Kunden führen. Abends kann sie schlecht einschlafen und ihre Laune ist auch nicht besonders – Carola ist gestresst! Sie beginnt, sich über das Thema Stress genauer zu informieren. Welche Aussage ist hierzu richtig?

1. Negativ empfundener Stress wird als Eustress bezeichnet.
2. Positiv empfundener Stress wird als Disstress bezeichnet.
3. Ausgelöst wird jede Art von Stress von den sogenannten Stressoren.
4. Der Körper senkt unter Stress den Puls und den Blutdruck.
5. Der Körper wird stressresistent, wenn man sich nur oft genug Stress aussetzt.

Z *24. Aufgabe* ☐

Carola hat nun einige Strategien gefunden, wie sie dem Stress am besten entgegenwirkt. Welche dieser Strategien sollte sie aber noch einmal dringend überdenken?

1. Carola hat ein Seminar für Zeitmanagement besucht und schafft es sogar, viele der erlernten Techniken einzusetzen.
2. Am Wochenende lässt es Carola regelmäßig so richtig krachen, sodass sie oft gar nicht mehr weiß, wie sie nach Hause gekommen ist.
3. Carola macht jetzt mehrere kleine Pausen statt einer großen, so fühlt sie sich wohler.
4. Carola versucht, ihre Arbeit abwechslungsreicher zu gestalten, damit keine Langeweile aufkommt.
5. Carola will Konflikte jetzt möglichst frühzeitig ansprechen.

Situation zu den Aufgaben 25 bis 27:
Seit einiger Zeit sind Sie im Rahmen Ihrer Ausbildung ganztägig in der Hotline eingesetzt.

25. Aufgabe

Mit der Zeit strengt es Sie ganz schön an, den ganzen Tag zu sprechen. Eine Kollegin rät Ihnen, Ihre Stimme besser zu schulen. Nennen Sie fünf Themen, die typischerweise bei Stimmtrainings behandelt werden.

26. Aufgabe

Sie fühlen sich in letzter Zeit aufgrund Ihrer Arbeit sehr angespannt. Nennen Sie fünf typische Stressoren, die im Callcenter belastend wirken.

27. Aufgabe

Nennen Sie fünf Maßnahmen, die dabei helfen können, den Stress am Arbeitsplatz zu minimieren.

Lösungen zu Kapitel 4

1. Aufgabe	3, 6	*13. Aufgabe*	2
2. Aufgabe	1	*14. Aufgabe*	4
3. Aufgabe	5	*15. Aufgabe*	4, 2, 3, 1
4. Aufgabe	2	*16. Aufgabe*	2, 6
5. Aufgabe	2	*17. Aufgabe*	2
6. Aufgabe	1	*18. Aufgabe*	1
7. Aufgabe	5	*19. Aufgabe*	4
8. Aufgabe	5	*20. Aufgabe*	5
9. Aufgabe	4	*21. Aufgabe*	2
10. Aufgabe	4	*22. Aufgabe*	4
11. Aufgabe	3	*23. Aufgabe*	3
12. Aufgabe	1, 4	*24. Aufgabe*	2

25. Aufgabe
- Ökonomische und entspannte Atmung erlernen.
- Optimale Sprechstimmlage finden.
- Resonanz ausbauen.
- Artikulation verbessern.
- Entspannung üben.

26. Aufgabe
- Langes Sprechen führt zu Hals-, Rachen- und Stimmbeschwerden.
- Belastung durch Schichtarbeit.
- Psychischer Druck durch anstrengende Telefonate, z. B. Beschwerdegespräche.
- Erfolgsdruck durch Prämiensysteme.
- Lautstärke im Großraumbüro.

27. Aufgabe
- Viel trinken, Hals warm halten, nicht rauchen.
- Für ausreichend Ruhephasen außerhalb der Arbeitszeit sorgen.
- Schulungen zum erfolgreichen Führen von Beschwerdegesprächen.
- Aufstellen von Schalldämmern.
- Methoden des Zeitmanagements anwenden.

5 Kundenbetreuung

1. Aufgabe Z

Zur Kompensation krankheitsbedingter Ausfälle erwägt die Dialogfix GmbH den kurzfristigen Einsatz von Zeitarbeitskräften, die ohne umfangreiche Schulungen mithilfe von Gesprächsleitfäden Kundengespräche führen sollen. Prüfen Sie, für welche zwei der folgenden Aufgaben der Einsatz eines Gesprächsleitfadens nicht ausreicht!

1. Bestellhotline für wenige Produkte
2. Rufnummernauskunft
3. Durchführung von Wahlumfragen
4. Termindisposition für eine Versicherung
5. Technische Hotline für eine komplexe Software
6. Beschwerdemanagement bei gewerblichen Großkunden

2. Aufgabe Z

Für eine Kundenrückgewinnungskampagne der Family & Friends GmbH erhält die Dialogfix GmbH 47 000 Adressen von ehemaligen Kunden, die eine Opt-in-Erklärung abgegeben haben. Das Ziel der Kampagne ist, diesen Altkunden ein einmaliges Vorteilsangebot zu unterbreiten und sie so als Kunden zurückzugewinnen. In den ersten 4 Wochen können 22 500 Zielpersonen erreicht werden. Mit dem Auftraggeber wurde eine Erfolgsquote von 24 % vereinbart.
Ermitteln Sie, bei wie vielen der erreichten Zielpersonen die Mitarbeiter der Dialogfix GmbH mindestens das Vorteilsangebot erfolgreich platzieren und erneut einen Vertrag abschließen müssen, um die Vorgabe einzuhalten.

3. Aufgabe Z

Ein Auftraggeber der KommunikativAktiv KG hat vorgegeben, dass in einer Kampagne 6 000 Nettokontakte erreicht werden müssen. Aktuell liegt folgende Telefonstatistik vor:

Datenbestand (Adressen)	10 000
Summe aller Anrufe (Bruttokontakte)	11 288
Zielperson beim ersten Anruf erreicht	1 752
Zielperson beim zweiten Anruf erreicht	3 874
Zielperson nicht erreicht (jeweils 2 Anrufe)	1 201
Fehlversuche (jeweils 1 Anruf)	587

Ermitteln Sie, wie viele Nettokontakte noch erforderlich sind, um die Vorgabe des Auftraggebers einzuhalten.

Situation zu den Aufgaben 4 bis 6:
Die Dialogfix GmbH übernimmt in Kürze die Servicehotline des Buchclubs 2.0.

Z *4. Aufgabe*

In den Fachtrainings wurde wiederholt die Bedeutung einer ordnungsgemäßen Legitimation des Anrufers betont. Dazu müssen Sie mit geeigneten Fragen sicherstellen, dass der Anrufer berechtigt ist, Auskünfte zu persönlichen Daten zu erhalten. Welche zwei der folgenden Daten sind als Prüfdatum ungeeignet, um den Datenschutz zu gewährleisten?

1. Die Bankverbindung des Kunden (IBAN)
2. Die Adresse des Kunden
3. Vor- und Nachname des Kunden
4. Ein zwischen Kunde und Unternehmen vereinbartes Passwort
5. Kundennummer und letzter Rechnungsbetrag
6. Eine beliebige vom Kunden erdachte Frage inklusive Antwort

Z *5. Aufgabe*

Mit dem Buchclub 2.0 hat die Dialogfix GmbH einen Servicelevel von 90/10 vereinbart. Stellen Sie fest, was die Dialogfix GmbH somit erreichen muss.

1. Nur 10 % der Anrufer müssen erneut anrufen, um eine Problemlösung zu erhalten.
2. Bei einer Gesprächszeit von 90 Sekunden sind 10 Sekunden Nachbearbeitungszeit vorgesehen.
3. Ein Team von 10 Mitarbeitern betreut maximal 90 Kunden des Buchclubs.
4. Insgesamt werden 90 % der Gespräche angenommen.
5. Maximal 10 % der Anrufer müssen länger als 10 Sekunden auf einen Gesprächspartner warten.

Z *6. Aufgabe*

Die Kundendaten wurden vom Buchclub 2.0 teilweise unvollständig zur Dialogfix GmbH überspielt. Können die Mitarbeiter nun einen Kunden nicht im System finden, erfassen sie den Datensatz neu. Prüfen Sie, welcher Grundsatz der Datenerfassung dadurch verletzt wird.

1. Grundsatz der Richtigkeit
2. Grundsatz der Zeitstabilität
3. Grundsatz der Vollständigkeit
4. Grundsatz der Redundanzvermeidung
5. Grundsatz der Transparenz

Situation zu den Aufgaben 7 bis 13:

Die Dialogfix GmbH übernimmt eine Kundenrückgewinnungskampagne für den regionalen Kabelnetzbetreiber ANG. Für diese Aktion stellt ANG 14.500 Datensätze ehemaliger Kunden zur Verfügung.

Z *7. Aufgabe*

Für die Beratung der ehemaligen Kunden gibt der Projektleiter eine Average Handling Time (AHT) von 240 Sekunden als Zielgröße vor. Ermitteln Sie, wie viele Gespräche pro Stunde durchschnittlich bearbeitet werden können, wenn in jeder Arbeitsstunde eine vierminütige Bildschirmpause gewährt wird!

8. Aufgabe ☐ Z

Zur Verbesserung der Average Handling Time möchte Ihr Coach mit Ihnen gemeinsam an Ihren Multitaskingfähigkeiten arbeiten. Welche der folgenden Aussagen beschreibt Multitasking in diesem Zusammenhang richtig?

1. Multitasking beschreibt die gleichzeitige Ausführung von mehreren Tätigkeiten durch den Kundenberater.
2. Von Multitasking spricht man, wenn sich der Kundenberater im Gespräch ausschließlich auf den Kunden konzentriert und anschließend die Kundendatenbank bedient.
3. Multitasking bedeutet, mehrere Aufgaben konzentriert nacheinander zu bearbeiten.
4. Multitasking ist die Fähigkeit, durch ein konsequentes Zeit- und Selbstmanagement den Workload gleichmäßig auf den Tag zu verteilen.
5. Multitasking blendet die Emotionsebene eines Gespräches aus und sorgt damit für kurze Gesprächszeiten.

9. Aufgabe ☐ Z

Im Laufe der Aktion erreicht die Dialogfix GmbH genau 12.150 ehemalige Kunden. Berechnen Sie die Ausschöpfungsquote (in Prozent).

10. Aufgabe ☐ Z

Von den erreichten Kunden können 3.645 zurückgewonnen werden, sie schließen einen neuen Vertrag mit der ANG ab. Ermitteln Sie die Erfolgsquote (in Prozent).

11. Aufgabe ☐ Z

Innerhalb der gesetzlichen Frist widerrufen 747 Kunden den Vertragsabschluss. Wie hoch ist demnach die Stornoquote (in Prozent)?

12. Aufgabe ☐ Z

Der Projektleiter ist verärgert über die hohe Stornoquote. Stellen Sie fest, welcher Nachteil der Dialogfix GmbH durch die hohe Stornoquote entsteht.

1. Absinken des Servicelevels
2. Zusätzliche Kosten durch Rückabwicklung des Vertrags
3. Konflikte mit dem Betriebsrat
4. Eingreifen des betrieblichen Datenschutzbeauftragten erforderlich
5. Verstoß gegen BGB-Bestimmungen

13. Aufgabe ☐ Z

Das Unternehmen möchte die ermittelte Stornoquote senken. Prüfen Sie, welche Maßnahme dazu geeignet ist.

1. Gewährung einer Prämie für den Mitarbeiter bei raschem Vertragsabschluss
2. Verkürzung der Gesprächszeit
3. Vorgabe einer hohen Erfolgsquote
4. Einsatz eines Dialers
5. Nachschulung in Gesprächsführung und Produktkenntnissen

Situation zu den Aufgaben 14 bis 18:
Carola Klein, Auszubildende bei der Dialogfix GmbH, ist derzeit an der Hotline eingesetzt.

Z *14. Aufgabe* ☐

Ein wichtiger Bestandteil im Beratungsgespräch ist die Nutzenargumentation. Mit welcher Satzeinleitung kann Carola den Kundennutzen herausstellen?

1. „Da haben Sie recht ..."
2. „Das glaube ich Ihnen ..."
3. „Dadurch haben Sie ..."
4. „Das kann ich nachvollziehen ..."
5. „Das tut mir sehr leid ..."

Z *15. Aufgabe* ☐

Vom Fragetrichter in der Gesprächsführung hört Carola zum ersten Mal. Welche der folgenden Erläuterungen beschreibt diese Technik richtig?

1. Es handelt sich um eine sehr schwierig anzuwendende Fragetechnik, die nur in Ausnahmefällen angewendet werden sollte.
2. Beim Fragetrichter wird der Bedarf des Kunden durch mehrere hintereinander gestellte geschlossene Fragen ermittelt. So behält der Agent jederzeit die Kontrolle über das Telefonat.
3. Beim Fragetrichter werden zuerst geschlossene und zum Ende der Bedarfsermittlung offene Fragen gestellt.
4. Ziel bei der Anwendung des Fragetrichters ist es, offene Fragen zu vermeiden, da sie den Kunden verunsichern könnten.
5. Zu Beginn der Bedarfsanalyse werden offene Fragen gestellt, zum Ende geschlossene Fragen.

Z *16. Aufgabe* ☐

Carola geht vor der Klassenarbeit noch einmal die einzelnen Schritte in einem Kundengespräch mit einer Klassenkameradin durch. Wo liegen die beiden falsch?

1. Da der erste Eindruck am Telefon sehr wichtig ist, sollte auf die Begrüßung des Kunden immer besonders viel Wert gelegt werden.
2. Sehr wichtig ist es auch, sich durch Sicherheitsabfragen zu vergewissern, dass man mit der richtigen Person spricht, insbesondere wenn es um sensible Daten geht.
3. Mögliche Prüfdaten sind z. B. das Geburtsdatum des Kunden oder eine vom Kunden erdachte Frage inklusive Antwort.
4. Wenn die Bedarfsanalyse abgeschlossen ist, folgt die Beratung mit gemeinsamer Lösungsfindung.
5. Sie sollten den Kunden zu einer Lösung überreden, falls Sie nicht überzeugend argumentieren können.

17. Aufgabe

☐☐ Z

Wichtig ist auch, im Kundengespräch nicht unsicher zu wirken. Welche zwei Formulierungen muss Carola daher vermeiden?

1. „Ich schlage folgende Vorgehensweise vor."
2. „Wären Sie so freundlich, mir Ihren Namen zu nennen?"
3. „Dürfte ich Sie vielleicht noch nach Ihrem Geburtsdatum fragen?"
4. „Die Lieferung erfolgt in drei Tagen."
5. „Leider ist eine Ratenzahlung aufgrund der negativen Bonitätsprüfung nicht möglich."
6. „Ich entschuldige mich für meinen verspäteten Anruf."

18. Aufgabe

☐ Z

Bei ihren letzten Gesprächen hat sich Carola so nah wie möglich an den vorgegebenen Gesprächsleitfaden gehalten. Im Anschluss wertet sie ihre Erfahrungen mit dem Teamleiter aus. Welchem der von ihr vorgetragenen Vor- und Nachteile eines Gesprächsleitfadens muss der Teamleiter widersprechen?

1. „Die vorgegebene Gesprächsstruktur vermittelt mir Sicherheit."
2. „Hilfreich sind für mich auch die Formulierungshilfen."
3. „Ich habe den Leitfaden ohne weitere Anleitung direkt verstanden und einsetzen können."
4. „Da die vorgeschlagenen Formulierungen meistens passen, wirke ich am Telefon stets sehr authentisch."
5. „Auf individuelle Anfragen kann ich aber leider nicht reagieren."

Situation zu den Aufgaben 19 bis 25:

In einem Meeting werden die aktuellen Erfolgskennzahlen besprochen. Carola Klein macht sich eifrig Notizen. Leider ist sie dabei etwas unkonzentriert und es schleichen sich einige Fehler ein.

19. Aufgabe

☐ Z

Welche Information zur Average Handling Time muss Carola sofort wieder durchstreichen?

1. Die Nachbearbeitungszeit ist die benötigte Zeit, bevor der Mitarbeiter das nächste Gespräch annehmen kann.
2. *AHT = Gesprächszeit – Nachbearbeitungszeit (Angabe in Sekunden oder Minuten)*
3. Gelingt es dem Unternehmen, die AHT zu reduzieren, sinken auch die Kosten, jedoch oft zulasten der Gesprächsqualität.
4. Die AHT ist auch Basis für die Personalplanung.
5. Außerdem muss für die Personalplanung zusätzlich durch Forecasting das geplante Anrufvolumen ermittelt werden.

Z *20. Aufgabe* ☐

Welche Notiz Carolas zu Lost Calls kann so nicht stehen bleiben?

1. Die Lost Calls sind eng mit dem Servicelevel verknüpft, da Anrufer vielfach auflegen, wenn sie zu lange in der Warteschleife hängen.
2. Ein niedriger Servicelevel trägt somit zu einer hohen Zahl von Lost Calls bei.
3. Eine Lost-Call-Quote von nahe null ist absolut unrealistisch und wird daher auch sehr selten als Zielsetzung genommen.
4. Die Lost-Call-Quote errechnet sich folgendermaßen:
   (aufgelegte Anrufe · 100) : eingehende Anrufe
5. Überlauf-Callcenter sind geeignet, um die Lost-Call-Quote zu senken.

Z *21. Aufgabe* ☐

Welche Aussage zu Inbound-Kennzahlen hat Carola richtig notiert?

1. Der optimale Servicelevel ist in allen Callcentern gleich.
2. Die Anzahl der während einer Schicht an der Hotline telefonierenden Agents hat keinen Einfluss auf den tatsächlichen Servicelevel.
3. Je höher ein geplanter Servicelevel ist (z. B. 90/10 statt 80/20), desto weniger Mitarbeiter müssen an der Hotline beschäftigt werden.
4. Die Auslastung gibt den Anteil der Produktivzeit an der Nettoarbeitszeit an.
5. Ist die Zahl der Anrufe geringer als erwartet, so sinkt der Servicelevel.

Z *22. Aufgabe* ☐

Welche der folgenden von Carola notierten Erfolgskennzahlen wird ausschließlich im Inbound eingesetzt?

1. Erfolgsquote
2. Servicelevel
3. Stornoquote
4. Ausschöpfungsquote
5. Messung des Anteils der Erfolge an den insgesamt geführten Gesprächen

Z *23. Aufgabe* ☐

Welche der folgenden von Carola notierten Erfolgskennzahlen ist nur im Outbound sinnvoll?

1. Nettokontakte
2. Verkaufsquote
3. Lost-Call-Quote
4. Produktivität
5. Servicelevel

Situation zu den Aufgaben 24 bis 25:
Carola Klein ist mehrere Wochen in der Outbound-Abteilung der Dialogfix GmbH eingesetzt. Von ihrer Teamleiterin bekommt sie heute folgende Mail:

> Hallo Carola,
>
> wie Du weißt, haben wir im letzten Monat das Outbound-Projekt „WLAN-Drucker" bearbeitet. Wir haben 22 000 Kunden angerufen, davon aber nur 16 000 Kunden erreicht. 2 000 Kunden haben einen Drucker bestellt. Leider gingen danach aber noch 150 Vertragswiderrufe ein.
>
> Bitte stelle bis morgen für die Geschäftsleitung folgende Erfolgskennziffern zusammen:
>
> Ausschöpfungsquote, Erfolgsquote, Stornoquote und Festbestellquote.
>
> Vielen Dank!
>
> Tamara Grün (Teamleitung Outbound)

24. Aufgabe Z

Berechnen Sie die angeforderten Kennziffern. Runden Sie kaufmännisch auf zwei Nachkommastellen.

25. Aufgabe Z

Wie können Sie am Telefon für eine hohe Festbestellquote sorgen?

Situation zu den Aufgaben 26 bis 27:
Die Dialogfix GmbH möchte ihren Kundenstamm erweitern. Hierzu sollen von Adressbrokern Datensätze möglicher Interessenten gekauft werden.

26. Aufgabe

Welche Informationen über mögliche Interessenten sind relativ leicht zu erheben und welche Daten sind für die Dialogfix GmbH besonders interessant? Wovon hängt es ab, wie teuer ein Datensatz ist?

27. Aufgabe

Die Outbound-Aktion mit den neuen Datensätzen lief äußerst erfolgreich. Nennen und erläutern Sie die Grundsätze der Datenerfassung, auf die ein Callcenteragent bei der Erfassung von Neukundendaten in der Datenbank achten muss.

Situation zu den Aufgaben 28 bis 31:
Die Dialogfix GmbH arbeitet intern an neuen Hilfestellungen für die Mitarbeiter in der Kundenbetreuung.

28. Aufgabe

Nennen Sie je vier Vor- und Nachteile, die beim Einsatz eines Gesprächsleitfadens entstehen.

29. Aufgabe

In einer Schulung sollen die vier Schritte (Gesprächsphasen) in einem professionellen Beratungsgespräch eingeübt werden. Nennen und erläutern Sie diese vier Schritte!

30. Aufgabe

Den Agenten soll in der Schulung auch der Einsatz verschiedener Fragearten zur Gesprächssteuerung und Informationsbeschaffung praxisnah vermittelt werden. Stellen Sie dazu drei unterschiedliche Fragearten vor, indem Sie neben einer kurzen Beschreibung auch jeweils einen Vor- und einen Nachteil nennen. Formulieren Sie zudem jeweils ein Beispiel!

31. Aufgabe

Um die Gesprächsführung zu optimieren, rät Ihnen eine Kollegin, bei der Bedarfsermittlung den Fragetrichter zu berücksichtigen. Erklären Sie, was damit gemeint ist.

Situation zu den Aufgaben 32 bis 35:

Sie sind in Ihrem Unternehmen als Teamleiter eingesetzt. Nun sollen Sie bei einem neuen Projekt mitarbeiten: Ihr Auftraggeber – der Mobilfunkprovider CellPhone AG – möchte seine 199 500 Vertragskunden über ein Mailing anschreiben, dem ein Prospekt verschiedener neuer Modelle beiliegt. Die Dialogfix GmbH wird natürlich auch die Bestellannahme übernehmen.

32. Aufgabe

Entwerfen Sie für die Bestellannahme einen Gesprächsleitfaden! Erarbeiten Sie für die einzelnen Gesprächsphasen beispielhaft sinnvolle Aussagen bzw. Formulierungen.

33. Aufgabe

Die CellPhone AG plant mit einer durchschnittlichen Response-Quote von 35 %. Was sagt die Response-Quote aus? Wie viele eingehende Gespräche muss die Personaleinsatzplanung der Dialogfix GmbH bei der Erstellung des Forecast insgesamt berücksichtigen?

34. Aufgabe

Durchgeführte Testanrufe ergaben eine durchschnittliche Gesprächszeit von 240 Sekunden. Die Nachbearbeitungszeit betrug durchschnittlich 60 Sekunden. Berechnen Sie die Average Handling Time (AHT)!

35. Aufgabe

Ermitteln Sie die Produktivität des Agenten (Gespräche/Stunde), wenn stündlich eine 5-minütige Bildschirmpause zu berücksichtigen ist!

Situation zu den Aufgaben 36 bis 40:
Im vergangenen Monat hat die Dialogfix GmbH die groß angelegte Outbound-Aktion „Welcome back!" durchgeführt. Kunden, die schon länger nichts mehr bei Dialogfix bestellt hatten, sollten mit äußerst attraktiven Angeboten zum erneuten Kauf bewegt werden. In der heutigen Abteilungsbesprechung wird das Reporting der aktuellen Erfolgskennzahlen präsentiert.

36. Aufgabe

Erik Schmidt, der mit der Auswertung der Reportings beauftragt wurde, berichtet: „Wir haben eine Ausschöpfungsquote von lediglich 60 Prozent, das entspricht 4 500 erreichten Altkunden." Berechnen Sie die Anzahl der Kontaktdaten.

37. Aufgabe

Im Meeting wird außerdem bekannt gegeben, dass 4 000 Aufträge generiert wurden und die Stornoquote bei 2 % liegt. Wie viele Stornos sind demnach bei Dialogfix eingegangen?

38. Aufgabe

Geben Sie einen möglichen Grund für die geringe Ausschöpfungsquote bei der Outbound-Aktion an.

39. Aufgabe

Weil viele Mitarbeiter durch die Welcome-back-Aktion gebunden waren, hat Dialogfix die Durchführung einer parallel laufenden Outbound-Aktion an ein externes Callcenter vergeben. Hier betrug die Stornoquote 35 %. Beurteilen Sie dieses Ergebnis und schildern Sie mögliche Gründe dafür.

40. Aufgabe

Welche Konsequenzen empfehlen Sie dem Projektverantwortlichen bei Dialogfix aufgrund der Ergebnisse des externen Callcenters? Geben Sie zwei mögliche Konsequenzen an.

Lösungen zu Kapitel 5

1. Aufgabe	5, 6	*14. Aufgabe*	3
2. Aufgabe	5 400 Zielpersonen	*15. Aufgabe*	5
3. Aufgabe	374 Nettokontakte	*16. Aufgabe*	5
4. Aufgabe	2, 3	*17. Aufgabe*	2, 3
5. Aufgabe	5	*18. Aufgabe*	4
6. Aufgabe	4	*19. Aufgabe*	2
7. Aufgabe	14 Gespräche	*20. Aufgabe*	3
8. Aufgabe	1	*21. Aufgabe*	4
9. Aufgabe	83,8 %	*22. Aufgabe*	2
10. Aufgabe	30,0 %	*23. Aufgabe*	1
11. Aufgabe	20,5 %		
12. Aufgabe	2		
13. Aufgabe	5		

24. Aufgabe

Ausschöpfungsquote	=	16 000 · 100 : 22 000	=	72,73 %
Erfolgsquote	=	2 000 · 100 : 16 000	=	12,50 %
Stornoquote	=	150 · 100 : 2 000	=	7,50 %
Festbestellquote	=	(2 000 – 150) · 100 : 16 000	=	11,56 %

25. Aufgabe

- Eine hohe Festbestellquote resultiert aus einer geringen Stornoquote.
- Die Kunden sollten zum Kauf überzeugt, nicht überredet werden.
- Der Agent darf am Telefon beim Kunden keine falschen Erwartungen bezüglich des Produktes wecken.
- Bei der Adressauswahl ist darauf zu achten, vor allem Kunden mit guter Bonität bzw. einem guten internen Scoring-Wert (A-Kunden) anzurufen.

26. Aufgabe Leicht zu erheben sind Name, Adresse und ggf. Geburtsdatum. Besonders interessant sind z. B. Daten über Bonität, Einkommen, Arbeitgeber und Kinder im Haushalt. Je interessanter eine Information über Personen ist, desto schwerer ist sie in der Regel zu erheben. Grundsätzlich gilt: Je aufwendiger ein Datensatz zu erheben ist, desto teurer wird er gehandelt.

27. Aufgabe

- Richtigkeit: Wenn z. B. die Adresse falsch geschrieben ist, kann nicht zugestellt werden.
- Vollständigkeit: Alle relevanten Daten müssen erfasst werden.
- Redundanzvermeidung: Dubletten führen u. a. zu nicht gepflegten Datenbeständen und verärgerten Kunden, wenn z. B. Werbeaktionen doppelt eintreffen.
- Zeitstabilität: Die Kundendaten sollten so erfasst werden, dass sie für einen längeren Zeitraum Gültigkeit haben.

28. Aufgabe

Vorteile	Nachteile
Die Gesprächsstruktur ist vorgegeben.	Durch eine vorgegebene Gesprächsstruktur ist es nur schwer möglich, auf individuelle Kundenanfragen einzugehen.
Der Mitarbeiter kann ohne großen Schulungsaufwand mithilfe des Leitfadens arbeiten.	Treten Gesprächssituationen ein, die im Leitfaden nicht berücksichtigt sind, werden Mitarbeiter unsicher.
Ein einheitliches Auftreten des Unternehmens wird sichergestellt.	Die individuellen Kommunikationsstärken des Mitarbeiters werden nicht abgefordert.
Der Mitarbeiter erhält Formulierungshilfen.	Ein starres Zitieren des Leitfadens kann dazu führen, dass die Gesprächsführung nicht authentisch wirkt.

29. Aufgabe

1. Begrüßung und Kontaktaufbau

Die Begrüßungsphase legt den Grundbaustein für ein erfolgreiches Gespräch. In der Meldeformel sind die Begrüßung, der Name der Firma/Abteilung, der Name des Mitarbeiters sowie eine offene Einstiegsfrage („Was kann ich für Sie tun?") zwingende Bestandteile. Auch die angemessene namentliche Nennung des Kunden sowie die Berücksichtigung des Datenschutzes vervollständigen den Kontaktaufbau.

2. Bedarfsermittlung

Die Bedarfsermittlung ist der Schlüssel zur richtigen Beratung. Zu Beginn werden vor allem offene Fragen eingesetzt, um genügend Informationen zu erhalten und eine positive Beziehung zum Kunden aufzubauen. Zum Ende sichern geschlossene Fragen ab, ob der Kunde richtig verstanden wurde. Diese Technik wird auch als „Fragetrichter" bezeichnet. Am Ende der Bedarfsermittlung wird das Ergebnis für den Kunden zusammengefasst.

3. Beratung und Lösung

Der Inhalt dieser Phase hängt entscheidend davon ab, welche Dienstleistung (z.B. technischer Support, kaufmännische Anfragen) erbracht wird. Gemeinsam mit dem Kunden wird eine Lösung erarbeitet. Es ist wichtig, nutzenorientiert zu kommunizieren und die Methoden der Einwandbehandlung zu beherrschen.

4. Abschlussphase

Zum Gesprächsabschluss werden die sechs Schritte der Abschlussphase eingesetzt:

Zielvereinbarung, Zusammenfassung, Terminvereinbarung, Abschlussfrage, Verabschiedung, Beendigung des Gespräches.

30. Aufgabe

1. Offene Fragen

Offene Fragen beginnen immer mit einem Fragewort (z. B. Was, Wie, Wann) und ermöglichen dem Gesprächspartner ausführliche Antworten.
Beispiel: „Wie kann ich Ihnen helfen?"

Vorteil	Nachteil
Der Gesprächspartner kann viele Informationen platzieren.	Antworten können sehr ausschweifend sein und beanspruchen dadurch viel Zeit.

2. Geschlossene Fragen

Geschlossene Fragen beginnen mit einem Verb oder Hilfsverb und lassen nur kurze Antworten zu.
Beispiel: „Darf ich Ihnen das Angebot zusenden?"

Vorteil	Nachteil
Der Gesprächspartner wird zu einer Entscheidung aufgefordert.	Wichtige Informationen können unerwähnt bleiben.

3. Alternativfragen

Alternativfragen geben mehrere Antwortmöglichkeiten vor. Weitere Alternativen in der Beantwortung der Frage bestehen aber nicht.
Beispiel: „Möchten Sie eine 6.000er oder 16.000er Bandbreite bestellen?"

Vorteil	Nachteil
Der unentschlossene Gesprächspartner erhält eine Entscheidungsvorlage.	Weitere Informationen können nicht abgefragt werden, da die Wahlmöglichkeiten vorgegeben werden.

31. Aufgabe Zu Beginn der Bedarfsanalyse werden vor allem offene Fragen eingesetzt, zum Ende geschlossene Fragen. Offene Fragen stellen sicher, dass genügend Informationen fließen. Zum Ende des Gesprächs lässt sich mit geschlossenen Fragen absichern, ob man den Kunden richtig verstanden hat.

32. Aufgabe

Gesprächsphase	Aussagen/Formulierungen
Begrüßung und Vorstellung	„Herzlich willkommen bei der Kundenbetreuung der CellPhone AG, mein Name ist <Vorname und Name des Mitarbeiters>. Was kann ich für Sie tun?"
Legitimation/Datenabgleich	„Herr/Frau <Name des Kunden>, zum Abgleich Ihrer Daten benötige ich weitere Informationen. Nennen Sie mir bitte Ihre Kundennummer/Telefonnummer und Ihr Geburtsdatum?"
Bedarfsanalyse	„Welches Handy haben Sie bisher genutzt?" „Auf welche Funktionen Ihres jetzigen Gerätes möchten Sie auch künftig nicht verzichten?" „Welche Funktionen vermissen Sie?"

Gesprächsphase	Aussagen/Formulierungen
Beratung und Lösung	„Ich empfehle Ihnen <Name des Produktes>." - Begründung und ausführliche Produktbeschreibung - Angebotsunterbreitung „Sind Sie mit unserem Angebot einverstanden?" - Ist der Kunde nicht einverstanden: „Ich kann Ihnen folgende Alternative/n anbieten." „Bitte nennen Sie mir zur weiteren Bearbeitung Ihre vollständige Anschrift." - Versandmodalitäten erklären
Zusammenfassung	„Herr/Frau <Name des Kunden>, ich fasse Ihren Auftrag nun gern noch mal zusammen."
Abschluss und Verabschiedung	„Herr/Frau <Name des Kunden>, haben Sie noch weitere Fragen?" „Ich wünsche Ihnen viel Freude mit Ihrem neuen Handy." „Vielen Dank für Ihren Anruf. Ich wünsche Ihnen noch einen schönen Tag."

33. Aufgabe Die Response-Quote gibt das Verhältnis zwischen Reaktion und ausgegebenen Exemplaren einer Werbemaßnahme wie z. B. Mailings wieder. Dies bedeutet im konkreten Fall:
35 % von 199 500 = 69 825 Gespräche

34. Aufgabe AHT: 240 Sek. + 60 Sek. = 300 Sek.

35. Aufgabe (Nettoarbeitszeit: 3 600 Sek. – 300 Sek. = 3 300 Sek.)
Produktivität: 3 300 Sek. : 300 Sek. = 11 Gespräche/Stunde

36. Aufgabe 4 500 · 100 : 60 = 7 500 Kontaktdaten

37. Aufgabe 4 500 · 2 : 100 = 80 Stornos

38. Aufgabe Eine geringe Ausschöpfungsquote kann auf einen Adressbestand von schlechter Qualität hinweisen (alte, schlecht gepflegte Adressdaten). Es besteht auch die Möglichkeit, dass z. B. berufstätige Personen zur falschen Uhrzeit angerufen wurden und somit nicht erreicht werden konnten.

39. Aufgabe
- Eine hohe Stornoquote spricht dafür, dass die Kunden zum Kauf gedrängt bzw. überredet wurden und daraufhin wieder storniert haben.
- Möglicherweise wurden die Mitarbeiter nur unzureichend über das Produkt geschult und haben bei den Kunden falsche Vorstellungen geweckt, die dann enttäuscht wurden.

40. Aufgabe
- Dialogfix beendet zum nächstmöglichen Zeitpunkt die Geschäftsbeziehung.
- Dialogfix unterstützt das externe Callcenter bei der Schulung seiner Mitarbeiter. Dies muss aber in einem vernünftigen Kosten-Nutzen-Verhältnis stehen.

6 Kundenbindung

Z *1. Aufgabe* ☐

Der Abteilungsleiter Customer Care Bernd Schlicke möchte die Geschäftsleitung von der Einführung eines Customer-Relationship-Management-Systems (CRM-System) überzeugen. Prüfen Sie, welche der folgenden Beschreibungen für CRM-Systeme jedoch nicht zutreffend ist!

1. Die Basis von CRM-Systemen ist eine Datenbank.
2. Einmal im CRM-System erfasste Interessenten können leicht zu Kunden umgewandelt werden.
3. CRM-Systeme bieten während eines Kundengespräches die Möglichkeit, für den Kunden maßgeschneiderte Angebote einzublenden.
4. CRM-Systeme sorgen dafür, dass relevante Kundeninformationen an allen wichtigen Stellen im Unternehmen vorliegen.
5. CRM-Systeme garantieren jederzeit eine fehlerfreie Datenerfassung.

Situation zu den Aufgaben 2 bis 4:
Die Auszubildenden der Dialogfix GmbH bekommen den Auftrag, richtige Verhaltensweisen im Beschwerdemanagement in die Willkommensmappe für neue Mitarbeiter aufzunehmen.

Z *2. Aufgabe* ☐

Zunächst sammeln Sie im Kreise Ihrer Kollegen einige Vorschläge dazu. Prüfen Sie, welcher Vorschlag zu einem optimalen Ergebnis im Sinne des Beschwerdemanagements führt!

1. Reklamation anzweifeln und eigenes Verhalten rechtfertigen.
2. Routinemäßige Bearbeitung der Beschwerde.
3. Beschwerdegrund herunterspielen.
4. Beschwerden als Optimierung der Arbeitsprozesse ansehen.
5. Den Kunden bei unterschiedlicher Auffassung erziehen.

Z *3. Aufgabe*

Anschließend möchten Sie die gesammelten Handlungsschritte für ein professionelles Beschwerdemanagement strukturieren. Bringen Sie dazu die folgenden Handlungsschritte in die richtige Reihenfolge, indem Sie die Ziffern 1 bis 5 neben den Handlungsschritten eintragen.

☐ Erarbeitung einer Lösung für das Anliegen
☐ Gesprächzusammenfassung und Festlegung weiterer Schritte
☐ Durch positive Formulierungen in das Gespräch einsteigen
☐ Den Beschwerdegrund durch offene Fragen ermitteln und die emotionale Ebene klären
☐ Für die Beschwerde danken und freundliche Verabschiedung

4. Aufgabe ☐ Z

Im Beschwerdemanagement der Dialogfix GmbH spielt oft die Kulanz eine wichtige Rolle. Prüfen Sie, in welchem Fall es sich um eine Kulanzregelung handelt.

1. Bei Bestellungen ab 100,00 € entfallen die Versandkosten.
2. Treue Kunden erhalten im Dezember ein kleines Weihnachtsgeschenk.
3. Defekte Geräte werden innerhalb der Gewährleistungsfrist kostenlos umgetauscht.
4. Nach Ablauf der Garantie bietet das Unternehmen für zwei Jahre eine kostenlose Reparatur an.
5. Falsch gelieferte Sendungen können zum Umtausch zurückgeschickt werden.

5. Aufgabe ☐☐ Z

Da sich die Zahlungsausfälle bei Privatkunden in der letzten Zeit häufen, trifft die Geschäftsführung der Dialogfix GmbH die Entscheidung, die Bonitätsprüfung zukünftig bei allen Bestellungen – unabhängig vom Bestellwert – durchzuführen. Prüfen Sie, welche zwei der folgenden Daten in diesem Fall nicht Gegenstand einer Bonitätsprüfung sein können!

1. Tätigkeit bzw. Beruf
2. Besitz von Immobilien
3. Rechtsform
4. Einträge im Handelsregister
5. bisherige Kredite
6. Familienstand

6. Aufgabe ☐ Z

Chantal Meyer ist bislang noch nicht Kundin bei der Dialogfix GmbH. Die durchgeführte Bonitätsprüfung fiel negativ aus. Welche Zahlungsmöglichkeit müssen Sie Frau Meyer anbieten, um ein Risiko für die Dialogfix GmbH auszuschließen?

1. Zahlung per Rechnung
2. Zahlung per Lastschriftverfahren
3. Zahlung per Scheck
4. Zahlung per Vorkasse
5. Finanzierung des Kaufpreises

7. Aufgabe ☐ Z

Die Kundin Saskia Mathis hat kein Girokonto. Welche Zahlungsmöglichkeit kann ihr die Dialogfix GmbH bei einer Bestellung dennoch anbieten?

1. Onlinebanking
2. Einzugsermächtigung
3. Lastschriftverfahren
4. Nachnahmezahlung
5. Dauerauftrag

Z *8. Aufgabe* ☐

Die Dialogfix GmbH bietet ihren Kunden unterschiedliche Zahlungsmöglichkeiten. Welchen Vorteil bietet eine Kreditkartenzahlung für das Unternehmen?

1. Die Zahlung ist garantiert.
2. Es fallen keine weiteren Kosten an.
3. Der Geldbetrag wird dem Konto des Unternehmens sofort nach Kaufabschluss gutgeschrieben.
4. Warenrücksendungen durch den Kunden nehmen ab.
5. Der Bestellvorgang kann auf jeden Fall beschleunigt werden.

Z *9. Aufgabe* ☐

Da in letzter Zeit einige Kündigungen zu beobachten waren, sollen verschiedene Maßnahmen zur Kundenbindung eingeführt werden. Prüfen Sie, welches Instrument dazu <u>nicht</u> geeignet ist.

1. Cross-Selling
2. Einführung einer Kundenkarte
3. Rabattsysteme
4. Kundenclub einrichten
5. Scoring-Verfahren durchführen

Z *10. Aufgabe* ☐

Bei der Auswahl geeigneter Maßnahmen zur Kundenbindung muss die Dialogfix GmbH auch den Kundenlebenszyklus beachten. Welche Aussage ist dabei zutreffend?

1. Die After-Sales-Phase beinhaltet Kundenbindungsmaßnahmen unmittelbar nach dem Kauf.
2. Die Kundenbindungsmaßnahmen in den einzelnen Phasen unterscheiden sich nicht.
3. Beim Kundenlebenszyklus steht die Produktorientierung im Mittelpunkt.
4. In der Akquisitionsphase geht es vorrangig um den Ausbau der Kundenbeziehung.
5. Kundenlebenszyklus und Customer Relationship Management (CRM) sind voneinander unabhängig.

Z *11. Aufgabe*

Bringen Sie die Phasen eines typischen Kundenlebenszyklus in die richtige Reihenfolge, indem Sie die Ziffern 1 bis 6 neben den jeweiligen Phasen eintragen.

☐ Angebotsphase
☐ After-Sales-Phase
☐ Kaufphase
☐ Optimierungsphase
☐ Akquisitionsphase
☐ Betreuungsphase

Situation zu den Aufgaben 12 bis 16:
Als Großunternehmen hat die Dialogfix GmbH täglich zahlreiche Sendungen an Kunden zu bearbeiten. Während Ihrer Ausbildung sind Sie auch in der Versandabteilung eingesetzt.

12. Aufgabe ☐ Z

Für den Versand an Privatkunden greift die Dialogfix GmbH auf die Deutsche Post DHL zurück, die u. a. die Versandmöglichkeiten „Paket" und „Päckchen" anbietet. Welchen Vorteil hat die Dialogfix GmbH beim Paketversand gegenüber dem Päckchenversand?

1. Niedrigere Versandkosten
2. Keine Gewichtsbegrenzung
3. Versand ohne Umweltbelastungen
4. Zustellung innerhalb von 12 Stunden
5. Versicherte Sendung

13. Aufgabe ☐ Z

Ermitteln Sie anhand der untenstehenden Tabellen den Gesamtpreis für nachfolgende Sendungen:

- 2 Briefe zu je 16 g; beide Briefe als „Einschreiben Einwurf"
- 1 Brief zu 75 g als „Einschreiben mit Rückschein"
- 2 Briefe zu je 185 g; beide Briefe als „Einschreiben, eigenhändig"

Art der Sendung	Gewicht	Porto
Standardbrief	bis 20 g	0,60 €*
Kompaktbrief	bis 50 g	0,90 €
Großbrief	bis 500 g	1,45 €*
Maxibrief	bis 1 000 g	2,40 €*

Einschreiben	+ 2,15 €**
Rückschein*	+ 1,80 €**
Eigenhändig*	+ 1,80 €**
Einschreiben Einwurf	+ 1,80 €**
* Rückschein und Eigenhändig sind nur mit Einschreiben kombinierbar.	
** Alle Preise sind Endpreise und nach UStG umsatzsteuerfrei.	
Die Preise für diese Zusatzleistungen verstehen sich immer zuzüglich zum Beförderungsentgelt für die Sendung.	

14. Aufgabe ☐ Z

Ein anderer von Dialogfix genutzter Paketdienst bietet folgende Versandoptionen:

Kalkulieren Sie die anfallenden Versandkosten, wenn 12 S-, 53 M- und 7 L-Pakete zu versenden sind und die Dialogfix GmbH als Großkunde 5 % Nachlass erhält.

Paketgröße	Preis
Small (S)	4,50 €
Medium (M)	5,80 €
Large (L)	8,30 €

Z *15. Aufgabe* ☐

Für den gelegentlich anfallenden Versand von Mahnschreiben möchte die Dialogfix GmbH dokumentieren, wann das Schreiben dem Empfänger zugestellt wurde. Welche Zusatzleistung beim Versand kann dies gewährleisten?

1. Versand als Einschreiben
2. Versand als Officepack
3. Versand als Büchersendung
4. Versand als Brief
5. Versand per Luftpost

Z *16. Aufgabe* ☐☐

Manche Sendungen der Dialogfix GmbH müssen den Empfänger besonders schnell erreichen. Bei welchen zwei Versandoptionen handelt es sich um beschleunigte Sendungen gegen zusätzliches Entgelt?

1. Warensendung
2. Nachnahme
3. Officepack
4. Luftpost
5. Eigenhändig
6. Paket

Situation zu den Aufgaben 17 bis 22:
Derzeit ist die Auszubildende Carola Klein an der Bestellhotline der Dialogfix GmbH eingesetzt.

Z *17. Aufgabe* ☐

Zu Carolas Aufgaben an der Bestellhotline gehört auch, dem Kunden bei Bedarf ein Produkt zu präsentieren, das er noch nicht kennt. Welchen der folgenden Ratschläge eines Kollegen sollte Carola auf keinen Fall befolgen?

1. Carola sollte in kurzen und verständlichen Sätzen sprechen, damit der Kunde ihr gut folgen kann.
2. Auf Negativformulierungen sollte sie verzichten.
3. Allzu detaillierte Erklärungen werden den Kunden eher verwirren anstatt ihn bei seiner Kaufentscheidung zu unterstützen.
4. Die verstärkte Nutzung von Fachbegriffen erhöht in den Augen des Kunden die Wertigkeit des Produktes und steigert somit sein Interesse und seine Kaufbereitschaft.
5. Carola sollte verstärkt positiv formulierte Sätze verwenden.

18. Aufgabe ☐ *Z*

Carola soll darauf achten, sichere Formulierungen einzusetzen. Welche der folgenden Aussagen ist hierfür geeignet?

1. Dürfte ich Sie bitten, mir Ihre Kundennummer zu nennen?
2. Nennen Sie mir bitte Ihr Geburtsdatum.
3. Wäre es möglich, dass ich Rücksprache halte und mich gleich noch einmal bei Ihnen melde?
4. Könnten Sie vielleicht Ihren Nachnamen noch mal wiederholen?
5. Gerne würde ich Ihnen dazu einen Vorschlag machen.

19. Aufgabe ☐ *Z*

In der Mittagspause haben die Auszubildenden heftig über Sinn und Zweck von gutem Beschwerdemanagement diskutiert. Welcher der folgenden Aussagen müssen Sie zustimmen?

1. Jeder Kunde, der unzufrieden ist, beschwert sich.
2. Zufriedene Kunden schreiben in sozialen Netzwerken viel eher etwas über ein Unternehmen als verärgerte Kunden.
3. Es ist egal, ob ein verärgerter Kunde durch ein professionelles Beschwerdemanagement wieder zufriedengestellt werden kann. Dies hat keinen Einfluss auf die Kundenbindung.
4. Die Kosten, um einen Bestandskunden weiter an das eigene Unternehmen zu binden, sind wesentlich höher als die Kosten für die Werbung eines Neukunden.
5. Ein Unternehmen sollte es seinen Kunden leicht machen, Beschwerden zu äußern, z. B. durch kostenfreie Servicerufnummern oder kurze Wartezeiten in der Warteschleife.

20. Aufgabe *Z*

Carola hat schon die unterschiedlichsten Beschwerdsachen erlebt. Sie versucht, diese in einer Liste zu ordnen. Welche Beschwerdebeispiele gehören nun zu welchem Oberbegriff?

☐ Mangelnde Fachkompetenz	1. produkt- bzw. dienstleistungsbezogen
☐ Komplizierte Bedienungsanleitung	2. mitarbeiterbezogen
☐ Unklare Zuständigkeiten im Betrieb	3. abwicklungsbezogen
☐ Lieferzeiten	
☐ Sachmangel	

21. Aufgabe ☐ *Z*

Um den Kunden in einem Beschwerdegespräch nicht noch zusätzlich zu reizen, hat Carola mit positivem Formulieren sehr gute Erfahrungen gemacht. Bei welchem Satz hat sie die positive Formulierung <u>vergessen</u>?

1. „Wir werden sehen, was sich da machen lässt."
2. „Herr Müller ist ein kompetenter Ansprechpartner, ich verbinde Sie gerne."
3. „Dafür kann ich nichts."
4. „Da habe ich mich wohl missverständlich ausgedrückt."
5. „Lassen Sie uns gemeinsam eine Lösung finden."

Z *22. Aufgabe*

Immer wieder muss Carola erleben, dass Kunden zu unfairen Gesprächsmethoden greifen. Einige Situationen hat sie sich notiert. Ordnen Sie zu:

- ☐ „So kompetent, wie Sie klingen, ist es für Sie bestimmt kein Problem, meine Bestellung noch heute zu verschicken."
- ☐ „Wenn bis heute Abend mein Internetzugang nicht funktioniert, geht meine Firma den Bach runter!"
- ☐ „Bei jedem anderen Unternehmen bekomme ich in einem solchen Fall mindestens eine Gutschrift über 20 €!"
- ☐ „Wenn Sie bis morgen das Problem nicht gelöst haben, schalte ich meinen Anwalt ein!"
- ☐ „Ihre Firma ist der größte Saftladen! Das Allerletzte!"

1. Drohen
2. Übertreiben
3. Schmeicheln
4. Verallgemeinern
5. Aggressiv werden

Situation zu den Aufgaben 23 bis 25:

Für ein Meeting mit der Geschäftsleitung soll Carola Klein eine PowerPoint-Folie mit den Vor- und Nachteilen einer telefonischen Kundenzufriedenheitsbefragung erstellen.

23. Aufgabe

Nennen Sie jeweils vier Vor- und Nachteile dieser Art der Kundenzufriedenheitsbefragung.

24. Aufgabe

Nicht alle Nachteile müssen hingenommen werden. Erläutern Sie zwei Möglichkeiten, Nachteile ins Positive zu wenden.

25. Aufgabe

Nennen Sie vier mögliche Aspekte, die Inhalt der Kundenzufriedenheitsbefragung sein können.

26. Aufgabe

Beschwerden eröffnen einem Unternehmen vielfältige Möglichkeiten zur Optimierung der Kundenbeziehung. Nennen Sie fünf Handlungsschritte eines typischen Beschwerdegespräches.

27. Aufgabe

Die Dialogfix GmbH entscheidet sich für den Einsatz eines Customer-Relationship-Management-Systems (CRM-System). Erläutern Sie, welche Aufgaben CRM im Dialogmarketing verfolgt.

28. Aufgabe

Im Zuge der Bonitätsprüfung bei der Dialogfix GmbH fällt häufig der Begriff SCHUFA. Erklären Sie, was darunter zu verstehen ist. Gehen Sie auch auf die sog. SCHUFA-Klausel ein.

Situation zu den Aufgaben 29 bis 30:
Die Geschäftsleitung der Dialogfix GmbH überlegt, langfristig die Versandabwicklung komplett auszulagern. Hierzu soll ein Vertrag mit einem Distributor geschlossen werden.

29. Aufgabe

Erläutern Sie, worum es sich bei einem Distributor handelt.

30. Aufgabe

Welche Beweggründe könnten Dialogfix zu einem solchen Schritt veranlassen?

31. Aufgabe

In diesem Zusammenhang kommt auch die Rolle des Frachtführers zur Sprache. Nennen Sie dessen Funktion im vorliegenden Fall.

Lösungen zu Kapitel 6

1. Aufgabe 5
2. Aufgabe 4
3. Aufgabe 3, 4, 1, 2, 5
4. Aufgabe 4
5. Aufgabe 3, 4
6. Aufgabe 4
7. Aufgabe 4
8. Aufgabe 1
9. Aufgabe 5
10. Aufgabe 1
11. Aufgabe 2, 4, 3, 6, 1, 5
12. Aufgabe 5
13. Aufgabe 21,00 €
14. Aufgabe 398,53 €
15. Aufgabe 1
16. Aufgabe 3, 4
17. Aufgabe 4
18. Aufgabe 2
19. Aufgabe 5
20. Aufgabe 2, 1, 3, 3, 1
21. Aufgabe 3
22. Aufgabe 3, 2, 4, 1, 5

23. Aufgabe **Vorteile:** Schnelle Durchführung, vergleichsweise kostengünstig, individuelle Ansprache der Zielpersonen, zeitlich flexibel, zusätzliche Erklärungen oder Rückfragen möglich.

Nachteile: Begrenzter Fragen- und Themenumfang, Teilnahmebereitschaft nicht immer gegeben, Befragung wird nicht ernst genommen, Tendenz zu einfachen und schnellen Antworten.

24. Aufgabe Beispiel „begrenzter Fragen- und Themenumfang": Der Fragebogen sollte auf die wirklich relevanten Themen beschränkt werden.

Beispiel „Teilnahmebereitschaft nicht immer gegeben": Kunden können zur Teilnahme an der Befragung motiviert werden, z. B. durch Gutschrift oder Teilnahme an einem Gewinnspiel.

25. Aufgabe Beispiele:

- Zufriedenheit mit der Qualität der angebotenen Produkte.
- Zufriedenheit mit der Fachkompetenz der Callcenter-Mitarbeiter.
- Zufriedenheit mit der Freundlichkeit der Callcenter-Mitarbeiter.
- Angabe, worüber sich die Kunden in der letzten Zeit beim Kontakt mit der Dialogfix GmbH geärgert haben.

26. Aufgabe
a) Positiv in das Gespräch einsteigen.
b) Durch offene Fragen den Grund für die Beschwerde ermitteln.
c) Die emotionale Ebene klären.
d) Für das Anliegen eine Lösung finden.
e) Gesprächszusammenfassung und Festlegung weiterer Schritte.

27. Aufgabe CRM beschreibt die Auswertung und Integration von Kundendaten mit dem Ziel, Kunden durch maßgeschneiderte Aktionen/Kampagnen an das Unternehmen zu binden. Im Einzelnen verfolgt CRM folgende Aufgaben:

- Bestandskundenpflege: Die Beziehung zu Bestandskunden soll durch CRM verbessert werden, indem das Handeln des Unternehmens auf den Kunden ausgerichtet wird. Den Kunden werden z. B. maßgeschneiderte Angebote unterbreitet.
- Neukundengewinnung: Interessentenanfragen werden dokumentiert und gespeichert, nach Auswertung der Daten können den Interessenten gezielt Angebote unterbreitet werden.
- Kundenrückgewinnung: Ehemalige Kunden werden mit maßgeschneiderten Angeboten angesprochen und davon überzeugt, die Geschäftsbeziehung erneut einzugehen.
- Der individuelle Kundenwert kann durch Datensammlung und Auswertung ermittelt werden.
- Softwaregestützt kann das Ergebnis der Datenauswertung dem Kundenberater angezeigt werden, z. B. in Form eines konkreten Angebots.

28. Aufgabe Die SCHUFA (Schutzgemeinschaft für allgemeine Kreditsicherung) ist eine privatwirtschaftliche Auskunftei, die von den kreditgebenden Unternehmen getragen wird. Sie erteilt Auskünfte, um die Kreditwürdigkeit von Privatpersonen zu beurteilen. Vorrangiger Zweck ist somit der Schutz der Vertragspartner vor Zahlungsausfällen. Zudem kann die SCHUFA zur Identitätsüberprüfung oder Altersverifizierung genutzt werden.

Bevor ein Unternehmen Daten an die SCHUFA übermittelt oder von dort abfragt, muss der Kunde aus Datenschutzgründen sein ausdrückliches Einverständnis dazu erklären. Dies erfolgt durch die Unterzeichnung der sog. SCHUFA-Klausel.

29. Aufgabe Ein Distributor ist allgemein ein Verteiler oder ein Großhändler. Während der Spediteur die Waren direkt vom Auftraggeber erhält, um diese entweder selbst auszuliefern oder einen Frachtführer damit zu beauftragen, hat der Distributor die Ware meist selbst auf Lager. Das verkaufende Unternehmen muss nur die Bestellungen an den Distributor weitergeben, dieser übernimmt dann den Versand aus eigenen Beständen, aber auf Rechnung des Auftraggebers.

30. Aufgabe Ein möglicher Beweggrund ist die Auslagerung (Outsourcing) von Unternehmensteilen, die nicht primär der Leistungserstellung dienen (sog. Unterstützungsprozesse). Oftmals können diese von Fremdfirmen kostengünstiger durchgeführt werden als vom eigenen Unternehmen.

31. Aufgabe Ein Frachtführer übernimmt gewerbsmäßig die Beförderung von Gütern.

7 Kundengewinnung

Situation zu den Aufgaben 1 bis 8:
Die Dialogfix GmbH bekommt einen neuen Auftrag von der Baumarktkette Baumeister. Die Kette möchte zur Eröffnung ihrer 100. Filiale eine qualitativ hochwertige Produktlinie von Werkzeugen besonders günstig anbieten. Die Werkzeuge sollen sowohl in den Märkten als auch im Internet und per Telefon verkauft werden. Die Dialogfix GmbH erarbeitet nun gemeinsam mit Baumeister verschiedene Maßnahmen zur Kundengewinnung.

1. Aufgabe

Der Vertriebsleiter von Baumeister diskutiert mit der Teamleiterin der Dialogfix GmbH über die Marketingstrategie für die neue Produktlinie. Hierbei fallen die Begriffe „Push-Strategie" und „Pull-Strategie". Ordnen Sie die nachstehenden Maßnahmen der jeweiligen Strategie zu, indem Sie die jeweils korrekte Ziffer in das Kästchen eintragen.

☐ Schaltung von TV-Werbespots für die Produktlinie
☐ Buchung von Plakatwänden für die Produktlinie
☐ Sonderprovisionen auf die Produktlinie für die Mitarbeiter Telefonverkauf
☐ Verpflichtung eines Stars als Werbeträger für die Aktion
☐ Interner Verkaufswettbewerb zwischen den Märkten mit Incentives für die Mitarbeiter
☐ Anbieten ausgewählter Werkzeuge auf Verbrauchermessen

1. Push-Strategie
2. Pull-Strategie

2. Aufgabe

Beim Telefonverkauf legt Baumeister großen Wert auf die Nutzung von Gelegenheiten zum Up-Selling und Cross-Selling. Ordnen Sie die nachstehenden Maßnahmen der jeweiligen Verkaufsmethode zu, indem Sie die jeweils korrekte Ziffer in das Kästchen eintragen.

☐ Kunde möchte einen Schraubenzieher für 1,00 € kaufen. Es wird das Top-Modell zu 4,00 € empfohlen.
☐ Kunde kauft eine Säge für 9,00 €. Es werden ihm passende Sägeblätter (12,00 €) angeboten.
☐ Kunde bestellt einen Staubsauger. Es werden zusätzlich Filtertüten angeboten.
☐ Kunde kauft Wandfarbe. Es werden auch Pinsel und Rolle angeboten.
☐ Kunde möchte einen Pinsel für 2,99 € kaufen. Es wird ein hochwertiger Pinsel für 9,99 € empfohlen.

1. Up-Selling
2. Cross-Selling

3. Aufgabe ☐

Der Verkaufsleiter von Baumeister hat bei einem Adresshändler 100 000 ungefilterte Haushaltsadressen gekauft und möchte alle bezüglich der neuen Produktlinie anschreiben. Die Teamleiterin der Dialogfix GmbH warnt in diesem Zusammenhang vor Streuverlusten. Welche Aussage über Streuverluste ist korrekt?

1. Streuverluste spielen so lange keine Rolle, wie sich kein Kunde darüber beschwert.
2. Streuverluste entstehen, wenn Werbemaßnahmen an Empfänger gelangen, die nicht zur Zielgruppe gehören.
3. Streuverluste entstehen, wenn Werbemaßnahmen von Personen durchgeführt werden, die nicht zur Zielgruppe gehören.
4. Streuverluste sind erwünscht, da sie das Image des Unternehmens steigern.
5. Streuverluste reduzieren sich, wenn man möglichst viele Empfänger erreicht.

4. Aufgabe ☐

Da die Baumarktkette Baumeister auch ein Kundenkartensystem hat, liegen umfangreiche Informationen über das Kaufverhalten der Kunden vor. Die Teamleiterin der Dialogfix GmbH empfiehlt, im Marketing auch Erkenntnisse zu nutzen, die durch Data-Mining erlangt werden können. Welche Aussage über Data-Mining ist korrekt?

1. Durch Data-Mining werden Trends im Kaufverhalten erkennbar.
2. Durch Data-Mining kann man Adressen einfach filtern.
3. Data-Mining funktioniert mit wenigen Daten besser als mit vielen Daten.
4. Data-Mining erlaubt die gezielte Ansprache bestimmter Kunden.
5. Durch Data-Mining kann man das Kaufverhalten unmittelbar beeinflussen.

5. Aufgabe ☐

Der Verkaufsleiter von Baumeister hat einige Fragen zum Thema Verkaufspsychologie an die Teamleiterin der Dialogfix GmbH. Unter anderem soll sie den Unterschied zwischen Bedürfnis und Bedarf erläutern. Welche Aussage hierzu ist korrekt?

1. Ein Bedürfnis ist ein Bedarf, der mit Kaufkraft ausgestattet ist.
2. Die Bedürfnisse sind die Mehrzahl von Bedarf.
3. Bedarf ist ein grundlegendes Mangelgefühl des Menschen.
4. Bedarf ist ein Bedürfnis, das mit Kaufkraft ausgestattet ist.
5. Ein Bedürfnis entsteht durch Nutzen.

6. Aufgabe ☐

Bei den Maßnahmen zur Kundengewinnung müssen zahlreiche rechtliche Rahmenbedingungen beachtet werden. Welche Bestimmung gehört jedoch <u>nicht</u> dazu?

1. Fernabsatzrecht
2. DIN 5008
3. Preisangabenverordnung
4. Gesetz gegen den unlauteren Wettbewerb (UWG)
5. Bürgerliches Gesetzbuch (BGB)

7. Aufgabe

Bei der Planung des Telefonverkaufs für Baumeister wird auch die Anwendung von Techniken zur Einwandbehandlung diskutiert. Ordnen Sie die nachstehenden Beispielantworten des Verkäufers der jeweiligen Technik zur Einwandbehandlung zu, indem Sie die passenden Ziffern in die Kästchen eintragen.

- ☐ Referenztechnik
- ☐ Hypothesentechnik
- ☐ Isolierungstechnik
- ☐ Vorwegnahmetechnik
- ☐ Bumerangtechnik

1. „Angenommen, der Bohrhammer fällt einmal zu Boden, dann sollte das Gehäuse stabil sein."
2. „Natürlich ist unser Premium-Schrauber nicht der Billigste. Dafür bietet er aber sehr gute Qualität."
3. „Gerade wenn Sie in Innenräumen streichen, benötigen Sie hochwertige Farbe."
4. „Mal abgesehen von der Akku-Laufzeit ist diese Heckenschere sehr leise und scharf."
5. „Dieser Akku-Schrauber ist unser Bestseller. Wir haben viele zufriedene Kunden damit."

8. Aufgabe

Bei der Planung des Telefonverkaufs für Baumeister wird auch die Anwendung von Techniken zur Preisargumentation diskutiert. Ordnen Sie die nachstehenden Beispielantworten des Verkäufers der jeweiligen Technik zur Preisargumentation zu, indem Sie die passenden Ziffern in die Kästchen eintragen.

- ☐ Sandwichtechnik
- ☐ Verzögerungstechnik
- ☐ Zerkleinerungstechnik
- ☐ Differenztechnik
- ☐ Vergleichstechnik

1. „Unser Premium-Schrauber kostet nur 30,00 € mehr als das Standardmodell, bietet Ihnen aber viel mehr."
2. „Wenn Sie den Premium-Schrauber über fünf Jahre nutzen, kostet er Sie nur 3,00 € pro Monat."
3. „Alle diese Vorteile zu einem Preis von knapp 180,00 €."
4. „Der Premium-Schrauber mit 6 Stunden Akku-Laufzeit kostet nur 180,00 €. Ein Tragekoffer ist sogar schon inbegriffen."
5. „In anderen Baumärkten zahlen Sie für den Premium-Schrauber 15,00 € mehr."

9. Aufgabe ☐

Die Kunden von Baumeister erhalten mit der Lieferung eine Rechnung, die bestimmte Pflichtangaben enthalten muss. Prüfen Sie, welche Angabe <u>nicht</u> dazugehört.

1. Name und Anschrift der Vertragspartner
2. Telefon- und Faxnummer
3. Ausstellungsdatum der Rechnung
4. Menge und Art der Lieferung
5. Lieferzeitpunkt

Situation zu den Aufgaben 10 bis 27:
Carola Klein ist Auszubildende bei der Dialogfix GmbH. Derzeit ist Carola an der Hotline eingesetzt.

10. Aufgabe

In der letzten Abteilungsbesprechung hat Carola erfahren, dass laut Abteilungsleitung die Kundenbeziehungen zu Bestandskunden ausgebaut und außerdem vermehrt Neukunden akquiriert werden sollen. Carola hat sich in der Besprechung einige Notizen gemacht. Welche Information hat sie falsch notiert?

1. Bei ausgewählten Bestandskunden bietet es sich an, eine Outbound-Verkaufsaktion durchzuführen, um die Kundenbindung zu stärken.
2. Das Up-Selling, also der Verkauf von höherwertigen Produkten, ist eine beliebte Maßnahme, um den Umsatz im Inbound zu erhöhen.
3. Beim Cross-Selling werden ausschließlich Neukunden, die noch nie bestellt haben, weitere bzw. ergänzende Produkte verkauft.
4. Ein wichtiger Vorteil des Cross-Sellings ist die höhere Kundenbindung.
5. Bestandskunden weitere Produkte anzubieten ist weitaus günstiger, als neue Kunden zu gewinnen.

11. Aufgabe

Danach hat Carola verschiedene Informationen zur Neukundenakquise notiert. Welche Aussage stimmt?

1. Mögliche Marketingmaßnahmen bei der Pull-Strategie sind z. B. Outbound-Anrufe oder die Zusendung von Mailings.
2. Mögliche Marketingmaßnahmen bei der Pull-Strategie sind z. B. der Aufbau einer eigenen Internetpräsenz, Plakatwerbung oder Werbung in sozialen Netzwerken.
3. Eine Möglichkeit der Push-Strategie in Callcentern ist das Einrichten von Infohotlines zur Interessentenakquise.
4. Bei der Push-Strategie sollen mögliche Kunden durch eine ständige Präsenz in der Erlebniswelt vom Kauf überzeugt werden.
5. Im Outbound-Callcenter wird die Pull-Strategie umgesetzt.

12. Aufgabe

Welche zwei der folgenden sechs Kombinationen sind korrekt?

1. Pull-Strategie – Verkaufsdruck – Outbound-Anrufe
2. Push-Strategie – ständige Präsenz in der Erlebniswelt – Zusendung von Mailings
3. Pull-Strategie – Interessentenakquise – Bestellhotlines mit gut ausgebildeten Mitarbeitern
4. Push-Strategie – direkte/aktive Kundenansprache – eigene Internetseite
5. Push-Strategie – Nachfragesog – Einträge in Internet-Suchmaschinen
6. Pull-Strategie – Produkt verkauft sich quasi von selbst – Homeshopping

13. Aufgabe

☐

Die Dialogfix GmbH achtet stets auf die Einhaltung der rechtlichen Bestimmungen. Prüfen Sie, in welchem Fall das Unternehmen Verbraucher zur Bewerbung eines Artikels anrufen darf.

1. Wenn die Verbraucher die AGB unterschrieben haben, in denen das Einverständnis vermerkt ist.
2. Sie dürfen immer angerufen werden.
3. Sie dürfen angerufen werden, wenn sie bei Dialogfix vorher bereits ein ähnliches Produkt gekauft haben.
4. Sie müssen bewusst und unmissverständlich in die konkrete Maßnahme eingewilligt haben.
5. Sie dürfen von Dialogfix unter keinen Umständen angerufen werden.

14. Aufgabe

☐☐

In einer Schulung zum Umgang und zur Auswertung von Daten wurden verschiedene Daten angesprochen, die der Verkäufer in der Kundendatenbank einsehen kann. Diese Daten lassen sich z. B. in Grunddaten, Aktionsdaten und Ergebnisdaten einteilen. Prüfen Sie, in welchen zwei Fällen es sich um Grunddaten handelt.

1. Umtausch/Retouren
2. Durchschnittsumsatz je Bestellung
3. Familienstand
4. Zahlungsart
5. Mahnungen
6. Geburtsdatum

15. Aufgabe

☐☐

Auch über die ABC-Analyse zur Segmentierung von Kunden wurde in dem Seminar kurz gesprochen. Welche zwei Informationen hat Carola hier falsch notiert?

1. Basis der ABC-Analyse ist das Pareto-Prinzip, welches besagt, dass rund 80 % des Zieles mit 20 % des Einsatzes erreicht werden können.
2. In der Kundensegmentierung bedeutet das Pareto-Prinzip, dass 50 % der Kunden auch 50 % des Umsatzes bringen.
3. Die Gruppe A ist im Wertanteil hoch, aber in der Menge gering.
4. Nachteil der ABC-Analyse ist, dass nur eine bestehende Situation ausgewertet werden kann, jedoch keine Trends in der Kundenbeziehung ableitbar sind.
5. Ein weiterer Nachteil der ABC-Analyse ist die Berücksichtigung lediglich rein quantitativer Faktoren.
6. Aufgrund des außerordentlich hohen Aufwands ist die ABC-Analyse ausschließlich für Großunternehmen geeignet.

16. Aufgabe ☐

Während ihrer Arbeit an der Hotline hat Carola schon bei einigen Kolleginnen und Kollegen den gezielten Einsatz von Fragetechniken beobachten können. In welchem Fall handelt es sich um eine Alternativfrage?

1. Möchten Sie sich diese einmalige Chance wirklich entgehen lassen?
2. Haben Sie an unserem Gewinnspiel teilgenommen?
3. Welche Vorteile bietet Ihnen dieses Produkt?
4. Wie lautet Ihre Kundennummer?
5. Bevorzugen Sie das Produkt in Schwarz oder in Blau?

17. Aufgabe

„Die einzelnen Frageformen haben auch ihre Schwächen", erklärt Carolas Teamleiterin. Von welcher Frageform spricht sie jeweils?

☐ Der Mitarbeiter erhält bei dieser Frageform keinerlei Information vom Kunden.
☐ Die Antwortmöglichkeiten sind erheblich eingeschränkt, was zum Verlust wichtiger Informationen führen kann.
☐ Der Kunde fühlt sich manipuliert.
☐ Wenn ein Kunde eine Frage stellt, erwartet er eine Antwort.
☐ Der Mitarbeiter erhält auch irrelevante Informationen.

1. Offene Frage
2. Geschlossene Frage
3. Gegenfrage
4. Rhetorische Frage
5. Suggestivfrage

18. Aufgabe ☐

Welche der folgenden Aussagen von Carolas Kollegen zu offenen und geschlossenen Fragen ist zutreffend?

1. Offene Fragen dienen z. B. dazu, erhaltene Informationen abzusichern.
2. Stellt der Mitarbeiter zu Beginn des Gespräches offene Fragen, kann er die Beziehungsebene zum Kunden besser aufbauen als mit geschlossenen Fragen.
3. Mit offenen Fragen lässt sich viel Zeit sparen.
4. Auf geschlossene Fragen gibt es viele Antwortmöglichkeiten.
5. Geschlossene Fragen beinhalten immer ein Fragewort.

19. Aufgabe ☐

Auch bei Aussagen über die anderen Frageformen liegen Carolas Kollegen in einem Punkt falsch.

1. Alternativfragen sind eine geeignete Methode, um eine Entscheidung zu finden.
2. Alternativfragen liefern immer genau zwei Antwortmöglichkeiten.
3. Gegenfragen können dazu dienen, weitere Informationen zu erhalten, um eine Frage richtig zu beantworten.
4. Es kann aber auch der Eindruck entstehen, dass man sich durch eine Gegenfrage um die Antwort drücken möchte.
5. Intonationsfragen üben keinen nennenswerten Druck auf den Kunden aus.

20. Aufgabe

Carola fragt sich, wie die einzelnen Schritte der Einwandbehandlung am besten aufeinander aufbauen. Finden Sie die richtige Reihenfolge, indem Sie die Ziffern 1 bis 5 neben den Handlungsschritten eintragen.

☐ Inhaltliche Bestätigung des Einwands
☐ Absicherung
☐ Aktiv zuhören
☐ Argumentation
☐ Einwand analysieren

21. Aufgabe ☐

Carola hat an der Hotline mit den unterschiedlichsten Kunden zu tun. Bestimmte Kundenaussagen helfen ihr dabei, die unterschiedlichen Wahrnehmungstypen zu identifizieren. Stellen Sie fest, in welchem Fall es Carola mit dem „visuellen Typ" zu tun hat.

1. „Von dieser Information bekomme ich direkt Bauchschmerzen."
2. „Ich sehe nicht ein, dass Sie mir hier keine weitere Rabattzahlung gewähren können."
3. „Die von Ihnen aufgezeigten Alternativen klingen doch alle ganz vernünftig."
4. „Vom Gefühl her entscheide ich mich für den Comfort-Tarif."
5. „Bei diesen versteckten Preissteigerungen klingen bei mir alle Alarmglocken."

22. Aufgabe

Für die einzelnen Kundentypen hat Carola von ihrer Teamleiterin jeweils verschiedene Tipps zum Umgang bekommen. Ordnen Sie zu:

☐ Da bei diesem Kundentyp nur wenig Gesprächspausen zu erwarten sind, unterbrechen Sie ihn gezielt.
☐ Immer Ruhe bewahren, da zu viel Hektik nicht unbedingt zu einem schnellen, zufriedenstellenden Ergebnis führt.
☐ Bleiben Sie ruhig und gelassen. Nehmen Sie das Gesagte nicht persönlich und führen Sie, wenn möglich, ein Beschwerdemanagement durch.
☐ Drängen Sie den Kunden nicht zu einer Entscheidung, sondern führen Sie eine gezielte Fragetechnik durch, um sein Anliegen genau herauszuarbeiten.
☐ Eine sehr gute Strategie besteht darin, den Kunden um Hilfe zu bitten, um ihn zu bestätigen.
☐ Da dieser Kunde schnell das Interesse verliert, ist es wichtig, einen verbindlichen Abschluss im Gespräch zu finden.

1. Der Besserwisser
2. Der Vielredner
3. Der Aggressive
4. Der Ungeduldige
5. Der Impulsive
6. Der Entscheidungsschwache

23. Aufgabe

Im Rahmen einer Outbound-Aktion bei Bestandskunden bereitet sich Carola auf ein Gespräch mit Herrn Maurer vor. Aus der Datenbank weiß sie, dass Herr Maurer Wert auf einfach zu bedienende Produkte legt, bei denen er die Bedienungsanleitung am besten nicht benötigt. Er wählt fast immer die teuersten Produkte aus dem jeweiligen Sortiment der Dialogfix GmbH aus, weil er sich gerne etwas gönnt. Herr Maurer schätzt eine persönliche und kompetente Beratung sehr, weswegen er bevorzugt mit ihm vertrauten Callcenteragents telefoniert.
Wie lauten die Kaufmotive von Herrn Maurer? Welche Punkte sollte Carola im Verkaufsgespräch ansprechen, um ihn in seinen Kaufmotiven zu bestärken?

24. Aufgabe

Direkt das nächste Gespräch in der Outbound-Aktion wird Carola mit Herrn Franzen führen. Herr Franzen ist als selbstständiger Unternehmer sehr auf Kosten bedacht. Ständig fragt er sich, wie das Produkt ihn in seinem beruflichen Erfolg unterstützen kann. Herr Franzen weiß dabei genau, was er will und was nicht.
Wie lauten die Kaufmotive von Herrn Franzen? Welche Punkte sollte Carola im Verkaufsgespräch ansprechen, um ihn in seinen Kaufmotiven zu bestärken?

25. Aufgabe

Carola und ihre Teamleiterin wurden als Vertreterinnen der Hotline zu einem Marketing-Meeting eingeladen. Es wird ein anstehendes Mailing besprochen, das an potenzielle Neukunden verschickt werden soll. Nun werden Vorschläge dazu gemacht, auf welchem Weg die möglichen Kunden ihr Einverständnis mit einem Anruf der Dialogfix GmbH erklären sollen.

- Vorschlag A: „Wir schreiben, dass der Kunde einwilligt, von uns angerufen zu werden. Falls er dies nicht möchte, soll er den entsprechenden Satz durchstreichen."
- Vorschlag B: „Ich finde, der Kunde soll ankreuzen, wenn er von uns angerufen werden möchte. Wenn nicht, lässt er das Feld leer."
- Vorschlag C: „Wir schreiben in die AGB, dass wir Interessenten für Marketingzwecke anrufen dürfen."

Bewerten Sie die einzelnen Vorschläge. Sind diese Vorgehensweisen rechtlich in Ordnung? Begründen Sie Ihre Aussagen.

26. Aufgabe

Die Auszubildende Carola Klein ist wieder an der Bestellhotline eingesetzt. „Heute hatte ich aber viele Reklamationen", sagt Carola nach Feierabend zu ihrer Kollegin Michaela. Michaela: „Oh, denk daran, deinen Gruppenleiter zu informieren!" Carola: „Auch wenn dem Kunden die Farbe seines Druckers nicht gefällt?" Michaela: „Das ist doch keine Reklamation, sondern nur eine Beschwerde." „Und wenn ein Drucker verschmiert druckt?"
Erläutern Sie anhand der Beispiele „Nichtgefallen der Farbe" und „schlechtes Druckergebnis" den Unterschied zwischen Beschwerde und Reklamation.

27. Aufgabe

Carola hat erneut eine Reklamation wegen eines verkratzt gelieferten Druckers. Kunde: „Dann geben Sie mir doch einfach einen Preisnachlass von 20 % auf das Gerät." Carola: „Moment bitte, ich kläre ab, ob das möglich ist, und melde mich gleich noch einmal bei Ihnen."
Prüfen Sie, von welchem Recht der Käufer des verkratzten Druckers Gebrauch machen möchte. Kann er dieses Recht ohne Weiteres durchsetzen? Bitte begründen Sie Ihre Antwort.

Situation zu den Aufgaben 28 bis 31:
Der Elektrofachmarkt Merkur AG (70 Filialen im Bundesgebiet, überwiegend Verbraucher als Kunden) verzeichnet derzeit einen signifikanten Umsatzrückgang. Um gegen die wachsende Konkurrenz bestehen zu können, hat die Merkur AG einen eigenen Versandhandel mit Onlineshop eingerichtet. Die Dialogfix GmbH wird nun von der Merkur AG beauftragt, den Verkauf im Versandhandel sowohl im Inbound als auch Outbound zu betreuen.

28. Aufgabe

Im Zusammenhang mit dem Verkauf des neuen Notebooks sollen Gelegenheiten zum Up-Selling und zum Cross-Selling genutzt werden. Erläutern Sie die Bedeutung dieser beiden Begriffe an jeweils einem konkreten Beispiel aus der vorliegenden Situation.

29. Aufgabe

Die Merkur AG verfügt durch ein Kundenkartensystem über 200 000 Adressen mit Aufzeichnungen des jeweiligen Kaufverhaltens in Merkur-Märkten. Der Verkaufsleiter von Merkur schlägt vor, alle Kunden anzurufen und auf den neuen Versandhandel aufmerksam zu machen. Da das Budget nur für 50 000 Anrufe ausreicht, empfiehlt der Teamleiter der Dialogfix GmbH, eine ABC-Analyse durchzuführen. Erläutern Sie in diesem Zusammenhang das Pareto-Prinzip und suchen Sie Gründe dafür, warum dieses Prinzip gilt.

30. Aufgabe

Bei der Nutzung der Kundendaten für die telefonische Verkaufsaktion der Merkur AG müssen die Bestimmungen zur Telefonwerbung des UWG (Gesetz gegen den unlauteren Wettbewerb) eingehalten werden. Welche Konsequenz ergibt sich daraus in diesem Fall?

31. Aufgabe

Zur Aufnahme des Telefonverkaufs für die Merkur AG werden die Mitarbeiter der Dialogfix GmbH speziell geschult. Hierbei spielt auch die Einwandbehandlung eine große Rolle. Neben anderen Techniken wird zwischen der Isolierungstechnik und der Hypothesetechnik unterschieden. Erläutern Sie diese beiden Arten der Einwandbehandlung und nennen Sie jeweils ein Beispiel.

Lösungen zu Kapitel 7

1. Aufgabe	2, 2, 1, 2, 1, 1	*12. Aufgabe*	3, 6
2. Aufgabe	1, 2, 2, 2, 1	*13. Aufgabe*	4
3. Aufgabe	2	*14. Aufgabe*	3, 6
4. Aufgabe	1	*15. Aufgabe*	2, 6
5. Aufgabe	4	*16. Aufgabe*	5
6. Aufgabe	2	*17. Aufgabe*	4, 2, 5, 3, 1
7. Aufgabe	5, 1, 4, 2, 3	*18. Aufgabe*	2
8. Aufgabe	4, 3, 2, 1, 5	*19. Aufgabe*	2
9. Aufgabe	2	*20. Aufgabe*	3, 5, 1, 4, 2
10. Aufgabe	3	*21. Aufgabe*	2
11. Aufgabe	2	*22. Aufgabe*	2, 4, 3, 6, 1, 5

23. Aufgabe Die Kaufmotive lauten Bequemlichkeit, Luxus, Wertschätzung.
Carola sollte ihn davon überzeugen, dass mit dem Kauf keine weitere Arbeit verbunden ist und dass er sich etwas Besonderes leistet, womit er sich gut fühlen wird. Außerdem sollte sich Carola viel Zeit für das Gespräch nehmen.

24. Aufgabe Die Kaufmotive lauten Sparsamkeit, Gewinnstreben, Selbstbestimmung.
Carola sollte den Kunden vom unschlagbar günstigen Angebot überzeugen und herausstreichen, welchen Einfluss dieses Produkt auf seinen finanziellen Erfolg haben wird. Dabei sollte sie nicht zu viel Druck ausüben.

25. Aufgabe Anrufe bei Verbrauchern zu Werbe- oder Verkaufszwecken sind nur zulässig, sofern diese ausdrücklich eingewilligt haben (Opt-in). Die Einwilligung kann nur durch einen bewussten, aktiven Willensakt erteilt werden. Für die einzelnen Vorschläge bedeutet dies:
Vorschlag A: Wenn der Kunde den Satz nicht durchstreicht, liegt trotzdem keine Einwilligung vor.
Vorschlag B: Eine Einwilligung liegt vor.
Vorschlag C: Ohne weitere Willenserklärung liegt keine Einwilligung vor, da die Erklärung separat gegeben werden muss. Eine pauschale Einwilligung über die AGB genügt nicht.

26. Aufgabe Eine Beschwerde kann vielfältige Gründe haben, wie z.B. das Nichtgefallen der Farbe des Druckers. Eine Beschwerde wird dann zu einer Reklamation, wenn ein Sachmangel vorliegt. Im Fall des verschmierten Ausdrucks handelt es sich um einen Funktionsmangel, da die vereinbarte Beschaffenheit (sauberer Druck) fehlt.

27. Aufgabe Vom Recht der Preisminderung. Zuerst muss allerdings entweder nachgebessert (Beseitigung des Mangels, Reparatur) oder nachgeliefert (Lieferung einer mangelfreien Sache) werden. Erst wenn die Nacherfüllung fehlschlägt, steht dem Käufer ein Recht auf Preisminderung zu.

28. Aufgabe Beim **Up-Selling** wird dem an einem bestimmten Produkt interessierten Kunden empfohlen, ein höherwertiges Produkt zu kaufen. Anrufer, die einen bestimmten MP3-Player kaufen möchten, werden z. B. auf Geräte mit mehr Speicherplatz und zusätzlichen Funktionen hingewiesen, die einen höheren Preis haben.

Beim **Cross-Selling** werden dem Kunden zu dem von ihm gekauften Produkt kompatible Produkte angeboten. Zu dem bereits bestellten MP3-Player können z. B. Lautsprecher, Kopfhörer und Tasche angeboten werden.

29. Aufgabe Das Pareto-Prinzip beschreibt ein statistisches Phänomen, das im konkreten Fall bedeutet, dass sehr wahrscheinlich mit einem kleinen Teil der Kundschaft (z. B. 20 %) ein großer Teil des Umsatzes (z. B. 80 %) zu erzielen sein wird. Im vorliegenden Fall kann das darin begründet sein, dass nur ein geringer Anteil an Stammkunden ihre gesamten Elektroartikel beim gleichen Markt kauft (Bequemlichkeit, Markentreue, persönliche Präferenzen) und somit hohe Umsätze einbringt, während die überwiegende Zahl der Kunden ihre Artikel in verschiedenen Märkten kauft und daher nur geringe Umsätze bei Merkur hat.

30. Aufgabe Gemäß UWG dürfen Verbraucher nur dann telefonisch kontaktiert werden, wenn sie ausdrücklich und bewusst in die konkrete Werbemaßnahme oder den Telefonverkauf eingewilligt haben. Die Adressdaten müssen also auch dahin gehend gefiltert werden, ob eine solche Opt-in-Erklärung vorliegt.

31. Aufgabe Bei der **Isolierungstechnik** wird ein Einwand ausgeklammert, damit man sich auf andere Argumentationen konzentrieren kann. Möchte ein Kunde z. B. einen bestimmten MP3-Player aus optischen Gründen nicht kaufen, so kann man die Optik zunächst ausklammern und die technische Überlegenheit des Gerätes darstellen.

Bei der **Hypothesetechnik** trifft der Verkäufer eine bestimmte Annahme, die den Kunden veranlasst, sich gedanklich in eine bestimmte Situation zu versetzen. So kann man z. B. zum Verkauf einer Diebstahlsicherung für den MP3-Player die Möglichkeit eines Diebstahls betonen.

8 Vertrieb und Marketing

Hinweis: Dieses Kapitel enthält die Themen
- Angebotserstellung und Verkauf (Aufgabe 1 bis 20),
- Vermarktung von Dienstleistungen (Aufgabe 21 bis 40).

Situation zu den Aufgaben 1 bis 9:
Um die Chancen sich rasch ändernder Märkte nutzen zu können, achtet die Dialogfix GmbH stets darauf, alle Marktgrößen im Blick zu haben.

1. Aufgabe ☐

Ein Marktforschungsinstitut hat für die Dialogfix GmbH eine Marktanalyse erstellt. Welche Information kann daraus gewonnen werden?

1. Es wird ein Marktüberblick zu einem bestimmten Zeitpunkt gegeben.
2. Vorrangig sind Informationen verfügbar, die einen längeren Zeitraum betrachten.
3. Gut erkennbar sind Marktveränderungen.
4. Die zukünftige Marktentwicklung kann abgeleitet werden.
5. Da es sich hier um ein unsystematisches Verfahren handelt, ist ein Informationsgewinn kaum vorhanden.

2. Aufgabe ☐

Für die Marktanalyse wurden sowohl Primärdaten als auch Sekundärdaten verarbeitet. Stellen Sie fest, in welchem Fall es sich um Primärdaten handelt.

1. Ergebnisse einer Internetrecherche
2. Auswertung von öffentlichen Statistiken
3. Befragung mittels Telefoninterview
4. Daten des internen Rechnungswesens
5. Untersuchung in einer Fachzeitschrift

3. Aufgabe ☐

Aufgrund der vorliegenden Daten überlegt die Dialogfix GmbH, neben ihrer bisherigen Angebotspalette auch in den Vertrieb von Mobilfunkgeräten einzusteigen. Welche Anpassungsmöglichkeit der Angebotspalette würde die Dialogfix GmbH damit umsetzen?

1. Elimination
2. Diversifikation
3. Modulation
4. Innovation
5. Transformation

4. Aufgabe

Vorab soll jedoch das Marktpotenzial für Navigationsgeräte ermittelt werden. Welche Information erhält die Dialogfix GmbH über diese Marktgröße?

1. Die geografische Verteilung der Nachfrager nach Navigationsgeräten.
2. Die tatsächlich abgesetzte Menge an Navigationsgeräten in einem bestimmten Zeitraum.
3. Die mögliche Marktposition am Ende des nächsten Geschäftsjahres.
4. Der maximal mögliche Absatz auf dem Markt der Navigationsgeräte.
5. Der mögliche Marktanteil der Dialogfix GmbH auf dem Markt der Navigationsgeräte.

5. Aufgabe

Die Dialogfix GmbH strebt für das kommende Geschäftsjahr einen Marktanteil von 8 % an. Ermitteln Sie, welchen Umsatz das Unternehmen dafür erwirtschaften muss, wenn auf dem relevanten Markt 12 Mio. € umgesetzt werden.

6. Aufgabe

Ein Marktforschungsinstitut ermittelt auf dem für die Dialogfix GmbH relevanten Markt (siehe Aufgabe 5) eine Marktsättigung von 60 %. Bestimmen Sie das Marktpotenzial in Mio. €.

7. Aufgabe

Aus einer Palette von 18 Modellen möchte die Dialogfix GmbH lediglich drei Geräte langfristig in den Verkauf aufnehmen. Um eine optimale Auswahl treffen zu können, soll der Produktlebenszyklus der jeweiligen Geräte untersucht werden. Bringen Sie die Phasen des Produktlebenszyklus in die richtige Reihenfolge und tragen Sie die Ziffern von links nach rechts in die Kästchen ein.

1. Einführungsphase
2. Rückgangsphase
3. Reifephase
4. Sättigungsphase
5. Wachstumsphase

8. Aufgabe

Bei der Entscheidung, welche drei Geräte endgültig ausgewählt werden sollen, wird wieder über den Produktlebenszyklus diskutiert. Welche Aussage ist in diesem Zusammenhang zutreffend?

1. Die Gewinnschwelle wird am Ende der Wachstumsphase erreicht.
2. Das Umsatzmaximum wird in der Sättigungsphase erreicht.
3. Die Einführungsphase ist durch Verluste gekennzeichnet.
4. In der Rückgangsphase ist der Umsatz negativ.
5. In der Sättigungsphase ist der Gewinn negativ.

9. Aufgabe

Um zusätzliche Marktchancen zu nutzen, sollen zu den Navigationsgeräten sog. Mehrwertdienste (Value Added Services) angeboten werden. Stellen Sie fest, welches Angebot sich dafür eignet.

1. Vierteljährlich kann das Kartenmaterial über ein kostenpflichtiges Internet-Update aktualisiert werden.
2. Ein zweites Navigationsgerät pro Haushalt („Zweitwagen-Navi") wird mit 20 % Rabatt angeboten.
3. Eine praktische Tragetasche für unterwegs ist für nur 9,95 € erhältlich.
4. Kunden können das Gerät bei Nichtgefallen innerhalb von 14 Tagen zurückgeben.
5. Neukunden erhalten ein kleines Begrüßungsgeschenk.

Situation zu den Aufgaben 10 bis 11:

Neben dem Eigengeschäft im Bereich Hard- und Software ist die Dialogfix GmbH auch auf dem Markt der externen Dienstleister tätig.

10. Aufgabe

Die Dialogfix GmbH nutzt bei der Angebotserstellung für externe Dienstleistungen die Preisdifferenzierungsstrategie und bietet bestimmte Leistungen zu unterschiedlichen Preisen an. Prüfen Sie, in welchem Fall es sich um eine mengenorientierte Preisdifferenzierung handelt.

1. Neukunden erhalten einen pauschalen Preisnachlass von 10 %.
2. Im August werden Angebote zu einem günstigen Sommer-Tarif erstellt.
3. Outbound-Calls werden günstiger angeboten als Inbound-Calls.
4. Ab einem Auftragsvolumen von 10 000 Calls sinkt der Preis pro Call.
5. Langjährige Stammkunden erhalten Sonderkonditionen.

11. Aufgabe

Bei ausgewählten Premium-Angeboten möchte die Dialogfix GmbH bereits bei der Angebotserstellung die Exklusivität verdeutlichen. Stellen Sie fest, mit welcher Preisstrategie dies möglich ist.

1. Preiswettbewerbsstrategie
2. Hochpreisstrategie
3. Marktdurchdringungsstrategie
4. Abschöpfungsstrategie
5. Niedrigpreisstrategie

Situation zu den Aufgaben 12 bis 13:

Die Dialogfix GmbH plant, eine neue strategische Geschäftseinheit für den Vertrieb von Smartphone-Applikationen zu schaffen.

12. Aufgabe

☐ ☐

Ein Marktforschungsinstitut erkundet die Marktposition der Dialogfix GmbH im Bereich Vertrieb von Smartphone-Applikationen. Welche zwei der folgenden Aussagen über Marktpositionen treffen dabei zu?

1. Marktführer bedeutet, einen höheren Marktanteil zu haben als Herausforderer, Mitläufer und Nischenanbieter zusammen.
2. Als Nischenanbieter ist es wichtig, immer einen höheren Marktanteil zu erwirtschaften als die Mitläufer.
3. Mitläufer haben den geringsten Marktanteil von allen Marktpositionen.
4. Die Normstrategie des Herausforderers ist es, aufgrund übermäßig hoher Marketingkosten nie einen höheren Marktanteil zu erlangen als der Marktführer.
5. Auch Nischenanbieter können profitabel sein.
6. Man ermittelt den Marktanteil wie folgt:
   Umsatz des eigenen Unternehmens · 100 : Umsatz der gesamten Branche innerhalb eines bestimmten Zeitraums

13. Aufgabe

Um die Applikationen kundengerecht zu gestalten, führt Dialogfix im Vorfeld eine telefonische Kundenbefragung mit einem strukturierten Fragebogen durch. Ordnen Sie den folgenden Fragen die jeweils passende Methode zu:

☐ Haben Sie schon einmal mittels einer Smartphone-Applikation eine Bestellung durchgeführt?
(○ Ja, ○ Nein)

☐ Mir ist es sehr wichtig, über mein Smartphone mittels Applikationen die gleichen Einkaufsmöglichkeiten zu haben wie beim Onlineshopping.
(○ stimme voll zu, ○ stimme teilweise zu, ○ stimme eher nicht zu, ○ stimme gar nicht zu)

☐ Jederzeit über die aktuellsten Angebote von Dialogfix informiert zu sein ist mir:
(○ sehr wichtig, ○ weniger wichtig, ○ unwichtig)

☐ Smartphone-Applikationen nutze ich vor allem für:
(○ Nachrichten, ○ Unterhaltung, ○ Einkaufen, ○ Soziale Netzwerke)

☐ Welche Möglichkeiten sollte eine Smartphone-Applikation von Dialogfix bieten?

1. Gewichtungs-Skala
2. Dichotome Frage
3. Offene Frage
4. Likert-Skala
5. Multiple-Choice-Frage

Situation zu den Aufgaben 14 bis 20:
Ein halbes Jahr ist seit der Markteinführung der Smartphone-Applikationen vergangen. Nun sollen auf einer Marketingsitzung die aktuellen Ergebnisse vorgestellt werden. Zu Ihren Aufgaben gehört es auch, im Vorfeld wichtige Informationen zu Marktpositionen aus folgender Tabelle auszuwerten.

	Umsatz letztes Quartal (in €)			
	Dialogfix	**Mitbewerber A**	**Mitbewerber B**	**Mitbewerber C**
Routenplaner-App	340 000	160 000	330 000	100 000
Reise-App	360 000	230 000	800 000	220 000
Fitness-App	300 000	800 000	1 000 000	50 000
Nachrichten-App	750 000	900 000	420 000	550 000

14. Aufgabe

Welche der folgenden Aussagen zu Marktpositionen können Sie der Tabelle entnehmen?

1. Bei der Nachrichten-App nimmt Mitbewerber B die Rolle des Herausforderers ein.
2. Bei der Reise-App ist Mitbewerber A ein Nischenanbieter.
3. Bei der Routenplaner-App ist Dialogfix Marktführer.
4. Bei der Fitness-App nimmt Dialogfix die Rolle des Herausforderers ein.
5. Bei der Reise-App ist Mitbewerber B in der Mitläufer-Position.

15. Aufgabe

Welche der folgenden Aussagen zu Marktanteilen können Sie der Tabelle entnehmen?

1. Mitbewerber A hat im Bereich Reise einen höheren Marktanteil als bei Routenplanern.
2. Mitbewerber B hat im Bereich Nachrichten einen höheren Marktanteil als bei Fitness.
3. Mitbewerber B hat im Bereich Reise einen höheren Marktanteil als Dialogfix.
4. Mitbewerber C hat im Bereich Reise einen höheren Marktanteil als bei Nachrichten.
5. Dialogfix hat bei allen Apps den geringsten Marktanteil.

16. Aufgabe

Ermitteln Sie anhand der Ihnen vorliegenden Daten den Marktanteil der Dialogfix GmbH bei der Fitness-App.

17. Aufgabe

Ordnen Sie die Begriffe der Produktportfolio-Matrix richtig zu, indem Sie die passende Zahl zum Begriff notieren.

- ☐ Cash Cows (Milchkühe)
- ☐ Stars (Sterne)
- ☐ relativer Marktanteil
- ☐ Marktwachstum
- ☐ Question Marks (Nachwuchsfeld)
- ☐ Poor Dogs (Problemfeld)

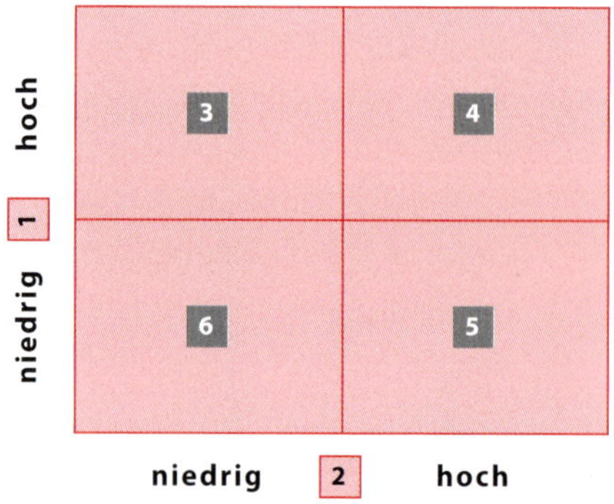

18. Aufgabe

Folgende Informationen liegen Ihnen zu den Absatzzahlen vor. Errechnen Sie das noch fehlende Marktwachstum der Reise-App vom 3. zum 4. Quartal des aktuellen Jahres. Runden Sie kaufmännisch ohne Nachkommastelle.

Anzahl der genutzten Applikationen je 100 Smartphone-Nutzer					
	Quartale				Marktwachstum
App	**Q1**	**Q2**	**Q3**	**Q4**	
Routenplaner	45	50	67	75	12
Reise	10	25	32	35	
Fitness	20	20	26	25	–4
Nachrichten	80	80	88	88	0

19. Aufgabe

Welche Aussage zu den Begriffen der aktuellen Produktportfolio-Matrix ist richtig?

1. Der relative Marktanteil wird auf der y-Achse gemessen.
2. Bei dem Produkt Routenplaner-App handelt es sich um eine Cash Cow.
3. Bei dem Produkt Fitness-App handelt es sich um einen Stern.
4. Bei dem Produkt Nachrichten-App handelt es sich um einen Armen Hund.
5. Bei dem Produkt Reise-App handelt es sich um ein Fragezeichen.

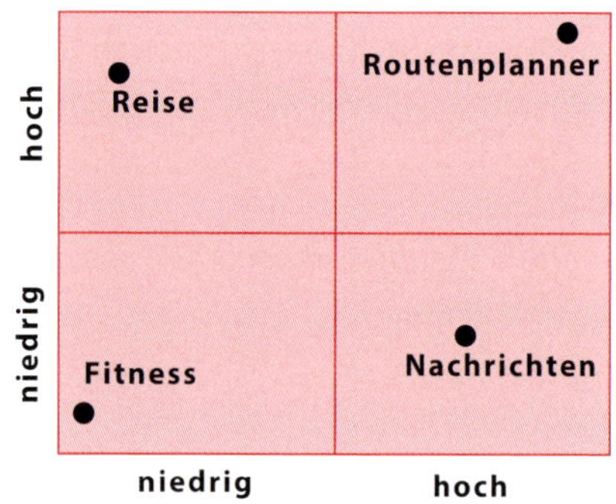

20. Aufgabe ☐

Welche Strategie kann man aus der aktuellen Produktportfolio-Matrix ableiten?

1. Die mit dem Produkt „Fitness-App" erzielten Überschüsse können darauf verwendet werden, das Produkt „Reise-App" zu einer Cash Cow weiterzuentwickeln.
2. Die Dialogfix ist in ihrer SGE „Applikationen" schlecht aufgestellt, da es kein gewinnbringendes Produkt gibt, das zur Finanzierung eines Produktes im Nachwuchsfeld geeignet ist.
3. Das Produkt „Routenplaner-App" befindet sich im Nachwuchsfeld.
4. Das Produkt „Nachrichten-App" sollte wegen seiner schlechten Marktchancen sofort aus dem Sortiment genommen werden.
5. Das Produkt „Fitness-App" hat aufgrund eines sehr geringen relativen Marktanteils und des negativen Marktwachstums keine Zukunft und sollte aus dem Sortiment genommen werden.

Situation zu den Aufgaben 21 bis 23:
Die Dialogfix GmbH erhält eine Anfrage, als externer Dienstleister das Callcenter der Telko GmbH temporär zu unterstützen. Ihr Vorgesetzter ist mit der Erstellung des Vertrages beauftragt worden, Sie sollen ihn dabei unterstützen.

21. Aufgabe ☐☐☐☐☐

Während des Meetings fasst Ihr Vorgesetzter die dem Vertrag vorangegangenen Verhandlungen noch einmal zusammen. Bringen Sie die einzelnen Verhandlungsschritte in die richtige Reihenfolge und tragen Sie Ihre Antworten von links nach rechts in die Kästchen ein.

1. Aufmerksamkeit schaffen
2. Kontakte knüpfen
3. Auf Vorschläge reagieren
4. Verhandlungen abschließen
5. Vorschläge machen

22. Aufgabe

Bei den Vertragsverhandlungen streben die Dialogfix GmbH und die Telko GmbH unterschiedliche Ziele an. Ordnen Sie zu, ob es sich bei den folgenden Zielen um Minimalziele, Kernziele oder Idealziele handelt.

☐ Über die ganze Vertragslaufzeit soll ein Servicelevel von 80/20 eingehalten werden.
☐ Eine First Call Resolution von 90 % ist wünschenswert.
☐ Unabdingbar ist eine freundliche Begrüßung der Kunden am Telefon.
☐ Mindestens eine monatliche Telefonkonferenz zwischen Dialogfix GmbH und Telko GmbH über den Fortschritt des Projektes.
☐ Einarbeitung in die Thematik durch den besten verfügbaren Trainer der Telko GmbH.

1. Minimalziel
2. Kernziel
3. Idealziel

23. Aufgabe ☐

Die Dialogfix GmbH hat sich mit der Telko GmbH geeinigt. Vertraglich wird festgehalten, dass die Telko GmbH für jeden von der Dialogfix GmbH angenommenen und abschließend bearbeiteten Call pauschal 4,20 € zahlt, eine weitere Vergütung ist nicht vorgesehen. Bestimmen Sie, welche Art von Vertrag hier abgeschlossen wurde.

1. Arbeitsvertrag
2. Arbeitnehmerüberlassungsvertrag
3. Dienstvertrag
4. Werkvertrag
5. Vollkostenvertrag

24. Aufgabe ☐

Die Dialogfix GmbH muss im Verkauf eine Vielzahl rechtlicher Vorschriften beachten. Welche Handlung ist nach dem Gesetz gegen den unlauteren Wettbewerb (UWG) zulässig?

1. In einer Werbeanzeige wird der Mitbewerber MicroCall AG als „unseriös" bezeichnet.
2. Von dem in einem Homeshopping-Kanal beworbenen Laptop „Portablix" stehen 3 Exemplare für den Verkauf zur Verfügung.
3. Die Leistungsmerkmale des Laptops „Portablix" werden mit denen eines Konkurrenzanbieters verglichen.
4. Der in China produzierte Laptop „Portablix" wird mit dem Slogan „Die mobile Power aus Deutschland" beworben.
5. In einer Werbeanzeige wird auf das nicht mehr aktuelle Testurteil einer Fachzeitschrift hingewiesen.

Situation zu den Aufgaben 25 bis 29:

Die Dialogfix GmbH nimmt an der jährlich stattfindenden „Dialogkomm-Messe" teil. Ihre Aufgabe ist es, bei den Vorbereitungen mitzuhelfen.

25. Aufgabe ☐

Welche Information, die Sie zur Messe und zum Auftritt der Dialogfix GmbH auf der Messe notiert haben, ist fehlerhaft?

1. Bei der Dialogkomm-Messe handelt es sich um eine zeitlich unbegrenzte, regelmäßig wiederkehrende Marketing-Veranstaltung, die sich an Fachbesucher wendet.
2. Die zu berücksichtigenden Kostenfaktoren betreffen die Standgebühren, die Personalkosten für die Standbesetzung sowie die Reise- und Transportkosten.
3. Die Dialogfix GmbH möchte auf der Messe über das eigene Angebot informieren.
4. Die Dialogkomm-Messe bietet Gelegenheit, Markttrends und Mitbewerber zu analysieren.
5. Idealerweise kommt es auch zur Anbahnung von Verkaufsabschlüssen.

26. Aufgabe

Für den Messebesuch sind Gesamtkosten von 4 200,00 € eingeplant. Die Geschäfts-leitung hat die Vorgabe erteilt, dass die Kontaktadresse eines potenziellen Kunden maximal 35,00 € kosten darf. Ermitteln Sie, wie viele Kontaktdaten auf der Messe mindestens gesammelt werden müssen, um diese Vorgabe einzuhalten.

27. Aufgabe

Der Messeauftritt der Dialogfix GmbH verlief sehr erfolgreich. Ihre Aufgabe ist es nun, bei der Nachbereitung zu helfen. Welche Tätigkeit fällt nicht darunter?

1. Die Daten der erhaltenen Visitenkarten in die Datenbank einpflegen.
2. Überprüfen, ob alle für die Messe benötigten Gegenstände und Materialien (Beamer, Plakate, Laptops etc.) vollständig zurückgebracht wurden.
3. Budgethöhe für die Messe festlegen.
4. Die gesetzten Ziele für die Messe überprüfen.
5. Von Interessenten angefordertes Infomaterial versenden.

28. Aufgabe

Stellen Sie fest, anhand welcher Fragestellung die Dialogfix GmbH den wirtschaftlichen Erfolg des Messeauftritts überprüfen kann.

1. Welcher Anteil des Messebudgets wurde ausgeschöpft?
2. Wie viele Unternehmensbroschüren wurden verteilt?
3. Wie hoch war die Besucherfrequenz am Messestand?
4. Wie viel zusätzlicher Umsatz konnte erzielt werden?
5. Mit welchen Entscheidungsträgern wurde gesprochen?

29. Aufgabe

Neben dem jährlichen Messeauftritt überlegt die Geschäftsführung, auch an einem Callcenter-Kongress teilzunehmen. Geschäftsführer Kruse ist davon noch nicht überzeugt. Mit welchem Argument können Sie ihm die Besonderheit eines Kongresses im Vergleich zu einer Messe verdeutlichen?

1. Die Teilnehmerzahl ist begrenzt.
2. Es können Verkaufsabschlüsse angebahnt werden.
3. Geschäftskontakte können gepflegt werden.
4. Aktuelle Trends lassen sich erkennen.
5. Auch die breite Öffentlichkeit hat Zugang.

Situation zu den Aufgaben 30 bis 31:

Die Dialogfix GmbH steht in Verhandlungen mit einem neuen externen Auftraggeber. Es geht um die Übernahme des Inbound-Telefonservice.

30. Aufgabe ☐

Der Auftraggeber macht die Vorgabe, dass eine hohe Gesprächsqualität gewährleistet werden muss. Mit welchem Argument kann diese Vorgabe am besten erfüllt werden?

1. „Wir sind der Preisführer im Dialogmarketing."
2. „Wir setzen kontinuierlich Monitorings ein."
3. „Wir arbeiten mit einem internationalen Team."
4. „Wir zahlen weit überdurchschnittliche Gehälter."
5. „Wir pflegen einen demokratischen Führungsstil."

31. Aufgabe ☐

Der potenzielle neue Auftraggeber strebt zudem an, den After-Sales-Service auszubauen. Welchen geeigneten Vorschlag unterbreiten Sie ihm?

1. Die Kunden können über eine kostenfreie Rufnummer anrufen.
2. Die Kunden erhalten vorab einen umfangreichen Produktkatalog.
3. Es werden regelmäßige Kundenzufriedenheitsbefragungen durchgeführt.
4. Cross-Selling wird konsequent angewendet.
5. Stornos werden entschieden abgewehrt.

32. Aufgabe ☐

Die Dialogfix GmbH ist auch im Bereich Öffentlichkeitsarbeit (PR) aktiv. Welche Aussage hierüber ist <u>falsch</u>?

1. Die Öffentlichkeitsarbeit dient letztlich auch der Verkaufsförderung.
2. Die externe PR dient der Dialogfix GmbH dazu, bei Mitarbeitern das Unternehmen positiv darzustellen.
3. Eine PR-Maßnahme der Dialogfix GmbH ist der regelmäßig verschickte Online-Newsletter.
4. Die Dialogfix GmbH sponsert außerdem als PR-Maßnahme das jährlich stattfindende Musikfestival für Schüler und Studenten.
5. Die Dialogfix GmbH verfolgt mit ihren PR-Maßnahmen eine Informations-, Image- und Kommunikationsstrategie.

33. Aufgabe ☐

Für die Planung der Öffentlichkeitsarbeit (PR) im nächsten Kalenderjahr liegen verschiedene Ideen vor. Prüfen Sie, welche Maßnahme in diesem Rahmen <u>unpassend</u> ist.

1. Außendienstmitarbeiter erhalten eine um 10 % erhöhte Verkaufsprovision.
2. Anlässlich des Firmenjubiläums wird eine farbige Unternehmensbroschüre erstellt.
3. Für ein SOS-Kinderdorf werden 10 Laptops gespendet.
4. Das Unternehmen beteiligt sich an der Kampagne „Lehrstelle jetzt!" der Landesregierung.
5. Die Zahl der Pressemeldungen soll deutlich erhöht werden, um eine verstärkte Präsenz in den Medien zu erreichen.

34. Aufgabe

In der Geschäftsleitung eines Stammkunden der Dialogfix GmbH wird festgelegt, dass zukünftig Salespromotion (Verkaufsförderung) eine größere Rolle spielen soll. Entscheiden Sie, mit welchen zwei Maßnahmen dieses Ziel umgesetzt werden kann.

1. Es werden Anzeigen in einer überregionalen Tageszeitung geschaltet.
2. Den Kunden wird eine Verlängerung der gesetzlichen Gewährleistungspflichten angeboten.
3. Einführung einer Kundenkarte, die Vergünstigungen beim Einkauf gewährt.
4. Neben Verkaufsschulungen werden die Mitarbeiter auch mittels Prämien und Incentives motiviert.
5. Jährliche Einladung zum „Tag der offenen Tür".
6. Produkte mit einem abnehmenden Umsatz werden aus dem Programm genommen.

Situation zu den Aufgaben 35 bis 37:
Zusammen mit anderen örtlichen Callcentern startet die Dialogfix GmbH eine Werbekampagne, mit der auf die Aktion „Job-Chance Callcenter" hingewiesen wird.

35. Aufgabe

Stellen Sie fest, um welche Art von Werbung es sich hier handelt.

1. Massenwerbung
2. Einzelwerbung
3. Einzelumwerbung
4. Persönliche Werbung
5. Gemeinschaftswerbung

36. Aufgabe

Für die Werbekampagne müssen noch geeignete Werbeträger und Werbemittel ausgesucht werden. In welcher Zeile findet sich eine richtige Zuordnung?

	Werbeträger	Werbemittel
1.	Fernsehen	Radio
2.	Prospekt	Flyer
3.	Homepage	Internet
4.	Fachzeitschrift	Anzeige
5.	Radiospot	Radio

37. Aufgabe ☐

Bei der Gestaltung der Werbekampagne soll der Grundsatz der Werbeklarheit berücksichtigt werden. Prüfen Sie, womit diese Zielsetzung erreicht werden kann.

1. Die Werbung ist für die Zielgruppe verständlich.
2. Die Kosten der Werbung sind transparent.
3. Die Vorgaben des UWG (Gesetz gegen den unlauteren Wettbewerb) werden eingehalten.
4. Die Werbeaussage ist inhaltlich richtig.
5. Die Werbung erzielt eine messbare Wirksamkeit.

Situation zu den Aufgaben 38 bis 40:
Die Dialogfix GmbH plant ihre Werbestrategie für das kommende Halbjahr.

38. Aufgabe ☐

Marketingleiterin Erika Wurz bekommt zum Geburtstag von ihren Mitarbeitern u. a. eine Geburtstagskarte mit folgendem Spruch: „Die eine Hälfte meiner Werbeausgaben ist zum Fenster hinausgeworfen; ich weiß nur nicht, welche!" (Henry Ford II). Mit welcher Budgetierungsstrategie kann Erika Wurz genau dies bei der aktuellen Planung des Werbebudgets am besten vermeiden?

1. Finanzorientierte Methode („All you can afford")
2. Prozentsatz-von-Methode („Percentage of")
3. Ziel- und Aufgabenmethode („Objective and Tasks")
4. Pi-mal-Daumen-Methode („Test and Error")
5. Konkurrenzorientierte Methode („Competitive Parity")

39. Aufgabe ☐

Die Marketingabteilung der Dialogfix GmbH beschließt, den neu einzuführenden Drucker in einer zeitlich befristeten Aktion günstig zu bewerben. Dazu sollen Zeitschriftenbeilagen in zwei Computerfachzeitschriften mit hohem Marktanteil erscheinen. Welche der folgenden Kombinationen trifft auf diese Werbestrategie zu?

1. Erhaltungswerbung – Einzelwerbung – Massenwerbung
2. Expansionswerbung – Einzelwerbung – Massenwerbung
3. Einführungswerbung – Einzelwerbung – Massenwerbung
4. Einführungswerbung – Einzelwerbung – Einzelumwerbung
5. Expansionswerbung – Gruppenwerbung – Massenwerbung

40. Aufgabe ☐

An welches der folgenden Prinzipien hält sich Erika Wurz, um die Werbebotschaft der kommenden Kampagne klar und einfach zu formulieren?

1. Pareto-Prinzip
2. KISS-Prinzip
3. Die 5 M's der Werbung
4. AIDA-Prinzip
5. USP (Unique Selling Proposition)

Lösungen zu Kapitel 8

1. Aufgabe 1
2. Aufgabe 3
3. Aufgabe 2
4. Aufgabe 4
5. Aufgabe 960 000,00 €
6. Aufgabe 20 Mio. €
7. Aufgabe 1, 5, 3, 4, 2
8. Aufgabe 3
9. Aufgabe 1
10. Aufgabe 4
11. Aufgabe 2
12. Aufgabe 5, 6
13. Aufgabe 2, 4, 1, 5, 3
14. Aufgabe 3
15. Aufgabe 3
16. Aufgabe 13,95 %
17. Aufgabe 5, 4, 2, 1, 3, 6
18. Aufgabe 9
19. Aufgabe 5
20. Aufgabe 5
21. Aufgabe 2, 1, 5, 3, 4
22. Aufgabe 2, 3, 1, 1, 3
23. Aufgabe 4
24. Aufgabe 3
25. Aufgabe 1
26. Aufgabe 120 Kontaktdaten
27. Aufgabe 3
28. Aufgabe 4
29. Aufgabe 1
30. Aufgabe 2
31. Aufgabe 3
32. Aufgabe 2
33. Aufgabe 1
34. Aufgabe 3, 4
35. Aufgabe 5
36. Aufgabe 4
37. Aufgabe 1
38. Aufgabe 3
39. Aufgabe 3
40. Aufgabe 2

9 Informations- und Kommunikationssysteme

Hinweis: Dieses Kapitel enthält die Themen
- Software, Netze und Dienste (Aufgabe 1 bis 29),
- Datenbanken, Datenschutz und Datensicherheit (Aufgabe 30 bis 65).

Z *1. Aufgabe* ☐

Die Dialogfix GmbH benötigt eine neue Software zur Verwaltung der Personalkapazität für den Inbound-Bereich. Welche Art von Software ist in diesem Fall für die Dialogfix GmbH optimal?

1. Kampagnen-Management-Systeme
2. Computer-Aided-Design (CAD)
3. Workforce-Management-Systeme (WMS)
4. Optical-Character-Recognition-Software (OCR)
5. Virtual-Private-Network-Systeme (VPN)

Z *2. Aufgabe* ☐

Um Kosten zu sparen, führt die Dialogfix GmbH regelmäßig Telefonkonferenzen durch. Welche der nachfolgenden Beschreibungen trifft in diesem Zusammenhang auf eine Dial-in-Konferenz zu?

1. Ein Anbieter ruft alle Teilnehmer zu einem vereinbarten Termin an und schaltet die Teilnehmer zusammen.
2. Alle Teilnehmer wählen sich gemeinsam zu einem bestimmten Termin auf einer Konferenzplattform eines Anbieters ein.
3. Die Teilnehmer rufen sich in festgelegter Reihenfolge nacheinander an und erläutern den Inhalt des Gesprächs mit dem Vorgänger.
4. Es handelt sich um eine normale Konferenz, bei der die Teilnehmer anwesend sind. Allerdings wird ein Teilnehmer angerufen und per Telefon zugeschaltet.
5. Es handelt sich um eine normale Konferenz, bei der alle Teilnehmer zuvor ihr Mobil-telefon abgeben müssen, um Unterbrechungen zu vermeiden.

Z *3. Aufgabe* ☐

Die Dialogfix GmbH verwendet Voicemail, um Anrufe außerhalb der Servicezeiten später bearbeiten zu können. Welcher der nachfolgenden Punkte ist <u>kein</u> Vorteil von Voicemail?

1. Nachrichten werden dauerhaft gespeichert.
2. Nachrichten liegen in einem einfach lesbaren Dateiformat vor (z. B. MP3).
3. Datum, Zeit und Telefonnummer des Anrufers werden aufgezeichnet.
4. Kunden sprechen lieber mit einem Voicemail-System als mit einem Anrufbeantworter.
5. Erhaltene Nachrichten können einfach per E-Mail weitergeleitet werden.

4. Aufgabe ☐ Z

Die Arbeitsplatzrechner der Dialogfix GmbH sind über ein leistungsfähiges Netzwerk miteinander verbunden. Welche der nachstehenden Aussagen über Netzwerke ist korrekt?

1. Ein Regelwerk zur Kommunikation zwischen Computern nennt man Protokoll.
2. Peer-to-Peer-Netzwerke bestehen aus einem Server und mehreren Clients.
3. Peer-to-Peer-Netzwerke bestehen aus einem Client und mehreren Servern.
4. Das Intranet ist ein öffentliches Netzwerk, das für jeden zugänglich ist.
5. Local Area Networks (LAN) decken meist eine Region aus mehreren Städten ab.

5. Aufgabe ☐ Z

Welche der folgenden Nutzungen von Web-Technologie findet nicht im Intranet der KommunikativAktiv KG statt?

1. Die Mitarbeiter können ihren Urlaubswunsch online eintragen, um die spätere Planung zu optimieren.
2. Potenzielle Kunden schauen sich die angebotenen Leistungen auf der Webseite von KommunikativAktiv an.
3. Die Mitarbeiter legen Dokumente auf einem Server der KommunikativAktiv ab, damit sie anderen Mitarbeitern zur Verfügung stehen.
4. Der externe Projektauftraggeber erhält mithilfe eines Passwortes die Möglichkeit, sich online über den Projektfortschritt und die erzielten Ergebnisse zu informieren.
5. Die Checkliste zur Einarbeitung neuer Mitarbeiter und ein Organisationsplan mit Ansprechpartnern und Telefonnummern werden den Teamleitern über ein Web-Interface bereitgestellt.

6. Aufgabe ☐ Z

Im Backoffice der Dialogfix GmbH wird im Zusammenhang mit Telefonnummern regelmäßig die Inverssuche eingesetzt. Stellen Sie fest, welche Informationen man dadurch erhalten kann.

1. Über die Telefonnummer können Name und ggf. Adresse des Anschlussinhabers ermittelt werden.
2. Es können thematisch zusammenhängende E-Mails angesehen werden.
3. Der Betreiber einer Internetseite kann anhand seiner IP-Adresse ermittelt werden.
4. Über die Adresse kann die Telefonnummer eines Anschlussinhabers ermittelt werden.
5. Der Standort eines Mobiltelefons kann bestimmt werden.

7. Aufgabe ☐ Z

Die Dialogfix GmbH verwaltet alle ein- und ausgehenden Nachrichten über ein einheitliches, zentrales System. Welches Konzept wird dabei genutzt?

1. Automatic Call Distribution (ACD)
2. Computer Telephony Integration (CTI)
3. Optical Character Recognition (OCR)
4. Virtual Private Network (VPN)
5. Unified Messaging System (UMS)

Situation zu den Aufgaben 8 bis 13:
Die Dialogfix GmbH nutzt eine moderne ACD-Anlage. Die Tabelle zeigt einen Ausschnitt aus dem Echtzeitmanagement der Anlage am 03.01.

03.01.		**15:16 h**
Agent	**Status**	**Dauer**
13785	OTHER	02:45
13787	AVAILABLE	01:31
22115	ACD OUT	10:25
22120	ACW (After Call Work)	00:20
22134	AVAILABLE	00:50
22144	ACD OUT	03:50
22388	ACD IN	01:20
22566	RING	00:00
45987	ACW (After Call Work)	02:30

Z *8. Aufgabe* ☐

Stellen Sie fest, welche Aussage gemäß dem Echtzeitmanagement zutreffend ist.

1. Drei Agents sind mit der Nachbearbeitung eines Anrufs beschäftigt.
2. Der Outbound-Call des Agents 22388 dauert bereits 1:20.
3. Die Agents 22115 und 22144 führen ein Outbound-Gespräch.
4. Zwei Agents befinden sich zurzeit in der Pause.
5. Agent 22566 signalisiert ein Problem mit einem Kunden.

Z *9. Aufgabe* ☐

Welche Bedeutung hat der Status des Agents 13785?

1. Der Agent geht seit 02:45 nicht an sein Telefon.
2. Agent 13785 bereitet sein letztes Inbound-Gespräch nach.
3. Der Agent führt ein Gespräch, dessen Anrufgrund außerhalb der Reihe liegt, z. B. firmeninterner Anruf.
4. Das Telefon des Agents läutet.
5. Der Agent ist seit 02:45 in der Pause.

Z *10. Aufgabe* ☐

Das Routing der ACD-Anlage erfolgt nach dem „Longest-Idle-Prinzip". Wie werden die Anrufe demnach verteilt?

1. Der Agent mit der größten Fachkompetenz erhält den Call.
2. Der Anruf mit der längsten Wartezeit wird als nächster an einen Agent durchgestellt.
3. Der Agent, dessen Gespräch am längsten zurückliegt, erhält den Call.
4. Die Anrufe werden über die gewählte Rufnummer nach Wichtigkeit eingeteilt und dann geroutet.
5. Die Reihenfolge des Routings ergibt sich aus der Ursprungsrufnummer des Anrufers.

11. Aufgabe ☐ Z

Die Daten des Anrufers erscheinen bei Zuteilung des Calls auf einen Agent auf dessen Bildschirm. Dazu ist das ACD-Telefonanlagensystem über einen separaten Server mit dem lokalen Computer-Netzwerk verbunden. Stellen Sie fest, welche Technologie diese Verbindung ermöglicht.

1. IVR (Interactive Voice Response)
2. VPN (Virtual Private Network)
3. CTI (Computer Telephony Integration)
4. OCR (Optical Character Recognition)
5. VoIP (Voice over Internet Protocol)

12. Aufgabe ☐ Z

Die Personaleinsatzplanung (PEP) stellt eine besondere Herausforderung für jedes Service-Center dar. Zur Optimierung des Personaleinsatzes werden bei der Dialogfix GmbH nicht ausgelastete Agents der Beschwerdehotline durch die ACD-Anlage automatisch auf eine parallel laufende Outbound-Kampagne umgeschaltet. Welches Verfahren nutzt die Dialogfix GmbH hier?

1. Skill Based Routing
2. Phishing
3. Multitasking
4. Call Blending
5. Cross-Selling

13. Aufgabe ☐ Z

Neben der ACD-Anlage nutzt die Dialogfix GmbH auch Unified Messaging. Stellen Sie fest, welcher Vorteil damit verbunden ist.

1. Unified Messaging vernetzt die Daten zu einem gemeinsamen Kundenstamm, der es erlaubt, alle Kunden auf einmal über Produktneuheiten zu informieren.
2. Unified Messaging ermöglicht, dass Kunden über eine Voice-over-IP-Verbindung mit den Agents in Echtzeit kommunizieren.
3. Unified Messaging führt zu einer Vereinheitlichung der Kommunikationsmedien in einem Unternehmen und vermeidet somit Medienbrüche.
4. Unified Messaging steigert die First Call Resolution Rate, da Kunden sofort von einem Agent zufriedenstellend beraten werden können.
5. Unified Messaging vereinfacht den Kontakt mit Callcentern, da eine Kommunikation ausschließlich über den vom Callcenter jeweils festgelegten Weg (Telefon, VoIP oder E-Mail) erfolgt.

Situation zu den Aufgaben 14 bis 16:
Beim wöchentlichen Meeting trifft Ihr Teamleiter folgende Aussagen: „Die Umstellung auf Skill Based Routing in der Beschwerdehotline verlief ohne Schwierigkeiten. Im Vergleich zur letzten Woche ist jedoch festzuhalten, dass die Zahl der Abandoned Calls (Aufleger) stark zugenommen hat, und zwar um 50 % auf 150 pro Stunde. Und das, obwohl die Average Abandon Time (durchschnittliche Auflegezeit) ebenfalls um 10 % auf eine Minute und 50 Sekunden gestiegen ist. Um den Servicelevel von 80/20 zu gewährleisten, darf die Nachbearbeitungszeit künftig nur noch anderthalb Minuten dauern."

Z *14. Aufgabe* ☐

Welchen Vorteil hat die Dialogfix GmbH von der Umstellung auf Skill Based Routing?

1. Die Anwahl der Kundennummer erfolgt automatisch, wodurch Zeit gespart wird.
2. Durch bessere Auswahl steigt die Ausschöpfungsquote.
3. Der Anrufer wird automatisch mit einem Mitarbeiter verbunden, der für sein Anliegen zuständig ist.
4. Die Gesprächskosten werden reduziert.
5. Junk-Calls werden vollständig vermieden.

Z *15. Aufgabe* ☐

Welche Schlussfolgerung gibt die Aussagen des Teamleiters richtig wieder?

1. Für die letzte Woche gibt es nichts zu beklagen.
2. Die Anzahl der Anrufe, die innerhalb von 20 Sekunden angenommen wurden, ist um 50 % gestiegen.
3. Es rufen 150 Kunden pro Stunde an. Dies sind über 50 % mehr als letzte Woche.
4. Als Vorgabe für die Nachbearbeitungszeit hat der Teamleiter 90 Sekunden veranschlagt.
5. Ziel ist es, dass 20 % der Anrufer in 80 Sekunden angenommen werden und nicht länger als zwei Minuten warten müssen.

Z *16. Aufgabe* ☐

Ermitteln Sie anhand der Angaben des Teamleiters in Sekunden, wie lange die Anrufer durchschnittlich letzte Woche in der Warteschleife verweilten, bevor sie aufgelegt haben. Tragen Sie den Wert in das Lösungskästchen ein.

Z *17. Aufgabe* ☐

Bei der KommunikativAktiv KG wird in einem Projekt ein Dialer eingesetzt. Dieser bietet Vorteile gegenüber der herkömmlichen Telefonie. Welcher Vorteil ist zutreffend?

1. Spart Telefongebühren.
2. Führt zu einer längeren Pausenzeit.
3. Unterstützt die Agents bei der Nachbearbeitung.
4. Beschleunigt den Wählvorgang.
5. Steigert die Kundenzufriedenheit durch gelegentliches Droppen.

18. Aufgabe ☐ Z

Die Kunden eines Finanzdienstleisters sollen bei einem Anruf auswählen können, ob sie eine Beschwerde, Nachfragen zu einem Produkt oder Fragen zu einem bestehenden Vertrag haben. Die Weiterleitung erfolgt an den entsprechend geschulten Agent. Welche Technologie kommt bei der Auswahl des Anliegens zum Einsatz?

1. IVR (Interactive Voice Response)
2. VPN (Virtual Private Network)
3. CTI (Computer Telephony Integration)
4. OCR (Optical Character Recognition)
5. VoIP (Voice over Internet Protocol)

19. Aufgabe ☐ Z

Welches der angeführten Kosten- und Nutzenargumente trifft auf ein gut funktionierendes IVR-System nicht zu?

1. Kürzere Callzeiten, da Anrufgrund vorher eingegrenzt werden kann und gezieltes Routing erfolgt.
2. Höhere Kundenzufriedenheit, da direkt richtiger Ansprechpartner.
3. Ermöglicht es, bei Routineauskünften (z. B. Kontostandsabfrage/Versandstatus) ganz auf Agents zu verzichten.
4. Es ist kein Aufwand für das Sprachdialogdesign erforderlich, das spart Geld.
5. Agents können sich auf Problemfälle konzentrieren und sind nicht von Routineanfragen genervt, dadurch höhere Qualität.

Situation zu den Aufgaben 20 bis 21:
Die Dialogfix GmbH setzt zur Effizienzsteigerung der Prozessabläufe OCR-Technologie ein.

20. Aufgabe ☐ Z

Welche der nachstehenden Formulierungen beschreibt den Nutzen von OCR-Technologie zutreffend?

1. OCR dient der Datensicherheit, da eingescannte Dokumente verschlüsselt werden.
2. OCR dient der Datensicherung, da die Dokumente optisch in einer zentralen Datenbank gehalten werden.
3. OCR dient der automatisierten Antwort auf Preisausschreiben.
4. OCR erleichtert die Verarbeitung von Daten, da OCR die Daten digital zur Verfügung stellt.
5. OCR dient der wirtschaftlich effizienteren Verwaltung von Dokumenten, lohnt sich jedoch nur bei einem kleinen Dokumentenaufkommen.

Z ## 21. Aufgabe

☐☐☐☐☐☐

Die Dialogfix GmbH setzt das OCR-Programm u. a. zur digitalen Erfassung von Geschäftsdokumenten ein. Bringen Sie die für diesen Arbeitsprozess notwendigen Schritte in die richtige Reihenfolge und tragen Sie die Lösung von links nach rechts in die Kästchen ein.

1. Software versucht, Buchstaben zu erkennen.
2. Dokumente werden eingescannt.
3. Speichern und Archivierung.
4. Abgleich der Ergebnisse mit Wörterbuch.
5. Manuelle Nachbearbeitung.
6. Zusammenführen der Buchstaben zu Wörtern.

Z ## 22. Aufgabe

Folgende Aufgaben sollen mit der richtigen Software ausgeführt werden. Ordnen Sie allen Aufgaben die jeweilige Software zu.

☐ Verfassen der Ausschreibung und des Lastenheftes

☐ Aufstellung und Berechnung von Projektkosten mit grafischer Darstellung der Anteile an den Gesamtkosten

☐ Visualisierung der Projektziele im Kick-off-Meeting mit dem Auftraggeber

☐ Zeitversetzte Kommunikation der Teammitglieder untereinander und Austausch von Dokumenten

☐ Durchführen einer Web-Recherche als Informationsgrundlage zur Beschaffung einer neuen ACD-Anlage

1. Tabellenkalkulationssoftware
2. Präsentationssoftware
3. Browser
4. Textverarbeitungssoftware
5. E-Mail-Programm

Z ## 23. Aufgabe

☐

Stellen Sie fest, bei welcher Software es sich um Anwendungssoftware handelt.

1. Windows 8
2. Linux
3. Microsoft Office 2010
4. Mac OS
5. Android

Z ## 24. Aufgabe

☐

Welche der nachfolgenden Funktionen gehört nicht zu den Aufgaben eines Betriebssystems?

1. Bereitstellung einer grafischen Benutzeroberfläche
2. Verwaltung von Arbeitsspeicher und Prozessor
3. Verwaltung umfangreicher betrieblicher Daten in zusammenhängenden Tabellen
4. Verwaltung externer Laufwerke
5. Bereitstellung eines Dateisystems

25. Aufgabe ☐ Z

Sie suchen im Internet nach einer Firma, die in Hamburg auf die technische Ausstattung von Callcentern spezialisiert ist. Welche Suchbegriffskombination verspricht den größten Erfolg?

1. Spezialist, Callcenter
2. +Callcenter +Hamburg +Technik +Ausstattung
3. „in Hamburg auf die technische Ausstattung von Callcentern spezialisiert"
4. +Anbieter –Hamburg +„Callcenter Technik"
5. Headset Hamburg

26. Aufgabe Z

Ordnen Sie den nachstehenden Arten der Datenübertragung das dabei jeweils verwendete Protokoll zu, indem Sie die richtige Ziffer in das Kästchen eintragen.

☐ Versenden von E-Mails
☐ Down- bzw. Upload von Dateien
☐ Abruf einer Internetseite im Browser
☐ Abrufen der E-Mails vom Server
☐ Abgleich eines Mailkontos mit dem Mailserver

1. IMAP
2. POP3
3. http
4. SMTP
5. FTP

27. Aufgabe ☐ Z

Die Dialogfix GmbH erhält den Auftrag, die Hotline für Kunden von www.rezept-flott.xy zu betreuen. Die Kunden können sich dort passend zum jeweiligen Wetter und zu den verfügbaren Zutaten täglich ein neues individuelles Rezept empfehlen lassen. Sie wählen die Hotline über eine Vanity-Rufnummer an. Prüfen Sie, welche der angegebenen Rufnummern geeignet ist.

1	2 abc	3 def
4 ghi	5 jkl	6 mno
7 pqrs	8 tuv	9 wxyz
*	0	#

1. 0700 – 782 872
2. 0700 – 778 335
3. 0700 – 739 378
4. 0700 – 735 284
5. 0700 – 826 489

28. Aufgabe ☐ Z

Die Dialogfix GmbH möchte auch eine für Anrufer kostenfreie Hotline einrichten. Welche der nachstehenden Nummern ist für dieses Vorhaben geeignet?

1. 0700 – 1 234 567
2. 0800 – 1 234 567
3. 0900 – 1 234 567
4. 0180 – 1 234 567
5. 0137 – 1 234 567

Z *29. Aufgabe* ☐

Die Dialogfix GmbH erwägt die Umstellung auf Internettelefonie (VoIP). Welchen Vorteil verspricht sich die Geschäftsführung von dieser Lösung?

1. Die Zuverlässigkeit steigt deutlich an.
2. Die Sprachqualität ist erheblich besser.
3. Junk-Calls werden reduziert.
4. Die Gesprächskosten werden reduziert.
5. Einfachere Bedienung für die Agents.

Situation zu den Aufgaben 30 bis 32:

Die IT der Dialogfix GmbH ist zahlreichen Bedrohungen ausgesetzt. Das Thema Sicherheit spielt daher im Arbeitsalltag eine entscheidende Rolle.

Z *30. Aufgabe*

Ordnen Sie den nachstehenden Bedrohungsarten die passende Maßnahme zu, indem Sie jeweils die richtige Ziffer in das Kästchen eintragen.

☐ Computerviren
☐ Stromausfall
☐ Sabotage durch Einbruch
☐ Unbefugter Zugriff über das Internet
☐ Unsachgemäße Handhabung durch Benutzer

1. Schulungen mit dem Schwerpunkt Datensicherheit
2. Firewall
3. Unterbrechungsfreie Stromversorgung (USV)
4. Software zur Vermeidung des Befalls mit Schadprogrammen
5. Verwahrung wichtiger Hardware in sicher verschlossenen Räumen

Z *31. Aufgabe* ☐

Sie erhalten eine E-Mail, in der behauptet wird, dass in 15 Minuten das weltweite Internet zusammenbrechen wird, Sie sollen diese Mail sofort weiterleiten! Es passiert natürlich nichts. Wie nennt man diese Art von E-Mails mit dem Ziel, Panik zu verbreiten?

1. Virus
2. Wurm
3. Adware
4. Spyware
5. Hoax

32. Aufgabe ☐ *Z*

Sie erhalten eine E-Mail, in der Ihnen eine Stelle als Finanzmanager in einer unbekannten Firma angeboten wird. Sie sollen 3 000,00 € monatlich mit 10 Wochenstunden verdienen können. Im Anhang der Mail befindet sich ein Dokument mit dem Dateinamen „Stellenbeschreibung". Wie verhalten Sie sich korrekt?

1. Weiterleitung der E-Mail an einen Bekannten, der eine solche Stelle sucht.
2. Öffnen der Datei „Stellenbeschreibung" auf Ihrem PC.
3. Speicherung der Datei „Stellenbeschreibung" auf einem USB-Stick und Öffnen der Datei vom Stick.
4. Sofortiges Löschen der E-Mail mit Anhang.
5. Antwort per E-Mail, dass Sie an einer solchen Stelle nicht interessiert sind.

Situation zu den Aufgaben 33 bis 35:

Die Sicherheit der Kundendaten hat für die Dialogfix GmbH einen hohen Stellenwert. Um diesem Ziel gerecht zu werden, ergreift das Unternehmen verschiedene Maßnahmen.

33. Aufgabe ☐ *Z*

Zur Anmeldung am IT-System der Dialogfix GmbH müssen Sie monatlich ein neues Passwort verwenden. Wie gehen Sie korrekt vor, wenn Sie zur Änderung des Passwortes aufgefordert werden?

1. Zunächst vergeben Sie ein neues Passwort, dann melden Sie sich wieder an und stellen wieder das alte Passwort ein.
2. Sie überlegen sich jeden Monat einen neuen Satz mit mindestens 8 Wörtern und bilden aus den Anfangsbuchstaben unter Verwendung von Groß- und Kleinschreibung sowie evtl. Ziffern und Sonderzeichen ein neues Passwort.
3. Sie verwenden jeden Monat einen neuen Vornamen eines Ihrer Arbeitskollegen.
4. Sie verwenden jeden Monat einen neuen Nachnamen eines Ihrer Lieblingsstars. Hierbei achten Sie darauf, dass nicht mehr als 8 Buchstaben verwendet werden, da lange Passwörter unkomfortabel sind.
5. Sie verwenden jeden Monat ein neues Geburtsdatum aus Ihrem Bekanntenkreis.

34. Aufgabe ☐ *Z*

Welche der nachstehenden Internetadressen kann durch SSL-Technologie die sichere Übertragung z. B. von Kontodaten gewährleisten?

1. http://www.sichereeingabe.dialogfix.de
2. ftp://security.dialogfix.de
3. https://daten.dialogfix.de
4. http://secure.daten.dialogfix.de
5. Aus der Internetadresse lässt sich nicht erkennen, ob eine sichere Technologie angewandt wird.

Z *35. Aufgabe* ☐

Alle Daten der Kundendatenbank der Dialogfix GmbH werden einmal täglich auf einem sicheren Server im Internet gespeichert. Welche Funktion erfüllt diese tägliche Maßnahme?

1. Bei Ausfall der lokalen Datenbank kann der Server im Internet sofort den Betrieb übernehmen.
2. Die Geschwindigkeit steigt, da ein Server eingesetzt wird.
3. Durch die geringere Größe der Datenbank werden Kosten gespart.
4. Bei Datenzerstörung ist der Datenbestand des Vortages verfügbar und kann zurückgespielt werden.
5. Alle Datenbestände sind ständig aktuell.

Z *36. Aufgabe* ☐

Die Dialogfix GmbH verarbeitet viele personenbezogene Daten und hat daher einen Datenschutzbeauftragten ernannt. Prüfen Sie, für welche Aufgabe er jedoch nicht zuständig ist.

1. Dokumentation der Zugriffsberechtigungen für personenbezogene Daten
2. Überwachung der Anwendung alter Programme, die dazu dienen, personenbezogene Daten zu verarbeiten
3. Kontrolle der Einhaltung des Bundesdatenschutzgesetzes
4. Vertrautmachen der Mitarbeiter mit geltenden Vorschriften für den Datenschutz
5. Durchführung der täglichen Datensicherungsmaßnahmen

Z *37. Aufgabe* ☐

Die Dialogfix GmbH fordert von allen Mitarbeitern, die mit sensiblen Kundendaten arbeiten, eine Unterschrift der Erklärung zum Datenschutz. Welches Ziel wird mit der Abgabe einer solchen Erklärung verfolgt?

1. Erleichterung des Zugriffs auf personenbezogene Daten
2. Regelung des Datenaustausches zwischen Kunden
3. Schutz des Unternehmens gegen unberechtigte Zugriffe aus dem Internet
4. Gewährleistung der Korrektheit aller gespeicherten Daten
5. Schutz der Persönlichkeitsrechte von Kunden und Mitarbeitern vor Gefahren, die durch die Datenverarbeitung entstehen

Z *38. Aufgabe* ☐

Die Dialogfix GmbH muss einen neuen Datenschutzbeauftragten ernennen. Prüfen Sie, welche der nachstehenden Personen die Aufgabe des Datenschutzbeauftragten übernehmen darf.

1. Mitarbeiter der Versandabteilung ohne IT-Kenntnisse
2. Kaufmännischer Geschäftsführer
3. Leiter der IT-Abteilung
4. Mitglied des Betriebsrats, tätig im Rechenzentrum
5. Personalleiter, Dipl.-Informatiker

39. Aufgabe ☐ Z

Welche der nachstehenden Daten der Dialogfix GmbH fallen unter den besonderen Schutz des Bundesdatenschutzgesetzes (BDSG)?

1. Die Eintrittsdaten der Mitarbeiter
2. Die Umsätze einzelner Vertriebsregionen der Dialogfix GmbH
3. Der Jahresgewinn der Dialogfix GmbH
4. Die Summe der Personalaufwendungen der Dialogfix GmbH
5. Die Stellenbeschreibungen einzelner Mitarbeiter

40. Aufgabe ☐ Z

Bei welcher Maßnahme handelt es sich um eine Zugriffskontrolle nach dem Bundesdatenschutzgesetz (BDSG)?

1. Die Daten sind so gespeichert, dass sie gegen zufällige Zerstörung und Verlust ge-sichert sind.
2. Die Tür zur EDV-Anlage ist mit einem Sicherheitsschloss gesichert.
3. Die IT-Verantwortlichen verfügen über Kennkarten, mit denen sich die Tür öffnen lässt.
4. Die Agents können nicht in der Kundendatenbank recherchieren, sondern sehen nur den Datensatz des Anrufers.
5. Es wird erfasst, welcher Agent die Kundendaten des Anrufers verändert hat.

41. Aufgabe Z

Die KommunikativAktiv KG schützt die von ihr verarbeiteten personenbezogenen Daten mit zahlreichen technischen und organisatorischen Maßnahmen. Ordnen Sie den einzelnen Maßnahmen die zutreffende Bezeichnung zu.

☐ Die Agents können nur auf die personenbezogenen Daten derjenigen Person zugreifen, deren Anliegen sie gerade bearbeiten.

☐ Bei einer Änderung der Bestelldaten wird festgehalten, wann welcher Agent diese Änderung vorgenommen hat.

☐ Das Callcenter wird in der Nacht von einem Sicherheitsdienst überwacht. Während der Arbeitszeit brauchen die Agents eine Schlüsselkarte, um ins Gebäude zu gelangen.

☐ Um am Computer zu arbeiten, müssen sich die Agents mit Benutzernamen und Passwort ins System einloggen.

☐ Alle personenbezogenen Daten werden regelmäßig gesichert. Darüber hinaus wird die Antivirensoftware permanent aktualisiert.

1. Zutrittskontrolle
2. Zugangskontrolle
3. Zugriffskontrolle
4. Eingabekontrolle
5. Verfügbarkeitskontrolle

Z *42. Aufgabe* ☐

Die Dialogfix GmbH beabsichtigt, als Datenschutzbeauftragte die Leiterin der IT-Abteilung einzusetzen. Welche Aussage ist in diesem Fall richtig?

1. Die Mitarbeiter der IT-Abteilung wären dann ebenfalls Datenschutzbeauftragte in Datenschutzfragen.
2. Für die Datenschutzbeauftragte würde der gleiche Kündigungsschutz wie für die anderen Mitarbeiter der IT-Abteilung gelten.
3. Beim nächsten Meeting stellt der Chef die IT-Abteilungsleiterin als Datenschutzbeauftragte vor. Damit ist der Datenschutzbeauftragte korrekt bestellt.
4. Um die erforderliche Zuverlässigkeit zu gewährleisten, darf kein Interessenkonflikt bei der Wahrnehmung der Funktionen bestehen. Deshalb ist die IT-Abteilungsleiterin als Datenschutzbeauftragte ungeeignet.
5. Die Dialogfix GmbH muss als Unternehmen immer eine externe Person als Datenschutzbeauftragten benennen. Der Vorschlag ist daher ungeeignet.

Z *43. Aufgabe* ☐

Das BDSG konkretisiert die Begriffe Datenerhebung, Datenverarbeitung und Datennutzung. Bei welchem der folgenden Fälle handelt es sich um eine Nutzung von Daten?

1. Nach Gesprächsende werden die Kundendaten in der Datenbank gespeichert.
2. Während eines Verkaufsgesprächs fragt der Agent die relevanten persönlichen Daten ab.
3. Eine Reklamation führt dazu, dass ein Agent die Adresse des Kunden ändert.
4. Eine Computersoftware ermittelt für den Gesprächspartner die geeignete Cross-Selling-Möglichkeit.
5. Die Dialogfix GmbH greift auf den Datenbestand ihres Auftraggebers zu.

Z *44. Aufgabe* ☐

Vor welcher der folgenden Bedrohungen für den Datenbestand kann man sich durch eine Antivirensoftware schützen?

1. Unsachgemäße Handhabung durch Benutzer
2. Wasserschaden
3. Würmer
4. Hitzeschaden
5. Direkter Zugriff durch Hacker auf den Computer

Z *45. Aufgabe* ☐☐

Bei welchen <u>zwei</u> der folgenden Begriffe aus der Computersprache handelt es sich <u>nicht</u> um Malware?

1. Virus
2. Freeware
3. Spyware
4. Update
5. Trojanisches Pferd
6. Adware

46. Aufgabe ☐ Z

Die IT der Dialogfix GmbH kann durch Schadsoftware und Fehlverhalten von Mitarbeitern zahlreichen Gefahren ausgesetzt sein. Welches der nachstehenden Szenarien bedeutet keine unmittelbare Gefahr für die Dialogfix GmbH?

1. Ein Wurm überlastet die IT-Systeme.
2. Ein Trojaner übernimmt die Kontrolle einiger IT-Systeme.
3. Ein Virus im System löscht Dateien.
4. Ein frustrierter Mitarbeiter versucht, Kundendaten zu löschen.
5. Beim Log-in ins Intranet von Dialogfix wird ein Cookie lokal gespeichert.

47. Aufgabe ☐ Z

Welche Problematik lässt es erforderlich erscheinen, dass Unternehmen ihre Mitarbeiter vor Spam schützen?

1. Durch Spam werden Daten der Mitarbeiter ausgespäht.
2. Spam legt die ACD lahm. Die Mitarbeiter können nicht weiterarbeiten.
3. Die Mitarbeiter werden durch Spam-Meldungen erschreckt.
4. Die Mitarbeiter verlieren kostbare Arbeitszeit mit dem Prüfen der Mails auf Relevanz.
5. Durch Spam werden die E-Mails der Mitarbeiter an falsche Adressaten versendet.

48. Aufgabe ☐ Z

Die Auszubildende Julia Lauer hat ihr Girokonto bei der Auszubildendenbank. Sie erhält folgende Mail. Welches Verhalten ist angebracht?

> Sehr geehrte Frau Lauer,
>
> wir haben neue AGB. Es ist unbedingt notwendik, dass Sie zum Weiterführung der Geschäftsbeziehung Einverständnis mit neues AGB erklären. Bitte loggen Sie sich mit ihre Zugangsdaten auf unserer Webseite http://www.auszubildendenbank.ru ein. Um die Einverständnis zu erklären halte Sie bitte eine TAN-Nummer bereit. Bedankt.

1. Julia sollte unverzüglich das Einverständnis auf der Webseite erklären, damit sie über ihre Auszubildendenvergütung weiter verfügen kann.
2. Julia sollte die angegebene Webseite besuchen. Wenn sie das gewohnte Erscheinungsbild aufweist, kann nichts passieren.
3. Julia sollte von der angegebenen Webseite die Finger lassen, da es sich um eine sogenannte Spam-Mail handelt.
4. Julia sollte von der angegebenen Webseite die Finger lassen, da es sich mit hoher Wahrscheinlichkeit um einen Phishing-Versuch handelt.
5. Wegen der schlecht verfassten Mail sollte sich Julia umgehend mit dem Qualitätsmanagement ihrer Bank in Verbindung setzen, damit solche Mails die Bank nicht mehr verlassen.

Z *49. Aufgabe* ☐

Was versteht man unter der sogenannten Brute-Force-Methode in Zusammenhang mit dem Ausspähen von Passwörtern?

1. Die Methode versucht alle nebeneinander liegenden Zeichenkombinationen auf der Tastatur.
2. Es werden alle Einträge einer Wortliste als mögliches Passwort versucht.
3. Unter Berücksichtigung der maximalen Passwortlänge werden alle nur erdenklichen Kombinationen eines Zeichenpools als Passwort ausprobiert.
4. Man testet alle persönlichen Daten des Opfers als mögliches Passwort.
5. Unter Anwendung unmittelbarer Gewalt werden Freunde des Opfers zur Herausgabe möglicher Informationen über das Opfer gezwungen, die als Passwort dienen könnten.

Z *50. Aufgabe* ☐

Welcher Bestandteil eines Antivirenprogramms sorgt dafür, dass gefundene potenzielle Viren keinen Schaden mehr anrichten können?

1. Wächter
2. Updater
3. Zeitplaner
4. Task-Manager
5. Quarantäne

Z *51. Aufgabe* ☐

Mit welcher der aufgeführten Aufgaben ist eine Firewall <u>nicht</u> betraut?

1. Paketfilterung
2. Programmzugriffskontrolle
3. Meldung von Angriffen
4. Identifikation von Viren
5. Abschirmen des Netzwerks nach außen

Z *52. Aufgabe* ☐

Ein IT-Verantwortlicher stellt den neuen Auszubildenden die Maßnahmen zum physikalischen Datenschutz vor. Prüfen Sie, welchen Punkt er dabei <u>nicht</u> nennen wird.

1. Mithilfe einer Alarmanlage sind die Räumlichkeiten geschützt.
2. Eine brandsichere Tür mit Sicherheitsschloss verwehrt Flammen und Fremden den Zugang.
3. Die USV schützt die EDV-Anlage vor einem Ausfall des Stroms.
4. Moderne Klimatechnik verhindert ein Überhitzen der einzelnen Komponenten.
5. Die Antivirensoftware ist auf dem neuesten Stand.

53. Aufgabe ☐ Z

Bei welcher Art der Datensicherung ist die Rücksicherung des Datenbestandes mithilfe einer einzigen Sicherung möglich?

1. Komplett-Backup
2. Inkrementelles Backup
3. Differenzielles Backup
4. Partielles Backup
5. Changement Backup

54. Aufgabe ☐ Z

Die Dialogfix GmbH setzt zur Verwaltung der Kundendaten ein Datenbanksystem ein. Welcher der nachstehenden Punkte ist kein Vorteil eines Datenbanksystems?

1. Es können Schnittstellen mit anderen Softwaresystemen bereitgestellt werden.
2. Der Zugriff kann gleichzeitig von mehreren Arbeitsplätzen erfolgen.
3. Durch zentrale Datenhaltung wird die Sicherung einfacher.
4. Der verschlüsselte Datenaustausch mit dem Kunden ist möglich.
5. Es wird ein umfangreiches Reporting ermöglicht.

55. Aufgabe ☐ Z

Stellen Sie fest, wobei es sich um Bewegungsdaten handelt.

1. Rechnungsbetrag
2. Kundennummer
3. Geburtsdatum
4. Name
5. Steuernummer

56. Aufgabe ☐ Z

Welche der folgenden Datenbanken wird auch als „Knowledge Base" bezeichnet?

1. Kontaktdatenbank
2. Kundendatenbank
3. Lösungsdatenbank
4. Produktdatenbank
5. Rechnungsdatenbank

57. Aufgabe ☐ Z

Bei der Eingabe von Daten gilt der Grundsatz der Redundanzvermeidung. Prüfen Sie, welche Begriffserklärung diesen Grundsatz treffend umschreibt.

1. Das empfohlene Produkt muss zum Kunden passen.
2. Die eingegebenen Daten müssen vollständig sein.
3. Es dürfen keine Daten erfasst werden, die sich in Kürze ändern werden.
4. Die Daten müssen richtig eingegeben werden.
5. Ein Datensatz darf nicht durch Versehen doppelt angelegt werden.

Situation zu den Aufgaben 58 bis 61:
Die Dialogfix GmbH setzt zur Speicherung ihrer Kundendaten ein relationales Datenbanksystem ein.

58. Aufgabe ☐

Ein wichtiges Ziel ist dabei die Speicherung konsistenter Daten. Welche der nachstehenden Beschreibungen für den Begriff Datenkonsistenz ist zutreffend?

1. Grundsätzlich richtige Daten (z. B. die korrekte Telefonnummer eines Kunden)
2. Daten, die sich gegenseitig nicht widersprechen
3. Daten, die für Marketingzwecke verwendet werden können
4. Daten über die Zahlungsfähigkeit des Kunden
5. Langfristig gespeicherte Daten

59. Aufgabe ☐

Welche der nachfolgenden Auflistungen gibt die korrekte Reihenfolge der Bestandteile einer relationalen Datenbank vom kleinsten Element bis zum größten Element wieder?

1. Datenfeld, Tabelle, Datensatz, Datenbank
2. Datenbank, Datensatz, Tabelle, Datenfeld
3. Datenfeld, Datensatz, Tabelle, Datenbank
4. Datenfeld, Datenbank, Datensatz, Tabelle
5. Tabelle, Datenfeld, Datenbank, Datensatz

60. Aufgabe ☐

Bei der Speicherung von Daten in relationalen Datenbanken spielt der Primärschlüssel eine wichtige Rolle. Welche Beschreibung des Begriffs ist zutreffend?

1. Der Primärschlüssel ist ein zwingend benötigtes Feld, um Daten in einer Tabelle zu finden.
2. Der Primärschlüssel ist eine vom Verwalter der Datenbank gewählte Spalte, deren Feldinhalte einen Datensatz in einer Tabelle eindeutig identifizieren.
3. Der Primärschlüssel ist eine vom Verwalter der Datenbank gewählte Tabelle, die eine Datenbank eindeutig identifiziert.
4. Der Primärschlüssel ist ein beliebiges Feld in einer Tabelle, das der schnellen Suche von Daten dient.
5. Der Primärschlüssel dient der Verschlüsselung von geheimen Inhalten (z. B. Kontodaten) in einer Datenbank.

61. Aufgabe ☐

Primärschlüssel dienen der eindeutigen Identifizierung eines Datensatzes und sollten möglichst kurz sein. Welches der folgenden Felder in der Tabelle Kunden eignet sich am besten als Primärschlüssel?

1. Kundenname
2. Geburtsdatum
3. Fünfstellige Kundennummer
4. 14-stellige Sozialversicherungsnummer
5. Postleitzahl des Wohnortes

Situation zu den Aufgaben 62 bis 65:

Die Dialogfix GmbH speichert ihre Kunden- und Bestelldaten in einer relationalen Datenbank, aus der nachstehend ein Ausschnitt dargestellt wird.

KUNDENGRUPPEN

KundenGruppe	**Bezeichnung**	**...**
[G1] **1**	Privatkunde	
G2	Geschäftskunde	
...	...	

[KUNDEN] **2**

KundenNr	**Nachname**	**[Vorname]** **3**	**GebDatum**	**KundenGruppe** **4**	**...**
K1	Marx	Elisabeth	25.07.1973	[G2]	
K2	Calsing	Marie	26.09.1987	G1	
K3	Linsler	Elaine	28.02.1991	G1	
...	...	...	...	...	

BESTELLUNGEN

BestellNr	**KundenNr**	**BestDatum**	**...**
B1	K3	25.02	
[B2	K1	27.02]	**5**
B3	K2	27.02	
...	...	...	

62. Aufgabe

Ordnen Sie die nachstehenden Begriffe den Ziffern aus der obigen Darstellung zu.

☐ Datensatz
☐ Tabellenbezeichnung
☐ Eintrag in einem Primärschlüsselfeld
☐ Datenfeldbezeichnung
☐ Eintrag in einem Fremdschlüsselfeld

63. Aufgabe

☐

Die Daten in der Datenbank der Dialogfix GmbH durchlaufen zahlreiche Plausibilitätsprüfungen. Welches der nachstehenden Prüfkriterien kann in der Datenbank nicht angewandt werden?

1. Gültiges Geburtsdatum in der Kundentabelle
2. Gültige Kundennummer in der Tabelle der Bestellungen
3. Gültige Kundengruppe in der Kundentabelle
4. Gültiger Nachname in der Kundentabelle
5. Gültiges Bestelldatum in der Tabelle der Bestellungen

64. Aufgabe

☐

Welche der nachstehenden Aussagen zu Löschungen in der oben dargestellten Datenbank ist korrekt?

1. Datensätze in der Tabelle Kundengruppen dürfen gelöscht werden, wenn Kunden vorhanden sind.
2. Datensätze in der Tabelle Kunden dürfen nicht gelöscht werden, wenn Bestellungen des Kunden vorhanden sind.
3. Datensätze in der Tabelle Kundengruppen dürfen beliebig gelöscht werden.
4. Datensätze in der Tabelle Kunden dürfen beliebig gelöscht werden.
5. Datensätze in der Tabelle Bestellungen dürfen gelöscht werden, wenn Kunden vorhanden sind.

65. Aufgabe

☐

Bei welchen Tabellen aus obigem Beispiel handelt es sich um Stammdatentabellen?

1. Alle Tabellen sind Stammdatentabellen.
2. Kundengruppen und Bestellungen.
3. Kundengruppen und Kunden.
4. Kunden und Bestellungen.
5. Es gibt in dieser Datenbank keine Stammdatentabellen.

66. Aufgabe

☐

Prüfen Sie, welche Aussage zur Kunden Marie Calsing zutreffend ist.

1. Privatkunde, Bestelldatum 25.02.
2. Geschäftskunde, Geburtsdatum 26.09.1987
3. Privatkunde, Bestellnummer B3
4. Geschäftskunde, Kundennummer K2
5. Privatkunde, Kundengruppe 4

Lösungen zu Kapitel 9

1. Aufgabe	3	*34. Aufgabe*	3
2. Aufgabe	2	*35. Aufgabe*	4
3. Aufgabe	4	*36. Aufgabe*	5
4. Aufgabe	1	*37. Aufgabe*	5
5. Aufgabe	2	*38. Aufgabe*	4
6. Aufgabe	1	*39. Aufgabe*	1
7. Aufgabe	5	*40. Aufgabe*	4
8. Aufgabe	3	*41. Aufgabe*	3, 4, 1, 2, 5
9. Aufgabe	3	*42. Aufgabe*	4
10. Aufgabe	3	*43. Aufgabe*	4
11. Aufgabe	3	*44. Aufgabe*	3
12. Aufgabe	4	*45. Aufgabe*	2, 4
13. Aufgabe	3	*46. Aufgabe*	5
14. Aufgabe	3	*47. Aufgabe*	4
15. Aufgabe	4	*48. Aufgabe*	4
16. Aufgabe	100 Sekunden	*49. Aufgabe*	3
17. Aufgabe	4	*50. Aufgabe*	5
18. Aufgabe	1	*51. Aufgabe*	4
19. Aufgabe	4	*52. Aufgabe*	5
20. Aufgabe	4	*53. Aufgabe*	1
21. Aufgabe	2, 1, 6, 4, 5, 3	*54. Aufgabe*	4
22. Aufgabe	4, 1, 2, 5, 3	*55. Aufgabe*	1
23. Aufgabe	3	*56. Aufgabe*	3
24. Aufgabe	3	*57. Aufgabe*	5
25. Aufgabe	2	*58. Aufgabe*	2
26. Aufgabe	4, 5, 3, 2, 1	*59. Aufgabe*	3
27. Aufgabe	3	*60. Aufgabe*	2
28. Aufgabe	2	*61. Aufgabe*	3
29. Aufgabe	4	*62. Aufgabe*	5, 2, 1, 3, 4
30. Aufgabe	4, 3, 5, 2, 1	*63. Aufgabe*	4
31. Aufgabe	5	*64. Aufgabe*	2
32. Aufgabe	4	*65. Aufgabe*	3
33. Aufgabe	2	*66. Aufgabe*	3

10 Projektvorbereitung

Hinweis:
Häufig ist es sinnvoll, Projekte in ihrer Gesamtheit zu betrachten. Daher finden sich in diesem Kapitel auch einige Aufgaben zu den Themen Projektdurchführung und Projektcontrolling.

Situation zu den Aufgaben 1 bis 14:
Die MobilTelco GmbH stellt seit einigen Wochen zunehmende Forderungsausfälle fest. Die Dialogfix GmbH erhält die Anfrage, 50 000 säumige Kunden telefonisch nachzufassen und auf fällige Zahlungen und die daraus resultierenden Folgen hinzuweisen.

1. Aufgabe ☐

Ein Projekt unterscheidet sich von anderen Aufgaben der Dialogfix GmbH. Stellen Sie fest, welche Aussage die Besonderheiten eines Projekts richtig charakterisiert.

1. Ein Projekt ist zeitlich, finanziell und personell begrenzt.
2. Projekte können ohne Abgrenzung im Tagesgeschäft bearbeitet werden.
3. An einem Projekt ist maximal eine Organisationseinheit beteiligt.
4. Projekte sind durch häufig wiederkehrende Rahmenbedingungen gekennzeichnet.
5. Die für Projekte erforderlichen Ressourcen sind gut vorhersehbar, deshalb ist die Gefahr einer Überschreitung von vorgesehenen Begrenzungen gering.

2. Aufgabe

Für dieses Projekt sollen die folgenden Arbeitsschritte in die richtige Reihenfolge gebracht werden. Tragen Sie dazu die Ziffern 1 bis 5 in die Kästchen neben den Schritten ein.

☐ Durchführung der Nachfassaktion
☐ Klärung der Anforderungen und Definition der Ziele mit dem Auftraggeber
☐ Mitarbeiterschulung
☐ Interne Projektplanung
☐ Reporting (Abschlussbericht) und Projektreview erstellen

3. Aufgabe ☐

Welche Projektherkunft liegt in diesem Projekt vor?

1. Es handelt sich um ein Inhouse-Projekt.
2. Es handelt sich um ein internes Projekt.
3. Es handelt sich um ein Fremdprojekt (Outsourcing).
4. Es handelt sich um ein Eigenprojekt.
5. Es handelt sich um ein Mischprojekt (Mixed).

4. Aufgabe

Im Rahmen einer Machbarkeitsstudie prüft die Dialogfix GmbH zunächst, ob es möglich ist, dieses Projekt umzusetzen. Dazu wurde eine Checkliste mit Fragen erarbeitet, die es im Vorfeld zu beantworten gilt. Für die Präsentation vor der Geschäftsführung bittet Sie der Projektleiter, diese Fragen in vorgegebene Bereiche zu kategorisieren. Ordnen Sie die folgenden fünf Bereiche entsprechend zu, indem Sie die Kennziffern neben den möglichen Fragen eintragen.

☐ Genügen die Fachkenntnisse für alle Projektanforderungen?
☐ Wird das notwendige Projektbudget vorhanden sein?
☐ Ist das geplante Projektziel termingerecht erreichbar?
☐ Rechtfertigt der erwartete Nutzen die entstehenden Kosten?
☐ Welche Software wird benötigt?

1. Mitarbeiter
2. Ausstattung
3. Finanzen
4. Zeit
5. Wirtschaftlichkeit

5. Aufgabe

Die Geschäftsleitung spricht sich für die Durchführung des Projektes aus, obgleich der Auftrag sehr knapp kalkuliert ist und nur geringe Margen erwarten lässt. Um die Wirtschaftlichkeit sicherzustellen, dürfen die Gespräche die kalkulierte Average Handling Time (AHT) keineswegs überschreiten. Aus diesem Grund werden Sie beauftragt, einen Gesprächsleitfaden zu erstellen. In einem Brainstorming wurden bereits die wichtigsten Gesprächsinhalte zusammengefasst und gegliedert. Bringen Sie die folgenden Gesprächsphasen in die richtige Reihenfolge, indem Sie die Kennziffern 1 bis 6 neben den Gesprächsphasen eintragen!

☐ Begrüßung und Einstieg
☐ Legitimation des Gesprächspartners
☐ Verabschiedung
☐ Zusammenfassung
☐ Gesprächsbereitschaft herstellen und offenen Betrag als Gesprächsgrund nennen
☐ Erneute Abbuchung vom Konto des Kunden anbieten

6. Aufgabe ☐

Um den Projektablauf übersichtlich in Entwicklungsphasen zu gliedern, sollen Meilensteine festgelegt werden. Aus dem Projektteam werden unterschiedliche Vorschläge präsentiert. Bestimmen Sie aus diesen Vorschlägen den Anlass, der als Meilenstein geeignet ist.

1. Projektdurchführung
2. Kick-off-Meeting
3. Projektvorbereitung
4. Projektplanung
5. Zielvereinbarungsgespräch

7. Aufgabe ☐

Die zu erreichenden Ziele stellen die zentrale Arbeitsgrundlage in jedem Projekt dar. Dabei lassen sich Projektziele nach ihren Funktionen unterteilen. Stellen Sie fest, welche Funktion Projektziele nicht haben.

1. Präzisierungsfunktion
2. Orientierungsfunktion
3. Motivationsfunktion
4. Kontrollfunktion
5. Automatisierungsfunktion

8. Aufgabe ☐

Einzelne Projektziele stehen häufig in Konkurrenz zueinander. Für mögliche Zielkonflikte hat sich auch der Begriff „magisches Dreieck der Projektziele" eingebürgert. Stellen Sie fest, welche Zielgrößen dabei angesprochen werden.

1. Kosten – Führung – Kennzahlen
2. Leistung – Zeit – Output
3. Input – Mitarbeiter – Controlling
4. Leistung – Kosten – Zeit
5. Personal – Produkte – Preis

9. Aufgabe ☐

Für das Projekt sind 350 000,00 € als Budget veranschlagt worden. Der Projektleiter möchte jeweils dann eine Meldung bekommen, wenn 30 %, 70 % und 90 % des Budgets aufgebraucht sind. Welche Antwortkombination ist richtig?

1. 115 000,00 €, 245 000,00 € und 315 000,00 €
2. 105 000,00 €, 245 000,00 € und 315 000,00 €
3. 105 000,00 €, 235 000,00 € und 315 000,00 €
4. 120 000,00 €, 245 000,00 € und 335 000,00 €
5. 115 000,00 €, 245 000,00 € und 335 000,00 €

10. Aufgabe ☐

Zur Spezifizierung der einzelnen Aufgaben im Projektmanagement sollen Arbeitspakete erstellt werden. Stellen Sie fest, mit welcher Definition Arbeitspakete zutreffend beschrieben werden können.

1. Ein Arbeitspaket bezeichnet eine geschlossene Aufgabenstellung in einem Projekt, die fristgerecht zu bearbeiten ist.
2. Arbeitspakete sind bedeutsame Ereignisse und legen kritische Schritte fest.
3. Ein Arbeitspaket ist das Endergebnis einer Projektphase, die den Start einer anderen Phase auslöst.
4. Arbeitspakete bezeichnen den Werteverzehr einer Projektphase, welcher das Eigenkapital mindert.
5. Bei Arbeitspaketen handelt es sich um eine möglichst chronologische Aufzählung einzelner Projektstrukturpläne.

11. Aufgabe ☐

Der verantwortliche Projektleiter Lutz Michel erkrankt kurzfristig. Sie übernehmen vertretungsweise die Projektleitung. Ihre erste Aufgabe ist die Erstellung von Projektteilplänen. Worum müssen Sie sich dabei jedoch zunächst nicht kümmern?

1. Kostenplanung
2. Projektstrukturplanung
3. Terminplanung
4. Einsatzmittelplanung
5. Pausenplanung

12. Aufgabe ☐

Sie werden ebenfalls beauftragt, am Projektstrukturplan (PSP) mitzuwirken. Welche Aufgabe müssen Sie dazu erfüllen?

1. Meilensteine chronologisch ordnen.
2. Projektziele auf Machbarkeit überprüfen.
3. Organigramm der Projektorganisation erstellen.
4. Alle Arbeitspakete vollständig und hierarchisch anordnen.
5. Sämtliche Schnittstellen katalogisieren und testen.

13. Aufgabe ☐

Nachdem der verantwortliche Projektleiter Lutz Michel längerfristig auszufallen droht, überträgt Ihnen die Geschäftsführung weitere Kompetenzen im Hinblick auf die Leitung des Projekts. Welche der folgenden Kompetenzen darf dabei nicht zu Ihrem Verantwortungsbereich zählen?

1. Vorschlagsrecht für die Zusammensetzung des Projektteams
2. Projektgebundenes Weisungsrecht
3. Ermittlung der Risiken und Einsteuerung vorbeugender Maßnahmen
4. Strategische Neuausrichtung des Projektmanagements im Unternehmen
5. Teilnahme an projektrelevanten Verhandlungen

14. Aufgabe ☐

Nachdem am Ende des Projektes „MobilTelco" das Projektreporting fertiggestellt wurde, erstellen Sie ein Projektreview. Stellen Sie fest, welche der folgenden Aussagen ein Projektreview zutreffend beschreibt!

1. Projektreviews zeigen die vollständige, hierarchische Anordnung aller Teilaufgaben eines Projekts.
2. Ein Projektreview beschränkt sich auf die Schwächen und Fehler im Projektverlauf, um diese für zukünftige Projekte von vornherein auszuschließen.
3. Ein Projektreview sollte aus Gründen der Datensparsamkeit nur der Geschäftsleitung in schriftlicher Form zur Verfügung gestellt werden.
4. Ein Projektreview dient der Nachbetrachtung eines abgeschlossenen Projekts, um aus den gewonnenen Erfahrungen für zukünftige Projekte zu lernen.
5. Projektreviews gliedern das Projekt in einzelne Arbeitspakete.

Situation zu den Aufgaben 15 bis 22:
Die Dialogfix GmbH erhält eine Anfrage des Versicherungsunternehmens Versicom AG. Es soll bei 15.000 Kunden, die nicht auf ein Mailing zur Umstellung der Hausratversicherungstarife reagiert haben, telefonisch nachgefasst werden. Sie nehmen an den internen Vorgesprächen der Dialogfix GmbH teil.

15. Aufgabe

Thema ist zunächst die Wirtschaftlichkeitsprüfung des Projektes. Dazu Erika Wurz, Leiterin der Meetings: „Durchschnittlich werden für das Projekt 100 000,00 € gebunden sein. Wir erwarten dabei einen Projektgewinn von 22 000,00 €." Stellen Sie fest, wie hoch die Rentabilität (in Prozent) für dieses Projekt ist.

16. Aufgabe

Im Rahmen der Machbarkeitsprüfung muss die Dialogfix GmbH verschiedene Fragen klären. Geben Sie an, welcher Punkt nicht dazugehört.

1. Ist die notwendige Anzahl von Mitarbeitern vorhanden?
2. Wie viel voll ausgestattete Arbeitsplätze sind erforderlich?
3. Wird das notwendige Projektbudget vorhanden sein?
4. Ist das geplante Projektziel realistisch erreichbar?
5. Steht für das Kick-off-Meeting der Besprechungssaal zur Verfügung?

17. Aufgabe

Für die Projektlaufzeit von sechs Wochen sollen 20 Mitarbeiter der Dialogfix GmbH von ihrer eigentlichen Arbeit freigestellt werden. Das Projektbudget darf dabei 100 000,00 € nicht überschreiten. Um welche Art von Projekt handelt es sich?

1. Teilzeit-Projekt – B-Projekt – Projektgröße: mittel – Dienstleistungsprojekt
2. Vollzeit-Projekt – A-Projekt – Projektgröße: mittel – Inhouseprojekt
3. Vollzeit-Projekt – C-Projekt – Projektgröße: groß – Dienstleistungsprojekt
4. Vollzeit-Projekt – B-Projekt – Projektgröße: mittel – Dienstleistungsprojekt
5. Teilzeit-Projekt – A-Projekt – Projektgröße: klein – Dienstleistungsprojekt

18. Aufgabe

Für den Projektauftrag muss das Projektziel mit den einzelnen Teilzielen definiert werden. Welche Zielzuordnung ist falsch?

1. Leistungs- und Qualitätsziel: Die Mitarbeiter können alle Fragen zu den Tarifen der Hausratversicherung kompetent beantworten.
2. Terminziel: Bis zum Ende des Projektes sind alle Kunden kontaktiert worden.
3. Kostenziel: Das Projektbudget darf nicht überschritten werden.
4. Wirtschaftliches Ziel: Die Mitarbeiter der Dialogfix GmbH geben sich am Telefon als Mitarbeiter der Versicom AG aus.
5. Leistungs- und Qualitätsziel: Die Stornoquote muss unter 5 % liegen.

19. Aufgabe ☐

Für das Projekt wurde der nachstehende Projektauftrag erstellt. Prüfen Sie, welcher Punkt <u>nicht</u> dazugehört.

1. Name des Projekts: Versicom AG 01
2. Projektanlass: Telefonische Nachfassaktion Umstellung Hausratversicherung
3. Projektleiter: Wolfgang Schmidt
4. Ziel: Planung, Koordination und Nachbereitung der Kundenabfrage zur Hausratversicherung
5. Zielgruppe: 15 000 Kunden der Versicom AG
6. Projektreview: 20. Oktober
7. Projektierte Dauer: 6 Wochen
8. Projektteam: 20 Mitarbeiter
9. Projektbudget: 100 000,00 €

20. Aufgabe ☐☐

Welche <u>zwei</u> der folgenden Aufgaben haben für die Dialogfix GmbH in der Projektvorbereitungsphase <u>keine</u> Relevanz?

1. Die Ziele und Zielinhalte ermitteln.
2. Die Ziele auf Machbarkeit überprüfen.
3. Die erforderlichen Ressourcen bereitstellen.
4. Die Erreichung aller Meilensteine überprüfen.
5. Die Projektorganisation festlegen.
6. Das Projektreporting erstellen.

21. Aufgabe ☐

In der ersten Projektbesprechung erfahren Sie vom Projektleiter, welche wichtigen Funktionen Ziele übernehmen. Welcher Aussage dürfen Sie jedoch <u>nicht</u> zustimmen?

1. Präzisierungsfunktion
2. Kostenvermeidungsfunktion
3. Orientierungsfunktion
4. Motivationsfunktion
5. Kontrollfunktion

22. Aufgabe

Im Auftrag des Projektleiters sollen Sie für die nächste Sitzung eine PowerPoint-Folie mit der Unterscheidung der Teilziele in quantitative und qualitative Ziele erstellen. Ordnen Sie zu:

☐ Einhaltung der Höhe des Projektbudgets
☐ Qualifizierung der Mitarbeiter zum Thema Hausratversicherung
☐ Auftreten der Mitarbeiter der Dialogfix GmbH als Mitarbeiter der Versicom AG
☐ Stornoquote kleiner als 5 %
☐ Kontaktieren aller Kunden bis zum geplanten Ende des Projekts

1. Quantitatives Ziel
2. Qualitatives Ziel

Situation zu den Aufgaben 23 bis 32:
Die Dialogfix GmbH wird vom Pay-TV-Sender „Thema-TV" mit dem Projekt „Umstellung des Verschlüsselungssystems" beauftragt. Den 200 000 Abonnenten soll eine neue Berechtigungskarte (Smartcard) mit der Bitte zugesandt werden, mit dieser Smartcard die alte Karte im Receiver zu ersetzen und die alte Karte in einem Freiumschlag zurückzusenden. Alle Kunden, deren alte Karte nach vier Wochen noch nicht vorliegt, sollen telefonisch kontaktiert werden. Gleichzeitig wird eine Hotline geschaltet, die Kundenanfragen im Zusammenhang mit dem Kartentausch beantworten kann. Nach einer Projektlaufzeit von drei Monaten sollen 95 % aller Smartcards ausgetauscht sein. Die Dialogfix GmbH stellt ein Team unter der Führung eines erfahrenen Projektleiters zusammen, der über ein Budget von 100 000,00 € verfügen kann.

23. Aufgabe ☐

Welches der nachstehenden Merkmale aus der beschriebenen Situation ist kein zwingendes Projektmerkmal?

1. Es gibt eine Zielvorgabe.
2. Es liegt Einmaligkeit vor.
3. Es gibt eine zeitliche und finanzielle Begrenzung.
4. Es gibt einen externen Auftraggeber.
5. Es gibt eine projektspezifische Organisation.

24. Aufgabe ☐

Welche der nachstehenden Feststellungen zum vorgegebenen Projektziel ist ein Bestandteil der SMART-Regel?

1. Das Ziel muss hoch gesteckt sein, damit man sich ausreichend anstrengt.
2. Zu einfache Ziele führen zur Demotivation des Projektteams.
3. Terminvorgaben für Ziele sollten unterlassen werden, um unnötigen Druck zu vermeiden.
4. Es genügt, wenn die genaue Umschreibung des Ziels am Projektende erfolgt.
5. Zielvorgaben müssen messbar sein, um eine Erfolgskontrolle durchführen zu können.

25. Aufgabe ☐

Die Dialogfix GmbH bildet nun für das Projekt Arbeitspakete. Welche der nachstehenden Aussagen zu Arbeitspaketen ist falsch?

1. Arbeitspakete dienen der Übersichtlichkeit eines Projektes.
2. Arbeitspakete sind unabhängig von Verantwortlichkeiten zu bilden.
3. Arbeitspakete sind oft voneinander abhängig.
4. Arbeitspakete können völlig unabhängig voneinander sein.
5. Arbeitspakete können meist in Phasen zusammengefasst werden.

26. Aufgabe

Für das vorliegende Projekt setzt die Dialogfix GmbH Meilensteine. Welche zwei Aussage zu Meilensteinen sind zutreffend?

1. Meilensteine haben keinen Einfluss auf die Projektplanung.
2. Es sollten möglichst viele Meilensteine gesetzt werden, um den Projektfortschritt genau überwachen zu können.
3. Meilensteine sind nur bei externen Projekten von Bedeutung.
4. Meilensteine dürfen nur am Beginn einer Projektphase stehen.
5. Meilensteine markieren stets einen Zeitpunkt innerhalb des Projektes und haben keine Dauer.
6. Zu viele Meilensteine innerhalb eines Projektes sind nicht sinnvoll, weil dann die Übersichtlichkeit nicht mehr gewährleistet ist.

27. Aufgabe

Die Dialogfix GmbH stellt die Arbeitspakete zum vorliegenden Projekt in einem Projektstrukturplan dar. Welche Aussage zum Projektstrukturplan trifft zu?

1. Ein Projektstrukturplan ist die vollständige, hierarchische Anordnung aller Arbeitspakete eines Projektes.
2. Durch den Projektstrukturplan werden Vorgänger und Nachfolger eines Arbeitspaketes ersichtlich.
3. Gleichzeitig ablaufende Arbeitspakete werden im Projektstrukturplan durch parallele Linien gekennzeichnet.
4. Mit einem Projektstrukturplan können die Auswirkungen zeitlicher Verschiebungen getestet werden.
5. Der Projektstrukturplan dient vorrangig der Risikoanalyse.

28. Aufgabe

Bei der Dialogfix GmbH sind sowohl ein Projektmanager als auch ein Projektleiter mit dem beschriebenen Vorhaben betraut. Welche Aussage über diese beiden Projektbeteiligten ist korrekt?

1. Der Projektleiter steht in der Hierarchie über dem Projektmanager und hat die Aufgabe, mehrere Projekte zu koordinieren.
2. Der Projektmanager steht in der Hierarchie über dem Projektleiter und hat die Aufgabe, mehrere Projekte zu koordinieren.
3. Projektleiter und Projektmanager sind grundsätzlich auf gleicher Hierarchieebene angesiedelt.
4. Jedes Projekt benötigt zwingend einen Projektmanager und einen Projektleiter.
5. Der Projektmanager bestimmt das Team, mit dem der Projektleiter arbeiten muss.

29. Aufgabe

Der Projektleiter der Dialogfix GmbH übernimmt im vorliegenden Projekt Aufgaben aus den Bereichen Planung, Steuerung und Kontrolle. Stellen Sie fest, welche zwei Tätigkeiten in den Bereich Planung gehören.

1. Verantwortung für Projektablauf und Zielerreichung
2. Einleitung von Korrekturmaßnahmen
3. Zielabstimmung mit dem Auftraggeber
4. Führung des Teams
5. Zusammenstellung des Teams
6. Überprüfung der Teilzielerreichung

30. Aufgabe

Die Dialogfix GmbH greift im Zusammenhang mit dem vorliegenden Projekt auch auf die Unterstützung externer Spezialisten zurück. Welche der nachstehenden Aussagen ist in diesem Zusammenhang nicht richtig?

1. Externe Spezialisten bieten intern nicht vorhandene Kompetenzen.
2. Externe Spezialisten sind generell kostengünstiger als interne Mitarbeiter.
3. Die Urteilsfähigkeit externer Spezialisten ist nicht durch Betriebsblindheit behindert.
4. Externe Spezialisten sind neutral gegenüber betriebsinternen Zusammenhängen.
5. Kosten für die Einstellung und langfristige Beschäftigung interner Spezialisten werden vermieden.

31. Aufgabe

Im Zusammenhang mit dem vorliegenden Projekt veranstaltet die Dialogfix GmbH ein Kick-off-Meeting. Welchem Zweck dienen Kick-off-Meetings?

1. Kick-off-Meetings dienen der Aushandlung von Vertragsdetails zwischen Auftraggeber und Auftragnehmer.
2. Kick-off-Meetings werden zur Auswahl der Teammitglieder veranstaltet.
3. In Kick-off-Meetings wird das Projektbudget ermittelt.
4. Kick-off-Meetings dienen der allgemeinen Information und Motivation und sollen ein gemeinsames Verständnis für das Projekt unter allen Beteiligten schaffen.
5. In Kick-off-Meetings werden erste Probleme im Projektverlauf besprochen und mögliche Gegenmaßnahmen beraten.

32. Aufgabe

Zu welchem Zeitpunkt müssen Sie das Kick-off-Meeting durchführen?

1. Der Termin für das Kick-off-Meeting kann frei gewählt werden.
2. Vor den Verhandlungen mit dem Auftraggeber.
3. Vor Beginn der Projektdurchführung.
4. Am Ende der Projektdurchführung.
5. Zeitgleich mit dem Projektcontrolling.

Situation zu den Aufgaben 33 bis 41:
Die Dialogfix GmbH soll im Auftrag der Werkstattkette Autoteile Regun AG eine Befragung zur Kundenzufriedenheit durchführen. Befragt werden alle 150 000 Kunden, die im letzten Monat eine Werkstatt der Kette besucht haben. Kunden, die aufgrund einer Unzulänglichkeit der Werkstatt eine besonders schlechte Bewertung abgegeben haben, sollen ein Anschreiben sowie einen Gutschein als Entschuldigung bekommen. Ziel des Projektes ist es, ein Ranking der Filialen bezüglich der Kundenzufriedenheit zu erstellen, um darauf basierend entsprechende Maßnahmen einleiten zu können. Einmalig unzufriedene Kunden sollen über den Gutschein den Kontakt zu ihrer Filiale nicht verlieren und als Kunden erhalten bleiben. Die Dialogfix GmbH und die Autoteile Regun AG planen für das Projekt eine Laufzeit von vier Wochen und ein Budget von 100 000,00 € ein.

33. Aufgabe ☐

Aus welchem Grund wird das beschriebene Vorhaben – neben anderen Kriterien – von der Dialogfix GmbH als Projekt betrachtet?

1. Es handelt sich um ein Projekt, weil mehrere Mitarbeiter beteiligt sind.
2. Es handelt sich um ein Projekt, weil es sich um ein einmaliges Vorhaben handelt.
3. Es handelt sich um ein Projekt, weil es einen externen Auftraggeber gibt.
4. Es handelt sich um ein Projekt, weil zusätzliche Mitarbeiter eingestellt werden müssen.
5. Es handelt sich um ein Projekt, weil es sich um ein Vorhaben aus dem Bereich Outbound handelt.

34. Aufgabe ☐

Welche der nachstehenden Auflistungen nennt lediglich die zwingend notwendigen Beteiligten an einem Projekt?

1. Auftraggeber, Lenkungsausschuss, Projektleiter
2. Auftraggeber, Fachausschuss, Projektleiter
3. Auftraggeber, Projektleiter, Projektteam
4. Projektleiter, Projektteam, Projektcontroller
5. Projektleiter, Projektteam, Projektmanager

35. Aufgabe ☐

Die Autoteile Regun AG und die Dialogfix GmbH erstellen einen Projektauftrag, der gemeinsam unterzeichnet wird. Welches der folgenden Stichworte ist i. d. R. <u>nicht</u> Bestandteil eines Projektauftrages?

1. Zielformulierung
2. Rahmenbedingungen
3. Projektbeschreibung/Anlass
4. Namen von Auftraggeber und Auftragnehmer
5. Namensliste der Teammitglieder

36. Aufgabe

Den im Projektauftrag festgelegten Projektzielen können bestimmte Funktionen zugeordnet werden, die die Arbeit des Projektleiters der Dialogfix GmbH im Projektverlauf unterstützen. Ordnen Sie die Beschreibungen den jeweiligen Funktionsbegriffen zu und tragen Sie Ihre Antworten in die Kästchen ein.

☐ Präzisierungsfunktion
☐ Orientierungsfunktion
☐ Motivationsfunktion
☐ Kontrollfunktion

1. Die Identifikation mit den Projektzielen sowie die Erreichung von Teilzielen steigern die Arbeitszufriedenheit der Mitarbeiter.
2. Ziele können als Grundlage eines Plan-Ist-Vergleiches herangezogen werden.
3. Das angestrebte Projektergebnis wird durch Ziele konkret dargestellt.
4. Die Projektbeteiligten können sich bei allen Maßnahmen von den Zielen leiten lassen.

37. Aufgabe ☐☐

Welche zwei der nachstehenden Aufgaben fallen in die Vorbereitungsphase des Projektes?

1. Erstellung der Projektabrechnung für die Autoteile Regun AG
2. Prüfung der Zahl der Nettokontakte
3. Planung der erforderlichen Ressourcen
4. Durchführung von Korrekturen bei Zielabweichungen
5. Klärung der Rahmenbedingungen des Projektes
6. Verfassen eines Projektstatusberichts

38. Aufgabe ☐

Zur Strukturierung des Projektes werden von der Dialogfix GmbH Meilensteine festgelegt. In welchem Fall ist ein Meilenstein korrekt beschrieben?

1. Der Meilenstein belegt den Projektfortschritt.
2. Der Meilenstein gibt immer die bereits entstandenen Kosten an.
3. Der Meilenstein zeigt die AHT auf.
4. Der Meilenstein dokumentiert die Fehlerquote eines Teams.
5. Der Meilenstein bewertet die Gesprächsqualität.

39. Aufgabe ☐

In der Planung des vorliegenden Projektes durch die Dialogfix GmbH spielen Schnittstellen eine wichtige Rolle. Welche Aussage zu Schnittstellen im Projekt ist richtig?

1. Schnittstellen sind besonders wichtige Zwischenergebnisse im Projektplan.
2. Schnittstellen sind Gemeinsamkeiten unterschiedlicher Projekte.
3. Schnittstellen sind unerwartete Ereignisse im Projektverlauf.
4. Schnittstellen sind Übergabepunkte zwischen Arbeitspaketen.
5. Schnittstellen geben an, ob das Projektbudget überschritten wurde.

40. Aufgabe ☐

Die Planung des Aufwands zum vorliegenden Projekt nimmt die Dialogfix GmbH nach dem Bottom-up-Verfahren vor. Welche Aussage beschreibt dieses Verfahren korrekt?

1. Der geschätzte Aufwand der einzelnen Arbeitspakete wird zum erwarteten Gesamtaufwand zusammengefasst.
2. Ein für das gesamte Projekt bestimmter Aufwand wird auf die einzelnen Arbeitspakete verteilt.
3. Es werden die Gesamtaufwendungen vergleichbarer abgeschlossener Projekte herangezogen und auf die Arbeitspakete verteilt.
4. Es erfolgt keine Verteilung der Aufwendungen auf die Arbeitspakete.
5. Die Verteilung der Gesamtaufwendungen erfolgt über ein Umlageverfahren.

41. Aufgabe ☐

Für das Projekt mit der Autoteile Regun AG hat die Dialogfix GmbH ein Projekthandbuch angelegt. Stellen Sie fest, welche Unterlagen darin <u>nicht</u> aufzunehmen sind.

1. Projektauftrag
2. Projektplan
3. Projektdokumentation
4. Projektberichte
5. Projektanfragen

Situation zu den Aufgaben 42 bis 50:

Die Dialogfix GmbH wird vom Pay-TV-Sender „Thema-TV“ mit dem Projekt „Umstellung des Verschlüsselungssystems“ beauftragt. Den 200 000 Abonnenten soll eine neue Berechtigungskarte mit der Bitte zugesandt werden, mit dieser Smartcard die alte Karte im Receiver zu ersetzen und die alte Karte in einem Freiumschlag zurückzusenden. Alle Kunden, deren alte Karte nach drei Wochen noch nicht vorliegt, sollen telefonisch kontaktiert werden. Gleichzeitig wird eine Hotline geschaltet, die Kundenanfragen im Zusammenhang mit dem Kartentausch beantworten kann. Nach einer Projektlaufzeit von drei Monaten sollen 95 % aller Smartcards ausgetauscht sein. Die Dialogfix GmbH stellt ein Team unter der Führung eines erfahrenen Projektleiters zusammen, der über ein Budget von 100 000,00 € verfügen kann.

42. Aufgabe

Welche vier typischen Projektmerkmale finden sich im dargestellten Beispiel?

43. Aufgabe

Nennen und erläutern Sie drei allgemeine Entscheidungskriterien, die von der Dialogfix GmbH vor der Durchführung des dargestellten Projektes zu prüfen sind. Geben Sie auch an, in welcher Reihenfolge die Kriterien zu prüfen sind.

44. Aufgabe

Nennen Sie fünf notwendige Inhalte, die die Dialogfix GmbH in den Projektauftrag aufnehmen sollte..

45. Aufgabe

Die Benennung der Projektziele hat für die Dialogfix GmbH eine herausragende Bedeutung. Nennen und erläutern Sie vier Funktionen von Projektzielen.

46. Aufgabe

Durch die Definition der Projektziele im vorliegenden Beispiel entsteht ein mehrdimensionales Zielsystem. Erläutern Sie, was man darunter versteht, und geben Sie an, wo die Problematik eines solchen Systems liegt. Welche Rolle spielt hierbei das „magische Dreieck"?

47. Aufgabe

Die Dialogfix GmbH und ihr Auftraggeber vereinbaren Meilensteine für das Projekt. Welche Bedeutung haben Meilensteine bei der Projektplanung?

48. Aufgabe

Um einen Überblick über die Arbeitspakete des Projektes zu erhalten, erstellt die Dialogfix GmbH einen Projektstrukturplan. Erläutern Sie zwei Möglichkeiten, einen Projektstrukturplan anzuordnen.

49. Aufgabe

Neben dem Projektstrukturplan erstellt die Dialogfix GmbH einen Balkenplan (Gantt-Chart) für das vorliegende Projekt. Erläutern Sie, durch welche Informationen sich der Aussagegehalt eines Balkenplans von dem eines Projektstrukturplans unterscheidet.

50. Aufgabe

Zur Projektplanung liegen folgende Detailinformationen vor:

Das Kick-off-Meeting ist für Montag, den 12.01. geplant. Die Vorbereitung des Kick-off-Meetings wird drei Arbeitstage beanspruchen und soll am 05.01. starten (= Projektstart). Nach dem eintägigen Kick-off-Meeting muss das Kundenanschreiben formuliert und mit Thema-TV abgestimmt werden (Dauer: ein Tag). Gleichzeitig sollen die Kundendaten in die IT von Dialogfix eingespielt werden (Dauer: zwei Tage) und parallel dazu die notwendigen Materialien (z. B. die neue Smartcard) zur automatisierten Brieferstellung beschafft werden (Dauer: drei Tage). Für die anschließende Produktion und den Versand der Briefe werden fünf Tage veranschlagt. Nach Absprache mit Thema-TV sollen 20 Arbeitstage nach dem Versand der letzten Briefe (= Wartezeit) die Kunden angerufen werden, die sich noch nicht gemeldet haben. Hierzu ist ein Gesprächsleitfaden zu erstellen (Dauer: ein Tag) und eine Mitarbeiterschulung durchzuführen, die zwei Tage beanspruchen wird. Der Trainer für die Schulung ist erst ab dem 09.02. verfügbar. Nachdem das Personal geschult ist, rechnet man damit, dass zunächst etwa 80 000 Calls durchzuführen sind, um die fehlenden Smartcards anzufordern. Hierfür werden 20 Tage angesetzt. Anschließend soll ein zweiter Durchgang stattfinden, in dem die immer noch nicht zurückgesandten Smartcards angefordert werden (Dauer: fünf Tage). Am Ende des Projekts soll in einem eintägigen Meeting mit Thema-TV das Projekt abgeschlossen werden.

Erstellen Sie eine Liste von Vorgängen (Arbeitspaketen) und übertragen Sie diese in ein Balkendiagramm. Berücksichtigen Sie dabei die Dauer der Vorgänge, Abhängigkeiten und feste Termine. Bilden Sie sinnvolle Meilensteine und Phasen zur Strukturierung des Projektes.
Hinweis: An Wochenenden wird nicht gearbeitet.

Situation zu den Aufgaben 51 bis 59:
Die Dialogfix GmbH soll im Auftrag der Werkstattkette Autoteile Regun AG eine Befragung zur Kundenzufriedenheit durchführen. Befragt werden alle 150 000 Kunden, die im letzten Monat eine Werkstatt der Kette besucht haben. Kunden, die aufgrund einer Unzulänglichkeit der Werkstatt eine besonders schlechte Bewertung abgegeben haben, sollen ein Anschreiben sowie einen Gutschein als Entschuldigung bekommen. Ziel des Projektes ist es, ein Ranking der Filialen bezüglich der Kundenzufriedenheit zu erstellen, um darauf basierend entsprechende Maßnahmen einleiten zu können. Einmalig unzufriedene Kunden sollen über den Gutschein den Kontakt zu ihrer Filiale nicht verlieren und als Kunden erhalten bleiben. Die Dialogfix GmbH und die Autoteile Regun AG planen für das Projekt eine Laufzeit von acht Wochen und ein Budget von 100 000,00 € ein.

51. Aufgabe
Bei der Dialogfix GmbH befassen sich ein Projektmanager und ein Projektleiter mit dem geplanten Vorhaben. Worin liegt der Unterschied zwischen diesen beiden Rollen im Projekt?

52. Aufgabe
Für bestimmte Aspekte des vorliegenden Projektes beansprucht die Dialogfix GmbH die Unterstützung externer Spezialisten. Aus welchen Gründen greift man in Projekten auf externe Spezialisten zurück?

53. Aufgabe
Zur Planung des Projektaufwandes stehen der Dialogfix GmbH unterschiedliche Planungsmethoden zur Verfügung. Unterscheiden Sie die bei der Planung des Projektaufwandes angewandten Methoden „Bottom-up-Verfahren" und „Top-down-Verfahren".

54. Aufgabe
Die Dialogfix GmbH verzichtet bei dem vorliegenden Projekt auf die Einrichtung eines Lenkungsausschusses. Aus welchem Grund wird in anderen Situationen ein Lenkungsausschuss eingerichtet?

55. Aufgabe
Das vorliegende Projekt kann in der Dialogfix GmbH organisatorisch wie eine eigene Abteilung behandelt werden. Nennen Sie zwei wichtige Vorteile und zwei bedeutende Nachteile dieser Methode.

56. Aufgabe

Eine alternative Organisationsform für das Projekt der Dialogfix GmbH ist die Matrixorganisation. Erläutern Sie zwei wichtige Vorteile und zwei bedeutende Nachteile, die sich aus der Matrixorganisation Linie/Projekt ergeben.

57. Aufgabe

Die Dialogfix GmbH plant für das vorliegende Projekt die Durchführung eines Kick-off-Meetings. Aus welchem Grund werden in Projekten i. d. R. Kick-off-Meetings durchgeführt?

58. Aufgabe

Welcher Zeitpunkt sollte für die Durchführung eines Kick-off-Meetings gewählt werden?

59. Aufgabe

Die Dialogfix GmbH setzt zur Projektplanung eine Projektmanagementsoftware ein. Erläutern Sie anhand von drei Punkten die Vorteile einer Projektmanagementsoftware bei der Projektplanung gegenüber der Verwendung einer einfachen Tabelle mit Arbeitspaketen (z. B. in einem Tabellenkalkulationsprogramm).

Situation zu den Aufgaben 60 bis 67:

Als Projektmanager der Dialogfix GmbH gehört es auch zu Ihren Aufgaben, die Formulierung von Projektzielen zu überprüfen. Hierzu haben Sie bereits eine Liste aller geplanten Projekte mit deren Zielen erstellen lassen.

Überprüfen Sie anhand der SMART-Regel die folgenden Ziele und notieren Sie gegebenenfalls, welcher Bestandteil der Regel nicht beachtet wurde. Gehen Sie hierbei davon aus, dass alle unternehmensinternen Vorgänge vom Auftragnehmer beeinflusst werden können und es keine versteckten Fälle hinsichtlich der Realisierbarkeit gibt.

60. Aufgabe

Die Telekommunikationskosten sind bis zum 31.12. des Folgejahres um 20 % gegenüber dem Vorjahr zu reduzieren. Hierzu steht ein Budget von 5.000,00 € zur Verfügung.

61. Aufgabe

Fertigstellung einer besseren Unternehmenswebsite bis nach den Ferien.

62. Aufgabe

Die Fehlzeiten unserer Mitarbeiter sollen bis zum Jahresende minimiert werden. Projektbudget: 50 000,00 €.

63. Aufgabe

Der durchschnittliche monatliche Energieverbrauch unseres Unternehmens ist bis zum 31.03. des Folgejahres um 15 % gegenüber dem Vorjahr zu reduzieren.

64. Aufgabe

Unser Unternehmen wird bis Ende nächsten Jahres Weltmarktführer im Bereich Outbound-Telefonie. Projektbudget: 100 000,00 €.

65. Aufgabe

Der Umzug der EDV-Abteilung in das Nebengebäude ist bis zum 31.12. vollständig abzuschließen. Hierfür stehen 1 000,00 € zur Verfügung.

66. Aufgabe

Im Herbst wollen wir eine bessere ACD-Anlage installiert haben.

67. Aufgabe

Die Problemlösungskompetenz unserer Mitarbeiter soll bis zum Ende des nächsten Jahres deutlich über derjenigen der Mitarbeiter unserer Wettbewerber liegen. Das Budget hierzu beträgt 100 000,00 €.

Situation zu den Aufgaben 68 bis 69:

Zum 01.09. wurde der Customer Service der Müller AG, einem Großhändler für Tablet-PCs, aus dem Unternehmen ausgegliedert und verlagert. Für eine langfristige Zusammenarbeit sucht die Müller AG jetzt einen weiteren Partner für die Betreuung der Kundenhotline. Daher bittet die Müller AG die Dialogfix GmbH um ein konkretes Angebot. Folgende Daten liegen vor:

- Für die Qualifizierung der Kundenberater werden 15 Trainingstage veranschlagt. Ein Trainingstag besteht aus 6 Stunden. Der Verrechnungssatz für eine Trainingsstunde ist intern durch das Controlling festgelegt und beträgt 19,50 €.
- Die Erreichbarkeit muss 24 Stunden an 365 Tagen p. a. sichergestellt sein, wobei ein Servicelevel von 80/20 angestrebt wird. Da die Müller AG mit der Anbindung eines weiteren Partners das Callvolumen aufteilen wird, kann die Dialogfix GmbH von durchschnittlich 5 000 Calls/Tag ausgehen.
- Die derzeitige Average Handling Time (AHT) beträgt 4 Minuten. Aufgrund ihrer Erfahrungen im Bereich Telekommunikation berücksichtigt die Dialogfix GmbH einen Effizienzvorteil von 10 % und nimmt diese verkürzte AHT als Kalkulationsgrundlage.
- Der Preis pro Produktivminute (beinhaltet Gesprächs- und Nachbearbeitungszeit) ist von Unternehmensseite auf 0,54 € festgelegt. Die Auslastung (Produktivzeit) wird mit 75 % angesetzt.

68. Aufgabe

Berechnen Sie den Mitarbeiterbedarf auf Basis einer Vollzeitkraft (FTE) unter Berücksichtigung einer Abwesenheitsquote (Urlaub, Krankheit etc.) von 15 %! Runden Sie sinnvoll.

69. Aufgabe

Kalkulieren Sie den Angebotspreis für den Kundenservice auf Jahresbasis! Weisen Sie den einmaligen Qualifikationsaufwand separat aus.

Situation zu den Aufgaben 70 bis 71:

In einem Outbound-Projekt der Dialogfix GmbH, das am 17.08. gestartet wird, sollen 19800 Kunden angerufen werden. Es liegen folgende Erfahrungswerte von ähnlichen Projekten vor: 20 % der Kunden werden beim ersten Anruf erreicht. Von den verbleibenden Kunden werden 25 % beim zweiten Anruf erreicht und 40 % vom Rest wiederum beim dritten Anruf.

70. Aufgabe

Ermitteln Sie, wie viele Kunden bei dieser Telefonaktion voraussichtlich insgesamt erreicht werden.

71. Aufgabe

Markieren Sie anhand der Daten der vorangegangenen Aufgabe und des abgebildeten Kalenders, an welchem Tag die Aktion durch die Dialogfix GmbH beendet werden kann, wenn bei einer AHT von 10 Minuten täglich sechs Agents eingesetzt werden. Die tägliche Produktivzeit der Agents beträgt durchschnittlich 4,5 Stunden (Telefonieren, Nachbearbeiten). An Wochenenden wird nicht gearbeitet. Feiertage werden aus Vereinfachungsgründen nicht berücksichtigt. Geben Sie auch Ihren Rechenweg an.

Juli	August	September	Oktober	November	Dezember
1 Mi	1 Sa	1 Di	1 Do	1 So	1 Di
2 Do	2 So	2 Mi	2 Fr	2 Mo	2 Mi
3 Fr	3 Mo	3 Do	3 Sa	3 Di	3 Do
4 Sa	4 Di	4 Fr	4 So	4 Mi	4 Fr
5 So	5 Mi	5 Sa	5 Mo	5 Do	5 Sa
6 Mo	6 Do	6 So	6 Di	6 Fr	6 So
7 Di	7 Fr	7 Mo	7 Mi	7 Sa	7 Mo
8 Mi	8 Sa	8 Di	8 Do	8 So	8 Di
9 Do	9 So	9 Mi	9 Fr	9 Mo	9 Mi
10 Fr	10 Mo	10 Do	10 Sa	10 Di	10 Do
11 Sa	11 Di	11 Fr	11 So	11 Mi	11 Fr
12 So	12 Mi	12 Sa	12 Mo	12 Do	12 Sa
13 Mo	13 Do	13 So	13 Di	13 Fr	13 So
14 Di	14 Fr	14 Mo	14 Mi	14 Sa	14 Mo
15 Mi	15 Sa	15 Di	15 Do	15 So	15 Di
16 Do	16 So	16 Mi	16 Fr	16 Mo	16 Mi
17 Fr	17 Mo	17 Do	17 Sa	17 Di	17 Do
18 Sa	18 Di	18 Fr	18 So	18 Mi	18 Fr
19 So	19 Mi	19 Sa	19 Mo	19 Do	19 Sa
20 Mo	20 Do	20 So	20 Di	20 Fr	20 So
21 Di	21 Fr	21 Mo	21 Mi	21 Sa	21 Mo
22 Mi	22 Sa	22 Di	22 Do	22 So	22 Di
23 Do	23 So	23 Mi	23 Fr	23 Mo	23 Mi
24 Fr	24 Mo	24 Do	24 Sa	24 Di	24 Do
25 Sa	25 Di	25 Fr	25 So	25 Mi	25 Fr
26 So	26 Mi	26 Sa	26 Mo	26 Do	26 Sa
27 Mo	27 Do	27 So	27 Di	27 Fr	27 So
28 Di	28 Fr	28 Mo	28 Mi	28 Sa	28 Mo
29 Mi	29 Sa	29 Di	29 Do	29 So	29 Di
30 Do	30 So	30 Mi	30 Fr	30 Mo	30 Mi
31 Fr	31 Mo		31 Sa		31 Do

Situation zu den Aufgaben 72 bis 75:

Die „Auto Service Union" ist ein Versandhandelsunternehmen, spezialisiert auf Tuningteile und den Bedarf von freien Kfz-Werkstätten. Das Unternehmen beabsichtigt, einen Teil der A- und B-Kunden zu kontaktieren, um ihnen den neuen Katalog anzukündigen. Eine Woche vor Zustellung des Kataloges sollen die Kunden angerufen werden mit dem Ziel, die Bestellquote des Kataloges zu erhöhen und eine langfristige Kundenbindung zu sichern. Zur fristgerechten Abwicklung dieser Aktion fehlen der Auto Service Union die Kapazitäten im eigenen Haus, sodass sie sich auf einen bestehenden Dienstleistungsvertrag mit der Dialogfix GmbH beruft und Sie beauftragt, das Projekt durchzuführen. Folgende Projektdaten werden Ihnen zur Verfügung gestellt:

Datensätze:	32.409
Nettokontakte:	mindestens 22 000
Zeitraum:	21. bis 25.09.20..
Uhrzeit:	09:00 bis 20:00 Uhr täglich
Aufgabe:	Katalogankündigung
Abrechnung:	je Nettokontakt 2,85 €
Auswertung:	einmalig am Ende der Aktion, einschließlich Rückübermittlung der Daten an die „Auto Service Union"

72. Aufgabe

Belegen Sie anhand von drei konkreten Merkmalen, dass es sich bei dem Vorhaben der „Auto Service Union" um ein Projekt handelt.

73. Aufgabe

Welche Arbeitsschritte sind von der Dialogfix GmbH im Rahmen der Projektvorbereitung durchzuführen? Nennen Sie fünf Aktivitäten! Bestimmen Sie dazu jeweils einen Verantwortlichen aus dem Unternehmen.

74. Aufgabe

Welche betrieblichen Handlungen erwarten Sie während der Vorbereitung und Durchführung des Projektes? Nennen Sie mindestens fünf Aktivitäten!

75. Aufgabe

Nach Abschluss des Projektes liegt Ihnen folgender Projektreport vor:

Gesamtstatistik			
Kunde	Auto Service Union		
Adressen übergeben	32 409		
Aktion	Kataloganküdigungen		
Datum	21.–25.09.20..		**Erfolg:** erfolgte Kundenansprache
		in %	**Bemerkung**
Adressen übergeben	**32 409**		**gelieferte Adressen**
Keine Telefonnummern	0		
Nicht kontaktierte AD	0		
Ausfalladressen	**0**	**0,00 %**	Ausfalladressquote
Bruttoadressmenge	**32 409**	**100,00 %**	**mögliche zu bearbeitende Adressen ohne Ausfall**
Dreimal nicht erreicht (n. e.)	2 638		Quote nicht erreichter Adressaten
Ausfall (falsche Tel.-Nr.)	1 135		Ausfallquote für falsche Telefonnummern
Gesprächsabbruch	1 107		Gespräche, die von Kunden beendet wurden
Mögliche abrechenbare Ergebnisse (Erfolge)	**27 529**		Abrechnungsbasis

Vor Übermittlung an den Auftraggeber müssen die Quote nicht erreichter Adressaten, die Ausfallquote für falsche Telefonnummern und der Anteil der vom Kunden beendeten Gespräche ermittelt werden. Außerdem ist die Erfolgsquote als Basis für die abrechenbaren Ergebnisse zu ermitteln (Hinweis: Als Erfolg wurde in diesem Projekt bereits der Nettokontakt definiert!). Vervollständigen Sie die fehlenden Kennzahlen.

Situation zu den Aufgaben 76 bis 85:

Die Dialogfix GmbH möchte ein neues Navigationsgerät vermarkten. Dazu sollen in einer Kampagne 20 000 Bestandskunden angesprochen werden, die bisher noch kein vergleichbares Produkt erworben haben. Ihre Aufgabe ist es, gemeinsam mit dem zuständigen Projektleiter an der Vorbereitung dieser Kampagne mitzuwirken.

76. Aufgabe

Aufgrund einer Vorgabe der Geschäftsführung sollen bei der Dialogfix GmbH nur noch Projekte durchgeführt werden, die eine Rentabilität von mindestens 10 % erwarten lassen. Vorab liegen folgende Schätzdaten vor:

- Adressen: 20 000
- Ausschöpfungsquote (Nettokontakte): 90 %
- Kosten pro Nettokontakt: 5,20 €
- Erfolgsquote (Verkäufe): 5 %
- Gewinn pro Verkauf: 15,00 €

Überprüfen Sie nachvollziehbar, ob das geplante Projekt den Rentabilitätsvorgaben entspricht. Gehen Sie davon aus, dass der gesamte Kapitaleinsatz für dieses Projekt in den Kosten pro Nettokontakt einkalkuliert ist.

77. Aufgabe

Das Projekt soll in 15 Arbeitstagen abgeschlossen werden. Nach der Auswertung von Testanrufen kann davon ausgegangen werden, dass ein Mitarbeiter pro Stunde 10 Nettokontakte erreicht. Ermitteln Sie, wie viele Vollzeitmitarbeiter (8 Stunden/Tag) die Dialogfix GmbH pro Tag einplanen muss.

78. Aufgabe

Im Zuge der Projektvorbereitung soll auch eine Risikoprüfung stattfinden. Ermitteln Sie drei mögliche Risiken, die in diesem Projekt eintreten könnten. Geben Sie zudem jeweils eine mögliche Folge an, falls das Risiko tatsächlich eintritt.

79. Aufgabe

Da die Dialogfix GmbH im vorgesehenen Zeitraum der Projektdurchführung nicht über das benötigte Personal verfügt, entscheidet sich die Geschäftsführung, das Projekt an einen externen Dienstleister abzugeben. Geben Sie fünf Inhalte an, die im Projektauftrag geregelt werden müssen.

80. Aufgabe

Welchen Preis pro Nettokontakt darf die Dialogfix GmbH mit dem externen Dienstleister maximal vereinbaren, damit das vorgegebene Rentabilitätsziel noch erreicht wird?

81. Aufgabe

Projekte können u. a. nach ihrer Herkunft unterschieden werden. Um welche Projektart handelt es sich im vorliegenden Fall?

82. Aufgabe

Welche drei sogenannten „Muss-Beteiligten" gibt es in diesem Projekt?

83. Aufgabe

Der von der Dialogfix GmbH ausgewählte externe Dienstleister arbeitet nach der Matrixorganisation. Stellen Sie zeichnerisch die Grundstruktur dieser Organisationsform dar und geben Sie jeweils zwei Vor- und Nachteile an.

84. Aufgabe

Sie erhalten den Auftrag, für das Projekt ein Kick-off-Meeting vorzubereiten. Nennen Sie drei Aufgaben, die dieses Kick-off-Meeting erfüllt.

85. Aufgabe

Bestimmen Sie einen geeigneten Zeitpunkt (Projektphase) für das Kick-off-Meeting.

Situation zu den Aufgaben 86 bis 90:

Ein Reiseveranstalter mit eigenem Callcenter vertreibt Pauschalreisen über einen Webshop. Die Buchung der Reisen erfolgt online oder über die Bestellhotline im internen Callcenter. Um das Angebot bekannter zu machen, wurde eine Projektgruppe eingerichtet, die die Produkte des Reiseveranstalters bundesweit auf Reise- und Tourismus-Messen dem Fachpublikum und interessierten Konsumenten vorstellen soll. Die Projektgruppe setzt sich aus Mitarbeitern des Callcenters und fünf Reiseexperten aus dem Vertrieb zusammen.

86. Aufgabe

Interessierte sollen die Möglichkeit erhalten, beim Besuch des Messestandes eine individuelle Beratung anzufordern. Es wird eine zeitnahe Kontaktaufnahme mit den Messekunden angestrebt. Das Arbeitspaket „Planung After-Sales-Call Messekunden" soll dafür die Grundlagen schaffen. Beschreiben Sie, was man unter einem Arbeitspaket versteht. Führen Sie beispielhaft drei Elemente auf, die hier für jedes Arbeitspaket festgelegt werden müssen.

87. Aufgabe

Führen Sie drei im Arbeitspaket „Planung After-Sales-Call Messekunden" enthaltene Tätigkeiten konkret auf.

88. Aufgabe

Da es sich um ein strategisch bedeutsames und ressourcenaufwendiges Projekt handelt, wird nichts dem Zufall überlassen und auf eine besonders sorgfältige Planung Wert gelegt. Es wird ein umfassender Projektplan erstellt. Beschreiben Sie die Vorgehensweise zur Erstellung des Projektplans und benennen Sie die Einzelpläne.

89. Aufgabe

Für den Messestand wurde von einer Werbeagentur ein Flyer im Format DIN A4 entworfen, vierfarbig und dreifach gefalzt. Sie rechnen mit einem Bedarf von 15 000 Stück. Es kommen zwei Firmen infrage, beide haben ein Angebot abgegeben.

- Firma 1: pro Flyer (schwarz-weiß) 0,02 €; Zuschlag für 4-farbige Gestaltung 120,00 €; Dreifachfalz und Verpackung zu je 100 Stück pauschal 25,00 €; Versand 15,50 €.
- Firma 2: je Farbe 60,00 €; Auftragspauschale für Falzen, Verpacken und Versand 45,00 €; 11,50 € pro angefangene Tausend gedruckte Stück.

Treffen Sie begründet und unter Anwendung einer betriebswirtschaftlichen Methode nachvollziehbar eine Entscheidung, von welcher Firma Sie den Flyer drucken lassen.

90. Aufgabe

Während der Durchführung des Projekts sind Sie für das Controlling verantwortlich. Sie bekommen die Zahl der ausgegebenen Flyer mitgeteilt: Welt der Familie Saarbrücken 2 000 Stück, Messe Mannheim 3 500 Stück, Tourismusmesse Leipzig 3 000 Stück. Für das laufende Jahr sind noch zehn weitere Messeauftritte geplant. Erläutern Sie an diesem Beispiel die Aufgabe des Projektcontrollings und beschreiben Sie, wie Sie mit der Situation umgehen.

Situation zu den Aufgaben 91 bis 94:

Bei der alljährlichen Weihnachtsfeier der Dialogfix GmbH soll eine Tombola durchgeführt werden. Deren Kosten sollen über den Losverkauf gedeckt werden, der Erlös aus der Tombola geht zugunsten der hiesigen Kindertagesstätte. Ein Los soll 5,00 € kosten, man rechnet mit 150 verkauften Losen. Die allgemeinen Kosten für die Durchführung betragen 200,00 €, Kosten für die Gewinne kommen noch hinzu. Für die Gewinne wurden in einem Brainstorming zwei Alternativen entwickelt:

- Alternative A: jeweils Headsets im Wert von 70,00 € (1. Preis), 45,00 € (2. Preis) und 30,00 € (3. Preis).
- Alternative B: ein Tablet-PC im Wert von 280,00 € (1. Preis) sowie je ein Headset im Wert von 45,00 € (2. und 3. Preis). Hier kann aufgrund von Erfahrungswerten damit gerechnet werden, dass 30 % mehr Lose verkauft werden.

91. Aufgabe

Erläutern Sie an diesem Beispiel, warum die Kostenvergleichsrechnung nicht sinnvoll ist, um sich für eine der Alternativen zu entscheiden.

92. Aufgabe

Führen Sie für das oben beschriebene Vorhaben „Tombola" eine Gewinnvergleichsrechnung durch und beurteilen Sie das Ergebnis.

93. Aufgabe

Erläutern Sie den Begriff Rentabilität (Return on Investment) und entscheiden Sie sich mithilfe der Rentabilitätsrechnung der Tombola für eine der beiden Alternativen.

94. Aufgabe

Natürlich steht die Wirtschaftlichkeit der Tombola nicht im Vordergrund des Unternehmensinteresses. Vielmehr verspricht sich die Unternehmensleitung einen mit der Tombola verbundenen Nutzen. Zeigen Sie drei Nutzenaspekte mit Bezug zu diesem Beispiel auf.

Situation zu den Aufgaben 95 bis 99:

Die Unternehmensleitung beauftragt Sie, als Projektleiter am 02.05. das Projekt „Außenstelle München" zu realisieren: Um einen Fuß auf den dortigen regionalen Markt zu bekommen, soll ein Callcenter mit 20 Seats eingerichtet werden. Erste Aufträge sind bereits ab dem 22.06. fest eingeplant. Alle Arbeiten müssen folglich bis zum Vortag abgeschlossen sein. Die folgende Vorgangsliste und ein Kalenderauszug liegen Ihnen vor. Hinweis: An Wochenenden wird nicht gearbeitet.

Arbeitsplatz	Bezeichnung	Vorgänger	Nachfolger	Dauer in Arbeitstagen
1	Immobilie suchen	–	2	10
2	Immobilie anmieten	1	5, 6	2
3	Stellen ausschreiben	–	4	5
4	Mitarbeiter auswählen	3	8	6
5	Büros renovieren und einrichten	2	7	10
6	Telekommunikations-Infrastruktur herstellen	2	7	2
7	EDV und Einzelarbeitsplätze installieren	5, 6	8	3
8	Mitarbeiter schulen	4, 7	–	5

Mai		Juni	
1	So	1	Mi
2	Mo	2	Do
3	Di	3	Fr
4	Mi	4	Sa
5	Do	5	So
6	Fr	6	Mo
7	Sa	7	Di
8	So	8	Mi
9	Mo	9	Do
10	Di	10	Fr
11	Mi	11	Sa
12	Do	12	So
13	Fr	13	Mo
14	Sa	14	Di
15	So	15	Mi
16	Mo	16	Do
17	Di	17	Fr
18	Mi	18	Sa
19	Do	19	So
20	Fr	20	Mo
21	Sa	21	Di
22	So	22	Mi
23	Mo	23	Do
24	Di	24	Fr
25	Mi	25	Sa
26	Do	26	So
27	Fr	27	Mo
28	Sa	28	Di
29	So	29	Mi
30	Mo	30	Do
31	Di		

95. Aufgabe

Erläutern Sie, welche Aussagen sich mithilfe der Vorgangsliste mit Zeitdauerangaben für das Projekt „Außenstelle München" und mithilfe der Vorwärts-Rechnung bezüglich des Projektverlaufs treffen lassen.

96. Aufgabe

Erstellen Sie ein Balkendiagramm auf Basis der Vorgangsliste. Das Balkendiagramm soll nur die Arbeitstage enthalten, keine Kalenderdaten. Visualisieren Sie die Abhängigkeiten mit Pfeilen.

97. Aufgabe

Bestimmen Sie mittels Rückwärts-Rechnung nachvollziehbar, wann spätestens begonnen werden muss, die offenen Stellen auszuschreiben, um das Terminziel nicht zu verfehlen.

98. Aufgabe

Für die Arbeitspakete 3 und 4 ist Frau Daub zuständig. Für die korrekte Umsetzung von Arbeitspaket 8 ist Herr Müller verantwortlich. Erläutern Sie an diesem Beispiel die Schnittstellenproblematik und die Aufgabe des Projektleiters dabei.

99. Aufgabe

Während der Arbeiten an der Inneneinrichtung der Büros informiert Sie Herr Wasgau, der Zuständige für dieses Arbeitspaket, dass der Lieferant angedeutet hat, die Bürostühle könnten nicht zum vereinbarten Lieferzeitpunkt bereitstehen. Wie gehen Sie richtig mit diesem Risiko um?

Situation zu den Aufgaben 100 bis 105:

Die Dialogfix GmbH erhält von ihrer zuständigen Industrie- und Handelskammer den Auftrag, eine Weiterbildungsumfrage durchzuführen. Alle Absolventen, die in den vergangenen fünf Jahren erfolgreich eine Aufstiegsfortbildungsprüfung abgelegt und einer späteren Befragung zugestimmt haben, sollen nach einem standardisierten Fragenkatalog befragt werden. Hierbei soll herausgefunden werden, wie sich eine erfolgreich abgelegte IHK-Weiterbildungsprüfung auf die berufliche Entwicklung auswirkt. Es liegen folgende Informationen zum Projektauftrag vor:

- Es sollen 10 000 Absolventen kontaktiert werden.
- Es darf nur persönlich mit den Absolventen gesprochen werden.
- Dafür ist ein Zeitfenster zwischen 9:00 und 17:00 Uhr vorgesehen. Die Anrufe dürfen ausschließlich von Montag bis Freitag erfolgen.
- Für eine repräsentative Aussage müssen mindestens 2 000 Befragungen durchgeführt werden.
- Als Nettokontakte werden Gespräche bezeichnet, in denen der Absolvent den Fragenkatalog beantwortet oder angibt, kein Interesse mehr zu haben.
- Die Weiterbildungsumfrage soll innerhalb von vier Wochen abgeschlossen sein.

100. Aufgabe

Die Dialogfix GmbH kalkuliert mit einer AHT (Average Handling Time) von 520 Sekunden und erwartet, dass 45 % der Absolventen tatsächlich kontaktiert werden können. Ermitteln Sie auf dieser Grundlage den Mitarbeiterstundenbedarf der Dialogfix GmbH.

101. Aufgabe

Wie viele Mitarbeiter benötigt die Dialogfix GmbH zur Durchführung des Projekts, wenn die tatsächliche tägliche Arbeitszeit eines Mitarbeiters 6,5 Stunden beträgt?

102. Aufgabe

Das Projektcontrolling ermittelt nach einer Woche, dass bisher lediglich 290 Absolventenbefragungen durchgeführt wurden. Wie viele Befragungen hätten nach den Vorgaben der IHK abgearbeitet werden sollen?

103. Aufgabe

Ermitteln Sie die relative Abweichung (in Prozent) zu den vom Auftraggeber vorgegebenen Absolventenbefragungen.

104. Aufgabe

Durch einen überarbeiteten Gesprächseinstieg konnte die Anzahl der erfolgreichen Befragungen in den letzten drei Wochen deutlich gesteigert werden. Geben Sie an, welche Kennzahl aus dem Projektcontrolling dadurch positiv beeinflusst wird.

105. Aufgabe

Ihnen liegt die abgebildete Gesamtstatistik zum Projekt mit der IHK vor.

Dialogfix GmbH

Kunde	Industrie- und Handelskammer
Projekt	Weiterbildungsumfrage
Aktionszeitraum	01.02. – 28.02.20..

Adressen übergeben	**10 000**		
Keine Telefonnummer	189		
Dubletten	112		
Bruttoadressmenge	**9 699**	**100 %**	
Falsche Telefonnummer	677		
Absolvent dreimal nicht erreicht	1 870		
Gesprächsabbruch durch Absolvent	1 079		
Erreichte Nettokontakte	**6 073**	**62,61 %**	Abrechnungsbasis
Davon erfolgreiche Umfragen	3 308		
Kein Interesse	2 765		

Ermitteln Sie die Erfolgsquote des Projekts auf Grundlage der Ihnen vorliegenden Projektstatistik.

Lösungen zu Kapitel 10

Web

1. Aufgabe	1	*22. Aufgabe*	1, 2, 2, 1, 1
2. Aufgabe	4, 1, 3, 2, 5	*23. Aufgabe*	4
3. Aufgabe	3	*24. Aufgabe*	5
4. Aufgabe	1, 3, 4, 5, 2	*25. Aufgabe*	2
5. Aufgabe	1, 2, 6, 5, 3, 4	*26. Aufgabe*	5, 6
6. Aufgabe	2	*27. Aufgabe*	1
7. Aufgabe	5	*28. Aufgabe*	2
8. Aufgabe	4	*29. Aufgabe*	3, 5
9. Aufgabe	2	*30. Aufgabe*	2
10. Aufgabe	1	*31. Aufgabe*	4
11. Aufgabe	5	*32. Aufgabe*	3
12. Aufgabe	4	*33. Aufgabe*	2
13. Aufgabe	4	*34. Aufgabe*	3
14. Aufgabe	4	*35. Aufgabe*	5
15. Aufgabe	22,0 %	*36. Aufgabe*	3, 4, 1, 2
16. Aufgabe	5	*37. Aufgabe*	3, 5
17. Aufgabe	4	*38. Aufgabe*	1
18. Aufgabe	4	*39. Aufgabe*	4
19. Aufgabe	6	*40. Aufgabe*	1
20. Aufgabe	4, 6	*41. Aufgabe*	5
21. Aufgabe	2		

42. Aufgabe Einmaligkeit, Zielvorgabe, zeitliche und finanzielle Begrenzung, projektspezifische Organisation.

43. Aufgabe Zu prüfen sind Machbarkeit (Realisierbarkeit des Projektes wird überprüft), Wirtschaftlichkeit (Kosten und Nutzen des Projektes werden gegenübergestellt) und Projektrisiken (negative Folgen möglicher Ereignisse müssen betrachtet werden). Die Reihenfolge wird bestimmt vom Umfang der notwendigen Prüfung. Das einfacher zu prüfende Kriterium wird vorgezogen, um bei einer negativen Entscheidung den Aufwand möglichst gering zu halten.

44. Aufgabe Auftraggeber, Auftragnehmer/Projektleiter, Beschreibung/Anlass, Ziele, Vorgaben für Zeit und Kosten (Budget), Rahmenbedingungen, Risiken.

45. Aufgabe
- Präzisierungsfunktion (das angestrebte Projektergebnis wird durch Ziele konkret dargestellt)
- Orientierungsfunktion (die Projektbeteiligten können sich bei allen Maßnahmen an den Zielen orientieren und erhalten somit einen Leitweg)
- Motivationsfunktion (die Identifikation mit Projektzielen sowie die Erreichung von [Teil-]Zielen steigern die Mitarbeitermotivation)
- Kontrollfunktion (die Ziele dienen als Grundlage eines Plan-Ist-Vergleiches)

46. Aufgabe Es werden Ziele mehrerer Dimensionen festgelegt (z. B. Zeitziele, Kostenziele, Qualitätsziele). Die Problematik liegt darin, dass Maßnahmen zur Erreichung des Zieles in der einen Dimension (z. B. Qualität) die Ziele in einer anderen Dimension (z. B. Kosten) negativ beeinflussen können. Es muss also ein Ziel priorisiert werden. Das „magische Dreieck" stellt drei Zieldimensionen (z. B. Zeit, Kosten, Qualität) dar und verdeutlich deren Abhängigkeiten grafisch.

47. Aufgabe Meilensteine sind Punkte innerhalb des Projektablaufs, an denen ein bedeutendes Zwischenergebnis erwartet wird. Sie werden i. d. R. an das Ende einer Projektphase gestellt und dienen in der Planung der Strukturierung des Projektes.

48. Aufgabe Objektorientiert: Die Dinge, mit denen sich die Arbeitspakete befassen, bestimmen die Reihenfolge der Anordnung.
Funktionsorientiert: Die Tätigkeiten innerhalb eines Arbeitspaketes bestimmen die Reihenfolge der Anordnung.

49. Aufgabe Der Balkenplan berücksichtigt die zeitliche Komponente (d. h. Dauer von Arbeitspaketen und Phasen) und zeigt Abhängigkeiten zwischen den Arbeitspaketen auf.

Web **50. Aufgabe**

	Name	Meilenstein	Dauer	Start		Ende		Vorgänger
1	**⊟Projektstart**	☐	**6 Tage**	**05.01.**	**08:00**	**12.01.**	**17:00**	
2	Vorbereitung Kick-off	☐	3 Tage	05.01.	08:00	07.01.	17:00	
3	Kick-off-Meeting	☐	1 Tag	12.01.	08:00	12.01	17:00	2
4	**⊟Vorbereitung Versand**	☐	**3 Tage**	**13.01.**	**08:00**	**15.01.**	**17:00**	
5	Kundenanschreiben formulieren	☐	1 Tag	13.01.	08:00	13.01.	17:00	3
6	Kundendaten einspielen	☐	2 Tage	13.01.	08:00	14.01.	17:00	3
7	Materialien beschaffen	☐	3 Tage	13.01.	08:00	15.01.	17:00	3
8	Versand vorbereitet	☑	0 Tage	15.01.	17:00	15.01.	17:00	5; 6; 7
9	**⊟Produktion, Versand und Wartezeit**	☐	**25 Tage**	**16.01.**	**08:00**	**19.02.**	**17:00**	
10	Produktion und Versand	☐	5 Tage	16.01.	08:00	22.01.	17:00	8
11	Versand erfolgt	☑	0 Tage	22.01.	17:00	22.01.	17:00	10
12	Wartezeit für Rückmeldungen	☐	20 Tage	23.01.	08:00	19.02.	17:00	10
13	**⊟Gesprächsleitfaden, Schulung**	☐	**21 Tage**	**13.01.**	**08:00**	**10.02.**	**17:00**	
14	Gesprächsleitfaden erstellen	☐	1 Tag	13.01.	08:00	13.01.	17:00	3
15	Mitarbeiterschulung durchführen	☐	2 Tage	09.02.	08:00	10.02.	17:00	3
16	Gesprächsleitfaden und Schulung erfolgt	☑	0 Tage	10.02.	17:00	10.02.	17:00	14; 15
17	**⊟Calldurchgänge**	☐	**25 Tage**	**20.02.**	**08:00**	**26.03.**	**17:00**	
18	Call-Durchgang 1	☐	20 Tage	20.02.	08:00	19.03.	17:00	12; 16
19	Call-Durchgang 2	☐	5 Tage	20.03.	08:00	26.03.	17:00	18
20	Alle Calls durchgeführt	☑	0 Tage	26.03.	17:00	26.03.	17:00	19
21	**⊟Abschluss**	☐	**1 Tag**	**27.03.**	**08:00**	**27.03.**	**17:00**	
22	Abschlussmeeting	☐	1 Tag	27.03.	08:00	27.03.	17:00	20

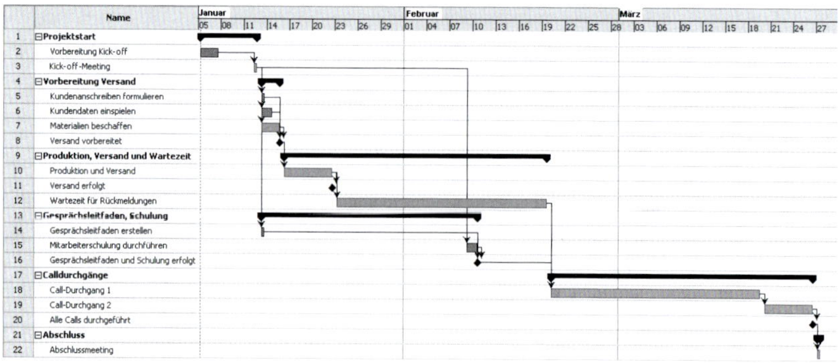

51. Aufgabe Der Projektmanager steht in der Hierarchie über dem Projektleiter und hat die Aufgabe, mehrere Projekte zu koordinieren. Der Projektleiter betreut nur ein bestimmtes Projekt.

52. Aufgabe Nutzung intern nicht vorhandener Kompetenzen, Vermeidung von „Betriebsblindheit", Neutralität gegenüber betriebsinternen Zusammenhängen, keine Kosten für die Einstellung und langfristige Beschäftigung interner Spezialisten.

53. Aufgabe Bottom-up-Verfahren: Es wird zunächst der Aufwand auf Ebene der Arbeitspakete ermittelt. Die Zusammenfassung aller Arbeitspakete führt dann zum erwarteten Aufwand des gesamten Projektes.

Top-down-Verfahren: Ein für das gesamte Projekt bestimmter Aufwand wird auf die einzelnen Arbeitspakete verteilt.

54. Aufgabe Der Lenkungsausschuss hat als Gremium von Entscheidungsträgern übergeordneter Ebene besonders bedeutende und strategische Entscheidungen hinsichtlich des Projektes oder der Koordination mehrerer Projekte zu fällen.

55. Aufgabe Vorteile: schnelle Entscheidungen, Identifikation mit dem Projekt sehr hoch.

Nachteile: Gefahr der Verselbstständigung, hoher Organisationsaufwand.

56. Aufgabe Vorteile: Förderung einer ganzheitlichen Betrachtung von Problemen, gute Qualität der Lösungen aufgrund der Mitarbeit kompetenter Teammitglieder aus der Linie.

Nachteile: aufwendige Kompetenzabgrenzung, umfangreiche Abstimmungen notwendig.

57. Aufgabe Kick-off-Meetings dienen dazu, ein gemeinsames Verständnis für das Projekt unter allen Beteiligten zu schaffen. Hierzu werden Informationen über das Projekt in einer gemeinsamen Besprechung ausgetauscht. Mit dem Kick-off-Meeting wird der Grundstein für die weitere Zusammenarbeit im Projekt gelegt.

58. Aufgabe Um die gewünschten Ziele zu erreichen, sollte das Kick-off-Meeting vor Beginn der Projektdurchführung stattfinden.

59. Aufgabe Speicherung von Abhängigkeiten ermöglicht die flexible Umgestaltung von Plänen und die automatische Ermittlung des kritischen Pfades, sofortige grafische Darstellung in Abhängigkeit von der Tabellendarstellung der Arbeitspakete, Ressourcen können flexibel zugeordnet werden, Mehrbenutzerfähigkeit.

60. Aufgabe Das Ziel ist spezifisch (konkret), messbar, aktiv beeinflussbar, realistisch und terminiert: in Ordnung.

61. Aufgabe Das Ziel ist nicht konkret definiert („besser") und schwer messbar. Die Angabe „nach den Ferien" ist ungenau.

62. Aufgabe Das Ziel ist nicht konkret definiert („minimiert"). Somit ist auch nicht klar, ob das Ziel realistisch ist.

63. Aufgabe Das Ziel ist konkret, messbar, aktiv beeinflussbar, erscheint realistisch und terminiert: in Ordnung.

64. Aufgabe Das Ziel ist konkret, messbar, aktiv beeinflussbar und terminiert, aber erscheint angesichts des Budgets völlig unrealistisch.

65. Aufgabe Das Ziel ist konkret, messbar, aktiv beeinflussbar, realistisch und terminiert: in Ordnung.

66. Aufgabe Das Ziel ist nicht konkret („besser") und schwer messbar. Die Angabe „Herbst" ist ungenau.

67. Aufgabe Das Ziel ist schwer messbar, da man Problemlösungskompetenz nicht direkt messen kann. Der Begriff „deutlich über" ist nicht spezifisch.

68. Aufgabe AHT 240 Sek. – 10 % Effizienzvorteil = 216 Sek.
Auslastung = 60 Min. · 75 % = 45 Min. = 2 700 Sek.
2 700 Sek. : 216 Sek. = 12,5 Calls/Mitarbeiterstunde
5 000 Calls : 12,5 Calls/Mitarbeiterstunde = 400 Mitarbeiterstunden
400 Mitarbeiterstunden : 8 Stunden = 50 FTE
50 FTE : 85 % = 58,82 FTE ≈ 59 FTE
Ergebnis: 59 Vollzeitkräfte sind durchschnittlich bereitzustellen.

69. Aufgabe **Angebot auf Jahresbasis:**
216 Sek. = 3,6 Min.
3,6 Min./Call • 0,54 €/Min. = 1,944 €/Call (Hinweis: Hier nicht runden, nur bei Endergebnissen!)
1,944 €/Call • 5 000 Calls • 365 Tage = 3 547 800,00 /Jahr
Der Angebotspreis für die anteilige Übernahme des Kundenservices der Müller AG beträgt 3 547 800,00 €/Jahr.

Qualifikationsaufwand:
59 FTE • 6 h/Tag • 15 Trainingstage • 19,50 €/h = 103 545,00 €
Der einmalige Qualifikationsaufwand beträgt 103 545,00 €.

70. Aufgabe Ermittlung des Anteils an Kunden, die endgültig nicht erreicht werden:
80 % im ersten Durchlauf • 75 % im zweiten Durchlauf • 60 % im dritten Durchlauf = 36 %.
Also werden 100 % – 36 % = 64 % der Kunden erreicht.
19 800 Gesamtkunden • 64 % = 12 672 Kunden werden insgesamt erreicht.

71. Aufgabe 12 672 Gespräche • 10 Minuten = 126 720 Minuten
6 Agenten • 4,5 Stunden • 60 Minuten = 1 620 Minuten tägliche Gesprächszeit
126 720 : 1 620 = 78,2 Tage
78,2 Tage = 15 Wochen, 3 Tage und wenige Stunden
Beginnt das Projekt am 17.08., kann es am 03.12. abgeschlossen werden.

72. Aufgabe
- Einmaligkeit der Bedingungen, erstmalige telefonische Katalogankündigung
- festgelegtes Ziel, mindestens 10000 Nettokontakte
- begrenzter Zeitraum, vom 21. bis 25.09.
- begrenztes Budget, 2,85 € je Nettokontakt

73. Aufgabe

Aktivität	Verantwortlich
Projektauftrag unterzeichnen und Auftragsbestätigung abwarten	Vertrieb
Programmierung einer Datenbank	IT
Implementierung der Datensätze in die Datenbank	IT
Auswahl des passenden Dialers: – Preview-Dialer – Power-Dialer – Predictive-Dialer	IT
Programmierung der Telefonanlage	IT
Projektleitung bestimmen	Geschäftsleitung
Bedarf an Kundenberatern ermitteln	Personalplanung und Projektleitung
Agents fachlich und kommunikativ auf das System und die Anwendung schulen	Trainer und Projektleitung
Kommunikationsmatrix erstellen	Projektleitung

74. Aufgabe Projektstrukturplan erstellen, Meilensteine festlegen, Hilfestellung bei fachlichen oder technischen Problemen, Überwachung des Fortschritts des Projektes (Soll-Ist-Abgleich), ggf. Anpassungen bei Abweichungen vornehmen, Routinebesprechungen durchführen, Überwachung der Gesprächsqualität.

75. Aufgabe

Quote nicht erreichter Adressaten	8,14 %
Ausfallquote für falsche Telefonnummern	3,50 %
Vom Kunden beendete Gespräche	3,42 %
Erfolgsquote	84,94 %

76. Aufgabe

20 000 • 90 % = 18 000 Nettokontakte

18 000 • 5,20 € = 93 600,00 € Gesamtkosten (Kapitaleinsatz)

18 000 • 5 % = 900 Verkäufe

900 • 15,00 € = 13 500,00 € Projektgewinn

13 500,00 € • 100 : 93 600,00 € = 14,42 % Rentabilität

Die Rentabilitätsvorgabe wird somit eingehalten.

77. Aufgabe

18 000 Nettokontakte : 10 Nettokontakte pro Stunde = 1.800 Stunden

1 800 Stunden : 8 Stunden/Tag = 225 Tage

225 Tage : 15 Tage = 15 Agents

78. Aufgabe

- Die geschätzten Nettokontakte werden nicht erreicht (z. B. schlechte Adressqualität), Folge: z. B. geringeres Potenzial für Verkäufe.
- Die geplanten Verkäufe werden nicht erzielt (z. B. uninteressantes Produkt), Folge: z. B. Projektgewinn fällt geringer aus als erwartet.
- Weniger Nettokontakte pro Stunde (z. B. längere Gesprächszeit), Folge: z. B. steigende Kosten, da mehr (länger) Mitarbeiter eingesetzt werden müssen.

79. Aufgabe
- Projektziele
- benötigte Qualifikation der Mitarbeiter
- Projektauswertung
- Projektzeitraum
- Abrechnungsmodalitäten

80. Aufgabe 13.500,00 € • 100 : (X • 18.000 Nettokontakte) = 10,00 % Rentabilität
X = 7,50 € → Es dürfen maximal 7,50 € pro Nettokontakt vereinbart werden.

81. Aufgabe Es handelt sich um ein externes Projekt (Dienstleistungsprojekt), da der Auftraggeber nicht dem ausführenden Unternehmen angehört.

82. Aufgabe Projektauftraggeber, Projektleiter, Projektteam

83. Aufgabe Neben der (funktionsorientierten) Linienorganisation gibt es ein projektorientiertes Leitungssystem, sodass eine zweidimensionale Matrix entsteht.

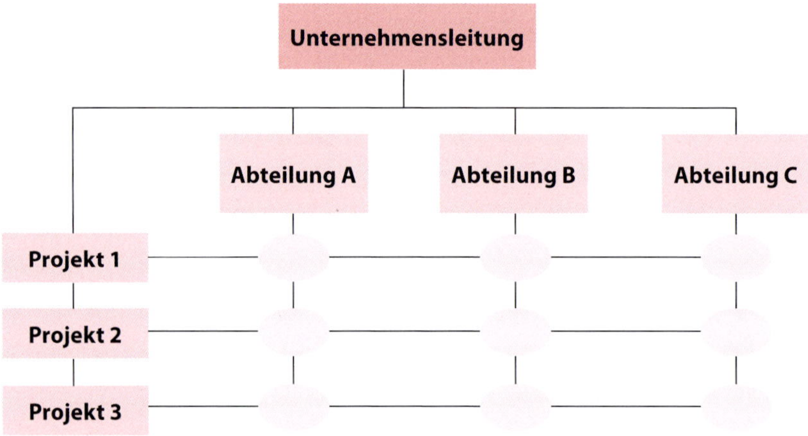

Vorteile: z. B. flexibler Mitarbeitereinsatz, geringer organisatorischer Aufwand
Nachteile: z. B. hoher Abstimmungsbedarf, Identifikationsprobleme bei wechselnden Projekten

84. Aufgabe
- Überblick über Projektauftrag und Projektziele
- Erläuterung projektspezifischer Regelungen
- Motivation der Projektbeteiligten

85. Aufgabe Das Kick-off-Meeting steht üblicherweise am Ende der Planungsphase, vor Beginn der Projektdurchführung. Meist handelt es sich hier auch um einen Meilenstein im Projekt.

86. Aufgabe Ein Arbeitspaket ist eine in sich geschlossene Aufgabenstellung innerhalb eines Projekts, die bis zu einem bestimmten Termin mit festgelegtem Ergebnis zu bearbeiten ist. Ein Arbeitspaket enthält daher die Beschreibung der Aufgabe, Start- und Endtermin sowie den Namen des jeweils Verantwortlichen.

87. Aufgabe Erstellen eines Gesprächsleitfadens, Kalkulation der AHT, Bereitstellung der notwendigen Inbound-Kapazitäten im Anschluss an eine Messe.

88. Aufgabe Gliederung des Projekts in Arbeitspakete (Projektstrukturplan). Arbeitspakete in eine sachliche Reihenfolge bringen und Abhängigkeiten beachten (Projektablaufplan). Dauer der Arbeitspakete bestimmen sowie Anfangs- und Endtermine festlegen (Zeit- und Terminplan). Für die Bearbeitung erforderliche Ressourcen ermitteln, deren Verfügbarkeit überprüfen und reservieren (Ressourcen- und Kapazitätsplan). Kostenplan erstellen.

89. Aufgabe Kosten bei Firma 1 : 15 000 • 0,02 + 120,00 + 25,00 + 15,50 = 460,50 €
Kosten bei Firma 2 : 4 • 60,00 + 45,00 + 15 • 11,50 = 457,50 €
Aus dem Kostenvergleich folgt die Auswahl von Firma 2.

90. Aufgabe Ziel des Projektcontrollings ist die Sicherung des Erreichens der Projektziele durch: Soll-Ist-Vergleich, Feststellung der Abweichungen, Bewerten der Konsequenzen und Vorschlag von Korrekturmaßnahmen. Durch Addition der verbrauchten Flyer lässt sich feststellen, dass die noch vorhandenen Flyer nicht für die übrigen Messen reichen werden. Entweder muss ein Nachdruck in Auftrag gegeben werden oder eine Lösung ausgearbeitet werden, wie die Flyer sparsam, aber effektiv an Interessenten verteilt werden können.

91. Aufgabe Die Alternativen A und B unterscheiden sich nicht nur in den Kosten, sondern auch in den Erlösen. Alternative B führt zu einem höheren Erlös, da 30 % mehr Lose verkauft werden. Eine Entscheidung nur auf Basis der Kosten ist daher nicht aussagekräftig.

92. Aufgabe Alternative A
Kosten: 200,00 + 70,00 + 45,00 + 30,00 = 345,00 €,
Erlös: 150 • 5,00 € = 750,00 € → Gewinn: 750,00 – 345,00 = 405,00 €
Alternative B
Kosten: 200,00 + 2 • 45,00 + 280,00 = 570,00 €, Erlös: 150 (1 + 0,3) • 5,00 = 975,00 € → Gewinn: 975,00 – 570,00 = 405,00 €
Die Gewinnvergleichsrechnung liefert kein eindeutiges Ergebnis.

93. Aufgabe Die Rentabilität ist ein Maß für die Wirtschaftlichkeit eines Projekts. Sie setzt den erwarteten Gewinn in Beziehung zum eingesetzten Kapital.
Alternative A: 405,00 • 100 : 345,00 = 117 %
Alternative B: 405,00 • 100 : 570,00 = 71 % → Demnach ist Alternative A auszuwählen.

94. Aufgabe
- Die Spende an die Kita lässt sich medienwirksam umsetzen, sodass der Bekanntheitsgrad des Callcenters höher wird.
- Ein soziales Engagement wird von den Kunden und der Öffentlichkeit honoriert und sorgt für ein besseres Image.
- Die Mitarbeiter können spielen und haben Spaß. Sie haben das Gefühl, zu einem guten Zweck beizutragen. Dies steigert die Zufriedenheit.

95. Aufgabe Es lassen sich auf der Grundlage des Starttermins (02.05.) die frühestmöglichen Anfangs- und Endtermine aller Arbeitspakete erkennen.

96. Aufgabe

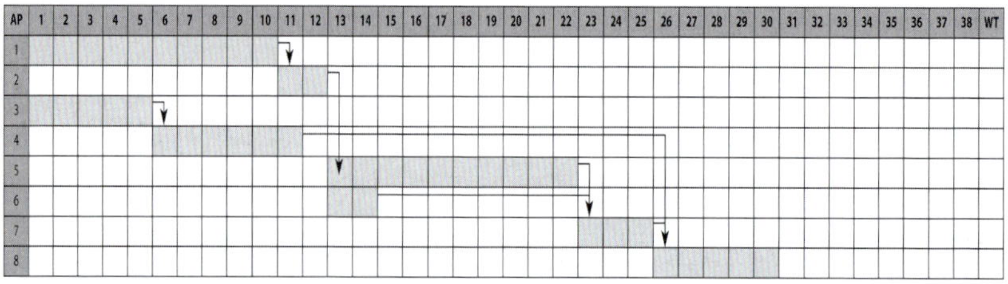

97. Aufgabe Spätester letzter Arbeitstag des Projekts: 21.06.
Davon sind abzuziehen 5 Arbeitstage Schulung, 6 Arbeitstage Auswahl und 5 Arbeitstage Ausschreibung, also insgesamt 16 Arbeitstage → 31. Mai

98. Aufgabe Frau Daub braucht vorab die Information, wie viele Mitarbeiter eingestellt werden sollen und welches allgemeine Anforderungsprofil diese haben sollen. Herr Müller benötigt diese Informationen ebenfalls, um sich auf die Schulung vorzubereiten. Darüber hinaus benötigt er konkrete Informationen zu Qualifikationen/Kenntnisstand der neuen Mitarbeiter. Diese kann ihm nur Frau Daub liefern, da sie diese Informationen erhoben hat. Ich, als Projektleiter, muss dafür sorgen, dass das Projektteam mit den notwendigen Informationen versorgt wird und der Informationsfluss untereinander gewährleistet ist.

99. Aufgabe Zunächst ist das Risiko einzuschätzen hinsichtlich der Wahrscheinlichkeit, dazu muss beim Lieferanten nochmals nachgefragt werden. Dann müssen die Auswirkungen beurteilt werden. Ohne Stühle kann nicht gearbeitet werden. Gegebenenfalls sind präventive Maßnahmen zu ergreifen. Der Projektleiter muss sich mit einer vorläufigen Notlösung (z. B. Klappstühle) befassen.

100. Aufgabe 10 000 • 45 % = 4.500 Nettokontakte
4 500 • 520 Sekunden : 3 600 Sekunden = 650 Stunden

101. Aufgabe 650 Stunden : 6,5 Stunden : 20 Tage = 5

102. Aufgabe 4.500 Nettokontakte : 4 Wochen = 1 125 pro Woche

103. Aufgabe 1 125 – 290 = 835
835 • 100 : 1 125 = 74,22 %

104. Aufgabe Ausschöpfungsquote

105. Aufgabe 3 308 • 100 : 6 073 = 54,47 %

11 Projektdurchführung

Situation zu den Aufgaben 1 bis 16:
Die Dialogfix GmbH wird vom Pay-TV-Sender „Thema-TV" mit dem Projekt „Umstellung des Verschlüsselungssystems" beauftragt. Den 200 000 Abonnenten soll eine neue Berechtigungskarte (Smartcard) mit der Bitte zugesandt werden, mit dieser Smartcard die alte Karte im Receiver zu ersetzen und die alte Karte in einem Freiumschlag zurückzusenden. Alle Kunden, deren alte Karte nach vier Wochen noch nicht vorliegt, sollen telefonisch kontaktiert werden. Gleichzeitig wird eine Hotline geschaltet, die Kundenanfragen im Zusammenhang mit dem Kartentausch beantworten kann. Nach einer Projektlaufzeit von drei Monaten sollen 95 % aller Smartcards ausgetauscht sein. Die Dialogfix GmbH stellt ein Team unter der Führung eines erfahrenen Projektleiters zusammen, der über ein Budget von 100 000,00 € verfügen kann.

1. Aufgabe
Der Dialogfix GmbH stehen zur Projektbearbeitung unterschiedliche Ressourcen zur Verfügung. Ordnen Sie die Ressourcenarten den jeweiligen Beschreibungen zu und tragen Sie Ihre Antworten in die Kästchen ein.

☐ Backoffice-Personal	1. Technische Ausstattung
☐ ACD-Anlage	2. Humanressourcen
☐ Ausreichende Barmittel (Liquidität)	3. Kapital
☐ Büroräume	
☐ Agents	
☐ Projektbudget	

2. Aufgabe ☐
Bei der Planung von Ressourcen im vorliegenden Projekt spielen qualitative Faktoren eine wichtige Rolle. In welchem der nachstehenden Fälle wurden qualitative Faktoren in Bezug auf Personalressourcen berücksichtigt?

1. Die Anzahl der eingesetzten Agents wird an das Anrufvolumen angepasst.
2. Die Ausbildung des zur Verfügung stehenden Personals entspricht den Anforderungen der zugewiesenen Profile.
3. Durch flexible Arbeitszeit wird die Erreichbarkeit optimiert.
4. Durch längere Arbeitszeiten werden schlechte Servicelevel vermieden.
5. Mit Leiharbeitnehmern und Aushilfen können kurzfristige Spitzen abgefangen werden.

3. Aufgabe ☐

Bei der Planung von Ressourcen im vorliegenden Projekt spielen auch quantitative Faktoren eine wichtige Rolle. In welchem der nachstehenden Fälle wurden quantitative Faktoren hinsichtlich der Personalressourcen berücksichtigt?

1. Die Anzahl der eingesetzten Agents wird an das Anrufvolumen angepasst.
2. Die Ausbildung des zur Verfügung stehenden Personals entspricht den Anforderungen der zugewiesenen Profile.
3. Agents dürfen über Kulanzleistungen bis 50,00 € selbst entscheiden.
4. Durch regelmäßiges Coaching erhöht sich das Niveau der Problemlösungen.
5. Qualitätssicherungsmaßnahmen können die Kundenzufriedenheit steigern.

4. Aufgabe ☐

Von dem verfügbaren Projektbudget stehen 75 % zur Durchführung der Kundenanfragen zur Verfügung. Ermitteln Sie, wie viele Kundenanfragen die Dialogfix GmbH im Rahmen des Projektbudgets durchführen kann, wenn die Kosten pro Kontakt mit 2,50 € kalkuliert wurden.

5. Aufgabe ☐

Welche der nachstehenden Aussagen ist kein Grund für die besondere Herausforderung der Ressourcenplanung im Callcenter?

1. Dienstleistungen werden im Moment erbracht, sie sind nicht lagerbar.
2. Dienstleistungen können nur gemeinsam mit dem Kunden erbracht werden.
3. Dienstleistungen sind hinsichtlich ihrer Qualität schwer zu messen.
4. Anrufaufkommen und AHT können variieren.
5. Dienstleistungen werden überwiegend durch Personal erbracht.

6. Aufgabe ☐

Im Verlauf des vorliegenden Projektes benötigt die Dialogfix GmbH ein umfangreiches Echtzeitmanagement. Welche der nachstehenden Definitionen des Begriffs Echtzeitmanagement ist zutreffend?

1. Echtzeitmanagement umfasst die Überwachung der Uhrzeitanzeigen im Callcenter. Durch geeignete Maßnahmen ist die korrekte Zeitanzeige zu gewährleisten.
2. Echtzeitmanagement umfasst die langfristige Vorausplanung bestimmter Vorhaben. Durch geeignete Planungsmethoden sind alle Eventualitäten zu berücksichtigen.
3. Echtzeitmanagement umfasst die nachträgliche Korrektur von Projektplänen mit Echtdaten. Durch Anpassungen sind die Pläne mit den Echtdaten anzugleichen.
4. Echtzeitmanagement umfasst die Disposition im Tagesgeschäft: Durch geeignete Maßnahmen ist auf nicht langfristig planbare Ereignisse zu reagieren.
5. Echtzeitmanagement umfasst die Kontrolle von erfassten Arbeitszeitdaten auf Korrektheit.

7. Aufgabe ☐

Bei der Durchführung des Projektes spielt für die Dialogfix GmbH auch die Auslastung der Mitarbeiter eine wichtige Rolle. Welche der nachstehenden Definitionen des Begriffs Auslastung ist richtig?

1. Auslastung ist allgemein das Verhältnis der Nutzung zur Kapazität einer Ressource.
2. Auslastung ist allgemein das Verhältnis der Kapazität zu den Kosten einer Ressource.
3. Auslastung ist allgemein das Verhältnis der Kosten zum Nutzen einer Ressource.
4. Auslastung ist allgemein das Verhältnis der Kosten zur Kapazität einer Ressource.
5. Auslastung ist allgemein das Verhältnis des Nutzens zu den Kosten einer Ressource.

8. Aufgabe ☐

Beim Einsatz der Personalressourcen möchte die Dialogfix GmbH Kapazitätsengpässe bzw. Überbesetzungen vermeiden und dazu Möglichkeiten der Arbeitszeitflexibilisierung nutzen. Geben Sie an, wobei es sich nicht um ein solches Instrument handelt!

1. Variable Arbeitszeit
2. Überstunden
3. Verkürzung der Arbeitszeit
4. Jahresarbeitszeitsystem
5. Kernarbeitszeiten

9. Aufgabe ☐☐☐

Die Dialogfix GmbH möchte Abweichungen von der Planung umgehend erkennen und nach Lösungsmöglichkeiten suchen. Entdeckte Abweichungen werden dazu zunächst in quantitative und qualitative Abweichungen unterteilt. Geben Sie an, in welchen drei Fällen qualitative Abweichungen aufgetreten sind!

1. Die Hotline-Mitarbeiter können Rückfragen zur Smartcard nur unzureichend beantworten.
2. Nach einem Monat Projektlaufzeit wurden 15 % der Smartcards ausgetauscht.
3. Kunden beschweren sich über die Unfreundlichkeit der Hotline-Mitarbeiter.
4. Die AHT (Average Handling Time) beträgt 230 Sekunden.
5. Der Gesprächsleitfaden verunsichert die Kunden.

10. Aufgabe ☐☐

Welche zwei nachstehenden Situationen rechtfertigen eine Änderung der Projektplanung?

1. Einige Mitarbeiter der Dialogfix GmbH sind erkrankt.
2. Thema-TV wünscht die Abholung der Smartcards beim Kunden durch einen Dienstleister.
3. Bereits in den ersten Tagen des Projektes weicht die AHT von den Planwerten ab.
4. Qualitätsprüfungen ergeben, dass sich einige Agents nicht an den Gesprächsleit-faden halten.
5. Die von Thema-TV bereitgestellten Kontaktdaten sind veraltet, sodass eine aufwendige Aktualisierung notwendig ist.
6. Wegen eines Software-Updates stehen die Arbeitsplatz-PCs für eine Stunde nicht zur Verfügung.

11. Aufgabe

Abweichungen im Projekt der Dialogfix GmbH erfordern Steuerungsmaßnahmen. Diese können grundsätzlich unterschieden werden in terminbezogene, kostenbezogene und ergebnisbezogene Steuerungsmaßnahmen. Ordnen Sie die nachfolgenden Situationen den entsprechenden Begriffen zu.

☐ Durch eine Optimierung des Anschreibens wird die Kundenresonanz verbessert.

☐ Die Zeit zwischen Briefversand und Anruf wird auf drei Wochen reduziert, um das Projekt schneller abschließen zu können.

☐ Die Senkung der Average Handling Time (AHT) ermöglicht die Reduzierung des Personaleinsatzes.

☐ Eine Überarbeitung des Gesprächsleitfadens soll die Kundenbedürfnisse besser berücksichtigen.

☐ Der Samstag wird als zusätzlicher Anruftag eingeplant, um die Anrufe rascher abarbeiten zu können.

1. terminbezogen
2. kostenbezogen
3. ergebnisbezogen

12. Aufgabe ☐

Im Zusammenhang mit dem Projekt „Thema-TV" sind Sie verantwortlich für Projektstatus-berichte. Zu welchem Zeitpunkt werden diese Berichte erstellt?

1. Projektstatusberichte werden immer vor Beginn des Projektes erstellt.
2. Projektstatusberichte können nur nach dem Projektende erstellt werden.
3. Projektstatusberichte werden in regelmäßigen Abständen (von z. B. einer Woche) während der Projektlaufzeit erstellt.
4. Projektstatusberichte werden generell täglich erstellt.
5. Projektstatusberichte werden nur genau in der Mitte eines Projektes erstellt.

13. Aufgabe ☐☐☐

Welche drei Inhalte müssen Sie in den Projektstatusbericht für das Projekt „Thema-TV" aufnehmen?

1. Darstellung der aufgetretenen Abweichungen
2. Nachkalkulation für das Projekt
3. Fertiggestellte und noch zu bearbeitende Arbeitspakete
4. Belege und Quittungen für die Projektabrechnung
5. Adresslisten der Projektmitarbeiter
6. „Lessons learned" für zukünftige Projekte
7. Probleme und unvorhergesehene Entwicklungen

14. Aufgabe

Ein für den Projektstatusbericht durchgeführter Soll-Ist-Vergleich liefert folgendes Ergebnis:

Arbeitspakete	Solldauer (Tage)	Istdauer (Tage)
Arbeitspaket 1	6	6
Arbeitspaket 2	7	10
Arbeitspaket 3	1,5	1,5
Arbeitspaket 4	4	2
Arbeitspaket 5	6	8

Ermitteln Sie die Abweichung im Projektfortschritt in Tagen unter der Annahme, dass alle Arbeitspakete unmittelbar aufeinanderfolgen (seriell).

15. Aufgabe

Für den Projektstatusbericht sollen Sie den Soll-Ist-Vergleich der Termine visualisieren. Welche Form müssen Sie wählen, um die Visualisierung möglichst anschaulich zu gestalten?

1. Punktdiagramm
2. Blasendiagramm
3. Kreisdiagramm
4. Balkendiagramm
5. Strichdiagramm

16. Aufgabe

Zum Stand des Projektstatusberichts haben Sie einen leistungsmäßigen Fertigstellungsgrad des Projekts von 40 % ermittelt. Berechnen Sie die Anzahl der demnach bereits ausgetauschten Smartcards.

Situation zu den Aufgaben 17 bis 21:

Für ein Outbound-Projekt zur Kundenrückgewinnung hat die Dialogfix GmbH eine Average Handling Time (AHT) von 4 Minuten eingeplant, für die Projektlaufzeit wurden 40 Arbeitstage veranschlagt.

17. Aufgabe

Die Dialogfix GmbH betreibt eine systematische Projektsteuerung. Bringen Sie die dazu notwendigen Schritte in die richtige Reihenfolge, indem Sie die Ziffern der Schritte von links nach rechts in die Kästchen eintragen.

1. Korrekturmaßnahmen entwickeln und umsetzen
2. Ist-Werte ermitteln
3. Abweichungsanalyse durchführen
4. Erfolg der Korrekturmaßnahmen überprüfen
5. Soll-Ist-Vergleich durchführen
6. Arbeitspakete starten

18. Aufgabe

Ein Soll-Ist-Vergleich nach der ersten Woche der Projektdurchführung ergibt, dass die AHT tatsächlich bei 5 Minuten liegt. Ermitteln Sie, um wie viele Tage sich die Projektlaufzeit bei gleichbleibenden Rahmenbedingungen verlängern wird.

19. Aufgabe

Prüfen Sie, um welche Art von Abweichung es sich bei der verlängerten AHT handelt.

1. Systembedingte Abweichung
2. Unvermeidbare Abweichung
3. Relative Abweichung
4. Quantitative Abweichung
5. Qualitative Abweichung

20. Aufgabe

In einem Teammeeting werden mögliche Ursachen für die verlängerte AHT diskutiert. Stellen Sie fest, auf welche zwei Punkte dabei nicht eingegangen werden muss.

1. Der Gesprächsleitfaden ist ungünstig formuliert.
2. Die Kunden haben mehr Fragen als erwartet.
3. Die Erreichbarkeit der Kunden ist niedriger als kalkuliert.
4. Der Servicelevel liegt unter den Erwartungen.
5. Die Projektmitarbeiter sind fachlich nicht ausreichend geschult.
6. Die notwendigen Eintragungen in der Datenbank sind umfangreicher als vermutet.

21. Aufgabe

Der zuständige Projektleiter möchte die ursprünglich vorgesehene Projektlaufzeit dennoch einhalten. Da kein zusätzliches Projektbudget verfügbar ist, soll dies kostenneutral erfolgen. Prüfen Sie, welche Maßnahme vor diesem Hintergrund geeignet ist.

1. Zusätzliche Projektmitarbeiter einstellen
2. Umfang des Gesprächsleitfadens kürzen
3. Erfolgsprämien für eingehaltene AHT einführen
4. Umfangreiche Produktschulungen durchführen
5. Nachbearbeitungszeit verlängern

Situation zu den Aufgaben 22 bis 32:

Die Dialogfix GmbH soll im Auftrag der Werkstattkette Autoteile Regun AG die Kundenzufriedenheit ermitteln und steigern. Hierzu erfolgt eine Telefon-umfrage unter allen 150 000 Kunden, die im letzten Monat eine Werkstatt der Kette besucht haben. Zusätzlich werden in jeder Filiale Plakate mit einer Hotline aufgehängt, unter der sich Kunden mit Kritik oder Lob zu ihrer Filiale melden können. Kunden, die aufgrund einer Unzulänglichkeit der Werkstatt eine besonders schlechte Bewertung abgegeben haben, sollen ein Anschreiben sowie einen Gutschein als Entschuldigung bekommen. Ziel des Projektes ist es, ein Ranking der Filialen bezüglich der Kundenzufriedenheit zu erstellen, um darauf basierend entsprechende Maßnahmen einleiten zu können. Einmalig unzufriedene Kunden sollen über den Gutschein den Kontakt zu ihrer Filiale nicht verlieren und als Kunden erhalten bleiben. Die Dialogfix GmbH und die Autoteile Regun AG planen für das Projekt eine Laufzeit von vier Wochen und ein Budget von 100 000,00 € ein.

22. Aufgabe

Während der Projektdurchführung kann die Dialogfix GmbH mit unvorhergesehenen Ereignissen konfrontiert werden. Nennen Sie drei Beispiele dafür.

23. Aufgabe

Nennen Sie fünf Möglichkeiten der Dialogfix GmbH, um bei Planabweichungen hinsichtlich der Ressourcen im vorliegenden Projekt gegenzusteuern.

24. Aufgabe

Die Dialogfix GmbH erbringt im vorliegenden Projekt Dienstleistungen, für die generell besondere Herausforderungen bei der Ressourcenplanung gelten. Erläutern Sie, warum gerade Dienstleistungen hohe Planungsherausforderungen beinhalten.

25. Aufgabe

Bei der Ressourcenplanung im vorliegenden Projekt trifft die Dialogfix GmbH darüber hinaus auf Herausforderungen, die für die Callcenterbranche typisch sind. Nennen Sie fünf konkrete branchentypische Herausforderungen.

26. Aufgabe

Die Dialogfix GmbH steuert die Projektdurchführung auch mittels Echtzeitmanagement. Erläutern Sie diesen Begriff und schildern Sie hierzu ein Beispiel.

27. Aufgabe

Bei der Gestaltung der Projektdurchführung durch die Dialogfix GmbH spielt die Auslastung eine wichtige Rolle. Erläutern Sie den Begriff Auslastung an einem Beispiel aus dem Bereich des Callcenters.

28. Aufgabe

Erläutern Sie die Begriffe Überbesetzung und Unterbesetzung sowie deren jeweilige Konsequenzen für das Projekt der Dialogfix GmbH.

29. Aufgabe

Beschreiben Sie zwei mögliche Situationen im vorliegenden Projekt, in denen eine Änderung der Projektplanung durch die Dialogfix GmbH vorgenommen werden müsste.

30. Aufgabe

Abweichungen im Projekt der Dialogfix GmbH erfordern Steuerungsmaßnahmen. Diese können grundsätzlich unterschieden werden in terminbezogene, kostenbezogene und ergebnisbezogene Steuerungsmaßnahmen. Beschreiben Sie hierzu jeweils ein Beispiel.

31. Aufgabe

Im Projekt „Autoteile Regun" werden Sie mit der Erstellung der Projektstatusberichte beauftragt. Nennen Sie fünf wichtige Bestandteile eines solchen Berichtes.

32. Aufgabe

Aus welchen Gründen spielt auch im vorliegenden Projekt der Dialogfix GmbH der Kontakt zum Auftraggeber eine große Rolle? Nennen Sie drei Aspekte.

Situation zu den Aufgaben 33 bis 35:

Die Dialogfix GmbH unterstützt in einem Outbound-Projekt über einen Zeitraum von zwei Wochen den Energieversorger Flatenergie AG beim Vertrieb von Stromlieferverträgen. Die Abrechnung des Projektes zwischen Dialogfix und Flatenergie erfolgt auf Provisionsbasis (siehe Tabelle). Die Mitarbeiter von Dialogfix beziehen ausschließlich ein Festgehalt.

Provisionen Kunde Flatenergie	
Abschluss Stromliefervertrag 1 Jahr	10,00 €
Abschluss Ökostromliefervertrag 1 Jahr	15,00 €
Abschluss Stromliefervertrag 2 Jahre	18,00 €
Abschluss Ökostromliefervertrag 2 Jahre	26,00 €

Aufgrund des nicht zufriedenstellenden Projektverlaufes beschließt die Dialogfix GmbH, am Samstag der ersten Projektwoche ein Team-Event mit integrierter Verkaufsschulung durchzuführen. Hierfür entstehen der Dialogfix GmbH Kosten in Höhe von 3 500,00 €.

33. Aufgabe

Berechnen Sie die Abschlussquote in der ersten Projektwoche.

		Verträge					
Monat	**Netto-kontakte**	**Strom 1J**	**Ökostrom 1J**	**Strom 2J**	**Ökostrom 2J**	**GESAMT**	**Abschluss-quote**
Woche 1	3 088	181	257	168	134		

34. Aufgabe

Berechnen Sie zur Erfolgsprüfung der Verkaufsschulung folgende Kennzahlen für die zweite Woche:

a) Abschlussquote,

b) prozentuale Steigerung der Calls und der Abschlüsse in den einzelnen Vertragsarten.

		Verträge					
Monat	**Netto-kontakte**	**Strom 1J**	**Ökostrom 1J**	**Strom 2J**	**Ökostrom 2J**	**GESAMT**	**Abschluss-quote**
Woche 2	3 489	211	343	237	198		

35. Aufgabe

Weisen Sie rechnerisch nach, dass die Investition in die Verkaufsschulung lohnend war.

Situation zu den Aufgaben 36 bis 40:

Für ein Outbound-Projekt der Dialogfix GmbH, bei dem es um die Rückgewinnung von ehemaligen Abonnenten eines Virenschutzprogrammes geht, wurden u. a. folgende Projektziele festgelegt:

- Datenbestand: 4 000 Adressen
- Projektlaufzeit: 20 Arbeitstage
- Ausschöpfungsquote (Nettokontakte): 80 %

Nach 5 Arbeitstagen im Projekt ergibt ein erster Soll-Ist-Vergleich, dass bislang 520 Nettokontakte erzielt wurden.

36. Aufgabe

Ermitteln Sie den zeitlichen Fertigstellungsgrad des Projekts.

37. Aufgabe

Mit welcher tatsächlichen Ausschöpfungsquote ist auf Basis der bisherigen Zahlen zu rechnen?

38. Aufgabe

Bewerten Sie das bisherige Ergebnis des Projekts und geben Sie zwei Ursachen für mögliche Abweichungen an.

39. Aufgabe

Schlagen Sie zwei geeignete Steuerungsmaßnahmen vor, die nun ergriffen werden sollten.

40. Aufgabe

Der Projektleiter möchte für das anstehende Team-Meeting die tatsächliche Ausschöpfungsquote mit einem Diagramm visualisieren. Geben Sie begründet an, welche Diagrammart dafür am besten geeignet ist.

Lösungen zu Kapitel 11

Web

1. Aufgabe	2, 1, 3, 1, 2, 3	*11. Aufgabe*	3, 1, 2, 3, 1
2. Aufgabe	2	*12. Aufgabe*	3
3. Aufgabe	1	*13. Aufgabe*	1, 3, 7
4. Aufgabe	30 000	*14. Aufgabe*	3
5. Aufgabe	3	*15. Aufgabe*	4
6. Aufgabe	4	*16. Aufgabe*	76 000
7. Aufgabe	1	*17. Aufgabe*	6, 2, 5, 3, 1, 4
8. Aufgabe	5	*18. Aufgabe*	10 Tage
9. Aufgabe	1, 3, 5	*19. Aufgabe*	4
10. Aufgabe	2, 5	*20. Aufgabe*	3, 4
		21. Aufgabe	2

22. Aufgabe Beispiele: Hohes Anrufaufkommen aufgrund eines nicht vorhersehbaren Ereignisses, mehrere Mitarbeiter erkranken aufgrund einer Grippewelle, technischer Ausfall.

23. Aufgabe Beispiele: Ressourceneinsatz erhöhen, Ressourcen flexibel einsetzen, Effektivität der Ressourcen verbessern, Effizienz der Ressourcen verbessern, Motivation des Personals erhöhen.

24. Aufgabe Dienstleistungen sind nicht lagerbar, schwer übertragbar und gemeinsam mit dem Kunden zu erbringen. Hieraus ergeben sich für die Ressourcenplanung zahlreiche Herausforderungen.

25. Aufgabe
- Anrufaufkommen kann Schwankungen unterliegen (Servicelevel ist zu halten).
- AHT kann Schwankungen unterliegen.
- Die Planung der Hauptressource Personal enthält quantitative Unsicherheitsfaktoren (z. B. Ausfälle durch Krankheit).
- Die qualitative Einsetzbarkeit des Personals muss aufwendig verwaltet werden (nicht jeder Agent kann alle Aufgaben im Callcenter übernehmen).
- Komplexe IT-Systeme sind fehleranfällig.

26. Aufgabe Echtzeitmanagement bedeutet Disposition im Tagesgeschäft: Durch geeignete Maßnahmen ist auf nicht langfristig planbare Ereignisse zu reagieren.
Beispiel: Erhöht sich aufgrund einer überraschenden Zeitungsmeldung das Anrufvolumen in einem bestimmten Bereich des Callcenters drastisch, sind Agents aus anderen Bereichen abzuziehen, um einen akzeptablen Servicelevel zu halten.

27. Aufgabe Auslastung ist allgemein das Verhältnis der Nutzung zur Kapazität einer Ressource.
Beispiel: Hat ein Agent eine Kapazität (= Nettoarbeitszeit) von 6 Stunden, allerdings nur eine Produktivzeit (ohne Warte- und Rüstzeiten) von 4,5 Stunden, so beträgt die Auslastungsquote 75 %.

28. Aufgabe Überbesetzung:

- Es wurden zu viele Mitarbeiter eingeplant.
- Es entstehen unnötige Kosten.
- Mitarbeiter sind nur gering ausgelastet.
- Die Mitarbeiter sind demotiviert.

Unterbesetzung:

- Es wurden zu wenige Mitarbeiter eingeplant.
- Der Servicelevel bzw. die geplante Ausschöpfungsquote kann nicht gehalten werden.
- Es besteht die Gefahr der Überlastung von Mitarbeitern.

29. Aufgabe Änderungswunsch des Auftraggebers: Beispielsweise könnte Autoteile Regun wünschen, dass das Projekt auf die Kunden des letzten halben Jahres erweitert wird.

Fehler bei der ursprünglichen Projektplanung: Es wäre möglich, dass die von Autoteile Regun bereitgestellten Kontaktdaten der Kunden nicht aktuell sind und zunächst eine aufwendige Datenaktualisierung durchgeführt werden muss. Diesen Aspekt hatte man bei der ursprünglichen Planung nicht berücksichtigt, man muss nun mit einer erheblich längeren Projektlaufzeit rechnen.

30. Aufgabe Terminbezogen: Nach zwei Wochen wurden noch nicht genügend Nettokontakte erzielt. Die Projektlaufzeit wird um eine Woche verlängert.

Kostenbezogen: Das Angebot des vorgesehenen Postdienstleisters ist zu hoch, sodass eine Alternative geprüft werden muss.

Ergebnisbezogen: Durch zusätzliche Schulungen werden die Mitarbeiter auf spezielle Probleme der Kunden von Autoteile Regun vorbereitet.

31. Aufgabe

- aktueller Stand der Leistungen/Arbeiten im Projekt
- Soll-Ist-Vergleiche (Termine, Kosten etc.)
- Qualitätsanalysen
- eingeleitete bzw. zur Entscheidung anstehende Maßnahmen
- Prognosen für den weiteren Projektverlauf

32. Aufgabe

- Autoteile Regun fühlt sich durch regelmäßigen Kontakt gut informiert, was für die Dialogfix GmbH positive Auswirkungen auf Folgeaufträge haben kann.
- Sich abzeichnende Probleme können frühzeitig mit Autoteile Regun besprochen werden.
- Änderungswünsche von Autoteile Regun können zeitnah berücksichtigt werden.

33. Aufgabe Gesamtzahl der Abschlüsse: 740

Abschlussquote = 740 : 3 088 = 23,96 %

34. Aufgabe a) Abschlussquote = 989 : 3 489 = 28,35 %

b)

Monat	Netto-kontakte	Verträge					
		Strom 1J	Öko-strom 1J	Strom 2J	Öko-strom 2J	GESAMT	Abschluss-quote
Woche 1	**3 088**	181	257	168	134	**740**	23,96 %
Woche 2	**3 489**	211	343	237	198	**989**	28,35 %
Veränderung	+ 13,0 %	+ 16,6 %	+ 33,5 %	+ 41,1 %	+ 47,8 %	+ 33,6 %	

35. Aufgabe Provisionseinnahmen Woche 1: 12 173,00 €
Provisionseinnahmen Woche 2: 16 669,00 €
Steigerung der Provisionseinnahmen: 4 496,00 €
Der Steigerung der Provisionseinnahmen in Höhe von 4 496,00 € standen Kosten in Höhe von 3 500,00 € entgegen, sodass es sich bei der Verkaufsschulung um eine lohnende Investition handelte.

36. Aufgabe Der zeitliche Fertigstellungsgrad liegt bei 25 % (5 Tage von 20 Tagen vergangen).

37. Aufgabe Hochgerechnet auf die Projektlaufzeit (bislang 25 % verstrichen) ist mit 2.080 Nettokontakten zu rechnen. Dies entspricht einer tatsächlichen Ausschöpfungsquote von 52 % (2 080 • 100 : 4 000).

38. Aufgabe Die tatsächliche Ausschöpfungsquote liegt mit 52 % deutlich unter Plan (80 %), es wurden 280 Nettokontakte zu wenig erzielt (800 Soll – 520 Ist). Mögliche Ursachen sind z. B. schlechtes Adressmaterial (viele Dubletten, fehlerhafte Datensätze etc.), eine zu geringe Erreichbarkeit der Zielgruppe (evtl. falsche Uhrzeit beim Anruf) oder auch zu lange Gesprächszeiten.

39. Aufgabe Eine Optimierung des Gesprächsleitfadens kann zu einer Verkürzung der Gesprächszeit führen. Nach einer Analyse der tatsächlichen Erreichbarkeit können die Anrufzeiten optimiert werden. Möglicherweise kann auf zusätzliches Adressmaterial zurückgegriffen werden.

40. Aufgabe Um Anteile an einer Gesamtheit (hier: erzielte Nettokontakte) darzustellen, ist das Kreisdiagramm am besten geeignet.

12 Projektcontrolling

Situation zu den Aufgaben 1 bis 5:
Die Dialogfix GmbH wird vom Pay-TV-Sender „Thema-TV" mit dem Projekt „Umstellung des Verschlüsselungssystems" beauftragt. Den 200 000 Abonnenten soll eine neue Berechtigungskarte (Smartcard) mit der Bitte zugesandt werden, mit dieser Smartcard die alte Karte im Receiver zu ersetzen und die alte Karte in einem Freiumschlag zurückzusenden. Alle Kunden, deren alte Karte nach vier Wochen noch nicht vorliegt, sollen telefonisch kontaktiert werden. Gleichzeitig wird eine Hotline geschaltet, die Kundenanfragen im Zusammenhang mit dem Kartentausch beantworten kann. Nach einer Projektlaufzeit von drei Monaten sollen 95 % aller Smartcards ausgetauscht sein. Die Dialogfix GmbH stellt ein Team unter der Führung eines erfahrenen Projekt-leiters zusammen, der über ein Budget von 100 000,00 € verfügen kann.

1. Aufgabe
Im Rahmen des Projektcontrollings zu dem beschriebenen Vorhaben muss die Dialogfix GmbH bestimmen, wie die Informationsversorgung erfolgen soll. Ordnen Sie die nachstehenden Beschreibungen den korrekten Fragewörtern zu, indem Sie die passenden Ziffern in die Kästchen eintragen.

☐ Wer erhält?
☐ Wer erstellt?
☐ Was?
☐ Wie?
☐ Wann?

1. Inhalte der Informationsversorgung
2. Verantwortlicher für die Gewinnung, Aufbereitung und Verteilung der Informationen
3. Informationsempfänger
4. Informationszeitpunkte
5. Art der Gewinnung, Aufbereitung und Verteilung der Informationen

2. Aufgabe ☐
Die Kennzahlen im Projekt der Dialogfix GmbH erfüllen auch eine Anreizfunktion. Welche der nachstehenden Aussagen beschreibt diese Funktion korrekt?

1. Kennzahlen haben nur dann Auswirkungen auf die Motivation der Mitarbeiter, wenn sie unmittelbar mit Anreizen durch Geldzahlungen verbunden sind.
2. Durch Kennzahlen können Erfolge belegt werden, was sich positiv auf den Ruf der Beteiligten auswirkt.
3. Die Motivation zur Erreichung von Projektzielen wird durch Kennzahlen gesteigert, weil sich die Beteiligten darüber bewusst sind, dass ihre Arbeitsergebnisse gemessen werden.
4. Kennzahlen helfen den Entscheidungsträgern, im Bedarfsfall schnell einzugreifen.
5. Kennzahlen ermöglichen es, ohne Detailkenntnisse einen schnellen Überblick über den Verlauf des Projektes zu bekommen.

3. Aufgabe

☐

Kennzahlen im Projekt der Dialogfix GmbH erfüllen auch eine Marketingfunktion. Welche der nachstehenden Aussagen beschreibt diese Funktion korrekt?

1. Kennzahlen spielen insbesondere im Produktmarketing eine herausragende Rolle.
2. Durch Kennzahlen können Erfolge belegt werden, was sich positiv auf den Ruf der Beteiligten auswirkt.
3. Die Motivation zur Erreichung von Projektzielen wird durch Kennzahlen gesteigert.
4. Kennzahlen helfen den Entscheidungsträgern, im Bedarfsfall schnell einzugreifen.
5. Kennzahlen ermöglichen es, ohne Detailkenntnisse einen schnellen Überblick über den Verlauf des Projektes zu bekommen.

4. Aufgabe

Zum Ende des vorliegenden Projekts nimmt die Dialogfix GmbH einige abschließende Schritte vor. Ordnen Sie die nachstehenden Beschreibungen den jeweiligen Schritten zu, indem Sie die passenden Ziffern in die Kästchen eintragen.

☐ Abschlusspräsentation
☐ Abnahme
☐ Abschlussbesprechung (Projektreview)
☐ Abschlussbericht (Projektreport)
☐ Auflösung des Projektteams

1. Der Projektleiter nimmt mit dem Projektteam eine Rückschau des Projektverlaufs, aber auch eine Vorschau auf etwaige zukünftige Aktionen vor und berücksichtigt dabei, welche Punkte im abgeschlossenen Projekt gut gelaufen sind und welche Punkte verbesserungswürdig sind.
2. Dem Kunden (bzw. der eigenen Unternehmensleitung oder anderen Projektteams) wird das Projektergebnis vorgestellt.
3. Die Projektmitarbeiter erhalten neue Aufgaben.
4. Der Auftraggeber nimmt das Projektergebnis offiziell ab, er bestätigt also, dass er mit dem Projektergebnis zufrieden ist.
5. Der Projektleiter trägt alle erheblichen Informationen über den Projektverlauf und das Projektergebnis zusammen.

5. Aufgabe

☐

Welcher der nachfolgenden Punkte ist sicher <u>kein</u> Element des Abschlussberichtes, den die Dialogfix GmbH dem Auftraggeber aushändigen wird?

1. Bestandsaufnahme der Zielerreichung (Soll-Ist-Vergleich hinsichtlich Ergebnisqualität, Zeiteinhaltung und Kosten)
2. Ursprüngliche Unterlagen des Projektauftrages
3. Abweichungsanalyse (Gründe für die Soll-Ist-Abweichungen)
4. Planungsunterlagen (Strukturpläne, Balkenpläne)
5. Interne Kosten- und Abrechnungskalkulation

Situation zu den Aufgaben 6 bis 9:
Die Dialogfix GmbH erhält von dem Elektronikversandhaus DigiTech GmbH den Auftrag, alle Kunden telefonisch zu kontaktieren, die in den letzten drei Monaten keine Bestellung aufgegeben haben.

6. Aufgabe

☐

Zur Überwachung des Projektablaufs planen Sie verschiedene Maßnahmen. Welche der nachstehenden Maßnahmen ist <u>nicht</u> zur Projektüberwachung geeignet?

1. Den kritischen Pfad im Projektverlauf überwachen
2. Mystery Calls einsetzen
3. Energiekosten senken
4. Average Handling Time regelmäßig prüfen
5. Personaleinsatzplanung prüfen

7. Aufgabe

☐

Die DigiTech GmbH möchte in regelmäßigen Abständen über den Verlauf des Projekts informiert werden. Stellen Sie fest, welche Art von Bericht dafür geeignet ist.

1. Projektsonderbericht
2. Projektstatusbericht
3. Projektabschlussbericht
4. Projektreviewbericht
5. Projektstandardbericht

8. Aufgabe

☐

Durch die Überwachung des Projektablaufs gewinnen Sie Erkenntnisse, die ein Eingreifen erforderlich machen. In welchem der nachstehenden Fälle kann durch Schulungsmaßnahmen eine nachhaltige Verbesserung erzielt werden?

1. Durch ungünstige Wetterbedingungen erscheinen zahlreiche Mitarbeiter verspätet.
2. Zahlreiche Mitarbeiter sind erkrankt, wodurch der Personaleinsatzplan gefährdet ist.
3. Durch politische Entscheidungen sinkt die Konsumfreude der Kunden.
4. Aufgrund eines technischen Defekts der Stadtwerke fällt der Strom aus.
5. Die Kennzahl Average Handling Time (AHT) überschreitet den Sollwert deutlich.

9. Aufgabe

☐

Durch welche Kennzahl kann der Erfolg des oben beschriebenen Projektes gemessen werden?

1. Anzahl aller Calls
2. Anzahl der Kunden, die nach dem Telefonat eine Bestellung bei DigiTech aufgeben
3. Anzahl der erreichten Kunden
4. Anzahl der Kunden, die im Telefonat angeben, wieder bei DigiTech zu kaufen
5. Anzahl der beschäftigten Agents

Situation zu den Aufgaben 10 bis 13:
Die KommunikativAktiv KG hat für die Black Oz AG ein Projekt durchgeführt, in dem es um den Verkauf von Lotterielosen ging. Nun sollen die Abrechnung und die Projektstatistik erstellt werden. Dazu liegen u. a. folgende Daten vor:

- Durchgeführte Calls: 12 488
- Erzielte Abschlüsse (Verträge): 1 600
- Geleistete Agentenstunden: 2 560
- Tatsächliche Projektkosten: 43 708,00 €

10. Aufgabe
Ermitteln Sie für dieses Projekt die Kosten pro Call.

11. Aufgabe
Ermitteln Sie für dieses Projekt die Kosten pro Agentenstunde.

12. Aufgabe
Mit dem Auftraggeber war vereinbart, dass in diesem Projekt ein Gesamtumsatz von 60 000,00 € erzielt werden soll. Wie hoch muss der Umsatz pro Abschluss mindestens sein, um diese Vorgabe einzuhalten?

13. Aufgabe
Die KommunikativAktiv KG hat für den Abschlussbericht einige Projektkennzahlen aufbereitet. Prüfen Sie, welche Kennzahl davon für den Auftraggeber nicht bedeutsam ist.

1. Erzielte Nettokontakte
2. Stornoquote
3. Personalkostenquote
4. Erfolgsquote
5. Erreichbarkeit

Hinweis:
Die Inhalte der Aufgaben 14 bis 23 sind bei der Abschlussprüfung KDM dem Themengebiet „Kaufmännische Steuerung und Kontrolle" zugeordnet und werden dort als offene Fragen abgeprüft.

Situation zu den Aufgaben 14 bis 23:
Die Dialogfix GmbH plant die Übernahme eines Wettbewerbers, der LiveMarketing GmbH. Die Verträge sehen vor, dass die Dialogfix GmbH vor der Übernahme einen umfassenden Einblick in die Finanz-, Vermögens- und Ertragslage der LiveMarketing GmbH bekommt. Die Dialogfix GmbH stellt ein Team zusammen, das sich intensiv mit dem Rechnungswesen der LiveMarketing GmbH befasst.

14. Aufgabe

Das Rechnungswesen erfüllt verschiedene Aufgaben, die sich in vier Hauptkategorien gliedern lassen. Ordnen Sie die nachstehenden Beschreibungen der korrekten Kategorie zu, indem Sie die passenden Ziffern in die Kästchen eintragen.

☐ Dokumentationsaufgaben
☐ Rechenschaftslegungs- und Informationsaufgaben
☐ Kontrollaufgaben
☐ Dispositionsaufgaben

1. Bereitstellung von Zahlenmaterial als Entscheidungsgrundlage.
2. Zeitlich und sachlich geordnete Aufzeichnung aller Geschäftsfälle.
3. Aufbau eines aussagefähigen finanziellen Informations- und Überwachungssystems.
4. Einhaltung gesetzlicher Vorschriften und Datenversorgung interessierter/berechtigter Externer.

15. Aufgabe

Das Rechnungswesen kann in vier sich ergänzende Aufgabenbereiche gegliedert werden. Ordnen Sie die nachstehenden Beschreibungen den richtigen Aufgabenbereichen zu, indem Sie die passenden Ziffern in die Kästchen eintragen.

☐ Buchführung
☐ Kosten- und Leistungsrechnung
☐ Statistik
☐ Planungsrechnung

1. Auswertung innerbetrieblicher Daten zur Erstellung von Einzelplänen.
2. Ermittlung des Erfolgs aus dem Verkauf der Callcenter-Dienstleistungen.
3. Erfüllung gesetzlicher Vorgaben, Gewinnermittlung.
4. Sammlung betrieblicher und externer Daten zur Entscheidungsvorbereitung.

16. Aufgabe ☐

Welcher der folgenden Punkte ist keine Aufgabe der Buchführung im Callcenter?

1. Bestimmung des Vermögens und der Schulden.
2. Festlegung der Abrechnungsarten und -preise für Dienstleistungsaufträge.
3. Bereitstellung der Grundlage zur Berechnung der Steuern.
4. Ermittlung des Erfolges (Gewinn oder Verlust) durch Gegenüberstellung von Aufwendungen und Erträgen.
5. Ermittlung des Erfolges (Gewinn oder Verlust) durch Vermögensvergleich.

17. Aufgabe ☐

Wo sind die Grundsätze ordnungsmäßiger Buchführung (GoB) festgelegt?

1. Die GoB sind allgemein anerkannte Normen, sie sind nicht in einem Gesetz definiert.
2. Im Handelsgesetzbuch.
3. In der Abgabenordnung.
4. Im Gewerbesteuergesetz.
5. Im GmbH-Gesetz.

18. Aufgabe ☐

Welcher der nachstehenden Sätze zu Inventur und Inventar ist korrekt?

1. Die Inventur ist die Bestandsaufnahme des Inventars, d. h. aller Vermögensgegenstände für einen bestimmten Zeitraum.
2. Die Inventur ist die Bestandsaufnahme des Inventars, d. h. aller Schulden für einen bestimmten Zeitraum.
3. Die Inventur ist die Bestandsaufnahme des Inventars, d. h. aller Vermögensgegenstände und Schulden zu einem bestimmten Zeitpunkt.
4. Als Inventur bezeichnet man das Vermögen, als Inventar die Schulden eines Unternehmens.
5. Das Inventar umfasst nur Sachvermögen, die Inventur umfasst auch andere Vermögensgegenstände wie z. B. Rechte.

19. Aufgabe ☐

Welche der nachstehenden Formeln gibt die Berechnung des Eigenkapitals wieder?

1. Eigenkapital = Schulden – Vermögen
2. Eigenkapital = Fremdkapital – Vermögen
3. Eigenkapital = Bankbestand + Kassenbestand
4. Eigenkapital = Vermögen – Schulden
5. Eigenkapital = Bankbestand + Kassenbestand + Forderungen

20. Aufgabe ☐

Welche Aussage über die Anordnung von Aktiva und Passiva in einer normalen Bilanz ist vollständig richtig?

1. Auf der linken Seite der Bilanz stehen die Aktiva (= Vermögen), auf der rechten Seite die Passiva (= Schulden und Eigenkapital).
2. Auf der linken Seite der Bilanz stehen die Passiva (= Schulden und Eigenkapital), auf der rechten Seite die Aktiva (= Vermögen).
3. Auf der linken Seite der Bilanz stehen die Aktiva (= Schulden und Eigenkapital), auf der rechten Seite die Passiva (= Vermögen).
4. Auf der linken Seite der Bilanz stehen die Passiva (= Schulden und Eigenkapital), auf der rechten Seite die Aktiva (= Schulden).
5. Auf der linken Seite der Bilanz stehen die Aktiva (= Vermögen und Eigenkapital), auf der rechten Seite die Passiva (= Schulden).

21. Aufgabe ☐

Welche der nachfolgenden Aussagen über die Struktur einer Bilanz ist <u>nicht</u> korrekt?

1. Das Vermögen wird in Anlagevermögen (langfristig dienend) und Umlaufvermögen (kurzfristig dienend) unterteilt.
2. Die Schulden werden nach Fristigkeit geordnet, langfristige Schulden stehen ganz oben.
3. Die Kapitalseite der Bilanz weist auch die Verbindlichkeiten aus.
4. Die Vermögensseite der Bilanz weist auch das Eigenkapital aus.
5. Unabhängig von der Verschuldungslage des Unternehmens entspricht das Vermögen immer dem Kapital.

22. Aufgabe

Welche Definition des Begriffs Erfolgskonten ist richtig?

1. Erfolgskonten sind nur die Ertragskonten.
2. Erfolgskonten geben nur den Gewinn eines Unternehmens an, nicht den Verlust.
3. Erfolgskonten sind Aufwands- und Ertragskonten.
4. Erfolgskonten sammeln die Umsatzerlöse eines Unternehmens.
5. Erfolgskonten nehmen nur die Mehrungen des Eigenkapitals auf.

23. Aufgabe

Welche Aussage zur Umsatzsteuer ist zutreffend?

1. Die vereinnahmte Umsatzsteuer hat für das Unternehmen keinen Aufwandscharakter, es handelt sich lediglich um eine Forderung an das Finanzamt.
2. Die gezahlte Vorsteuer hat für das Unternehmen keinen Aufwandscharakter, es handelt sich lediglich um eine Verbindlichkeit gegenüber dem Finanzamt.
3. Die gezahlte Vorsteuer hat für das Unternehmen Aufwandscharakter und ist entsprechend in der GuV-Rechnung auszuweisen.
4. Die gezahlte Vorsteuer hat für das Unternehmen keinen Aufwandscharakter, es handelt sich lediglich um eine Forderung an das Finanzamt.
5. Die vereinnahmte Umsatzsteuer hat für das Unternehmen Aufwandscharakter und ist entsprechend in der GuV-Rechnung auszuweisen.

Situation zu den Aufgaben 24 bis 29:

Die Dialogfix GmbH soll im Auftrag der Werkstattkette Autoteile Regun AG die Kundenzufriedenheit ermitteln und steigern. Hierzu erfolgt eine Telefonumfrage unter allen 150000 Kunden, die im letzten Monat eine Werkstatt der Kette besucht haben. Zusätzlich werden in jeder Filiale Plakate mit einer Hotline aufgehängt, unter der sich Kunden mit Kritik oder Lob zu ihrer Filiale melden können. Kunden, die aufgrund einer Unzulänglichkeit der Werkstatt eine besonders schlechte Bewertung abgegeben haben, sollen ein Anschreiben sowie einen Gutschein als Entschuldigung bekommen. Ziel des Projektes ist es, ein Ranking der Filialen bezüglich der Kundenzufriedenheit zu erstellen, um darauf basierend entsprechende Maßnahmen einleiten zu können. Einmalig unzufriedene Kunden sollen über den Gutschein den Kontakt zu ihrer Filiale nicht verlieren und als Kunden erhalten bleiben. Die Dialogfix GmbH und die Autoteile Regun AG planen für das Projekt eine Laufzeit von vier Wochen und ein Budget von 100000,00 € ein.

24. Aufgabe

Im Rahmen des Projektcontrollings hat die Dialogfix GmbH festzulegen, wie die Informationsversorgung während des Projektes erfolgen soll. Nennen Sie mindestens vier Aspekte, die hierbei zu bestimmen sind.

25. Aufgabe

Die Dialogfix GmbH verwendet zur Analyse des vorgestellten Projektes u. a. Beziehungskennzahlen, Gliederungskennzahlen und Indexkennzahlen. Erläutern Sie diese unterschiedlichen Kennzahlenarten und nennen Sie jeweils ein Beispiel.

26. Aufgabe

Die von der Dialogfix GmbH im vorliegenden Projekt verwendeten Kennzahlen erfüllen u. a. eine Marketingfunktion und eine Anreizfunktion. Erläutern Sie die Bedeutung dieser beiden Begriffe an jeweils einem konkreten Beispiel aus dem Bereich des Callcenters.

27. Aufgabe

Zum Ende des vorliegenden Projektes hat die Dialogfix GmbH einige abschließende Schritte vorzunehmen. Nennen und erläutern Sie fünf mögliche Bestandteile des Projektabschlusses.

28. Aufgabe

Die Dialogfix GmbH veranstaltet zum Abschluss des vorliegenden Projektes eine Feedbackrunde. Formulieren Sie fünf allgemeine Fragen zum Projektverlauf und -ergebnis, die in einer solchen Feedbackrunde gestellt werden können.

29. Aufgabe

Die Dialogfix GmbH erstellt zu dem vorliegenden Projekt einen Abschlussbericht. Nennen Sie sechs mögliche Bestandteile des Abschlussberichts eines Projektes.

Situation zu den Aufgaben 30 bis 32:

Die Ellisec Versicherungs AG erteilt der Dialogfix GmbH den Auftrag, in einem Zeitraum von 10 Tagen eine Kundenzufriedenheitsumfrage bei 5 000 Kunden durchzuführen. Die Ausschöpfungsquote liegt bei 91 %. Ein Agent erreicht durchschnittlich fünf Kunden pro Stunde und führt dann je ein durchschnittlich acht Minuten langes Gespräch. Die Nachbereitungszeit beträgt eine Minute. Die Agents haben eine tägliche Arbeitszeit von 7 Stunden.

30. Aufgabe

Wie viele Nettokontakte sind über das gesamte Projekt zu erwarten?

31. Aufgabe

Wie viele Agents sind für das beschriebene Projekt von der Dialogfix GmbH einzuplanen?

32. Aufgabe

Wie viele Agents sind zusätzlich einzuplanen, wenn man beim Personal eine Ausfallquote von 23 % berücksichtigen muss?

Situation zu den Aufgaben 33 bis 48:
Die Dialogfix GmbH hat von dem Autohersteller Lepo AG einen neuen Auftrag erhalten. Lepo bietet ihren Kunden für alle Fahrzeuge des nicht mehr produzierten Modells Lepo Delta einen Pannenservice zum Preis von 30,00 € pro Jahr sowie einen Pannenservice Plus (mit Mobilitätsgarantie) für 48,00 € pro Jahr an. Die am 01.01. (Projektbeginn) vorliegende Zahl von 80 000 laufenden Verträgen soll innerhalb des Jahres deutlich erhöht werden. Zielsetzung ist es, die Zahl der Verträge bis zum 31.12. (Projektende) auf 200 000 zu steigern. Der Dialogfix GmbH liegen 300 000 Kundenadressen von Fahrern eines Lepo Delta vor. Die Adressen hat die Lepo AG über die eigene Vertriebsorganisation ermittelt. Die Agents der Dialogfix GmbH erhalten pro abgeschlossenen Vertrag eine Provision von zwei Monatsbeiträgen. Das Projektbudget für Provisionen beträgt insgesamt 780 000,00 €.
Der Zwischenbericht zum Projekt „Aktion Mobilitätsgarantie" vom 31. Mai enthält folgende Informationen:

> Bisher wurden auf Grundlage des Adressmaterials 44 564 Anwahlversuche durchgeführt, wovon 21 356 Kunden auch tatsächlich erreicht wurden. Von diesen 21 356 Gesprächen müssen 3 063 bei der Ermittlung der Erfolgsquote bereinigt werden, z. B. weil das Auto bereits verkauft wurde. Insgesamt sind bisher 9 807 neue Verträge abgeschlossen worden. Hierfür wurden 59 856,00 € an Provisionen an die Agents ausgezahlt.

33. Aufgabe
Geben Sie in Prozent an, wie viel Projektzeit schon vergangen ist (gehen Sie vereinfacht von 20 Arbeitstagen pro Monat aus, die gleichmäßig über das Jahr verteilt sind).

34. Aufgabe
Ermitteln Sie den Anteil der bisher getätigten Anwahlversuche am relevanten Adressbestand in Prozent. Berücksichtigen Sie, dass der relevante Adressbestand sich aus den gesamten vorliegenden Adressen abzüglich der Zahl der bereits bestehenden Verträge ergibt.

35. Aufgabe
Bewerten Sie die zuvor ermittelte Zahl u. a. durch Vergleich mit anderen Zwischenergebnissen und nennen Sie zwei mögliche Gründe für das vorliegende Ergebnis. Machen Sie dem Projektleiter zwei Vorschläge, wie er im weiteren Projektverlauf die Kennzahl beeinflussen kann.

36. Aufgabe
Ermitteln Sie den Anteil der Nettokontakte an den Anwahlversuchen in Prozent.

37. Aufgabe
Bewerten Sie die zuvor ermittelte Zahl und nennen Sie zwei mögliche Gründe für das vorliegende Ergebnis.

38. Aufgabe

Machen Sie dem Projektleiter zwei Vorschläge, wie er im weiteren Projektverlauf den Anteil der Nettokontakte an den Anwahlversuchen erhöhen kann.

39. Aufgabe

Ermitteln Sie die Ausschöpfungsquote.

40. Aufgabe

Bewerten Sie die zuvor ermittelte Zahl und beurteilen Sie die Aussagefähigkeit dieser Kennzahl.

41. Aufgabe

Geben Sie an, wie viel Prozent der bis zum Berichtszeitpunkt geplanten Abschlüsse tatsächlich getätigt wurden.

42. Aufgabe

Errechnen Sie den Anteil der bisher erzielten Abschlüsse an den erwarteten Gesamtabschlüssen während der Projektlaufzeit.

43. Aufgabe

Ermitteln Sie die Erfolgsquote.

44. Aufgabe

Bewerten Sie die zuvor ermittelte Zahl und nennen Sie zwei mögliche Gründe für das vorliegende Ergebnis. Unterbreiten Sie dem Projektleiter zwei Vorschläge, wie er im weiteren Projektverlauf die Kennzahl beeinflussen kann.

45. Aufgabe

Geben Sie an, mit welcher Verteilung zwischen Standardverträgen (30,00 € p. a.) und Plus-Verträgen (48,00 € p. a.) der Auftraggeber rechnet.

46. Aufgabe

Ermitteln Sie den Anteil des bisher verbrauchten Projektbudgets am Gesamtbudget (Provisionen).

47. Aufgabe

Bewerten Sie die zuvor ermittelte Zahl u. a. durch Vergleich mit anderen Zwischenergebnissen.

48. Aufgabe

Welche Aussage über die Verteilung zwischen Standardverträgen (30,00 € p. a.) und Plus-Verträgen (48,00 € p.a.) können Sie auf Basis der Daten des bisherigen Projektverlaufs treffen?

Situation zu den Aufgaben 49 bis 54:
Für ein Outbound-Projekt der Dialogfix GmbH sollen 1 500 Calls getätigt werden. Die Projektdauer beträgt eine Woche (Servicezeit Montag bis Freitag von 9 bis 12 Uhr).

49. Aufgabe
Erfahrungsgemäß beträgt die Average Handling Time (AHT) bei vergleichbaren Outbound-Projekten 12 Minuten. Ein Mitarbeiter schafft pro Stunde durchschnittlich 4 Gespräche, die Restzeit betrifft Pausen und sonstige unproduktive Tätigkeiten. Wie viele Mitarbeiter werden zur Durchführung des Projektes benötigt?

50. Aufgabe
Ermitteln Sie die Kosten je Call und die Gesamtkosten des Projektes, wenn pro Mitarbeiterstunde ein Gesamtkostensatz von 24,00 € anzusetzen ist.

51. Aufgabe
Nach einem Tag und entsprechend 75 Mitarbeiterstunden wurden 267 Calls geführt. In der folgenden Tabelle sind die geplanten Kosten und die Ist-Kosten zu diesem Zeitpunkt aufgeführt:

	Geplante Kosten	**Ist-Kosten**
Agentenkosten	1 110,00 €	1 170,00 €
+ Teamleiterkosten	200,00 €	170,00 €
= Summe Personalkosten		
+ Arbeitsplatzkosten	320,00 €	405,00 €
+ Porto- und Materialkosten	170,00 €	190,00 €
= Gesamtkosten		

Ergänzen Sie die Tabelle und ermitteln Sie die absoluten und relativen Abweichungen (in Prozent) zwischen den Planwerten und den Ist-Werten.

52. Aufgabe
Berechnen Sie die Ist-Gesamtkosten pro Agentenstunde und die Ist-Kosten je Call nach einem Tag.

53. Aufgabe
Bewerten Sie die Zahl der nach einem Tag durchgeführten Calls. Schlagen Sie bei Bedarf geeignete Maßnahmen für die restliche Projektlaufzeit vor.

54. Aufgabe
Am zweiten Tag melden sich drei der eingeplanten Mitarbeiter für den Rest der Woche krank, ein kurzfristiger Ersatz kann nicht beschafft werden. Ermitteln Sie die Zielabweichung in Calls am Ende der Projektlaufzeit, wenn die restlichen Mitarbeiter ab dem zweiten Tag ihr Call-Soll einhalten.

Situation zu den Aufgaben 55 bis 60:

Die Dialogfix GmbH möchte 3000 Neukunden für eine hochwertige Software gewinnen. Dazu kauft das Unternehmen 60000 Adressdaten von einem Adressdienst ein. Dabei handelt es sich um Abonnenten einer Computer-Fachzeitschrift. Pro Adresse müssen 0,40 € gezahlt werden. Die Projektlaufzeit beträgt 6 Monate und kann nicht verlängert werden, das Projektbudget darf 300000,00 € nicht überschreiten. Im Rahmen des Projektcontrollings sollen Sie nach einem Monat einen Soll-Ist-Vergleich durchführen. Dazu liegt Ihnen folgende Projektstatistik vor:

Projektstart	1. April
Stand	30. April
Projektabschluss	30. September
Gesamtzahl Adressen	60000
Getätigte Anrufe	9258
Erzielte Nettokontakte	7318
Erfolgreiche Gesprächsergebnisse	129
Kosten (Gesamtkosten) je Produktivstunde pro Agent	12,50 €
Eingesetzte Agents	20
Durchschnittliche Produktivstunden je Agent	150

55. Aufgabe

Ermitteln Sie, wie viel Prozent der Projektlaufzeit bereits verbraucht sind.

56. Aufgabe

Wie viel Prozent der insgesamt angestrebten Nettokontakte wurden bislang erzielt?

57. Aufgabe

Wie viel Prozent der insgesamt angestrebten Neukundenmenge wurden bislang erzielt?

58. Aufgabe

Berechnen Sie, wie viel Prozent des Budgets bislang verbraucht wurden. Gehen Sie davon aus, dass sich die Kosten der Adressbeschaffung gleichmäßig auf die Projektlaufzeit verteilen.

59. Aufgabe

Führen Sie einen Soll-Ist-Vergleich mit den in den Aufgaben 56 bis 58 ermittelten prozentualen Ergebnissen durch! In welchem Bereich müssen Sie die größte Abweichung feststellen?

60. Aufgabe

Schlagen Sie begründet drei Maßnahmen vor, mit denen Sie gezielt den Bereich mit der größten Abweichung verbessern können.

Lösungen zu Kapitel 12

Web

1. Aufgabe	3, 2, 1, 5, 4	*13. Aufgabe*	3
2. Aufgabe	3	*14. Aufgabe*	2, 4, 3, 1
3. Aufgabe	2	*15. Aufgabe*	3, 2, 4, 1
4. Aufgabe	2, 4, 1, 5, 3	*16. Aufgabe*	2
5. Aufgabe	5	*17. Aufgabe*	1
6. Aufgabe	3	*18. Aufgabe*	3
7. Aufgabe	2	*19. Aufgabe*	4
8. Aufgabe	5	*20. Aufgabe*	1
9. Aufgabe	2	*21. Aufgabe*	4
10. Aufgabe	3,50 €	*22. Aufgabe*	3
11. Aufgabe	17,07 €	*23. Aufgabe*	4
12. Aufgabe	37,50 €		

24. Aufgabe

- Welche Inhalte sind zu erstellen?
- Wer erstellt und verteilt die Informationen?
- Wie werden die Informationen aufbereitet/verteilt?
- Wann werden die Informationen erstellt?
- Wer erhält die Informationen?

25. Aufgabe

- **Beziehungskennzahlen** geben das Verhältnis zweier verschiedenartiger Zahlenwerte zueinander an (z. B. Anzahl eingehender Telefonate zu Anzahl vollbeschäftigter Agentts = Pro-Kopf-Leistung).
- **Gliederungskennzahlen** ermitteln eine Quote zwischen zwei gleichartigen Zahlenwerten (z. B. Personalkosten zu Gesamtkosten = Personalkostenquote).
- **Indexkennzahlen** geben das Verhältnis zweier gleichartiger Zahlenwerte zu unterschiedlichen Zeitpunkten wieder (z. B. Personalkosten laufendes Jahr zu Personalkosten Vorjahr = Personalkostenentwicklung).

26. Aufgabe

- **Marketingfunktion:** Erfolge können belegt werden und erhöhen somit die Reputation der Projektbeteiligten. Beispiel: In einem Outbound-Team wurde im letzten Monat eine sehr gute Erfolgsquote erzielt. Das Team erarbeitet sich so einen guten Ruf bei der Unternehmensführung und wird bei späteren Maßnahmen bevorzugt.
- **Anreizfunktion:** Ergebnisse spornen an. Die Motivation zur Erreichung der Ziele wird durch Kennzahlen gesteigert. Beispiel: Nachdem gegenüber dem Vormonat eine Steigerung der Erfolgsquote um fünf Prozentpunkte erreicht wurde, ist das Team motiviert, auch im nächsten Monat die Quote weiter zu steigern.

27. Aufgabe

- Abschlusspräsentation: Dem Kunden (bzw. der eigenen Unternehmensleitung oder anderen Projektteams) wird das Projektergebnis vorgestellt.
- Abnahme: Der Auftraggeber nimmt das Projektergebnis offiziell ab, er bestätigt also, dass er mit dem Projektergebnis zufrieden ist.

- Abschlussbesprechung (Feedbackrunde, Projektreview): Der Projektleiter nimmt mit dem Projektteam eine Rückschau des Projektverlaufs, aber auch eine Vorschau auf etwaige zukünftige Aktionen vor und berücksichtigt dabei, welche Punkte im abgeschlossenen Projekt gut gelaufen sind und welche Punkte verbesserungswürdig sind.
- Abschlussbericht: Der Projektleiter trägt alle erheblichen Informationen über den Projektverlauf und das Projektergebnis zusammen.
- Auflösung des Projektteams: Die Projektmitarbeiter erhalten neue Aufgaben.

28. Aufgabe

- In welchem Maße wurden die vereinbarten Ziele hinsichtlich Zeit, Kosten und Qualität erreicht?
- Was waren die Gründe für das Nichterreichen bzw. die Überschreitung von Zielen?
- Was lief in den Augen aller Beteiligten gut und was müsste verbessert werden?
- Was ist den Projektbeteiligten im Projektverlauf aufgefallen?
- Welche Empfehlungen kann das Projektteam für Folgeprojekte geben?

29. Aufgabe Projektauftrag, Planungsunterlagen (Projektstrukturplan bis Kostenplan), Bestandsaufnahme der Zielerreichung (Soll-Ist-Vergleich hinsichtlich Ergebnisqualität, Zeiteinhaltung und Kosten), Abweichungsanalyse (Gründe für die Soll-Ist-Abweichungen), abgeleitete Empfehlungen (auch für zukünftige Projekte), Nachkalkulation (Vergleich Projektgesamtkosten mit Budget).

30. Aufgabe 5 000 • 0,91 = 4 550 Nettokontakte

31. Aufgabe 4 550 Nettokontakte : 10 Tage : 7 Stunden : 5 Gespräche = 13 Agents
Die Angabe der AHT spielt keine Rolle, es zählt lediglich die Anzahl der pro Stunde realisierbaren Nettokontakte pro Agent (= 5).

32. Aufgabe 13 : 77 % = 16,88 = 17 Agents
17 – 13 = 4 Agents mehr

33. Aufgabe 5 Monate : 12 Monate = 41,67 %

34. Aufgabe Relevante Adressen = 300 000 Gesamtadressen – 80 000 bereits laufende Verträge = 220 000
44 564 Anwahlversuche : 220 000 relevante Adressen = 20,26 %

35. Aufgabe Obwohl schon über 40 % der Projektlaufzeit vergangen sind, wurden erst 20,26 % des relevanten Adressbestandes angewählt. Es wird also zu langsam gearbeitet. Gründe hierfür können zu geringe Kapazitäten (z. B. zu wenig besetzte Arbeitsplätze) oder eine zu lange AHT (was zu weniger Gesprächen pro Stunde führt) sein. Der Projektleiter sollte zunächst die AHT bzw. die Anzahl der Gespräche pro Stunde überprüfen und dann ggf. durch geeignete Maßnahmen (Trainings, Gesprächsleitfaden, Prozessoptimierungen) die AHT reduzieren. Gegebenenfalls müssen die Ressourcen erhöht werden, also die Arbeitszeit verlängert oder neues Personal eingestellt werden.

36. Aufgabe 21 356 Nettokontakte : 44 564 Anwahlversuche = 47,92 % Nettokontakte

37. Aufgabe Mehr als die Hälfte der Anwahlversuche führt nicht zu einem Nettokontakt. Dies kann z.B. an der schlechten Qualität der Adressen liegen (z.B. veralteter Datenbestand) oder an einer ungünstigen Anrufzeit, zu der die Kunden nicht direkt erreichbar sind.

38. Aufgabe Der Projektleiter sollte die Gründe der nicht erzielten Nettokontakte näher analysieren und ggf. die Aktualität des Adressbestandes kontrollieren. Zusätzlich sollte er prüfen, ob die Anrufzeiten optimal gewählt sind (ggf. Anrufzeiten ausdehnen).

39. Aufgabe 21 356 Nettokontakte : 220 000 relevanter Adressbestand = 9,7 % Ausschöpfungsquote

40. Aufgabe Die Ausschöpfungsquote ist im Vergleich zur bereits verstrichenen Projektlaufzeit sehr gering. Die Gründe wurden in den vorherigen Analysen schon erwähnt: zu wenige Anwahlversuche und eine geringe Nettokontaktquote. Die Kennzahl Ausschöpfungsquote kann lediglich als erster Indikator dienen, um weitere Analysen vorzunehmen. Sie gibt selbst keinen Aufschluss über die Gründe von Sollabweichungen.

41. Aufgabe 120 000 erwartete Abschlüsse • 41,67 % verstrichene Projektlaufzeit = 50 000 erwartete Abschlüsse bisher

9 807 Abschlüsse : 50 000 bisher erwartete Abschlüsse = 19,61 % Zielerreichung in den ersten 5 Monaten

42. Aufgabe 200 000 angestrebte Gesamtverträge – 80 000 laufende Verträge = 120 000 geplante Abschlüsse

9 807 abgeschlossene Verträge : 120 000 geplante Abschlüsse = 8,17 % Gesamtzielerreichung

43. Aufgabe 21 356 Nettokontakte – 3 063 zu bereinigende Kontakte = 18 293 erfolgsrelevante Kontakte

9 807 abgeschlossene Verträge : 18 293 erfolgsrelevante Kontakte = 53,61 % Erfolgsquote

44. Aufgabe Mehr als die Hälfte aller Gespräche mit potenziellen Kunden führt zu einem Abschluss. Das ist eine akzeptable Erfolgsquote. Hat man einen potenziellen Kunden erreicht, ist der Verkaufserfolg überwiegend von der Attraktivität des Produktes und seinem Preis sowie dem Verkaufsgeschick des Agents abhängig. Eine Steigerung der Erfolgsquote könnte durch Analyse der vorgenannten Faktoren und ggf. durch Verkaufstrainings oder zusätzliche Motivationsmaßnahmen (gestaffelte Provisionen, Incentives) für die Agents erzielt werden.

45. Aufgabe 780 000,00 € Budget für Provisionen : 120 000 erwartete Abschlüsse = 6,50 € erwartete mittlere Provision

Provision je Standardvertrag (2 Monatsraten):	30,00 € : 12 • 2	= 5,00 €
Provision je Plus-Vertrag:	48,00 € : 12 • 2	= 8,00 €
Mittelwert der Provisionen:	(5,00 € + 8,00 €) : 2	= 6,50 €

Da die erwartete mittlere Provision genau dem Mittelwert der beiden Verträge entspricht, wird in der Planung von einer gleich großen Anzahl für Standard- und Plus-Verträge ausgegangen (50:50).

46. Aufgabe Verbrauchtes Budget 59 856,00 € : Gesamtbudget 780 000,00 € = 7,67 %

47. Aufgabe Das bisher verbrauchte Budget entspricht nach über 40 % Projektlaufzeit mit unter 8 % dem bisher sehr geringen Gesamtverkaufserfolg.

48. Aufgabe Bisher wurden 8,17 % (siehe Lösung oben) der erwarteten Abschlüsse getätigt, allerdings nur 7,67 % (siehe Lösung oben) der budgetierten Provisionen gezahlt. Hieraus lässt sich ablesen, dass mehr Standardverträge als Plus-Verträge abgeschlossen wurden, was nicht im Sinne des Agents und des Auftraggebers ist.

Probe: 59 856,00 € verbrauchtes Budget : 9 807 Abschlüsse = 6,10 € mittlere Provision.

Die geplante mittlere Provision liegt bei einer Verteilung der Vertragsarten von 50:50 bei 6,50 €.

49. Aufgabe Wochenarbeitszeit = 5 Tage • 3 Stunden = 15 Stunden

1 500 Calls : 15 Stunden = 100 Calls pro Stunde

100 Calls : 4 Calls pro Stunde je Mitarbeiter = 25 Mitarbeiter

50. Aufgabe 25 Mitarbeiter • 15 Stunden • 24,00 € = 9 000,00 € Gesamtkosten

9.000,00 € Gesamtkosten : 1 500 Calls = 6,00 € je Call

51. Aufgabe

	Geplante Kosten	**Ist-Kosten**	**Abweichung absolut**	**Abweichung relativ**
Agentenkosten	1 110,00 €	1 170,00 €	+ 60,00 €	+ 5,4 %
+ Teamleiterkosten	200,00 €	170,00 €	– 30,00 €	– 15,0 %
= Summe Personalkosten	**1 310,00 €**	**1 340,00 €**	**+ 30,00 €**	**+ 2,3 %**
+ Arbeitsplatzkosten	320,00 €	405,00 €	+ 85,00 €	+ 26,6 %
+ Porto- und Materialkosten	170,00 €	190,00 €	+ 20,00 €	+ 11,8 %
= Gesamtkosten	**1 800,00 €**	**1 935,00 €**	**+ 135,00 €**	**+ 7,5 %**

52. Aufgabe Ist-Gesamtkosten : Agentenstunden = 1 935,00 € : 75 = 25,80 € pro Agentenstunde

Ist-Gesamtkosten : Anzahl Calls = 1 935,00 € : 267 = 7,25 € je Call

53. Aufgabe Statt der tatsächlichen 267 Calls sollten zu diesem Zeitpunkt bereits 300 Calls durchgeführt worden sein. Eine Ursache könnte in einer zu langen AHT liegen. Hier können z. B. kurze Nachschulungen oder eine Optimierung des Gesprächsleitfadens helfen. Eine andere Ursache könnte der sehr enge Zeitkorridor der Anrufe sein (9 bis 12 Uhr), hier sollte eine Ausweitung der Anrufzeiten geprüft werden.

54. Aufgabe 22 Mitarbeiter • 4 Calls • 3 Stunden • 4 Tage = 1.056 Calls
Zielabweichung: 1 500 Calls – 267 Calls – 1.056 Calls = 177 Calls

55. Aufgabe 1 Monat • 100 : 6 Monate = 16,67 %

56. Aufgabe 7 319 • 100 : 60 000 = 12,19 %

57. Aufgabe 129 • 100 : 3 000 = 4,30 %

58. Aufgabe

Kosten Agents:	150 • 20 • 12,50 €	= 37 500,00 €
Kosten Adressen:	60 000 • 0,40 € : 6	= 4 000,00 €
Gesamtkosten:	37 500 € + 4 000 €	= 41 500,00 €
Verbrauchtes Budget:	41 500 € • 100 : 300 000 €	= 13,83 %

59. Aufgabe

	Soll	Ist
Nettokontakte	16,67 %	12,19 %
Neukunden	16,67 %	4,30 %
Projektbudget	16,67 %	13,83 %

Die größte Abweichung liegt eindeutig bei den gewonnenen Neukunden (erfolgreiche Gesprächsergebnisse).

60. Aufgabe
- Nachschulung: Möglicherweise gibt es Wissenslücken oder fehlende Kompetenzen bei den Agents, die für den geringen Gesprächserfolg verantwortlich sind.
- Erfolgsprämie einführen: Eine zu geringe Motivation der Agents, zu einem erfolgreichen Gesprächsabschluss zu kommen, kann so gesteigert werden.
- Gesprächsleitfaden optimieren: Nachbesserungen kann den Gesprächsverlauf erfolgreicher gestalten.

13 Personal

Situation zu den Aufgaben 1 bis 4:
Die Call4'n-Expert KG mit Sitz in Bonn bereitet die Eröffnung eines neuen Standorts in Köln vor. Sie sind im Projekt mit dem Arbeitstitel „Expansion" für die personelle Planung und Umsetzung verantwortlich. Am neuen Standort werden fünf neue Teamleiter benötigt.

1. Aufgabe
Viele Kollegen erhoffen sich Aufstiegsmöglichkeiten am neuen Standort. Der Betriebsrat hat eine interne Stellenausschreibung verlangt. 10 Mitarbeiter haben bereits angekündigt, sich auf eine der Teamleiterstellen zu bewerben. Auch Sie sind von den Vorteilen der internen Ausschreibung überzeugt, erkennen aber auch die Gefahren. Beschreiben Sie, welche Vor- und Nachteile Sie gegeneinander abwägen.

2. Aufgabe
Vier der fünf neuen Teamleiter verfügen bisher über keine Berufserfahrung in dieser Position. In einem Vorbereitungsgespräch haben sie sich daher allesamt eine Fortbildung im Bereich Teamentwicklung und Teamrollen gewünscht. Sie möchten diesem Wunsch nachkommen. Welche Inhalte sollten dementsprechend in der Fortbildung vermittelt werden?

3. Aufgabe
Nachdem Sie die Inhalte der Fortbildung gemeinsam festgelegt haben, soll die Fortbildung gut organisiert werden. Nennen Sie drei wichtige Überlegungen, die Sie in diesem Zusammenhang anstellen müssen.

4. Aufgabe
In einer Arbeitssitzung mit den neuen Teamleitern geht es darum, wie die Motivation der Agents nachhaltig gesteigert werden kann. Einer der Teamleiter schlägt eine prozentuale Lohnerhöhung vor. Nehmen Sie kritisch dazu Stellung und machen Sie alternative Vorschläge.

Situation zu den Aufgaben 5 bis 9:
Sie arbeiten in der Personalabteilung der Dialogfix GmbH und beraten die Teamleiter in Personalfragen. Aufgrund positiver Erwartungen für das nächste Geschäftsjahr sollen weitere Agents im Outbound-Bereich eingestellt werden. Sie arbeiten bei der Personalbeschaffung mit.

5. Aufgabe
Sie sollen eine Stellenanzeige entwerfen, die in einer überregionalen Tageszeitung geschaltet werden soll. Nennen Sie sechs Mindestinhalte einer solchen Stellenanzeige.

6. Aufgabe

Bei Ihrer Arbeit und auch bei der Formulierung der Annonce müssen Sie das Allgemeine Gleichbehandlungsgesetz (AGG) berücksichtigen. Beschreiben Sie das Ziel dieses Gesetzes und machen Sie an zwei Beispielen deutlich, worauf Sie im Text der Stellenanzeige achten müssen.

7. Aufgabe

Ihre Anzeige war erfolgreich. Beschreiben Sie, wie man aus der großen Zahl der eingegangenen schriftlichen Bewerbungen die Kandidaten herausfindet, die einem weiteren Auswahlverfahren unterzogen werden sollten.

8. Aufgabe

Nach der Vorauswahl steht das Auswahlverfahren an. Entscheiden Sie sich für zwei mögliche Verfahren und begründen Sie Ihre Entscheidung.

9. Aufgabe

Ein neu eingestellter Agent verlässt nach einigen Monaten das Unternehmen und fordert ein qualifiziertes Zeugnis an. Eine junge Teamleiterin hat bislang ausschließlich einfache Zeugnisse erstellt und bittet Sie daher um Ihre Hilfe: Welche Inhalte ergänzen das einfache Zeugnis so, dass es ein qualifiziertes wird? Führen Sie fünf Inhalte auf, die auf jeden Fall enthalten sein sollten.

Situation zu den Aufgaben 10 bis 13:

Die KommunikativAktiv KG bemüht sich um einen großen Auftrag. Für eine Versicherungsgruppe will sie eine Umfrage zur Kundenzufriedenheit und zum Markenimage im Sektor der Altersvorsorge unter deren Kunden durchführen. Um diesen Auftrag überhaupt erfüllen zu können, ist eine vorübergehende Verstärkung des Personalbestandes erforderlich.

10. Aufgabe

In der Erwartung, den Auftrag zu erhalten, wird beschlossen, auf der Unternehmenshomepage ein Internetformular einzurichten, über das man sich online bewerben kann. Erläutern Sie diese Möglichkeit der Onlinebewerbung und zählen Sie drei Vorteile einer solchen Methode für das Unternehmen auf.

11. Aufgabe

Führen Sie zwei mögliche Maßnahmen auf, die dazu dienen, eine möglichst hohe Bewerberzahl über das Internetformular zu erreichen.

12. Aufgabe

Welche weiteren Daten sollten neben den Kontaktdaten des Bewerbers noch erhoben werden, um herauszufinden, ob er zur Verstärkung des Teams bei der Durchführung des geplanten Großauftrages geeignet ist?

13. Aufgabe

Die KommunikativAktiv KG hat den Auftrag bekommen. Es wurden 60 befristete Teilzeitbeschäftigungsverhältnisse geschlossen. Es herrscht Zeitdruck! Der erste Call soll so bald wie möglich starten. Zur Einarbeitung stehen ein ausgefeilter Gesprächsleitfaden, drei Teamleiter und ein halber Arbeitstag zur Verfügung. An diesem Tag werden die neuen Mitarbeiter das erste Mal im Unternehmen sein. Sie sollen die Einarbeitung organisieren. Stellen Sie einen Einarbeitungsplan auf.

Situation zu den Aufgaben 14 bis 18:
Die Dialogfix GmbH betreibt neben drei großen Inbound-Projekten eine Outbound-Abteilung, in die mehrere Kleinprojekte eingegliedert sind. In der Vergangenheit diente der Outbound-Bereich oftmals dazu, Personalengpässe im Inbound auszugleichen, indem Kundenberater und Führungskräfte zeitweise entliehen wurden. Die Situation spitzt sich zu, da die Mitarbeiter nun schon seit mehreren Wochen im Inbound beschäftigt werden und die vertraglich zugesicherten Outbound-Kampagnen nicht mehr fristgerecht bearbeitet werden können. Zum wiederholten Male beklagt sich die Projektleiterin Outbound Elke Lemke beim Callcenter-Manager Thomas Winter über die andauernd schlechte Personalsituation in ihrem Verantwortungsbereich, weil trotz Überstunden die Arbeit nicht mehr zu bewältigen sei. Thomas Winter verweist auf die Besonderheit der Personaleinsatzplanung im Inbound, die sich grundlegend von der des Outbounds unterscheidet. Gleichzeitig fordert er Frau Lemke auf, sich an den Personalleiter der Dialogfix GmbH, Herrn Asamov, zu wenden. Dieser warnt hingegen vor einer übereilten Einstellungsmaßnahme, da ein möglicher zukünftiger Personalüberschuss nur sehr schwer wieder abgebaut werden könne. Sie sind in der Personalabteilung tätig und unterstützen Georg Asamov.

14. Aufgabe

Welche Gründe können für die Unterdeckung im Inbound-Bereich verantwortlich sein? Unterscheiden Sie zwischen projektspezifischen und anderen Gründen, die einen verringerten Personalbestand zur Folge haben.

15. Aufgabe

Welche Unterschiede zwischen der Planung im Inbound und Outbound können den Hinweis des Callcenter-Managers rechtfertigen?

16. Aufgabe

Welche Vorschläge können Sie dem Personalleiter unterbreiten, um flexibel auf den schwankenden Personalbedarf im Callcenter zu reagieren?

17. Aufgabe

Trotz Ausnutzung sämtlicher Modelle der Arbeitszeitflexibilisierung stellt Herr Asamov einen weiteren Personalbedarf fest. Schlagen Sie Herrn Asamov fünf Möglichkeiten der externen Personalbeschaffung vor.

18. Aufgabe

Nachdem Sie die Bedarfsmeldungen platziert haben, werden Sie aufgefordert, eine Job Description (Stellenbeschreibung) zur Verfügung zu stellen. Was versteht man darunter? Welche Angaben sollten enthalten sein?

Situation zu den Aufgaben 19 bis 24:

Für das nächste Geschäftsjahr erstellen die Geschäftsführer der Dialogfix GmbH einen Stellenplan. Die abgebildete Personalbedarfsplanung nach der Stellenplanmethode zeigt die Abweichungen des aktuellen Personalbestands (Istbestand) vom geplanten Stellenbestand (Sollbestand) im Callcenter.

Stelle	Personalbestand (Istbestand)	Stellenbestand (Sollbestand)	Differenz
Callcenter-Manager	1	1	0
Projektleiter	2	3	–1
Teamleiter	12	10	2
Supervisor	4	5	–1
Sachbearbeiter	13	10	3
Agents	271	274	–3
Summe	**303**	**303**	**0**

Zusätzlich sind folgende personelle Veränderungen geplant bzw. abzusehen:

- Auszubildende: Simone Möller und Peter Stenzel beenden im Frühjahr nächsten Jahres ihre Ausbildung zur Servicefachkraft für Dialogmarketing.
- Zum 31.01. des nächsten Jahres läuft der befristete Arbeitsvertrag der Sachbearbeiterin Gudrun Koppel aus.
- Sebastian Peters, Teamleiter, möchte ab dem 01.01. des folgenden Jahres ein freiwilliges soziales Jahr absolvieren.
- Die Sachbearbeiterin Petra Zimmermann kommt zum 15.02. aus der Elternzeit zurück.
- Der Agent Gerhard Schmidt erreicht am 01.03. das Rentenalter und scheidet aus dem Unternehmen aus.

19. Aufgabe

Personalbestand (Istbestand) und geplanter Stellenbestand (Sollbestand) in der Dialogfix GmbH sind ausgeglichen. Begründen Sie, warum dennoch Personalmaßnahmen erforderlich sein können.

20. Aufgabe

Nehmen Sie zu den geschilderten Veränderungen Stellung und erarbeiten Sie Lösungsvorschläge, wie die Soll-Ist-Abweichungen aufzulösen sind. Begründen Sie Ihre Entscheidung!

21. Aufgabe

In Ermangelung geeigneter interner Bewerber soll die Stelle des Projektleiters extern nachbesetzt werden. Nennen Sie vier Vorteile einer externen Stellenausschreibung.

22. Aufgabe

Nennen Sie zwei Einflussmöglichkeiten des Betriebsrats im Zuge eines Einstellungsverfahrens.

23. Aufgabe

Die Dialogfix GmbH möchte aufgrund der geringeren Kosten die Stelle des Projektleiters in einem Jobportal ausschreiben. Entwickeln Sie dazu eine Stellenanzeige, indem Sie vier typische Aufgaben sowie vier Voraussetzungen für die Position eines Projektleiters beschreiben.

24. Aufgabe

Nach Eingang der Bewerbungsunterlagen sollen Sie bei der Vorauswahl behilflich sein. Nennen Sie fünf Kriterien, auf die Sie bei der Auswertung der Unterlagen achten.

Situation zu den Aufgaben 25 bis 27:

Die Dialogfix GmbH nimmt demnächst den neuen Laptop „Portablix" ins Angebot. Um den erwarteten Anstieg der Anrufe zu bewältigen, soll die Kapazität der telefonischen Bestellannahme erweitert werden. Dazu werden einige Mitarbeiter, von denen viele Teilzeit arbeiten, aus dem Backoffice abgezogen und zu einem neuen Team zusammengestellt.

25. Aufgabe

Ermitteln Sie anhand der nachstehenden Liste der vorgesehenen Mitarbeiter, wie viele Vollzeitmitarbeiter (Mitarbeiterkapazität/MAK) zusätzlich für die Hotline zur Verfügung stehen:

- Judith Reekers (40 Stunden)
- Besiana Gashi (35 Stunden)
- Simon Carstensen (30 Stunden)
- Ulf Grüner (30 Stunden)
- Samira Schorr (25 Stunden)
- Svenja Metzger (20 Stunden)
- Antonia Clark (20 Stunden)

26. Aufgabe

Die Dialogfix GmbH kalkuliert bei der Personaleinsatzplanung der Bestellhotline mit einer Auslastung von 80 %. Erläutern Sie kurz, was man hier unter Auslastung versteht!

27. Aufgabe

Für die Bestellhotline wurde eine AHT (Average Handling Time) von 4 Minuten vorgegeben. Berechnen Sie, wie viele Gespräche ein Mitarbeiter in einer 6-Stunden-Schicht maximal bearbeiten kann, wenn die vorgegebene Auslastung eingehalten werden soll.

Situation zu den Aufgaben 28 bis 33:
Die Dialogfix GmbH hat beschlossen, für Behörden kommunikative Dienstleistungen anzubieten. Es wird dazu ein Projektteam (Vollzeit) eingerichtet, das den Markt analysieren und entsprechende Angebote ausarbeiten soll. Die Teammitglieder kennen sich noch nicht. Sie sind als Projektleiter für die Zielerreichung verantwortlich.

28. Aufgabe

Nennen Sie vier Grundsätze, die Sie bei der Arbeit im Team als wichtig erachten.

29. Aufgabe

Sie wissen, dass das Team sich erst zusammenfinden muss, bevor es effizient und effektiv miteinander arbeiten kann. Stellen Sie die typischen Phasen der Teamentwicklung dar und beschreiben Sie diese mit jeweils einem Satz.

30. Aufgabe

Das Teammitglied Hugo Meyer, ein „alter Hase", spricht Sie nach einer Woche auf die häufig auftretenden Konflikte an. Er meint, dass es Ihre Aufgabe sei, keine Konflikte zuzulassen: Die Konflikte führten dazu, dass das Ergebnis nicht erreicht werden könne. Was antworten Sie ihm?

31. Aufgabe

Im Team arbeiten zwei Nachwuchskräfte mit, die erst kürzlich ihre Ausbildung beendet haben. Die beiden haben gute Ideen, halten sich jedoch zurück und kommen selten zu Wort. In den Mittagspausen gehen sie auch nicht gemeinsam mit dem Projektteam in die Kantine. Wie verhalten Sie sich?

32. Aufgabe

Um die Mitarbeiter zu motivieren, loben Sie eine Teamprämie von 1 000,00 € aus, falls das Projektziel in der vorgegebenen Zeit erreicht wird. Geben Sie begründet an, um welche Art der Motivation es sich hier handelt.

33. Aufgabe

Nach zwei Wochen Arbeit sind die Ergebnisse zum Greifen nahe. Das Team hat sich gefunden und arbeitet zielstrebig. Bald werden die Teammitglieder wieder an ihren normalen Arbeitsplatz zurückkehren. Beschreiben Sie begründet Ihr Verhalten gegenüber dem Team.

Situation zu den Aufgaben 34 bis 36:
Die Dialogfix GmbH möchte für eine individuelle Personalentwicklung die Beurteilung ihrer Teamleiter standardisieren. Da Sie sich bereits im dritten Ausbildungsjahr befinden, sollen Sie den Personalleiter bei der Erarbeitung eines strukturierten Beurteilungsbogens unterstützen. In einer Grobgliederung sind bereits folgende Kompetenzfelder bestimmt worden:

- Fach- und Problemlösungskompetenz
- Verhaltens- und Sozialkompetenz
- Führungskompetenz

34. Aufgabe
Nennen Sie drei typische Anlässe, zu denen Mitarbeiterbeurteilungen stattfinden.

35. Aufgabe
Geben Sie jeweils fünf Merkmale/Verhaltensweisen an, mit denen sich die verschiedenen Kompetenzfelder aussagekräftig beurteilen lassen.

36. Aufgabe
Die Unternehmensleitung möchte gern das unternehmerische Denken und Handeln der Teamleiter fördern. Führen Sie fünf Merkmale/Verhaltensweisen auf, die zu einer Beurteilung herangezogen werden können.

Situation zu den Aufgaben 37 bis 40:
Die Zusammenarbeit zwischen den Führungskräften und den Mitarbeitern der Dialogfix GmbH war in den letzten Wochen von zahlreichen Missverständnissen und Frustration geprägt. Das Verhältnis zueinander ist angespannt. Die Geschäftsführung hat diese Situation als Ursache für nicht befriedigende Arbeitsergebnisse bei der Umsetzung von Zielen und Plänen erkannt. Um die Zufriedenheit und die Motivation zu fördern, sollen regelmäßige Mitarbeitergespräche eingeführt werden. Sie sollen den Personalleiter bei der Erstellung eines Leitfadens unterstützen.

37. Aufgabe
Welche weiteren Ziele verfolgt die Geschäftsführung mit einem strukturierten Mitarbeitergespräch? Nennen Sie mindestens drei Aspekte.

38. Aufgabe
Ein erfolgreiches Mitarbeitergespräch setzt eine gründliche Vorbereitung beider Gesprächspartner voraus. Beschreiben Sie, welche organisatorischen und inhaltlichen Vorbereitungen zu treffen sind.

39. Aufgabe

Stellen Sie stichpunktartig dar, welche Themenschwerpunkte in einem Mitarbeitergespräch behandelt werden sollten.

40. Aufgabe

Die Mitarbeiter sollen sich anhand von Fragen auf das Mitarbeitergespräch vorbereiten. Entwickeln Sie für jeden Themenschwerpunkt drei mögliche Fragestellungen!

Situation zu den Aufgaben 41 bis 43:

Sie sind in der Personalabteilung der Dialogfix GmbH eingesetzt. Die Stelle des Projektleiters Outbound ist durch eine Kündigung vakant und soll kurzfristig nachbesetzt werden.

Sie werden beauftragt, eine Stellenanzeige zu entwerfen. Der Personalleiter erklärt Ihnen ein bewährtes Muster, nach dem die Dialogfix GmbH in der Vergangenheit erfolgreich Anzeigen geschaltet hat. Der inhaltliche Aufbau folgt diesem Grundschema:

Wir sind:
Wir haben:
Wir suchen:
Wir bieten:
Wir bitten um:

41. Aufgabe

Erklären Sie kurz, welche Informationen den einzelnen Punkten zugeordnet werden. Geben Sie jeweils zwei Beispiele an!

42. Aufgabe

Nachdem Sie dem Personalleiter Ihren Entwurf präsentiert haben, empfiehlt dieser, die Stellenanzeige in der regionalen Tageszeitung zu veröffentlichen. Interessenten sollen sich direkt über den Internetauftritt der Dialogfix GmbH bewerben. Wie unterscheiden sich Onlinebewerbungen von E-Mail-Bewerbungen?

43. Aufgabe

Nennen Sie zwei Vorteile, die sich durch die Nutzung von Onlinebewerbungen ergeben.

Lösungen zu Kapitel 13

1. Aufgabe Einerseits kostengünstige und schnelle Beschaffung des erforderlichen Personals, Wissen über Bewerber vorhanden, Bewerber sind mit Unternehmen vertraut, motivierende Aufstiegschancen; andererseits wenig Auswahl, Enttäuschung bei nicht berücksichtigten Interessenten, evtl. den Betriebsfrieden störende Rivalität o. Ä.

2. Aufgabe Ausführung zu Teamphasen (Forming, Storming, Norming, Performing) und Einflussmöglichkeiten des Teamleiters, Rollen und Beziehungen im Team, darauf abgestimmte Verhaltensweisen des Teamleiters.

3. Aufgabe Beispiele: Entscheidung über interne oder externe Durchführung, Auswahl der richtigen Methode, Möglichkeiten der Erfolgskontrolle.

4. Aufgabe Ein höherer Lohn motiviert kurzfristig, danach wird er zur Selbstverständlichkeit. Dauerhaft wirksam sind beispielsweise die Übertragung von Verantwortung, Anerkennung, Spaß an der Arbeit selbst u. Ä. Zusätzlich können Bonussysteme die Bezahlung von der Leistung abhängig machen. Dies motiviert langfristig.

5. Aufgabe Vorstellung des Unternehmens, Bezeichnung der zu besetzenden Stelle, Stellenprofil, Anforderungen und Qualifikation, Leistungen des Unternehmens, Angaben zur Bewerbung.

6. Aufgabe Niemand darf wegen seiner Herkunft, seines Geschlechts, seines Alters, seiner Religion oder seiner sexuellen Identität benachteiligt werden. In Stellenanzeigen ist deswegen auf Formulierungen wie „junger Teamleiter gesucht" oder „ununterbrochene Beschäftigung ist Voraussetzung zur Einstellung" zu verzichten. Ebenfalls problematisch ist die Anforderung eines Passbildes, da dies weitere Rückschlüsse zuließe.

7. Aufgabe Die Einschätzung, ob ein Bewerber geeignet ist, erfolgt durch Analyse der Bewerbungsunterlagen. Hinweise ergeben sich bereits aus Form und Inhalt des Bewerbungsanschreibens (Berufserfahrung, Qualifikation), dem Lebenslauf und beigelegten Zeugnissen. Dabei findet ein Vergleich der mitgebrachten Eigenschaften des Bewerbers mit den Anforderungen der zu besetzenden Stelle statt. Ist das Ergebnis positiv, wird der Bewerber näher betrachtet.

8. Aufgabe Beispiele: Assessment-Center (AC), da große Bewerberzahl und vielfältige Übungen möglich; Telefoninterview wegen des späteren Einsatzes am Telefon; Vorstellungsgespräch wegen des aussagekräftigen persönlichen Eindrucks.

9. Aufgabe Ein einfaches Zeugnis wird erweitert um die Beurteilung der Leistungen und des Verhaltens. Sinnvoll hier beispielsweise: Arbeitsquantität, Arbeitsqualität, Teamfähigkeit, Ausdrucksvermögen, Belastbarkeit, Führung etc.

10. Aufgabe Bewerbung durch Eingabe von Daten in eine vorstrukturierte Maske.
Vorteile sind Zeitersparnis durch Verzicht auf Sichtung von Bewerberunterlagen; erleichterte Auswertung, da Daten digital vorliegen; Vorauswahl kann anhand bestimmter Kriterien vorgenommen werden.

11. Aufgabe Beispiele: Verlinken des Formulars auf Job-Seiten im Internet, Link zum Formular auf Startseite der eigenen Unternehmenshomepage, schriftliche Werbung mit Hinweis auf Formular an Erfolg versprechenden Stellen (Fachzeitschrift, regionale Zeitung, Schwarze Bretter).

12. Aufgabe Beispiele: Ist bereits Erfahrung im Callcenter vorhanden; wenn ja: Erfahrung mit Fragebögen, Erfahrung im Bereich Altersvorsorge (Studienschwerpunkt, eigene Erfahrungen)?

13. Aufgabe

08:00 Uhr	Für alle Mitarbeiter Begrüßung; Leitung HR, IT, Chef
08:15 Uhr	Organisation (Verpflichtungserklärungen, Einweisung Datenschutz, Betriebsordnung etc.)
09:00 Uhr	Aufteilung der Agents auf die drei Teams
09:30 Uhr	Kaffeepause
09:45 Uhr	Ab jetzt zeitlich versetztes Vorgehen der drei Teams im 30-Minuten-Rhythmus, Leitung durch Teamleiter, Einplanung von Fragen – kurze Vorstellung der Leistungen der Versicherungsgruppe, Ziel der Calls – Vorstellung des Gesprächsleitfadens – Vorstellung der Technik und der Arbeitsplätze
ab 11:30 Uhr	Learning by Doing unter Hilfestellung der Teamleiter

14. Aufgabe Projektspezifische Gründe im Inbound, die einen erhöhten Mitarbeiterbedarf zur Folge haben:

- Die Anzahl der eingehenden Anrufe ist höher als in der Personaleinsatzplanung prognostiziert.
- Der Anrufzeitpunkt (Tag, Uhrzeit) verlagert sich in Bereiche, die in der Planung nicht berücksichtigt wurden. Eine Verschiebung der Schichten ist nicht möglich (z. B. Peak-Phasen, in denen nur für eine kurze Zeit eine überproportionale Anzahl an Kundenberatern zur Verfügung stehen muss).
- Die durchschnittliche Gesprächsbearbeitungsdauer ist höher als in der Planung zugrunde gelegt.

Personalabgänge durch andere Gründe: (Langzeit-)Erkrankungen, unentschuldigtes Fehlen, Austritte wegen Pensionierung, fristlose und fristgerechte Kündigungen (arbeitnehmer- und unternehmensseitig initiiert), Abschluss von Aufhebungsverträgen, Ablauf von befristeten Arbeitsverträgen, Elternzeit, Versetzungen innerhalb des Unternehmens.

15. Aufgabe Im **Inbound** reagiert das Unternehmen auf den Kunden, der anruft. Die Anrufe gehen dabei nicht gleichmäßig über den Tag verteilt ein, sondern unterliegen einer mehr oder weniger zufälligen Verteilung. Es kommt dabei zu Anrufspitzen (Peaks) bzw. Schwankungen im Anrufvolumen.

Im **Outbound** dagegen ergreift das Unternehmen die Initiative. Die Menge der zu tätigenden Anrufe und der zu erzielenden Kontakte ist damit in der Regel vorher bekannt, die für eine Kampagne benötigte Zeit sowie die erforderliche Mitarbeiteranzahl sind rechnerisch einfach zu bestimmen.

16. Aufgabe
- Einsatz von Teilzeitkräften
- Einführung eines Gleitzeitsystems
- Einführung einer **kap**azitäts**o**rientierten **v**ariablen **A**rbeits**z**eit („kapovaz")
- Überstunden/Verkürzung der Arbeitsstunden
- Implementierung eines Jahresarbeitszeitsystems
- Flexibler Einsatz von Zeit- und Leiharbeitskräften

17. Aufgabe Beispiele: Agentur für Arbeit, private Arbeitsvermittlung, Personalberatung, Stellenanzeigen, Internet, Personalleasing, Kontakt zu Bildungsträgern, Vermittlung durch eigene Mitarbeiter, Auswertung von Initiativbewerbungen.

18. Aufgabe Eine Job Description (Stellenbeschreibung) ist eine personenneutrale, schriftliche Beschreibung einer Arbeitsstelle hinsichtlich ihrer Arbeitsziele, Aufgaben, Kompetenzen und Beziehungen zu anderen Stellen. Sie sollte enthalten:
- Einordnung der Stelle in die Unternehmensorganisation
- Kompetenzen und Pflichten
- Anforderungen an den Stelleninhaber
- Beschreibung der Tätigkeiten und Zielsetzung der Stelle (Hauptaufgabe, Führungsaufgaben, Fachaufgaben, besondere Aufgaben und personenbezogene Aufgaben)
- Zusammenarbeit mit anderen Stellen
- Sachlich-organisatorische Angaben (z. B. Verteiler, nächste Überprüfung, Unterschriften)

19. Aufgabe Auch wenn die Bestände quantitativ ausgeglichen sind, fließen in die Planung immer qualitative Elemente ein. Die qualitative Planung unterscheidet zwischen einer Vielzahl von Eigenschaften (Skills), die die Einsatzmöglichkeiten der Mitarbeiter berücksichtigen. Eine Planung ausschließlich nach quantitativen Informationen führt zwangsläufig zu Fehlbesetzungen, da sich beispielsweise die Skills eines Agents von denen eines Projektmanagers signifikant unterscheiden (z. B. hinsichtlich Mitarbeiterführung).

20. Aufgabe
- Die Auszubildenden Simone Möller und Peter Stenzel können nach Abschluss ihrer Ausbildung als Agents eingesetzt werden, da sie die Voraussetzungen mit erfolgreichem Abschluss der Ausbildung erfüllen und ein Bedarf an Agents besteht.
- Eine Verlängerung des befristeten Arbeitsvertrags von Gudrun Koppel ist nicht erforderlich, da trotz Vertragsauslauf ein Überhang von zwei Sachbearbeitern besteht.
- Auch das temporäre Ausscheiden von Sebastian Peters muss nicht kompensiert werden, da ein Überhang an Teamleitern besteht.
- Petra Zimmermann kommt zum 15.02. aus der Elternzeit zurück, ohne dass ein Bedarf an Sachbearbeitern besteht. Nach MuSchG steht ihr ein vergleichbarer Arbeitsplatz zu. Ist der Einsatz als Agent als vergleichbar einzustufen, wäre dies zu überprüfen, da hier eine Unterdeckung besteht.

- Die Stelle von Gerhard Schmidt muss nachbesetzt werden. Zunächst sollte geprüft werden, inwieweit die Überhänge Sachbearbeiter durch Änderungskündigungen (neues Arbeitsangebot: Agent) abgebaut werden können. Andernfalls ist eine Neueinstellung vorzunehmen.
- Der Überhang Teamleiter könnte durch eine Versetzung zum Supervisor abgebaut werden (Änderungskündigung).
- Die Stelle Projektleiter muss nachbesetzt werden.

21. Aufgabe Größere Bewerberauswahl, neue Ideen und Lösungsansätze, keine „Betriebsblindheit", keine Rivalität und Streit um die Stelle unter den Bestandsmitarbeitern, keine „kumpelhaften" Beziehungen zwischen neuem Vorgesetzten und seinen vormals gleichgestellten Kollegen.

22. Aufgabe
- Der Betriebsrat kann verlangen, dass Arbeitsplätze vor ihrer Besetzung innerhalb des Betriebes ausgeschrieben werden (§ 93 BetrVG).
- Richtlinien über die personelle Auswahl bei Einstellungen bedürfen der Zustimmung des Betriebsrats (§ 95 BetrVG).

23. Aufgabe Beispiele für Aufgaben:
- Fachliche und disziplinarische Führung der unterstellten Stellen
- Förderung und Entwicklung der Mitarbeiter
- Entwicklung und Steuerung, Stabilisierung der Team-/Projektstruktur
- Sicherstellung und Förderung des Informationsflusses
- Implementierung von neuen Projekten
- Auftraggeberbetreuung (u. a. Vorbereitung und Durchführung von Auftraggeberterminen, laufende Abstimmung mit den Auftraggebern zur Optimierung und Weiterentwicklung von Prozessen und Abläufen)
- Sicherstellung der zeit- und bedarfsgerechten Projektstatistiken und des Reportings
- Sicherstellung der Einhaltung von Qualitätsstandards

Beispiele für Voraussetzungen:
- Abgeschlossenes kaufmännisches Studium oder vergleichbare Ausbildung
- Mehrjährige Callcenter-Erfahrung und Führungserfahrung
- Erfahrungen/Verantwortung in der Steuerung und Betreuung von Inbound- und Outbound-Projekten
- Sehr gute Kenntnisse in MS-Office
- Organisationstalent und unternehmerische Denkweise
- Motivationsfähigkeit, Überzeugungs- und Durchsetzungskraft, Kunden- bzw. Dienstleistungsorientierung
- Zeitliche und persönliche Flexibilität sowie Belastbarkeit
- Verantwortungsbewusstsein und selbstständige Handlungsweise

24. Aufgabe
- Wurden alle angeforderten Unterlagen eingereicht?
- Sind die äußere Form und die Gestaltung der Bewerbungsunterlagen ansprechend?
- Stimmt die Qualifikation mit dem Anforderungsprofil überein?
- Werden Zusammenhänge der bisherigen Tätigkeiten mit der neuen Stelle hergestellt?
- Ist die Bereitschaft zur Übernahme neuer Aufgaben vorhanden?

25. Aufgabe (40 + 35 + 30 + 30 + 25 + 20 + 20) : 40 = 5 Vollzeitmitarbeiter (40 Stunden)

26. Aufgabe In der Personaleinsatzplanung misst die Auslastung den Anteil der Produktivzeit (AHT, Gesprächs- und Nachbearbeitungszeit) an der Nettoarbeitszeit.

27. Aufgabe Produktivzeit: 360 Minuten • 0,80 = 288 Minuten
288 Minuten Produktivzeit : 4 Minuten AHT = 72 Gespräche

28. Aufgabe
- Positive Grundeinstellung gegenüber den Mitarbeitern.
- Notwendige Informationen sollten zur Verfügung stehen.
- Das Ziel muss allen bekannt sein.
- Konflikte sollten geklärt werden.

29. Aufgabe
- Orientierungsphase (Forming): Die Teammitglieder lernen sich kennen.
- Konfliktphase (Storming): Das Team sucht nach gemeinsamen Normen, einzelne Mitglieder versuchen, ihr Verhalten als Norm durchzusetzen. Deswegen kommt es zu Konflikten.
- Regelphase (Norming): Es entstehen gemeinsame Normen und ein Wir-Gefühl.
- Arbeitsphase (Performing): Das Team arbeitet gemeinsam und eingespielt an der Zielerreichung.

30. Aufgabe Das Team befindet sich offensichtlich in der Konfliktphase. Herr Meyer stellt Ihre Führung infrage. Seine Auffassung ist nicht richtig, da der Erfolg des Teams maßgeblich davon abhängt, dass die aufgetretenen Konflikte gelöst werden. Ist das nicht der Fall, schwelen sie unter der Oberfläche weiter und machen ein effektives Arbeiten unmöglich.

31. Aufgabe Ziel ist es, dass die beiden ihre Ideen ins Team einbringen können und ihre Zurückhaltung aufgeben. Es ist der Gefahr vorzubeugen, dass sich die Ausgrenzungssituation verfestigt. Der Teamleiter hat daher die beiden zu ermutigen und zu integrieren. Dazu kann er beispielsweise bei den Meetings auf entsprechende Methoden zurückgreifen, die Ideen der beiden wertschätzen sowie gezielt Begegnungen mit den anderen herbeiführen.

32. Aufgabe Hier wird die extrinsische Motivation beschrieben, da die motivierenden Faktoren für das Team von außen kommen.

33. Aufgabe Das Team wird sich bald auflösen. Dabei herrschen widersprüchliche Gefühle vor. Es kann zu einem Motivationsverlust kommen, der dazu führt, dass die verbleibenden Aufgaben nicht mehr zufriedenstellend abgearbeitet werden, da die Außeninteressen immer wichtiger werden. Der Teamleiter muss daher wieder stärker die Arbeit strukturieren und die Mitglieder auf die Trennung vorbereiten.

34. Aufgabe z. B. Regelbeurteilung in einem bestimmten Zeitintervall, Beförderungen/Versetzungen, anstehende Weiterbildungsmaßnahmen, Antrag auf ein Zwischenzeugnis

35. Aufgabe **Fach- und Problemlösungskompetenz**

- Besitzt alle für den Aufgabenbereich erforderlichen Kenntnisse.
- Schafft durch Fachwissen eine gute Informations- und Entscheidungsbasis.
- Erkennt und berücksichtigt alle wichtigen Informationen.
- Erkennt Konsequenzen von Informationen.
- Erkennt und analysiert Ursachen für Probleme.
- Führt Problemlösungen eigenständig herbei.

Verhaltens- und Sozialkompetenz

- Erkennt Konflikte.
- Sucht nach gemeinschaftlichen Konfliktlösungen.
- Informiert andere und erfragt Informationen und Meinung anderer.
- Hört Gesprächspartnern aufmerksam zu.
- Setzt Gesprächs- und Fragetechniken ein.
- Kann Gespräche/Diskussionen zeitlich und inhaltlich strukturieren und moderieren.

Führungskompetenz

- Setzt klare, eindeutige und messbare Ziele.
- Bindet Mitarbeiter in den Zielfindungs- und Entscheidungsprozess ein.
- Kontrolliert regelmäßig die Zielerreichung und passt diese bei Bedarf an.
- Kann Aufgaben, Verantwortung und Entscheidungskompetenzen abgeben.
- Kann Teambildungsprozesse gezielt beeinflussen.
- Fördert die Entwicklung der Mitarbeiter gezielt und bedarfsorientiert.

36. Aufgabe

- Besitzt eine hohe Identifikationsbereitschaft mit dem Unternehmen.
- Denkt übergreifend und erkennt Gesamtzusammenhänge.
- Geht verantwortungsvoll mit Ressourcen um.
- Richtet Entscheidungen und Handlungen an Kosten-Nutzen-Gesichtspunkten aus.
- Kennt alle wichtigen Unternehmenskennzahlen.

37. Aufgabe

- Erörterung der persönlichen Aspekte der Zusammenarbeit zwischen Mitarbeiter und Vorgesetztem,
- Klärung gegenseitiger Erwartungen,
- Darstellung der positiven Aspekte der Zusammenarbeit,
- Missverständnisse und Konflikte in der Zusammenarbeit klären,
- Vertrauen und Zusammenarbeit fördern.

38. Aufgabe **Organisatorische Vorbereitung**:

- Gespräch mindestens einmal im Jahr führen.
- Gespräch findet unter vier Augen zwischen Mitarbeiter und Vorgesetztem statt.
- Termin gemeinsam rechtzeitig, mindestens zwei Wochen vorher, als separates Gespräch vereinbaren.
- Termin so planen, dass das Gespräch in einer ruhigen und ungestörten Atmosphäre geführt werden kann.
- Gespräch sollte nicht unter Zeitdruck stattfinden (Zeitbegrenzung, z. B. 90 Min., ist dennoch sinnvoll).

Inhaltliche Vorbereitung:

- Beide Gesprächspartner bereiten sich unabhängig voneinander auf das Gespräch vor.
- Leitfäden können helfen, das Gespräch zu strukturieren. Sie geben Anregungen und Hilfestellungen.
- Leitfaden rechtzeitig, mit der Einladung, zur Verfügung stellen.
- Wurden bereits Mitarbeitergespräche geführt, sind die dort getroffenen Zielvereinbarungen mit den erreichten Zielen durch beide Gesprächspartner abzugleichen.

39. Aufgabe **Zusammenarbeit**

Austausch über die Rahmenbedingungen der Zusammenarbeit, v. a. Fragen des Führungsverhaltens und Probleme der Zusammenarbeit ansprechen.

Arbeitsaufgabe

Besprechung der Schwerpunktaufgaben in der Vergangenheit sowie der Leistung bei der Bewältigung dieser Aufgaben; Optimierung der Aufgabenverteilung und der Arbeitsabläufe klären.

Arbeitssituation

Besprechung der Informationsflüsse und der Arbeitsatmosphäre innerhalb der Abteilung/innerhalb des Teams; Beratung, welche Unterstützung notwendig ist, um das gemeinsame Ziel zu erreichen; Klärung der Handlungs- und Entscheidungsspielräume des Mitarbeiters.

Entwicklungsziele und -möglichkeiten

Besprechung von individuellen Entwicklungsperspektiven des Mitarbeiters, Erörterung neuer fachlicher Herausforderungen.

Zielvereinbarungen (Kernstück des Mitarbeitergesprächs)

Festlegung künftiger Arbeitsergebnisse und -prozesse zwischen Mitarbeiter und Vorgesetztem; Festlegung konkreter Vereinbarungen zu Arbeits- und Qualitätsanforderungen.

Weitere Ziele

Vereinbarung zur Unterstützung durch Vorgesetzten in einer bestimmten Angelegenheit; Festlegung der künftigen Handlungs- und Entscheidungskompetenzen; Vereinbarung individueller Entwicklungsziele; Zusage entsprechender Entwicklungsmaßnahmen (z. B. Fortbildung, Coaching).

40. Aufgabe **Zusammenarbeit**

- In welchen Bereichen würde ich die Zusammenarbeit mit meinem Vorgesetzten als gut bezeichnen?
- Wünsche ich mir mehr Unterstützung durch meinen Vorgesetzten?
- Werden meine Ideen und Verbesserungsvorschläge aufgegriffen?

Arbeitsaufgabe

- Welche Aufgaben gelingen mir besonders gut, welche bereiten mir Schwierigkeiten?
- Was haben wir erreicht? Was wurde nicht erreicht? Woran lag es?
- Fühle ich mich über- oder unterfordert?

Arbeitssituation

- Wie empfinde ich das Arbeitsklima?
- Wo sehe ich Probleme in meinem Arbeitsumfeld?
- Funktionieren die Vertretungsregelungen?

Entwicklungsziele und -möglichkeiten

- Welche Vorstellungen habe ich hinsichtlich meiner weiteren Entwicklung?
- Welche Fortbildungen benötige ich?
- Wo möchte ich in drei Jahren beruflich stehen?

41. Aufgabe **Wir sind:** Werbende Informationen über das inserierende Unternehmen, Imagebildung (z. B. Dialogfix GmbH, Tochterfirma der Dialogfix AG, über 400 Mitarbeiter, seit 1996 am Markt)

Wir haben: Aussagen über die freie Stelle (z. B. Projektleiter, Abteilung Outbound, Stellennachbesetzung, Entwicklungsmöglichkeiten)

Wir suchen: Aussagen über erforderliche Voraussetzungen (z. B. Anforderungen an den Stellenbesetzer, wie Ausbildung, Berufserfahrung, besondere Kenntnisse)

Wir bieten: Aussagen über Leistungen des inserierenden Unternehmens (z. B. Lohnhöhe/Eingruppierung, soziale Leistungen, Arbeitszeitregelungen)

Wir bitten um: Angaben zu Bewerbungsart und -technik (z. B. gewünschte Bewerbungsunterlagen, Eintrittstermin)

42. Aufgabe Unter einer Onlinebewerbung versteht man Bewerbungen, die mittels eines Online-Bewerbungsformulars erfasst werden und innerhalb derer die Bewerber somit die Möglichkeit erhalten, ihre Daten strukturiert zu hinterlegen. Nicht zu verwechseln ist diese Variante mit Bewerbungen, die per E-Mail versandt werden.

43. Aufgabe Eine Onlinebewerbung spart Porto und alle sonstigen Kosten für Papier, Fotos und Bewerbungsmappe. Personalabteilungen reduzieren ihren Verwaltungsaufwand, da die Bewerberdaten in einer Datenbank direkt systematisch ausgewertet werden können.

14 Kaufmännische Steuerung und Kontrolle, Qualitätssicherung der Auftragsdurchführung

Hinweis: Dieses Kapitel enthält die Themen

- Kosten- und Leistungsrechnung (Aufgabe 1 bis 53),
- Controlling (Aufgabe 54 bis 66),
- Qualitätssicherung der Auftragsdurchführung (Aufgabe 67 bis 70).

Situation zu den Aufgaben 1 bis 14:
Die Dialogfix GmbH plant die Übernahme eines Wettbewerbers, der LiveMarketing GmbH. Die Verträge sehen vor, dass die Dialogfix GmbH vor dem endgültigen Kauf einen umfassenden Einblick in die Finanz-, Vermögens- und Ertragslage der LiveMarketing GmbH bekommt. Die Dialogfix GmbH stellt ein Team zusammen, das sich intensiv mit dem Rechnungswesen und der Kosten- und Leistungsrechnung der LiveMarketing GmbH befasst.

1. Aufgabe

In diesem Zusammenhang fragen sich einige Teammitglieder, welche Funktionen das Rechnungswesen erfüllt. Es werden hierzu die vier Hauptkategorien Dokumentation, Information, Kontrolle und Disposition genannt. Erläutern Sie diese vier Funktionsbereiche.

2. Aufgabe

Das Rechnungswesen der LiveMarketing GmbH umfasst vier sich ergänzende Aufgabenbereiche, die der üblichen Gliederung der Bereiche des Rechnungswesens entsprechen. Nennen Sie diese Aufgabenbereiche und erläutern Sie die jeweiligen Aufgaben im Detail.

3. Aufgabe

Der Leiter des Rechnungswesens der LiveMarketing GmbH erklärt in der ersten Vorbesprechung: „Die Buchführung ist das Rückgrat unseres Rechnungswesens!" Erläutern Sie diese Feststellung und beschreiben Sie die wichtigsten Aufgaben der Buchführung.

4. Aufgabe

Eine wichtige Grundlage der Buchführung bei der LiveMarketing GmbH ist die Sammlung und Bearbeitung von Belegen. Es werden interne und externe Belege unterschieden. Erläutern Sie den Unterschied und nennen Sie je zwei Beispiele.

5. Aufgabe

Erläutern Sie, welche Gesetze die LiveMarketing GmbH zur Buchführung verpflichten.

6. Aufgabe

Die Dialogfix GmbH überprüft, ob die letzte Inventur der LiveMarketing GmbH korrekt durchgeführt wurde. Nennen und erläutern Sie zwei Arten von Inventuren.

7. Aufgabe

Im Bereich des Lagers von Werbematerialien hat die LiveMarketing GmbH eine permanente Inventur durchgeführt. Erläutern Sie dieses Verfahren.

8. Aufgabe

Das Vermögen im Inventar der LiveMarketing GmbH wird in Anlage- und Umlaufvermögen gegliedert. Erläutern Sie diese Gliederung und nennen Sie Beispiele.

9. Aufgabe

Über das Inventar kann der Erfolg der LiveMarketing GmbH durch Eigenkapitalvergleich ermittelt werden. Erläutern Sie dieses Verfahren.

10. Aufgabe

Die LiveMarketing GmbH erstellt verpflichtungsgemäß aus dem Inventar eine Bilanz. Erläutern Sie grob den Aufbau einer Bilanz.

11. Aufgabe

Die LiveMarketing GmbH hat in der Buchführung Konten für Umsatzsteuer und Vorsteuer. Erläutern Sie diese beiden Positionen.

12. Aufgabe

Die LiveMarketing GmbH hat auch eine Kosten- und Leistungsrechnung. Hierzu wird zunächst die Abgrenzungsrechnung durchgeführt. Nach der Abgrenzungsrechnung können zwei Gruppen von Aufwendungen unterschieden werden. Nennen und erläutern Sie diese beiden Gruppen und geben Sie je ein Beispiel an.

13. Aufgabe

Die Analyse des Rechnungswesens der LiveMarketing GmbH umfasst auch die Kostenstellen und Kostenträger des Unternehmens. Erläutern Sie den Unterschied zwischen einer Kostenstelle und einem Kostenträger und geben Sie jeweils den Zweck an. Nennen Sie auch jeweils zwei Beispiele.

14. Aufgabe

Die Fixkosten eines Geschäftsbereiches der LiveMarketing GmbH in Höhe von 188 500,00 € sind gemäß der Umsätze der Filialen zu verteilen. Die Filiale Wismar hat einen Umsatz von 720 000,00 €, die Filiale Rostock von 1 080 000,00 € und die Filiale Schwerin von 2 880 000,00 €. Welche Fixkosten entfallen auf die einzelnen Filialen?

Situation zu Aufgabe 15:

Die LiveMarketing GmbH hat zum 1. Januar folgendes Vermögen bzw. die folgenden Schulden:

- Pkw 30 000,00 €
- Büroeinrichtung (Telefonanlage etc.) 70 000,00 €
- Forderungen an Kunden (offene eigene Rechnungen) 18 000,00 €
- Darlehen der Volksbank 25 000,00 €
- Waren (z. B. Werbemittel) 26 000,00 €
- Forderung aus Gehaltsvorschuss an einen Mitarbeiter 1 000,00 €
- Verbindlichkeiten aus noch offenen Gehaltszahlungen 4 000,00 €
- Kassenbestand 2 000,00 €
- Guthaben auf Girokonto 5 000,00 €
- Verbindlichkeiten an Lieferanten (offene fremde Rechnungen) 12 000,00 €

15. Aufgabe

Ermitteln Sie das Eigenkapital bzw. Reinvermögen der LiveMarketing GmbH zum 01.01.

Situation zu Aufgabe 16:

In der 5. Kalenderwoche hatte die LiveMarketing GmbH folgende Geschäftsvorfälle zu verzeichnen (alle Werte sind Nettowerte ohne Umsatzsteuer):

- Versand einer Rechnung für erbrachte Dienstleistungen 400,00 €
- Buchung der monatlichen Abschreibung auf einen PC 100,00 €
- Zahlung der Leasingrate für einen Laserdrucker 50,00 €
- Kauf eines neuen Bürostuhls 700,00 €
- Gutschrift eines Gewinns aus Aktienspekulationen 500,00 €
- Tilgungszahlung an die Bank (langfristiges Darlehen) 1 000,00 €
- Barzahlung einer Tankrechnung 80,00 €
- Kauf von Waren auf Rechnung 300,00 €
- Verkauf von Werbemitteln auf Rechnung 800,00 €

16. Aufgabe

Überprüfen Sie für jeden der Vorgänge, ob er eine Veränderung des Geldvermögens bzw. des Reinvermögens der LiveMarketing GmbH bewirkt.

Situation zu Aufgabe 17:

Das Team der Dialogfix GmbH stellt fest, dass einige Vorgänge im Rechnungswesen der LiveMarketing GmbH noch nicht erfasst sind. Die Dialogfix GmbH lässt die Buchungen nachholen und überprüft die dadurch verursachten Veränderungen in der Liquidität und der Ergebnissituation.

- Die LiveMarketing GmbH hat eine Rechnung an den Kunden Cexxler AG geschrieben.
- Die LiveMarketing GmbH zahlt die Telefonrechnung.
- Vornahme der jährlichen Abschreibung auf die ACD-Anlage.
- Gutschrift eines Gewinns aus Aktienspekulationen auf einem Konto der LiveMarketing GmbH.
- Buchung und Auszahlung der Gehälter für die Mitarbeiter der LiveMarketing GmbH.
- Die LiveMarketing GmbH erhält eine Rechnung der Unternehmensberatung ComConsult GmbH.
- Gutschrift der Mietzahlung eines privaten Mieters (für eine Garage im Geschäftsgebäude) an die LiveMarketing GmbH.
- Zahlung der Miete für Geschäftsräume durch die LiveMarketing GmbH.
- Es ist eine unerwartete Steuernachzahlung aus dem vergangenen Jahr zu leisten.
- Zahlung einer Handwerkerrechnung für die Behebung eines unversicherten Hochwasserschadens.

17. Aufgabe

Geben Sie für jede der Positionen an, ob sie sich auf die Liquidität, das Betriebsergebnis und das neutrale Ergebnis auswirkt. Erstellen Sie hierzu eine Tabelle mit sechs Spalten: Einnahmen, Ausgaben, betriebliche Aufwendungen, neutrale Aufwendungen, betriebliche Erträge, neutrale Erträge.

Situation zu Aufgabe 18:

Für den letzten Monat weist die Gewinn- und Verlustrechnung der LiveMarketing GmbH die nachstehenden Positionen aus. Unternehmensgewinn und Betriebsergebnis wurden noch nicht ermittelt.

• Erlöse aus Dienstleistungen	121 000,00 €
• Gehälter der Mitarbeiter (inklusive Nebenkosten)	40 000,00 €
• Reparatur Unfallschaden am Pkw (keine Wertminderung)	2 000,00 €
• Abschreibung Pkw (regulär)	10 000,00 €
• Erlöse aus Warenverkauf	74 000,00 €
• Abschreibung Büroeinrichtung	5 000,00 €
• Verluste durch Aktiengeschäfte	20 000,00 €
• Unerwartete Zahlung einer Rechnung aus dem Jahr 2004	1 000,00 €
• Mietzahlung für die eigenen Geschäftsräume	12 000,00 €
• Erlöse aus dem Verkauf eines bereits abgeschriebenen PCs	1 000,00 €

18. Aufgabe

Übertragen Sie die Werte in eine Ergebnistabelle und ermitteln Sie das Unternehmensergebnis, das Abgrenzungsergebnis und das Betriebsergebnis. Kennzeichnen Sie neutrale Vorgänge als betriebsfremd, periodenfremd oder außerordentlich.

Situation zu den Aufgaben 19 bis 21:

Im Zusammenhang mit der Analyse des Rechnungswesens der LiveMarketing GmbH ist die Anschaffung und Abschreibung eines Fahrzeuges detailliert zu überprüfen. Die LiveMarketing GmbH hat kürzlich für 30 000,00 € einen neuen Firmen-Pkw gekauft und schreibt diesen in der Finanzbuchhaltung über sechs Jahre mit gleichbleibenden Beträgen ab. Ein vergleichbarer Pkw wird in drei Jahren wahrscheinlich 36 000,00 € kosten, in sechs Jahren wahrscheinlich 40 000,00 €. Der neue Pkw wird täglich über 500 km fahren und soll deshalb nach drei Jahren ausgemustert und an einen Mitarbeiter verschenkt werden.

19. Aufgabe

Welche Auswirkung hat die Anschaffung und Nutzung des Pkw auf das Gesamtergebnis der LiveMarketing GmbH im ersten Nutzungsjahr? Ermitteln Sie den Betrag in €.

20. Aufgabe

Warum kann für den Pkw in die Kosten- und Leistungsrechnung nicht einfach der Abschreibungsbetrag aus der Finanzbuchhaltung übernommen werden? Erläutern Sie, welche Konsequenzen eine unveränderte Übernahme des Betrages hätte.

21. Aufgabe

Welcher jährliche Abschreibungsbetrag ist für den Pkw in der Kosten- und Leistungsrechnung anzusetzen? Geben Sie auch den Rechenweg an.

22. Aufgabe

Ein für 60 000,00 € ebenfalls neu angeschaffter Lieferwagen ist laut AfA-Tabelle über fünf Jahre linear abzuschreiben. Ermitteln Sie den Restwert des Fahrzeugs in der Finanzbuchhaltung nach dem zweiten Nutzungsjahr.

23. Aufgabe

Ermitteln Sie den jährlichen Abschreibungsbetrag des Lieferwagens in der Kosten- und Leistungsrechnung, wenn die tatsächliche Nutzungsdauer 60 % über der AfA-Tabelle liegt und die Wiederbeschaffungskosten während der tatsächlichen Nutzungsdauer jährlich um 1 500,00 € steigen.

Situation zu Aufgabe 24:
Die Dialogfix GmbH hat in der Inventur zum 31. Dezember die nachstehenden Werte ermittelt:

1. Guthaben auf Girokonto	2 000,00 €
2. Grundstück	70 000,00 €
3. Verbindlichkeiten an Lieferanten (offene fremde Rechnungen)	17 000,00 €
4. Büroeinrichtung	81 000,00 €
5. Forderungen aus Serviceleistungen (offene eigene Rechnungen)	11 000,00 €
6. Gebäude	210 000,00 €
7. Darlehen der Sparkasse	14 000,00 €
8. Forderung aus Projekten (offene eigene Rechnungen)	5 600,00 €
9. Kassenbestand	1 400,00 €
10. Hypothek Volksbank	190 000,00 €
11. Telefonanlage	10 000,00 €

24. Aufgabe

Erstellen Sie das Inventar der Dialogfix GmbH zum 31. Dezember.

Situation zu Aufgabe 25:
Die Stardialog GmbH hat in der Inventur zum 31. Dezember die nachstehenden Werte ermittelt:

1. Pkw des Geschäftsführers	34 000,00 €
2. Verbindlichkeiten an Lieferanten (offene fremde Rechnungen)	25 000,00 €
3. Darlehen einer Privatbank	44 000,00 €
4. Guthaben auf Girokonto	8 600,00 €
5. Kassenbestand	700,00 €
6. Grundstück	90 000,00 €
7. Büroeinrichtung	76 000,00 €
8. Gebäude	344 000,00 €
9. Forderungen aus Projekten (offene eigene Rechnungen)	25 200,00 €
10. Telefonanlage	9 000,00 €
11. Hypothek Sparkasse	290 000,00 €
12. Lieferwagen	12 000,00 €

25. Aufgabe

Erstellen Sie die Bilanz der Stardialog GmbH zum 31. Dezember.

Situation zu den Aufgaben 26 bis 30:
In der Abteilung Rechnungswesen der Stardialog GmbH werden Ihnen vom Leiter der Abteilung heute zahlreiche Vorgänge zur Prüfung vorgelegt.

26. Aufgabe

Zur Berechnung des Gewinns der Stardialog GmbH liegen Ihnen folgende Daten vor: Summe aller Aktiva zu Beginn des Geschäftsjahres: 100 000,00 €, Summe aller Schulden zu Beginn des Geschäftsjahres: 30 000,00 €. Summe aller Aktiva am Ende des Geschäftsjahres: 130 000,00 €, Summe aller Schulden am Ende des Geschäftsjahres: 10 000,00 €.
Berechnen Sie den Gewinn im vergangenen Geschäftsjahr unter der Voraussetzung, dass keine Kapitalveränderungen durch die Gesellschafter vorgenommen wurden.

27. Aufgabe

Die Gewinn- und Verlustrechnung der Stardialog GmbH weist für das vergangene Geschäftsjahr die folgenden Daten aus:
Mietaufwand 100 000,00 €, Erlöse aus Einzelprojekten 545 000,00 €, Personalaufwand 400 000,00 €, Erlöse aus Serviceleistungen 200 000,00 €, Sonstige Erträge 5 000,00 €, Sonstige Aufwendungen 200 000,00 €.
Ermitteln Sie den Gewinn.

28. Aufgabe

Die Stardialog GmbH hat am 1. Januar des aktuellen Jahres einen neuen Dienstwagen für den Geschäftsführer im Wert von 30 000,00 € gekauft. Das Fahrzeug soll über 6 Jahre linear abgeschrieben werden. Ermitteln Sie den jährlichen Abschreibungsbetrag und erstellen Sie eine Tabelle mit den Abschreibungs- und Restwerten für jedes Nutzungsjahr.

29. Aufgabe

Die Abteilung Inbound-Service der Stardialog GmbH hat im vergangenen Jahr drei Projekte abgewickelt, für die folgende Kosten entstanden sind:

	Projekt 1	**Projekt 2**	**Projekt 3**
Anzahl Calls	157 000	92 000	272 000
Einzelkosten	470 000,00 €	290 000,00 €	680 000,00 €

In der Abteilung Inbound-Service sind zudem Verwaltungskosten in Höhe von 115 200,00 € angefallen, die anteilig nach den Einzelkosten zu verteilen sind. Ermitteln Sie die Selbstkosten je Projekt, den Gemeinkostenzuschlagssatz sowie die jeweiligen Selbstkosten je Call.

30. Aufgabe

Die Stardialog GmbH möchte ein Angebot über 2 000 Calls für einen neuen Kunden erstellen. Die Einzelkosten eines Calls in der betreffenden Abteilung der Stardialog GmbH betragen 2,90 €. Der Gemeinkostenzuschlagssatz beträgt 12 %, der Gewinnzuschlag 18 %. Ermitteln Sie den Angebotspreis unter Berücksichtigung eines Kundenskontos von 3 %.

Situation zu den Aufgaben 31 bis 34:

Die Flatenergie AG verschickt jährlich im Rahmen einer Kundenbindungsaktion Kalender. Sie beauftragt die Dialogfix GmbH mit der Abwicklung der Aktion. Hierzu werden von der Dialogfix GmbH für einen Monat zwei Hilfskräfte eingestellt, für die ein eigenes Büro angemietet wird. Die Hilfskräfte koordinieren die Kalendererstellung mit dem Künstler, der die Motive entwirft, und mit der Druckerei, welche die Kalender versandfertig anliefert. Darüber hinaus verpacken, etikettieren und frankieren die Mitarbeiter die Sendungen. Aus Erfahrung weiß man, dass zwei Hilfskräfte in einem Monat maximal 10 000 Kalender versenden können. Folgende Kosten sind geplant:

Kostenart	Geplante Kosten	Art der Entstehung
1. Gehalt Hilfskräfte	4 000,00 €	Monatsgehalt
2. Papierkosten (Kalender/Anschreiben)	0,60 €	pro Kalender
3. Druckkosten (Kalender/Anschreiben)	0,50 €	pro Kalender
4. Kosten des Künstlers für den Entwurf der Motive	1 200,00 €	pauschal
5. Fahrtkosten für die Abstimmung mit Marketing, Künstler und Druckerei	500,00 €	pauschal
6. Miete und Strom des Zusatzbüros	520,00 €	monatlich
7. Heizung und Wasser des Zusatzbüros	30,00 €	pauschal
8. Verpackungskosten	0,30 €	pro Kalender
9. Porto für den Versand der Kalender	0,90 €	pro Kalender
10. Leasing-PCs der Hilfskräfte	300,00 €	Monatsmiete
11. Telefonkosten für die Abstimmung mit Marketing, Künstler und Druckerei	100,00 €	pauschal

31. Aufgabe

Ermitteln Sie aus der beschriebenen Situation die fixen Gesamtkosten (Kf) und die variablen Kosten pro Kalender (kv).

32. Aufgabe

Die Flatenergie AG wünscht eine Abrechnung nach der Zahl der versandten Kalender. Hierzu bietet sie der Dialogfix GmbH einen bestimmten Betrag (= Preis) an. Ermitteln Sie für die folgenden Fälle jeweils den Deckungsbeitrag pro Stück (db):

a) Flatenergie bietet 4,00 € pro Kalender,

b) Flatenergie bietet 3,00 € pro Kalender.

33. Aufgabe

Berechnen Sie die zum Erreichen der Gewinnschwelle notwendige Menge (Break-even-Point) an Kalendern für folgende Fälle:

a) Flatenergie bietet 4,00 € pro Kalender,

b) Flatenergie bietet 3,00 € pro Kalender.

34. Aufgabe

Berechnen Sie den beim Erreichen der Gewinnschwelle vorliegenden Beschäftigungsgrad für folgende Fälle:

a) Flatenergie bietet 4,00 € pro Kalender,

b) Flatenergie bietet 3,00 € pro Kalender.

Situation zu Aufgabe 35:

Die Dialogfix GmbH hat eine Tochterfirma zum Vertrieb von Smartphones und Tablet-PCs gegründet, die MobileCom GmbH. Im ersten Monat hat die MobileCom GmbH die folgenden Mengen, Preise und Kosten erfasst:

	Smartphone	**7″ Tablet-PC**	**9″ Tablet-PC**
Abgesetzte Menge	200	120	90
Verkaufspreis	198,00 €	298,00 €	398,00 €
Einzelkaufpreis inkl. Beschaffung	100,00 €	130,00 €	180,00 €
Kosten für Prospekte	1 350,00 €	1 450,00 €	1 550,00 €
Kosten für Radiowerbung	1 100,00 €	1 150,00 €	
Raum- und Personalkosten		2 400,00 €	

Während die Prospekte für jedes Gerät spezifisch gedruckt werden, erfolgt die Radiowerbung nur getrennt nach Produktgruppe (Smartphone/Tablet-PCs). Die Raum- und Personalkosten können nicht nach Produkt aufgeteilt werden.

35. Aufgabe

Ermitteln Sie die Deckungsbeiträge I, II und III sowie den Betriebsgewinn der MobileCom GmbH im ersten Monat. Tragen Sie die Ergebnisse in die nachstehende Tabelle ein.

	Smartphone	7" Tablet-PC	9" Tablet-PC
Umsatzerlöse			
– variable Kosten			
= Deckungsbeitrag I			
– trägerfixe Kosten			
= Deckungsbeitrag II			
– gruppenfixe Kosten			
= Deckungsbeitrag III			
– unternehmensfixe Kosten			
= Betriebsgewinn			

Situation zu den Aufgaben 36 bis 37:

Die Dialogfix GmbH betreibt eine auf zwei Teams aufgeteilte Servicehotline für die Nutzer von Smartphones und Tablet-PCs.

- Team 1 führt zurzeit monatlich durchschnittlich 8 400 Calls durch. Die Average Handling Time (AHT) liegt bei 6 Minuten pro Call. Die Auslastung von Team 1 liegt momentan bei 70 %. Die Gesamtkosten für Team 1 betragen monatlich 25 230,00 €, wovon 17 140,00 € Fixkosten sind. Für die kommenden Monate erwartet die Dialogfix GmbH für das Team 1 eine Erhöhung des durchschnittlichen Gesprächsaufkommens um 700 Calls bei unveränderter AHT.
- Team 2 führt monatlich zwischen 12 000 und 18 000 Calls durch. Team 2 verursacht monatlich 30 200,00 € Fixkosten. Bei 12 000 Calls entstehen Gesamtkosten in Höhe von 41 960,00 €, bei 15 000 Calls von 44 900,00 €, bei 18 000 Calls von 47 840,00 €.

36. Aufgabe

Berechnen Sie die nachstehenden Werte für Team 1:

a) Rechnerische Maximalkapazität bei gleichbleibender AHT.

b) Beschäftigungsgrad nach der Erhöhung des durchschnittlichen Gesprächsaufkommens.

c) Durchschnittskosten pro Call vor der Erhöhung des durchschnittlichen Gesprächsaufkommens.

37. Aufgabe

Stellen Sie die Kosten von Team 2 in der folgenden Tabelle dar:

Calls/Monat	Kosten gesamt/ Monat	Kosten fix/ Monat	Kosten variabel/ Monat	Variable Kosten je Call	Fixe Kosten je Call
12 000					
15 000					
18 000					

Situation zu den Aufgaben 38 bis 39:

In einem Team der Dialogfix GmbH laufen derzeit drei Projekte:

Projekt A: Marie W. Premium-Cosmetics GmbH — Produktberatung
Projekt B: Ellisec Versicherungs AG — Begrüßungscalls
Projekt C: EasyCom GmbH — Produkthotline Mobilfunk

Für den Monat Januar wurden folgende Daten ermittelt:

Projekt	Anzahl Calls	Verkaufspreis je Call	variable Kosten je Call
A	2.100	9,00 €	5,40 €
B	32 000	2,30 €	1,90 €
C	17 000	6,20 €	3,70 €

Fixe Kosten sind in Höhe von 29 600,00 € angefallen.

38. Aufgabe

Stellen Sie die Erlöse, Kosten und Deckungsbeiträge in der folgenden Tabelle dar:

Projekt	Anzahl Calls	Verkaufs-preis je Call	variable Kosten je Call	Umsatzerlöse	db je Call	DB gesamt
A	2 100	9,00 €	5,40 €			
B	32 000	2,30 €	1,90 €			
C	17 000	6,20 €	3,70 €			
Gesamt						
Fixe Kosten						
Betriebsergebnis						

39. Aufgabe

Die Ellisec Versicherungs AG möchte das Projekt B „Begrüßungscalls" etwas verändert auch im Februar durchführen. Durch zusätzliche Verkaufsmaßnahmen beim Begrüßungsgespräch steigen die variablen Kosten je Call auf 2,40 €. Der Kunde ist bereit, 3,00 € je Call zu zahlen. Die fixen Kosten für Projekt B werden im Monat Februar mit 9 000,00 € veranschlagt. Ermitteln Sie die Menge beim Erreichen der Gewinnschwelle (Break-even-Point).

Situation zu Aufgabe 40:

Die Lenitech GmbH hat in einer Filiale eine Abteilung, die sich ausschließlich mit dem Verkauf von IT-Zubehör im Inbound beschäftigt. Neben flexibel einsetzbaren Leiharbeitnehmern ist auch ein festes Team beschäftigt. Um eine bedarfsgerechte Kundenberatung zu unterstützen, werden bewusst keine Verkaufsprovisionen gezahlt. Die Filiale hat im aktuellen Monat 7 500 Calls abgewickelt.

Die Kostenauswertung für den aktuellen Monat zeigt folgende Werte:

Lenitech GmbH		**Kostenauswertung aktueller Monat**
Kostenart	**Betrag**	**Abrechnungsart**
Personalkosten Teamleiter	3 800,00 €	Monatsgehalt
Personalkosten Backoffice	2 800,00 €	Monatsgehalt
Leiharbeitnehmer (nur Inbound)	7 500,00 €	1,00 € pro Call
Abschreibung Zentrale/IT	1 800,00 €	AfA auf Wiederbeschaffungswert, tats. Nutzungsdauer
Leasing Kopierer	110,00 €	feste Leasingrate
Miete Büro (mit Ausstattung)	2 000,00 €	monatlicher Festbetrag
Telefonkosten	300,00 €	Flatrate
Fahrzeugkosten Mietwagen	400,00 €	feste Leasingrate

40. Aufgabe

Ermitteln Sie die folgenden Werte: Summe der Gesamtkosten, Summe der fixen Kosten, Summe der variablen Kosten, Gesamtkosten pro Call, fixe Kosten pro Call, variable Kosten pro Call. Geben Sie jeweils an, wie sich der errechnete Wert verändert (steigt/fällt/unverändert), wenn bei sonst gleichen Rahmenbedingungen die Anzahl der Calls steigen würde.

Situation zu den Aufgaben 41 bis 44:
Die Stardialog GmbH hat im letzten Monat 16 000 Calls getätigt. Der gesamte Umsatz wurde mit einem Kunden erzielt, der 7,50 € pro Call zahlt. Alle Calls wurden von Personal durchgeführt, das leistungsabhängig bezahlt wird. Diese produktiven Mitarbeiter erhalten 2,50 € je Call. Weitere Kosten pro Call fielen nicht an. Die Kosten für Miete, Telefon-Flatrate und Backoffice betrugen 60 000,00 € im gesamten Monat. Bei Bedarf könnten zusätzliche produktive Mitarbeiter beschäftigt werden, ohne dass sich diese Kosten erhöhen.

41. Aufgabe
Bestimmen Sie folgende Werte aus der Situationsbeschreibung:
x (Menge), p (Stückpreis), E (Gesamterlös), kv (variable Stückkosten), kf (fixe Stückkosten), Kv (variable Gesamtkosten), Kf (fixe Gesamtkosten), db (Deckungsbeitrag je Call), DB (Gesamtdeckungsbeitrag), g (Gewinn je Call), G (Gesamtgewinn)

42. Aufgabe
Angenommen, die Kostensituation bliebe im Folgemonat unverändert, welche Mindestmenge an Calls müsste die Stardialog GmbH im Folgemonat durchführen, um kostendeckend arbeiten zu können?

43. Aufgabe
Die Stardialog GmbH plant für den Folgemonat zunächst mit 16 000 Calls, könnte aber mehr Calls abwickeln. Sollte die Stardialog GmbH einen einmaligen Zusatzauftrag über 2 000 Calls annehmen, wenn der neue Kunde 3,00 € pro Call zahlt (detaillierte Begründung)? Wie hoch wäre der Gewinn im Folgemonat, wenn der Auftrag angenommen würde?

44. Aufgabe
Die Stardialog GmbH plant für den Folgemonat zunächst mit 16 000 Calls, könnte aber mehr Calls abwickeln. Sollte die Stardialog GmbH einen einmaligen Zusatzauftrag über 2 000 Calls annehmen, wenn der neue Kunde 2,00 € pro Call zahlt (detaillierte Begründung)? Wie hoch wäre der Gewinn im Folgemonat, wenn der Auftrag angenommen würde?

Situation zu den Aufgaben 45 bis 47:
Die KommunikativAktiv KG möchte ein Angebot für eine Outbound-Kampagne erstellen. Folgende Daten liegen vor:

- Im Rahmen des Projekts sollen Geschäftskunden kontaktiert werden. Es wird davon ausgegangen, dass 70 560 Telefonate zu führen sind.
- Die Aktion soll im Oktober und November (insgesamt 42 Arbeitstage) jeweils von Montag bis Freitag (7 Arbeitsstunden pro Arbeitstag) durchgeführt werden. Telefoniert wird von 9:00 bis 18:00 Uhr. Bei maximal drei Anwahlversuchen gilt der Kunde als erreicht.

- Eine Vorabschulung der Mitarbeiter erfolgt durch einen eigenen internen Trainer. Für diese Schulung werden 3 Tage (21 Stunden) je Mitarbeiter veranschlagt. Die Schulung findet am Arbeitsplatz statt. Zur Unterstützung wird ein Teamleiter eingesetzt. Dieser unterstützt auch während der Kampagne, wird aber nicht am Telefon eingesetzt.
- Aufgrund der Erfahrungen mit ähnlichen Telefonaktionen rechnet die KommunikativAktiv KG mit einer durchschnittlichen Gesprächsdauer von 10 Minuten je Kunde sowie mit einer Vor- bzw. Nachbereitungszeit inkl. aller Anwahlversuche von 2 Minuten.

Darüber hinaus müssen folgende Kosten berücksichtigt werden:
- Die Kosten je Agent betragen 16,40 € je Arbeitsstunde.
- Die Kosten je Teamleiter (TL) betragen 18,20 € je Arbeitsstunde.
- Die durchschnittlichen Trainerkosten betragen 25,00 € je Trainingsstunde.
- Die Arbeitsplatzkosten je Stunde (inkl. Raummiete) werden mit 1,67 € veranschlagt.
- Diese Kosten sind auch für den Teamleiter zu berücksichtigen, zusätzlich findet die Schulung am Arbeitsplatz statt. Für den Trainer fallen keine Arbeitsplatzkosten an.

45. Aufgabe

Ermitteln Sie, wie viele Stunden benötigt werden und wie viele Mitarbeiter eingesetzt werden müssen, um die Kampagne innerhalb der vorgesehenen Frist durchzuführen.

46. Aufgabe

Errechnen Sie den Barangebotspreis (Barverkaufspreis) für die gesamte Kampagne und je Call, wenn mit 35 % Handlungsgemeinkosten und 15 % Gewinn kalkuliert wird.

47. Aufgabe

Erklären Sie, was in diesem Kontext unter Handlungsgemeinkosten zu verstehen ist.

Situation zu den Aufgaben 48 bis 50:

Die Textil GmbH feiert ihr 15-jähriges Firmenjubiläum. Aus diesem Anlass sollen 5 000 langjährige Bestandskunden (5 Jahre und länger) in einer Mailing-Aktion ein Sonderangebot erhalten. Jeder Kunde hat die Möglichkeit, eine hochwertige Outdoor-Jacke (Damen oder Herren) zu erwerben. Es wird im Schreiben ausdrücklich darauf hingewiesen, dass sich das günstige Angebot nur an die langjährigen Kunden richtet und pro Kunde nur eine Jacke bestellt werden kann. Dem Schreiben soll ein Prospekt beiliegen, in dem zur Jacke passende Accessoires aufgeführt sind. Das Bestellformular wird direkt beigefügt.

Die Textil GmbH prüft drei Alternativen für die Mailing-Aktion:

Alternative 1: Dem Anschreiben wird ein einfacher Prospekt beigefügt.

Alternative 2: Dem Anschreiben wird ein hochwertig gestalteter farbiger Prospekt beigefügt.

Alternative 3: Dem Anschreiben wird ein hochwertig gestalteter farbiger Prospekt und ein Gutschein für einen zur Jacke passenden Outdoor-Rucksack beigefügt.

Folgende Daten sind für die Mailing-Aktion zu berücksichtigen:

	Alternative 1	Alternative 2	Alternative 3
Erwartete Response	5,50 %	6,00 %	7,00 %
Angebotspreis je Jacke	250,00 €	250,00 €	250,00 €
Selbstkosten je Jacke (ohne Kosten der Mailing-Aktion)	210,00 €	210,00 €	210,00 €
Variable Kosten pro versandtes Schreiben inklusive Prospekt	0,40 €	0,50 €	0,50 €
Wert des Gutscheins je Mailing	0,00 €	0,00 €	15,00 €

48. Aufgabe

Ermitteln Sie die zu erwartende Anzahl der Bestellungen für die Alternativen 1 bis 3.

49. Aufgabe

Ermitteln Sie für die Alternativen 1 bis 3 jeweils den Deckungsbeitrag je verkaufte Jacke. Tragen Sie dazu die Daten in die nachstehende Tabelle ein.

	Alternative 1	Alternative 2	Alternative 3
Umsatzerlöse gesamt			
Selbstkosten (ohne Kosten für die Mailing-Aktion)			
Kosten für Mailing inkl. Prospekten gesamt			
Kosten für Gutschein gesamt			
Deckungsbeitrag gesamt			
Deckungsbeitrag je Jacke			

50. Aufgabe

Welche Alternative sollte die Textil GmbH wählen? Begründen Sie Ihre Entscheidung.

Situation zu den Aufgaben 51 bis 53:

Die KommunikativAktiv KG arbeitet derzeit in drei Telefonprojekten, für die folgende Daten gelten:

Projekt A: telefonische Auskunft
Projekt B: technischer Support für hochwertige IT-Artikel
Projekt C: Verkauf von IT-Artikeln

Projekt	derzeit produzierte Calls	Preis in € Call/Periode	variable Kosten (€/Call)
A	40 000	10,00 €	5,00 €
B	10 000	40,00 €	30,00 €
C	2 000	80,00 €	55,00 €

Die Fixkosten des Unternehmens betragen 300 000,00 €/Periode. Bei einer möglichen Auftragsausweitung durch die Kunden könnten mit der angegebenen Kapazität entweder 100 000 Calls von A oder 40 000 Calls von B oder 10 000 Calls von C oder eine Kombination von A, B und C angeboten werden.

51. Aufgabe

Ermitteln Sie den Beschäftigungsgrad (Auslastung) der KommunikativAktiv KG!

52. Aufgabe

Eine volle Kapazitätsauslastung kann durch eine intensive Werbung erreicht werden. Die zusätzlichen Werbekosten werden auf 50 000,00 € geschätzt. Das bisherige „Produktprogramm" bleibt bestehen. Geben Sie begründet an, für welche Projektart (A, B oder C) zusätzlich geworben wird. Wie hoch ist dann das Betriebsergebnis?

53. Aufgabe

Die freie Kapazität könnte in dieser Periode alternativ auch mit einem Auftrag eines Versandhauses von über 2 000 Calls (Projekt D) pro Periode ausgefüllt werden. Die variablen Kosten betragen 3,50 € pro Call, der Verkaufspreis 5,50 € je Call. Weitere Aufträge durch das Versandhaus sind in Aussicht gestellt worden. Wie wirkt sich diese Alternative im Vergleich zur vorherigen Situation auf das Betriebsergebnis aus?

Situation zu den Aufgaben 54 bis 55:

Die Dialogfix GmbH hat in den vergangenen Jahren stark expandiert. Aufgrund der guten Ertragssituation sah die Geschäftsführung bisher noch keine Notwendigkeit, ein organisiertes Controlling aufzubauen. Nun gehen die Umsätze seit einiger Zeit zurück und man überlegt, eine eigene Abteilung Controlling einzurichten.

54. Aufgabe

Beim Aufbau einer Controllingabteilung stellt sich für die Dialogfix GmbH die Frage, wo der Unterschied zwischen operativem und strategischem Controlling liegt. Erläutern Sie die Bedeutung der beiden Begriffe und geben Sie dabei die zentrale Aufgabe und den jeweiligen Mittelpunkt der Analyse an.

55. Aufgabe

Ein Unternehmensberater schlägt der Dialogfix GmbH vor, das System der Balanced Scorecard zu installieren. Erläutern Sie die Grundzüge dieses Systems und nennen Sie hierbei vier mögliche Perspektiven einer Balanced Scorecard.

Situation zu Aufgabe 56:

Eine Aufgabe der neuen Controllingabteilung stellt die Auswertung statistischer Daten dar. Hierzu werden die Daten der Anrufe je Telefonnummer und Agent aufgezeichnet und anschließend in Kennzahlen zusammengefasst.
Die nachstehende Tabelle zeigt die Daten aller Telefonate eines Agents im Outbound innerhalb einer Stunde.

Agent: Anne Hof
Einsatz: Aktion Vertragsupgrade

Anruf-Id	besetzt	Gesprächszeit in Sek.	Abschluss	Anruf-Id	besetzt	Gesprächszeit in Sek.	Abschluss
1	–	94	ja	**11**	–	230	ja
2	–	251	nein	**12**	–	194	ja
3	–	54	nein	**13**	–	265	nein
4	–	77	nein	**14**	ja	–	–
5	–	121	nein	**15**	–	216	ja
6	ja	–	–	**16**	–	73	ja
7	–	140	ja	**17**	–	196	ja
8	–	185	nein	**18**	ja	–	–
9	–	85	ja	**19**	–	300	nein
10	–	232	nein	**20**	–	125	nein

56. Aufgabe

Ermitteln Sie anhand der Tabelle die vorgegebenen Kennzahlen aus dem Outbound-Bereich.

Auswertung			
Gesamtkosten:	**20,00 €**		
Datenbestand (Anzahl Datensätze):	**30**		
Aktionszeitraum (Stunden):	**1**		
Bruttokontakte:		Kosten pro Nettokontakt:	
Nettokontakte:		Kosten pro Abschluss:	
Ausschöpfungsquote:		Kosten pro Minute:	
Anzahl Abschlüsse:		Gesamte Gesprächszeit in Minuten:	
Erfolgsquote:		AHT (in Minuten):	

Situation zu den Aufgaben 57 bis 60:

Die Marketing-Service GmbH hat zu Beginn und zum Ende des letzten Geschäftsjahres die nachstehenden Bilanzen vorgelegt.

Bilanz zum 01.01.			
Aktiva		**Passiva**	
I. Anlagevermögen		**I. Eigenkapital**	**189 000,00 €**
Grundstück und Gebäude	200 000,00 €		
Fuhrpark	20 000,00 €		
Betriebs- und Geschäftsausstattung	87 000,00 €		
II. Umlaufvermögen			
Warenvorräte	13 000,00 €		
Forderungen	21 000,00 €	**II. Schulden**	
Kassenbestand	3 000,00 €	Darlehensschulden	119 000,00 €
Bankguthaben	9 000,00 €	Verbindlichkeiten aus Leistungen	45 000,00 €
	353 000,00 €		**353 000,00 €**

Bilanz zum 31.12.			
Aktiva		**Passiva**	
I. Anlagevermögen		**I. Eigenkapital**	**229 000,00 €**
Grundstück und Gebäude	200 000,00 €		
Fuhrpark	40 000,00 €		
Betriebs- und Geschäftsausstattung	93 000,00 €		
II. Umlaufvermögen			
Warenvorräte	9 000,00 €		
Forderungen	2 000,00 €	**II. Schulden**	
Kassenbestand	9 000,00 €	Darlehensschulden	95 000,00 €
Bankguthaben	35 000,00 €	Verbindlichkeiten aus Leistungen	64 000,00 €
	388 000,00 €		**388 000,00 €**

57. Aufgabe

Ermitteln Sie für den Beginn und für das Ende des Geschäftsjahres die folgenden Kennziffern zur Kapitalausstattung der Marketing-Service GmbH: Grad der finanziellen Unabhängigkeit, Grad der Verschuldung. Stellen Sie die Veränderungen dar und bewerten Sie diese.

58. Aufgabe

Ermitteln Sie für den Beginn und für das Ende des Geschäftsjahres die folgenden Kennziffern zur Kapitalausstattung der Marketing-Service GmbH: Anteil des langfristigen Fremdkapitals, Anteil des kurzfristigen Fremdkapitals. Stellen Sie die Veränderungen dar und bewerten Sie diese.

59. Aufgabe

Ermitteln Sie für den Beginn und für das Ende des Geschäftsjahres die folgenden Kennziffern zur Anlagenfinanzierung der Marketing-Service GmbH: Deckungsgrad I, Deckungsgrad II. Stellen Sie die Veränderungen dar und bewerten Sie diese.

60. Aufgabe

Ermitteln Sie für den Beginn und für das Ende des Geschäftsjahres die folgenden Kennziffern zur Zahlungsfähigkeit der Marketing-Service GmbH: Liquidität I, Liquidität II, Liquidität III. Stellen Sie die Veränderungen dar und bewerten Sie diese.

Situation zu den Aufgaben 61 bis 66:

Das im letzten Geschäftsjahr durchschnittlich eingesetzte Eigenkapital der Marketing-Service GmbH betrug 210 000,00 €, das durchschnittliche Gesamtkapital 370 000,00 €. Die Gewinn- und Verlustrechnung weist bei einem Umsatz von 980 000,00 € einen Jahresüberschuss von 40 000,00 € aus, wobei Fremdkapitalzinsen in Höhe von 7 000,00 € und Abschreibungen von 45 000,00 € angefallen sind.

61. Aufgabe

Berechnen Sie die Eigenkapitalrentabilität, die Gesamtkapitalrentabilität und die Umsatzrentabilität des letzten Geschäftsjahres der Marketing-Service GmbH.

62. Aufgabe

Erklären Sie, warum für die Marketing-Service GmbH die Eigenkapitalrentabilität wichtiger ist als die reine Höhe des Gewinns (Jahresüberschuss).

63. Aufgabe

Für das Folgejahr erwartet die Marketing-Service GmbH bei gleichbleibenden Umsätzen einen um 10 % niedrigeren Jahresüberschuss. Ermitteln Sie die zu erwartende Umsatzrentabilität.

64. Aufgabe

Geben Sie zwei mögliche Ursachen für die sinkende Umsatzrentabilität an.

65. Aufgabe

Ermitteln Sie für das letzte Geschäftsjahr den Cashflow der Marketing-Service GmbH.

66. Aufgabe

Welche Bedeutung hat der Cashflow für die Marketing-Service GmbH?

Situation zu den Aufgaben 67 bis 70:

Um die Qualität der Serviceleistungen zu messen, nutzt die CellPhone AG Kundenzufriedenheitsbefragungen. Sie sieht die Kundenzufriedenheit als das bedeutendste Messkriterium der Dienstleistungsqualität im Kundenservice. Die Entwicklung der Ergebnisse gibt Anlass zur Sorge, da sich die ermittelte Kennzahl „Gesamtzufriedenheit" der Kunden in den letzten vier Wochen signifikant verschlechterte. Mit dieser Tendenz konfrontiert, zeigt sich der verantwortliche Qualitätsmanager Joachim Schümann verwundert, da interne Qualitätsmessungen mittels Side-by-Side-Coaching eine andere Entwicklung aufzeigen und gute Ergebnisse bestätigen.

67. Aufgabe

Nennen Sie mindestens fünf Faktoren, die zur Ermittlung der Gesamtzufriedenheit herangezogen werden können.

68. Aufgabe

Wie lassen sich die abweichenden Ergebnisse aus Kundenzufriedenheitsbefragung und Side-by-Side-Coaching erklären?

69. Aufgabe

Schlagen Sie zwei weitere Methoden der Qualitätsmessung vor, die in dieser Situation zielführend sein können. Erläutern Sie diese kurz und führen Sie Vor- und Nachteile beider Methoden auf.

70. Aufgabe

Welche Maßnahmen zur Qualitätsverbesserung sind einzuleiten? Nennen und beschreiben Sie drei geeignete Maßnahmen.

Lösungen zu Kapitel 14

1. Aufgabe
- Dokumentation: zeitlich und sachlich geordnete Aufzeichnung aller Geschäftsfälle.
- Rechenschaftslegung und Information: Einhaltung gesetzlicher Vorschriften und Datenversorgung interessierter/berechtigter Externer.
- Kontrolle: Aufbau eines aussagefähigen finanziellen Informations- und Überwachungssystems.
- Disposition: Bereitstellung von Zahlenmaterial als Entscheidungsgrundlage.

2. Aufgabe
- Buchführung: Erfüllung gesetzlicher Vorgaben, Gewinnermittlung.
- Kosten- und Leistungsrechnung: Ermittlung des Betriebsergebnisses aus dem Verkauf der Dienstleistungen.
- Statistik: Sammlung betrieblicher und externer Daten zur Entscheidungsvorbereitung.
- Planungsrechnung: Auswertung innerbetrieblicher Daten zur Erstellung von Einzelplänen.

3. Aufgabe Zu den wichtigsten Aufgaben der Buchführung zählen die Ermittlung des Vermögens und der Schulden sowie die Ermittlung des Erfolges (Gewinn oder Verlust). Die Erfüllung dieser Aufgaben wird durch das lückenlose planmäßige Aufzeichnen sämtlicher Geschäftsfälle auf Grundlage von Belegen ermöglicht. Die Buchführung ist somit eine wichtige Grundlage der restlichen Zweige des betrieblichen Rechnungswesens (Kosten- und Leistungsrechnung, Planungsrechnung, Statistik).

4. Aufgabe
- Externe Belege fallen im Geschäftsverkehr mit Außenstehenden an: Eingangsrechnungen, Ausgangsrechnungen, Kontoauszüge.
- Interne Belege werden bei innerbetrieblichen Geschäftsfällen erstellt: Gehaltslisten, Belege für Umbuchungen.

5. Aufgabe Gemäß § 238 Abs. 1 Handelsgesetzbuch ist jeder Kaufmann verpflichtet, Bücher zu führen. Darüber hinaus schreibt die Abgabenordnung in § 141 vor, dass Gewerbetreibende ab einem bestimmten Umsatz bzw. Gewinn Bücher führen müssen.

6. Aufgabe
- Körperliche Inventur: Alle körperlichen Vermögensgegenstände (z. B. Fahrzeuge, Büroausstattung) werden durch Zählen, Messen oder Wiegen erfasst und in Euro bewertet.
- Buchinventur: Alle nicht körperlichen Vermögensgegenstände (z. B. Bankguthaben, Forderungen) und Schulden (z. B. Bankkredite) werden wertmäßig aufgrund der buchhalterischen Aufzeichnungen festgestellt.

7. Aufgabe Bei der permanenten Inventur werden die Bestände der Lagerkartei entnommen. In jedem Geschäftsjahr muss auch mindestens einmal durch körperliche Bestandsaufnahme geprüft werden, ob der in der Lagerkartei ausgewiesene Bestand mit dem tatsächlichen Bestand übereinstimmt.

8. Aufgabe
- Das Anlagevermögen bildet die Grundlage der Betriebsbereitschaft und soll dem Unternehmen langfristig dienen: Grundstücke, Gebäude, Fuhrpark, Büroeinrichtung.
- Die Einzelpositionen des Umlaufvermögens verbleiben nur kurz im Unternehmen, sie befinden sich in einem ständigen Umlaufprozess: Lagerbestände, Forderungen, Kassenbestände.

9. Aufgabe Das Eigenkapital stellt das Reinvermögen dar, d.h. das Vermögen des Unternehmens abzüglich der Schulden. Vergleicht man nun das Reinvermögen des Unternehmens zu zwei Zeitpunkten (z.B. zu Beginn und zum Ende des Geschäftsjahres), so kann unter der Voraussetzung, dass keine sonstigen Veränderungen des Eigenkapitals (z.B. durch Eingriffe der Gesellschafter) durchgeführt wurden, eine Erhöhung des Eigenkapitals als der Gewinn, eine mögliche Verminderung des Eigenkapitals als der Verlust des Unternehmens angesehen werden.

10. Aufgabe Auf der Aktivseite einer Bilanz wird das Vermögen, gegliedert nach Anlage- und Umlaufvermögen, ausgewiesen. Auf der Passivseite werden die Schulden und das Eigenkapital ausgewiesen. Da das Eigenkapital die Differenz des Vermögens und der Schulden (Fremdkapital) darstellt, ist gewährleistet, dass beide Seiten der Bilanz die gleiche Summe aufweisen.

11. Aufgabe Die LiveMarketing GmbH ist verpflichtet, auf ihre inländischen Umsätze (d.h. auf die an Kunden gestellten Rechnungsbeträge) Umsatzsteuer zu erheben und an das Finanzamt abzuführen. Auf dem Konto Umsatzsteuer steht der noch an das Finanzamt abzuführende Betrag, es handelt sich also um eine Schuld. Wird im Gegenzug der LiveMarketing GmbH bei einem Kauf Umsatzsteuer in Rechnung gestellt (= Vorsteuer), so bekommt sie diese vom Finanzamt zurückerstattet. Auf dem Konto Vorsteuer steht der noch vom Finanzamt zu erstattende Betrag, es handelt sich also um eine Forderung.

12. Aufgabe
- Betriebsbedingte Aufwendungen (Kosten) stehen in unmittelbarem Zusammenhang mit dem Betriebszweck (z.B. Erstellung von Dienstleistungen für Kunden). Beispiel: Personalkosten der Mitarbeiter.
- Neutrale Aufwendungen stehen in keinem Zusammenhang mit der Verfolgung betrieblicher Ziele in der betreffenden Periode. Beispiel: Verluste aus Aktienspekulationen.

13. Aufgabe
- Eine Kostenstelle gibt an, wo im Unternehmen Kosten entstanden sind. Es handelt sich i. d. R. um eine Organisationseinheit des Unternehmens (z.B. um eine Abteilung oder Filiale). Durch Kostenstellen kann die örtliche Verursachung von Kosten nachvollzogen werden. Es können Verantwortliche ausgemacht und Kostenziele vorgegeben werden. Ebenso kann über die Kostenstellenrechnung die Verrechnung von Kosten auf Kostenträger gesteuert werden.
- Kostenträger sind Leistungseinheiten, denen i. d. R. über Preise auch Leistungen zugeordnet werden können (z.B. ein Call oder ein externes Projekt). Durch die Zuordnung von Kosten zu Leistungen können Preise ermittelt und überprüft werden.

14. Aufgabe

Gesamtumsatz:	720 000,00 + 1 080 000,00 + 2 880 000,00	=	4 680 000,00 €
– Wismar:	188 500,00 : 4 680 000,00 • 720 000,00	=	29 000,00 €
– Rostock:	188 500,00 : 4 680 000,00 • 1 080 000,00	=	43 500,00 €
– Schwerin:	188 500,00 : 4 680 000,00 • 2 880 000,00	=	116 000,00 €

15. Aufgabe

	Vermögen	**Schulden**
Pkw	30 000,00 €	
Büroeinrichtung	70 000,00 €	
Forderungen an Kunden	18 000,00 €	
Darlehen der Volksbank		25 000,00 €
Waren	26 000,00 €	
Forderungen aus Gehaltsvorschuss	1 000,00 €	
Verbindlichkeiten Gehaltszahlungen		4 000,00 €
Kassenbestand	2 000,00 €	
Guthaben Girokonto	5 000,00 €	
Verbindlichkeiten an Lieferanten		12 000,00 €
	152 000,00 €	41 000,00 €
Eigenkapital		111 000,00 €

16. Aufgabe

		Geldvermögen	**Reinvermögen**
Versand einer Rechnung für erbrachte Dienstleistungen	400,00 €	**+400,00 €**	**+400,00 €**
Buchung der monatlichen Abschreibung auf einen PC	100,00 €	–	**–100,00 €**
Zahlung der Leasingrate für einen Laserdrucker	50,00 €	**–50,00 €**	**–50,00 €**
Kauf eines neuen Bürostuhls	700,00 €	**–700,00 €**	–
Gutschrift eines Gewinns aus Aktienspekulationen	500,00 €	**+500,00 €**	**+500,00 €**
Tilgungszahlung an die Bank	1 000,00 €	**–1 000,00 €**	–
Barzahlung einer Tankrechnung	80,00 €	**–80,00 €**	**–80,00 €**
Kauf von Waren auf Rechnung	300,00 €	**–300,00 €**	–
Verkauf von Werbemitteln auf Rechnung	800,00 €	**+800,00 €**	**+800,00 €**

17. *Aufgabe*

	Liquidität		Aufwendungen		Erträge	
	Einnahmen	**Ausgaben**	**betrieblich**	**neutral**	**betrieblich**	**neutral**
Ausgangsrechnung	X				X	
Telefonrechnung		X	X			
Abschreibung			X			
Aktiengewinn	X					X
Gehälter		X	X			
Eingangsrechnung		X	X			
Garagenmiete	X					X
Büromiete		X	X			
Steuer		X		X		
Schaden		X		X		

18. *Aufgabe*

		Finanzbuchhaltung (G+V)		Kosten- und Leistungsrechnung			
		Gesamtergebnisrechnung		Abgrenzungsrechnung		Betriebsergebnisrechnung	
Position	**Anmerkung**	**Aufwand**	**Erträge**	**Neutrale Aufwendg.**	**Neutrale Erträge**	**Kosten**	**Leistungen**
Erlöse aus Dienstleistungen			121 000,00 €				121 000,00 €
Gehälter der Mitarbeiter		40 000,00 €				40 000,00 €	
Reparatur Unfall Pkw	Schadensfall	2 000,00 €		2 000,00 €			
Abschreibung Pkw		10 000,00 €				10 000,00 €	
Erlöse aus Warenverkauf			74 000,00 €				74 000,00 €
Abschreibung Büroeinrichtung		5 000,00 €				5 000,00 €	
Verluste durch Aktiengeschäfte	betriebsfremd	20 000,00 €		20 000,00 €			
Unerwartete Zahlung einer Rechnung aus 2004	periodenfremd		1 000,00 €		1 000,00 €		
Miete der Geschäftsräume		12 000,00 €				12 000,00 €	
Erlöse aus dem Verkauf eines abgeschriebenen PCs	Vermögens-abgang		1 000,00 €		1 000,00 €		
Summe		**89 000,00 €**	**197 000,00 €**	**22 000,00 €**	**2 000,00 €**	**67 000,00 €**	**195 000,00 €**
Ergebnis		**108 000,00 €**	Gewinn	neutr. Verlust	**20 000,00 €**	**128 000,00 €**	betr. Gewinn

19. *Aufgabe* Es zählt die bilanzielle Abschreibung:

30 000,00 € Anschaffungskosten : 6 Jahre Abschreibungsdauer = 5 000,00 € bilanzielle Abschreibung

20. Aufgabe Das Fahrzeug wird bereits nach drei Jahren ausgemustert, sodass in der Kosten- und Leistungsrechnung ein zu geringer Betrag (Basis: 6 Jahre Nutzungsdauer) angesetzt würde. Darüber hinaus sind zur Substanzerhaltung nicht die Anschaffungskosten, sondern der Wiederbeschaffungswert anzusetzen. Ein zu geringer Betrag in der Kosten- und Leistungsrechnung würde ein verfälschtes (zu hohes) Betriebsergebnis ausweisen und möglicherweise dazu führen, dass die kalkulierten Preise zu niedrig sind.

21. Aufgabe Basis sind der Wiederbeschaffungswert zu dem Zeitpunkt, zu dem das angeschaffte Fahrzeug ausgemustert wird, und die tatsächliche Nutzungsdauer:
36 000,00 € : 3 Jahre = 12 000,00 € jährliche Abschreibung

22. Aufgabe 60 000,00 : 5 Jahre Abschreibungsdauer = 12 000,00 € bilanzielle Abschreibung
60 000,00 – 2 • 12 000,00 = 36 000,00 € Restwert

23. Aufgabe

Tatsächliche Nutzungsdauer:	5 Jahre + 60 % = 8 Jahre
Wiederbeschaffungskosten:	60 000,00 + 8 • 1 500,00 = 72 000,00 €
Abschreibungsbetrag KLR:	72 000,00 : 8 Jahre = 9 000,00 €

24. Aufgabe

A. Vermögen	
I. Anlagevermögen	
Gundstücke	70 000,00 €
Gebäude	210 000,00 €
Betriebs- und Geschäftsausstattung	91 000,00 €
II. Umlaufvermögen	
Forderungen	16 600,00 €
Kassenbestand	1 400,00 €
Bankguthaben	2 000,00 €
B. Schulden	
I. Langfristige Schulden	
Hypothek Volksbank	190 000,00 €
Darlehen der Sparkasse	14 000,00 €
II. Kurzfristige Schulden	
Verbindlichkeiten an Lieferanten	17 000,00 €
C. Reinvermögen	
Summe des Vermögens	391 000,00 €
– Summe der Schulden	221 000,00 €
= Reinvermögen (Eigenkapital)	**170 000,00 €**

25. Aufgabe

Bilanz zum 31.12.			
Aktiva		**Passiva**	
I. Anlagevermögen		**I. Eigenkapital**	**240 500,00 €**
Grundstücke	90 000,00 €		
Gebäude	344 000,00 €	**II. Schulden**	
Fuhrpark	46 000,00 €	Hypothekenschulden	290 000,00 €
Betriebs- und Geschäftsausstattung	85 000,00 €	Darlehensschulden	44 000,00 €
		Verbindlichkeiten an Lieferanten	25 000,00 €
II. Umlaufvermögen			
Forderungen	25 200,00 €		
Kassenbestand	700,00 €		
Bankguthaben	8 600,00 €		
	599 500,00 €		599 500,00 €

26. Aufgabe Eigenkapital zu Beginn des Geschäftsjahres: 100 000,00 € – 30 000,00 € = 70 000,00 €

Eigenkapital am Ende des Geschäftsjahres: 130 000,00 € – 10 000,00 € = 120 000,00 €

Veränderung des Eigenkapitals: 120 000,00 € – 70 000,00 € = 50 000,00 €

Es wurde ein Gewinn von 50 000,00 € erzielt.

27. Aufgabe Aufwendungen: Mietaufwand 100 000,00 € + Personalaufwand 400 000,00 € + Sonstige Aufwendungen 200 000,00 € = 700 000,00 €

Erträge: Erlöse aus Einzelprojekten 545 000,00 € + Erlöse aus Serviceleistungen 200 000,00 € + Sonstige Erträge 5 000,00 € = 750 000,00 €

Gewinn: Erträge – Aufwendungen = 750 000,00 € – 700 000,00 € = 50 000,00 €

28. Aufgabe Abschreibungsbetrag = 30 000,00 € : 6 Jahre = 5 000,00 €

Jahr	Abschreibungsbetrag	Restwert am Jahresende
1	5 000,00 €	25 000,00 €
2	5 000,00 €	20 000,00 €
3	5 000,00 €	15 000,00 €
4	5 000,00 €	10 000,00 €
5	5 000,00 €	5 000,00 €
6	5 000,00 €	0,00 €

29. Aufgabe

	Projekt 1	Projekt2	Projekt 3	Summe
Anzahl Calls	157 000	92 000	272 000	**521 000**
Einzelkosten	470 000,00 €	290 000,00 €	680 000,00 €	**1 440 000,00 €**
Gemeinkosten	37 600,00 €	23 200,00 €	54 400,00 €	**115 200,00 €**
Selbstkosten	**507 600,00 €**	**313 200,00 €**	**734 400,00 €**	**1 555 200,00 €**
Selbstkosten je Call	3,23 €	3,40 €	2,70 €	

Ermittlung des Zuschlagssatzes:
115 200,00 € Gemeinkosten :
1 440 000,00 € Einzelkosten = 8 %
Ermittlung der einzelnen Gemeinkosten:
Projekt 1: 470 000,00 € • 8 % = 37 600,00 €
Projekt 2: 290 000,00 € • 8 % = 23 200,00 €
Projekt 3: 680 000,00 € • 8 % = 54 400,00 €

30. Aufgabe

Einzelkosten	2,90 €		
Gemeinkosten	0,35 €	12 %	von den Einzelkosten je Call
Selbstkosten je Call	3,25 €		
Gewinnzuschlag	0,58 €	18 %	von den Selbstkosten je Call
Zielverkaufspreis je Call	3,83 €		
Kundenskonto	0,12 €	3 %	vom Angebotspreis je Call
Angebotspreis je Call	3,95 €		
Anzahl Calls	2 000,00 €		
Angebotspreis je Call	7 900,00 €		

Ermittlung des Angebotspreises:
Zielverkaufspreis je Call = 100 % – 3 % Skonto = 97 %
Angebotspreis je Call = 100 %
3,83 € Zielverkaufspreis : 97 % • 100 % = 3,95 € Angebotspreis je Call
Angebotspreis = 2 000 • 3,95 € = 7 900,00 €

31. Aufgabe Fixe Gesamtkosten = Gehalt Hilfskräfte + Kosten Künstler + Fahrtkosten + Miete/Strom + Heizung/Wasser + Leasing PCs + Telefon = 4 000,00 + 1 200,00 + 500,00 + 520,00 + 30,00 + 300,00 + 100,00 = 6 650,00 €
Variable Kosten pro Stück = Papierkosten + Druckkosten + Verpackungskosten + Porto = 0,60 + 0,50 + 0,30 + 0,90 = 2,30 € pro Stück

32. Aufgabe db = p – kv
a) db = 4,00 – 2,30 = 1,70 €
b) db = 3,00 – 2,30 = 0,70 €

33. Aufgabe Gewinnschwelle (BEP) = Kf : db
a) Gewinnschwelle = 6 650,00 : 1,70 = 3 912 Kalender
b) Gewinnschwelle = 6 650,00 : 0,70 = 9 500 Kalender

34. Aufgabe Beschäftigungsgrad = produzierte Menge : Kapazität

a) Beschäftigungsgrad = 3 912 : 10 000 = 39,12 %

b) Beschäftigungsgrad = 9 500 : 10 000 = 95,00 %

35. Aufgabe

	Smartphone	7" Tablet-PC	9" Tablet-PC
Umsatzerlöse	39 600,00 €	35 760,00 €	35 820,00 €
– variable Kosten	20 000,00 €	15 600,00 €	16 200,00 €
= Deckungsbeitrag I	**19 600,00 €**	**20 160,00 €**	**19 620,00 €**
– trägerfixe Kosten	1 350,00 €	1 450,00 €	1 550,00 €
= Deckungsbeitrag II	**18 250,00 €**	**18 710,00 €**	**18 070,00 €**
– gruppenfixe Kosten	1 100,00 €	1 150,00 €	
= Deckungsbeitrag III	**17 150,00 €**	**35 630,00 €**	
– unternehmensfixe Kosten		2 400,00 €	
= Betriebsgewinn		**50 380,00 €**	

36. Aufgabe a) 8 400 Calls : 70 % Auslastung • 100 % = 12 000 Calls Kapazität

b) (8 400 Calls + 700 Calls) : 12 000 Calls = 75,83 % Auslastung

c) 25 230,00 € Gesamtkosten : 8 400 Calls = 3,00 € pro Call

37. Aufgabe

Calls/Monat	Kosten gesamt/ Monat	Kosten fix/ Monat	Kosten variabel/ Monat	variable Kosten je Call	fixe Kosten je Call
12 000	41 960,00 €	30 200,00 €	11 760,00 €	0,98 €	2,52 €
15 000	44 900,00 €	30 200,00 €	14 700,00 €	0,98 €	2,01 €
18 000	47 840,00 €	30 200,00 €	17 640,00 €	0,98 €	1,68 €

38. Aufgabe

Projekt	Anzahl Calls	Verkaufspreis je Call	variable Kosten je Call	Umsatzerlöse	db je Call	DB gesamt
A	2.100	9,00 €	5,40 €	18 900,00 €	3,60 €	7 560,00 €
B	32 000	2,30 €	1,90 €	73 600,00 €	0,40 €	12 800,00 €
C	17 000	6,20 €	3,70 €	105 400,00 €	2,50 €	42 500,00 €
Gesamt				**197 900,00 €**		**62 860,00 €**
Fixe Kosten						29 600,00 €
Betriebsergebnis						**33 260,00 €**

39. Aufgabe db = p – kv = 3,00 € – 2,40 € = 0,60 €

Gewinnschwellenmenge = Fixkosten : db = 9 000,00 € : 0,60 € = 15 000 Calls

40. Aufgabe

Größe	Wert im betrachteten Monat	Veränderung bei Zunahme der Beschäftigung
Summe der Gesamtkosten	18 710,00 €	steigt
Summe der fixen Kosten	11 210,00 €	unverändert
Summe der variablen Kosten	7 500,00 €	steigt
Gesamtkosten pro Call	2,49 €	fällt
Fixe Kosten pro Call	1,49 €	fällt
Variable Kosten pro Call	1,00 €	unverändert

41. Aufgabe

x =	16 000 Stück	Kf =	60 000,00 €
p =	7,50 €	db =	5,00 €
E =	120 000,00 €	DB =	80 000,00 €
kv =	2,50 €	g =	1,25 €
kf =	3,75 €	G =	20 000,00 €
Kv =	40 000,00 €		

42. Aufgabe BEP = Kf : db

BEP = 60 000,00 € : 5,00 € = 12 000 Calls

43. Aufgabe Der Auftrag sollte angenommen werden, da der zu erzielende Preis über den variablen Kosten je Call liegt. Der Gewinn wird sich um 2 000 • 0,50 € = 1 000,00 € auf 21 000,00 € steigern.

44. Aufgabe Der Auftrag sollte nicht angenommen werden, da der zu erzielende Preis unter den variablen Kosten je Call liegt. Der Gewinn würde sich um 2 000 • 0,50 € = 1 000,00 € auf 19 000,00 € verringern.

45. Aufgabe

Anrufe	70 560	
Arbeitstage	42	
Stunden je Tag	7	
AHT (Min.)	12,0	
Gesamtbedarf in Min.	846 720	(70 560 • 12 Min.)
Gesamtbedarf in Std.	14 112	(846 720 : 60 Min.)
Benötigte Anrufstunden je Tag	336	(14 112 : 42 Tage)
Benötigte Mitarbeiter je Tag	48,0	(336 Std. : 7 Std. je Tag)

46. Aufgabe

	Stunden	Kosten je Einheit	Gesamtkosten
Trainingsstunden Agents (3 Tage je 7 Stunden)	1 008	16,40 €	16 531,20 €
Trainingsstunden TL (3 Tage je 7 Stunden)	21	18,20 €	382,20 €
Trainingsstunden Trainer	21	25,00 €	525,00 €
Einsatzstunden Agents	14 112	16,40 €	231 436,80 €
Einsatzstunden TL	294	18,20 €	5 350,80 €
Summe Personalkosten			254 226,00 €
Arbeitsplatzkosten	15 435	1,67 €	25 776,45 €
Operative Gesamtkosten			280 002,45 €
Handlungskosten		35 %	98 000,86 €
Selbstkosten			378 003,31 €
Gewinn		15 %	56 700,50 €
Barangebotspreis gesamt			**434 703,80 €**
Barangebotspreis je Call			**6,16 €**
			70 560 Anrufe

47. Aufgabe Handlungsgemeinkosten beinhalten die allgemeinen Geschäftskosten der KommunikativAktiv KG (z. B. Verwaltungs- und Vertriebskosten). Diese Kosten können nicht direkt der einzelnen Kampagne zugerechnet werden. Um die Selbstkosten zu ermitteln, werden sie über einen prozentualen Zuschlag zu den operativen Gesamtkosten hinzugerechnet.

48. Aufgabe

	Alternative 1	Alternative 2	Alternative 3
Erwartete Response	5,50 %	6,00 %	7,00 %
Anzahl angeschriebener Kunden	5 000	5 000	5 000
Erwartete Bestellungen	275	300	350

49. Aufgabe

	Alternative 1	Alternative 2	Alternative 3
Umsatzerlöse gesamt	68 750,00 €	75 000,00 €	87 500,00 €
Selbstkosten (ohne Kosten für die Mailing-Aktion)	57 750,00 €	63 000,00 €	73 500,00 €
Kosten für Mailing inkl. Prospekten gesamt	2 000,00 €	2 500,00 €	2 500,00 €
Kosten für Gutschein gesamt	0,00 €	0,00 €	5 250,00 €
Deckungsbeitrag gesamt	9 000,00 €	9 500,00 €	6.250,00 €
Deckungsbeitrag je Jacke	32,73 €	31,67 €	17,86 €

50. Aufgabe Die Textil GmbH sollte sich für die Alternative 2 entscheiden. Die Alternative 1 führt zwar zu einem höheren Stückdeckungsbeitrag, Alternative 2 liefert jedoch den größten Gesamtdeckungsbeitrag.

51. Aufgabe

	mögliche Calls	geleistete Calls	Auslastung je Projekt in %
A	100 000	40 000	40 %
B	40 000	10 000	25 %
C	10 000	2 000	20 %
	Summe Auslastung		85 %

52. Aufgabe

Projekt	derzeit produzierte Calls	Preis je Call/ Periode	variable Kosten	db	DB
A	40 000	10,00 €	5,00 €	5,00 €	200 000,00 €
B	10 000	40,00 €	30,00 €	10,00 €	100 000,00 €
C	2 000	80,00 €	55,00 €	25,00 €	50 000,00 €
Summe DB					350 000,00 €
fixe Kosten					300 000,00 €
Betriebsergebnis **vor** Werbeaktion					50 000,00 €

	mögliche Calls	geleistete Calls	Auslastung je Projekt in %	durchführbare Calls bei noch verfügbarer Restkapazität von 15 %	db	zusätzlich möglicher Gesamt-DB
A	100 000	40 000	40 %	15 000	5,00 €	75 000,00 €
B	40 000	10 000	25 %	6 000	10,00 €	60 000,00 €
C	10 000	2 000	20 %	1 500	25,00 €	37 500,00 €
	Summe Auslastung		85 %			

Bei Projekt A ist mit 75 000,00 € der höchste zusätzliche DB erzielbar.
Abzüglich der zusätzlichen Werbekosten von 50 000,00 € ergibt sich ein Zusatzgewinn von: 25 000,00 €
Betriebsergebnis dann: 75 000,00 € (Gewinn)

53. Aufgabe

Projekt	derzeit produzierte Calls	Preis je Call/ Periode	variable Kosten	db	DB
A	40 000	10,00 €	5,00 €	5,00 €	200 000,00 €
B	10 000	40,00 €	30,00 €	10,00 €	100 000,00 €
C	2 000	80,00 €	55,00 €	25,00 €	50 000,00 €
D Zusatz	2 000	5,50 €	3,50 €	2,00 €	4 000,00 €
Summe DB					354 000,00 €
fixe Kosten					300 000,00 €
Betriebsergebnis mit Zusatzauftrag					54 000,00 €

54. Aufgabe
- Das operative Controlling hat einen kurzfristigen zeitlichen Horizont und soll der Sicherung der Lebensfähigkeit des Unternehmens durch Sicherung von Rentabilität und Liquidität dienen. Im Mittelpunkt der Analyse stehen Kosten, Leistungen und Zahlungen.
- Das strategische Controlling ist langfristig angelegt und hat als zentrale Aufgabe das rechtzeitige Erkennen von Chancen und Risiken zukünftiger Entwicklungen. Dazu werden politische und wirtschaftliche Entwicklungen z. B. durch Marktstudien und Prognosen analysiert.

55. Aufgabe Die Balanced Scorecard ist ein System von Kennzahlen, das die Aktivitäten des Unternehmens im Hinblick auf seine Strategie misst. Hierzu werden für bestimmte Entwicklungsperspektiven Zielvorgaben gemacht und entsprechende Kennzahlen ermittelt. Vier mögliche Entwicklungsperspektiven eines Unternehmens sind die Finanzperspektive (finanzielle Ziele wie Umsatz/Gewinn), die Prozessperspektive (Qualität und Effizienz von betrieblichen Prozessen), die Kundenperspektive (z. B. Zufriedenheit) und die Potenzialperspektive (z. B. Mitarbeiterpotenzial).

56. Aufgabe

Auswertung	
Gesamtkosten:	**20,00 €**
Datenbestand (Anzahl Datensätze):	**30**
Aktionszeitraum (Stunden):	**1**
Bruttokontakte:	20
Nettokontakte:	17
Ausschöpfungsquote:	56,7 %
Anzahl Abschlüsse:	8
Erfolgsquote:	47,1 %
Kosten pro Nettokontakt:	1,18 €
Kosten pro Abschluss:	2,50 €
Kosten pro Minute:	0,42 €
Gesamte Gesprächszeit in Minuten:	47,3
AHT (in Minuten):	2,8

57. Aufgabe Grad der finanziellen Unabhängigkeit = Eigenkapital : Gesamtkapital

Beginn des Geschäftsjahres:	189 000,00 : 353 000,00 = 53,54 %
Ende des Geschäftsjahres:	229 000,00 : 388 000,00 = 59,02 %
Veränderung:	+5,48 %

Grad der Verschuldung = Fremdkapital : Gesamtkapital

Beginn des Geschäftsjahres:	164 000,00 : 353 000,00 = 46,46 %
Ende des Geschäftsjahres:	159 000,00 : 388 000,00 = 40,98 %
Veränderung:	–5,48 %

Bewertung: Insbesondere aufgrund des gestiegenen Eigenkapitals ist die Marketing-Service GmbH unabhängiger von Fremdkapitalgebern.

58. Aufgabe Anteil des langfristigen Fremdkapitals = langfristiges Fremdkapital : Gesamtkapital

Beginn des Geschäftsjahres:	119 000,00 : 353 000,00 = 33,71 %
Ende des Geschäftsjahres:	95 000,00 : 388 000,00 = 24,48 %
Veränderung:	–9,23 %

Anteil des kurzfristigen Fremdkapitals = kurzfristiges Fremdkapital : Gesamtkapital

Beginn des Geschäftsjahres:	45 000,00 : 353 000,00 = 12,75 %
Ende des Geschäftsjahres:	64 000,00 : 388 000,00 = 16,49 %
Veränderung:	+3,74 %

Bewertung: Aufgrund des Abbaus von Darlehensschulden und der gleichzeitigen Erhöhung des Eigenkapitals ist der Anteil des langfristigen Fremdkapitals deutlich zurückgegangen. Es ist anzunehmen, dass es sich bei dem Aufbau der kurzfristigen Verbindlichkeiten um einen vorübergehenden Effekt handelt, da am Jahresende ein recht hohes Bankguthaben vorhanden ist, das zum Ausgleich eines Teils der kurzfristigen Verbindlichkeiten verwendet werden kann.

59. Aufgabe Deckungsgrad I = Eigenkapital : Anlagevermögen

Beginn des Geschäftsjahres: 189 000,00 : 307 000,00 = 61,56 %
Ende des Geschäftsjahres: 229 000,00 : 333 000,00 = 68,77 %
Veränderung: +7,21 %

Bewertung: Das Eigenkapital ist stark angestiegen, sodass sich am Ende des Geschäftsjahres ein deutlich erhöhter Deckungsgrad I ergibt. Das Anlagevermögen wird nun zu mehr als 2/3 durch Eigenkapital gedeckt, was für die Solidität des Unternehmens spricht.

Deckungsgrad II = langfristiges Kapital : Anlagevermögen

Beginn des Geschäftsjahres: 308 000,00 : 307 000,00 = 100,33 %
Ende des Geschäftsjahrs: 324 000,00 : 333 000,00 = 97,30 %
Veränderung: –3,03 %

Bewertung: Unter anderem durch Zugänge im Fuhrpark ist das Anlagevermögen deutlich gestiegen. Da der Deckungsgrad II am Ende des Geschäftsjahres knapp unter 100 % liegt, wird ein geringer Teil des Anlagevermögens nicht durch langfristiges Kapital gedeckt. Im ungünstigsten Fall müssten Anlagegüter verkauft werden, um kurzfristige Verbindlichkeiten zu bedienen.

60. Aufgabe Liquidität I = flüssige Mittel : kurzfristiges Fremdkapital

Beginn des Geschäftsjahres: 12 000,00 : 45 000,00 = 26,67 %
Ende des Geschäftsjahres: 44 000,00 : 64 000,00 = 68,75 %
Veränderung: +42,08 %

Liquidität II = (flüssige Mittel + Forderungen) : kurzfristiges Fremdkapital

Beginn des Geschäftsjahres: 33 000,00 : 45 000,00 = 73,33 %
Ende des Geschäftsjahres: 46 000,00 : 64 000,00 = 71,88 %
Veränderung: –1,45 %

Liquidität III = Umlaufvermögen : kurzfristiges Fremdkapital

Beginn des Geschäftsjahres: 46 000,00 : 45 000,00 = 102,22 %
Ende des Geschäftsjahres: 55 000,00 : 64 000,00 = 85,94 %
Veränderung: –16,28 %

Bewertung: Durch den sehr starken Anstieg des Bankguthabens und des Kassenbestandes bei gleichzeitiger moderater Steigerung der Verbindlichkeiten ist die Liquidität I stark gestiegen. Durch den starken Rückgang der Forderungen gleicht sich dies bei der Liquidität II aber wieder aus. Die Liquidität III ist deutlich gesunken und liegt unter 100 %. Dies ist kritisch zu sehen, da die kurzfristigen Verbindlichkeiten nicht mehr durch das Umlaufvermögen gedeckt sind. Im ungünstigsten Fall müssten Anlagegüter verkauft werden, um kurzfristige Verbindlichkeiten zu bedienen.

61. Aufgabe Eigenkapitalrentabilität = Jahresüberschuss : Eigenkapital = 40 000,00 : 210 000,00 = 19,05 %

Gesamtkapitalrentabilität = (Jahresüberschuss + Fremdkapitalzinsen) : Gesamtkapital = (40 000,00 + 7 000,00) : 370 000,00 = 12,70 %

Umsatzrentabilität = Jahresüberschuss : Umsatz = 40 000,00 : 980 000,00 = 4,08 %

62. Aufgabe Die Eigenkapitalrentabilität gibt an, wie sich das angelegte Eigenkapital verzinst (auch im Vergleich zu anderen Anlagemöglichkeiten). Der Erfolg wird somit ins Verhältnis zu dem dafür erforderlichen Eigenkapitaleinsatz gesetzt. Die reine Gewinnhöhe ist ohne diese Bezugsgröße daher wenig aussagekräftig.

63. Aufgabe Neuer Jahresüberschuss: 40 000,00 – 10 % = 36 000,00 €
Neue Umsatzrentabilität: 36 000,00 : 980 000,00 = 3,67 %

64. Aufgabe
- Kostensteigerungen im Folgejahr (z. B. Energiekosten),
- aufgrund Konkurrenzdruck werden Aufträge mit geringeren Gewinnmargen angenommen.

65. Aufgabe Cashflow = Jahresüberschuss + Abschreibungen = 40 000,00 + 45 000,00 = 85 000,00 €

66. Aufgabe Der Cashflow sagt aus, in welchem Umfang dem Unternehmen selbst erwirtschaftete Mittel (insb. Jahresüberschuss sowie Abschreibungen auf das Anlagevermögen) zur Verfügung stehen. Dadurch wird eine Aussage über die Selbstfinanzierungskraft möglich.

67. Aufgabe Beispiele: Freundlichkeit, Fachkompetenz, Erreichbarkeit, Wartezeit, persönliche Bemühung um den Kunden, Entscheidungskompetenz, Verständlichkeit der erhaltenen Antwort, First-Contact-Resolution, Weiterempfehlung des Services.

68. Aufgabe Bei Kundenzufriedenheitsbefragungen steht die Meinung des Kunden und damit eine zunächst subjektive Betrachtung im Mittelpunkt. Möglicherweise erinnert sich der Kunde nicht mehr an alle Details des Gespräches. Auch kommt es vor, dass ein Kunde den Mitarbeiter schlecht bewertet, obwohl er eigentlich mit dem Produkt unzufrieden ist, nicht mit dem Kundenservice am Telefon. Im Rahmen des Side-by-Side-Coachings ermittelte Qualitätsergebnisse geben hingegen dann kein authentisches Bild ab, wenn der Mitarbeiter sein Verhalten nur für diese Situation anpasst.

69. Aufgabe Beim **Silent Monitoring** sitzt der Qualitätsbeauftragte (Teamleiter, Coach oder Trainer) nicht am Arbeitsplatz des Agenten, sondern hört unbemerkt räumlich entfernt die Gespräche mit.

- Vorteile: Der Coach sitzt nicht unmittelbar beim Mitarbeiter, dieser fühlt sich weniger beobachtet, das Gespräch verläuft authentisch; Möglichkeit der Gesprächsaufzeichnung.
- Nachteile: Rechtliche Rahmenbedingungen sind komplex; Gefahr des „gläsernen Mitarbeiters“; permanente Überwachung.

Bei **Mystery Calls** führen meist externe Unternehmen eine vorher vereinbarte Anzahl an Testanrufen für einen bestimmten Zeitraum durch. Da sich die Anrufer hier als Kunden ausgeben, wird die gestellte Situation vom Mitarbeiter nicht erkannt. Der Testanrufer wertet im Anschluss anhand vorgegebener Kriterien das Servicegespräch aus.

- Vorteile: Das gesamte Kundenerlebnis kann gemessen werden (von der Warteschleife bis zum Mitarbeiter); die Beurteilung erfolgt aus der Sicht des Kunden; keine Prüfungssituation für den Agent.
- Nachteile: Technisch aufwendig, da bei Bestandskunden auch entsprechend ein Datensatz in der Kundendatenbank vorhanden sein muss; die Urteile unterliegen dem subjektiven Eindruck des Anrufers; es besteht die Gefahr, dass der Mitarbeiter die künstliche Situation erkennt.

70. Aufgabe

- Mittels **Kommunikationstrainings** werden Methoden und Modelle der professionellen Gesprächsführung vermittelt und in Rollenspielen oder simulierten Situationen geübt. Inhalte können sein: Argumentationstechnik, Fragetechnik, Bedarfsanalyse, Beschwerdemanagement, Aspekte der Kommunikationspsychologie.
- Bei einem **Workshop** werden Mitarbeiter zu einem Erfahrungsaustausch eingeladen, aktuelle Probleme oder Projekte diskutiert und Maßnahmen abgeleitet.
- Im **Training on the Job** wird der Mitarbeiter in einer realen Situation durch einen Coach oder Teamleiter begleitet. Die geführten Telefonate werden vom Coach analysiert und die Ergebnisse gemeinsam mit dem Mitarbeiter besprochen. Er erhält konkrete Tipps, wie die Gesprächsführung verbessert werden kann.

15 Sicherheit und Gesundheitsschutz bei der Arbeit

Situation zu den Aufgaben 1 bis 5:
Die Dialogfix GmbH möchte für eine Schulung der neuen Auszubildenden einige Vorschriften zum Thema Unfallverhütung zusammentragen.

Z *1. Aufgabe* ☐

Welche Institution führt die betriebsinterne Überprüfung von Unfallverhütungsmaßnahmen bei der Dialogfix GmbH durch?

1. Gesundheitsamt
2. Krankenkasse
3. Agentur für Arbeit
4. Industrie- und Handelskammer
5. Berufsgenossenschaft

Z *2. Aufgabe* ☐

Wer ist für die Einhaltung der Unfallverhütungsvorschriften bei der Dialogfix GmbH verantwortlich?

1. Arbeitgeber
2. Betriebsrat
3. Betriebsarzt
4. Sicherheitsbeauftragter
5. Vermittlungsausschuss

Z *3. Aufgabe* ☐

Wer benennt den Sicherheitsbeauftragten der Dialogfix GmbH?

1. Die zuständige Berufsgenossenschaft (Verwaltungsberufsgenossenschaft)
2. Die gesetzliche Krankenkasse (AOK)
3. Das Gewerbeaufsichtsamt
4. Der Arbeitgeber (Dialogfix GmbH)
5. Die Betriebshaftpflichtversicherung der Dialogfix GmbH

Z *4. Aufgabe* ☐

Welche Aussage über den Sicherheitsbeauftragten der Dialogfix GmbH ist zutreffend?

1. Die gesetzliche Grundlage findet sich in der Gewerbeordnung.
2. Da die Dialogfix GmbH ein ungefährlicher Dienstleistungsbetrieb ist, ist es dem Unternehmen freigestellt, einen Sicherheitsbeauftragten zu bestellen.
3. Der Sicherheitsbeauftragte ist ein Mitarbeiter der Dialogfix GmbH.
4. Die Überwachung des Bundesdatenschutzgesetzes fällt in den Verantwortungsbereich des Sicherheitsbeauftragten.
5. Die Dialogfix GmbH ist zur Bestellung eines Sicherheitsbeauftragten verpflichtet, da sie mehr als 100 Mitarbeiter beschäftigt.

5. Aufgabe ☐ Z

Was gehört nicht zu den 5 Ws bei der Meldung von Unfällen?

1. WAS ist passiert?
2. WER ist schuld?
3. WO ist es passiert?
4. WELCHE Art von Verletzungen gibt es?
5. WIE VIELE Verletzte gibt es?

Situation zu den Aufgaben 6 bis 27:
Als Mitglied der Jugend- und Auszubildendenvertretung beobachten Sie mit besonderem Interesse, ob bei der Dialogfix GmbH die gesetzlichen Bestimmungen zu Sicherheit und Gesundheitsschutz bei der Arbeit eingehalten werden.

6. Aufgabe ☐ Z

Eine Auszubildende der Dialogfix GmbH stürzt auf dem Weg zu ihrem Ausbildungsplatz mit dem Fahrrad. Wer übernimmt die Kosten?

1. Die Auszubildende selbst.
2. Die gesetzliche Unfallversicherung.
3. Die Krankenkasse und der Arbeitgeber je zur Hälfte.
4. Die Betriebshaftpflichtversicherung.
5. Die Auszubildende und der Arbeitgeber je zur Hälfte.

7. Aufgabe ☐☐ Z

Die Dialogfix GmbH muss verschiedene Maßnahmen ergreifen, um die Arbeitsschutzbestimmungen einzuhalten. Dabei lassen sich technische, personenbezogene und organisatorische Maßnahmen unterscheiden. Prüfen Sie, in welchen zwei Fällen es sich um technische Maßnahmen handelt.

1. Es erfolgt eine Unterweisung zum Verhalten bei Notfällen.
2. Die Regale im Archiv sind fest an Boden und Decke verschraubt, um ein Umfallen zu verhindern.
3. Pro Jahr werden zwei unangekündigte Feuerübungen durchgeführt.
4. In jedem Zimmer hängen die Kontaktdaten der zuständigen Ersthelfer und alle wichtigen Notrufnummern.
5. In einem bestimmten Zeitabstand werden die Feuerlöscher auf ihre Funktionsfähigkeit überprüft.
6. Der alte Aktenvernichter mit gefährlichen Schnittkanten wurde durch ein neues, sicheres Gerät ersetzt.

Z *8. Aufgabe* ☐

Im Vorfeld der Überprüfung der Sicherheits- und Gesundheitsschutzmaßnahmen bei der Dialogfix GmbH diskutieren die Auszubildenden über die Vorschriften zur Unfallverhütung. Welche der folgenden Aussagen ist zutreffend?

1. In einem kaufmännischen Betrieb mit mehr als 20 Arbeitnehmern müssen 5 % der Angestellten zum Ersthelfer ausgebildet werden.
2. Die Ersthelfer bekommen eine geringe Aufwandsentschädigung für jeden erfolgreich durchgeführten Einsatz.
3. Eine etwaige Auffrischung der Ersthelfer-Ausbildung erfolgt auf freiwilliger Basis.
4. Ein großer Verbandskasten ist unabhängig von der Betriebsgröße verpflichtend, da die Schwere eines Unfalls unabhängig von der Anzahl der Mitarbeiter ist.
5. An den Telefonapparaten sind Notfallnummern nur dann sichtbar anzubringen, wenn sie nicht über Kurzwahltasten gespeichert werden können.

Z *9. Aufgabe* ☐

Welche der folgenden Aussagen zu personellen Verantwortlichkeiten bei der Unfallverhütung ist richtig?

1. Rehabilitationsmaßnahmen fallen nicht in die Zuständigkeit des Betriebsarztes.
2. Die Fachkraft für Arbeitssicherheit muss unabhängig und objektiv urteilen und darf deshalb kein Mitarbeiter des Unternehmens sein.
3. Jedes Unternehmen mit mehr als 20 Mitarbeitern ist verpflichtet, eine Fachkraft für Arbeitssicherheit zu bestellen.
4. Der Sicherheitsbeauftragte ist eine vom Unternehmen ernannte Person, die unterstützend dabei mitwirkt, Unfälle, berufsbedingte Krankheiten und Gesundheitsgefahren zu vermeiden.
5. Unternehmen mit mehr als 100 Angestellten sind verpflichtet, einen Sicherheitsbeauftragten zu bestellen.

Z *10. Aufgabe* ☐

Prüfen Sie, in welchem Fall eine zutreffende Aussage zum Brandschutz getroffen wird.

1. Der vorbeugende Brandschutz umfasst die Teilbereiche operativer Brandschutz, baulicher Brandschutz und technischer Brandschutz.
2. Die Brandschutzordnung sieht vor, dass Notausgänge mit einem Piktogramm auf der Tür gekennzeichnet sein müssen, falls keine Notbeleuchtung existiert.
3. Ein Beispiel für bauliche Überlegungen zum Brandschutz ist die Aufteilung des Gebäudes in Brandabschnitte.
4. Im Gegensatz zu geschlossenen Personenaufzügen sind offene Lastenaufzüge zur Rettung im Brandfall sicher.
5. Um eine Verunreinigung mit Löschschaum und Löschwasser zu vermeiden, darf sich der Erste-Hilfe-Kasten nicht unmittelbar neben den Löschvorrichtungen befinden.

11. Aufgabe ☐ Z

Gegenstand der Prüfung sind auch die Notausgänge. In welchem Fall handelt die Dialogfix GmbH vorschriftsgemäß?

1. Alle Notausgänge sind signalrot.
2. Bei abgeschlossenen Notausgängen hängt der Schlüssel in Griffweite.
3. Der Fluchtweg zum Notausgang ist deutlich gekennzeichnet.
4. In Gebäudeteilen mit integrierten Löschsystemen sind Notausgänge entbehrlich.
5. Neben jedem Notausgang befindet sich ein Feuerlöscher.

12. Aufgabe ☐ Z

Die Dialogfix GmbH achtet besonders auf eine gesundheitsfreundliche Arbeitsplatzausstattung. Bei welchem Punkt muss jedoch noch nachgebessert werden?

1. Die Bürostühle ermöglichen ein dynamisches Sitzen.
2. Die Oberfläche des Schreibtisches ist groß, reflexionsarm und kratzfest.
3. Stehende Tätigkeiten sind grundsätzlich untersagt.
4. Die Bildschirmarbeitsverordnung wurde beim Einrichten der einzelnen Bildschirmarbeitsplätze genau beachtet.
5. Die Mitarbeiter können zwischen verschiedenen Ausführungen ihrer Headsets wählen.

13. Aufgabe ☐ Z

Bei der Schaffung eines angemessenen Licht- und Raumklimas sind sich die zuständigen Mitarbeiter der Verwaltungsabteilung nicht einig. Welcher Aussage müssen Sie aus ergonomischer Sicht widersprechen?

1. Zwischen 20 und 23 Grad Raumtemperatur sind im Winter angemessen.
2. Es werden dringend noch mehr großblättrige Grünpflanzen benötigt, um die Luftfeuchtigkeit zu verbessern.
3. Am Schreibtisch sind Punktstrahler ausreichend, die genau den Teil der Fläche beleuchten, der tatsächlich zum Arbeiten genutzt wird.
4. Um den Augen Abwechslung zu bieten, sollte der Pausenraum in verschiedenen ansprechenden Farbtönen gestaltet werden.
5. Gekippte Fenster sollten vermieden werden.

14 Aufgabe ☐ Z

Stellen Sie fest, welche besondere Bedingung nach dem Mutterschutzgesetz gilt.

1. Schwangere dürfen nicht in der telefonischen Kundenbetreuung beschäftigt werden.
2. Werdende Mütter haben Anspruch auf täglich 45 Minuten zusätzliche Arbeitspausen.
3. Schwangere erhalten 5 zusätzliche Urlaubstage pro Kalenderjahr.
4. Eine Beschäftigung während der Schwangerschaft ist generell nicht zulässig.
5. Eine Beschäftigung ist auch in den letzten 6 Wochen der Schwangerschaft möglich, wenn sich die Schwangere ausdrücklich zur Arbeitsleistung bereit erklärt.

Z *15. Aufgabe* ☐

Die Personalabteilung bereitet eine freiwillige Schulung zum Mutterschutzgesetz vor. In den Schulungsunterlagen hat sich jedoch ein Fehler eingeschlichen. Welche Information darf so nicht verbreitet werden?

1. Die tägliche Arbeitszeit ist beschränkt auf 8,5 Stunden, bei unter 18-Jährigen auf 8 Stunden. Überstunden sind verboten.
2. Nachts zwischen 22 und 8 Uhr sowie an Sonn- und Feiertagen darf keine Beschäftigung erfolgen.
3. In den letzten sechs Wochen vor dem errechneten Entbindungstermin ist eine Beschäftigung verboten, es sei denn, die werdende Mutter erklärt ausdrücklich, dass sie arbeiten möchte.
4. Während der gesamten Schwangerschaft und bis vier Monate nach der Entbindung darf der Arbeitgeber das Arbeitsverhältnis nicht kündigen.
5. Während der beschäftigungsfreien Schutzfristen besteht Anspruch auf Mutterschaftsgeld in Höhe des durchschnittlichen Nettoverdienstes (Zahlung durch Krankenkasse und Arbeitgeber).

Z *16. Aufgabe* ☐

Im nächsten Monat soll es auch Schulungen zum Schwerbehindertenrecht und zum Arbeitsschutzgesetz geben. Welche Information muss vor der Schulung noch überarbeitet werden?

1. Schwerbehinderte genießen einen besonderen Kündigungsschutz. Eine Kündigung ohne Zustimmung des zuständigen Integrationsamts ist nur aus dringenden betrieblichen Gründen wirksam.
2. Arbeitgeber mit mindestens 20 Beschäftigten sind verpflichtet, auf wenigstens 5 % der Arbeitsplätze schwerbehinderte Menschen zu beschäftigen.
3. Für die Dialogmarketingbranche sind hinsichtlich des Arbeitsschutzes insbesondere die Arbeitsstättenverordnung und die Bildschirmarbeitsverordnung von Bedeutung.
4. Der Arbeitnehmer kann sich regelmäßig arbeitsmedizinisch untersuchen lassen.
5. Verantwortlich für Gesundheit und Sicherheit der Arbeitnehmer ist der Arbeitgeber.

Z *17. Aufgabe* ☐

Die Auszubildende Petra Schneider, 17 Jahre, reicht in der Personalabteilung einen Schwerbehindertenausweis (70 % schwerbehindert) ein und beantragt aufgrund der Behinderung Zusatzurlaub. Um diesen Anspruch zu prüfen, stehen der Personalabteilung verschiedene Gesetzestexte zur Verfügung. Mithilfe welchen Gesetzes kann der Antrag fachgerecht bearbeitet werden?

1. Jugendarbeitsschutzgesetz
2. Bundesurlaubsgesetz
3. Sozialgesetzbuch IX
4. Arbeitszeitgesetz
5. Berufsbildungsgesetz

18. Aufgabe Z

Entscheiden Sie, ob bei den folgenden Bestimmungen der technische oder der soziale Arbeitsschutz angesprochen wird.

☐ Bundesurlaubsgesetz
☐ Arbeitszeitgesetz
☐ Bildschirmarbeitsverordnung
☐ Unfallverhütungsvorschriften
☐ Jugendarbeitsschutzgesetz

1. Technischer Arbeitsschutz
2. Sozialer Arbeitsschutz

19. Aufgabe ☐ Z

In welchem Fall handelt es sich um technischen Arbeitsschutz?

1. Um sich vor zeitraubenden Kollegengesprächen zu schützen, hat der Agent Sebastian Kunz ein über die USB-Schnittstelle betriebenes, leuchtendes Schild mit der Aufschrift „Bitte nicht stören" an seinen Bildschirm geklemmt.
2. Die Headsets sind zur Vermeidung von Hörschäden in ihrer maximalen Dezibelzahl gedrosselt.
3. Um alle Mitarbeiter wach und bei Laune zu halten, stehen bei Dialogfix in der Küche Kaffee, Tee und Obst kostenlos zur Verfügung.
4. Aus Datenschutzgründen hat jeder Mitarbeiter sein persönliches Passwort.
5. Um sich vor Überarbeitung zu schützen, surft die Auszubildende Julia Lauer täglich 15 Minuten im Internet.

20. Aufgabe ☐ Z

Das Arbeitsschutzgesetz dient dazu, die Sicherheit und den Gesundheitsschutz der Beschäftigten zu gewährleisten und zu verbessern. Prüfen Sie, welche der folgenden Aussagen <u>nicht</u> zu den Grundsätzen des Arbeitsschutzes zählt.

1. Die Arbeit ist so zu gestalten, dass eine Gefährdung für Leben und Gesundheit möglichst vermieden wird.
2. Gefahren sind an ihrer Quelle zu bekämpfen.
3. Besonders schutzbedürftige Beschäftigtengruppen sind ausschließlich durch individuelle Maßnahmen zu schützen.
4. Bei den Maßnahmen sind der Stand von Technik, Arbeitsmedizin und Hygiene sowie sonstige gesicherte arbeitswissenschaftliche Erkenntnisse zu berücksichtigen.
5. Individuelle Schutzmaßnahmen sind nachrangig zu anderen Maßnahmen zu wählen.

21. Aufgabe ☐ Z

Welche Verpflichtung ergibt sich für die Dialogfix GmbH aus dem Arbeitsschutzgesetz (ArbSchG)?

1. Den Arbeitnehmern Schutzhelme austeilen
2. Abschluss einer privaten Unfallversicherung für die Arbeitnehmer
3. Verhandlung der Unfallverhütungsvorschriften mit dem Betriebsrat
4. Einstellen eines Betriebsarztes
5. Gefährdungsbeurteilung der Arbeitsplätze

Z 22. Aufgabe ☐

Welche Bedeutung hat das nachstehend abgebildete Piktogramm?

1. Notausgang
2. Erste Hilfe
3. Mitfahrgelegenheit
4. Betriebsratsbüro
5. Sammelstelle

Z 23. Aufgabe ☐

Das Jugendarbeitsschutzgesetz verfolgt das Ziel, Jugendliche vor körperlichen Überbelastungen am Arbeitsplatz zu schützen. Welcher der folgenden Sachverhalte gibt Inhalte aus dem Jugendarbeitsschutzgesetz richtig wieder?

1. Nach Beendigung der Arbeit dürfen Jugendliche nicht vor Ablauf einer ununterbrochenen Freizeit von mindestens 8 Stunden beschäftigt werden.
2. Die ausgefallene Arbeitszeit für die Teilnahme an Abschlussprüfungen ist nachzuholen.
3. Der Urlaubsanspruch für Jugendliche nach dem Bundesurlaubsgesetz beträgt einheitlich 20 Arbeitstage.
4. Die tägliche Arbeitszeit darf 8 Stunden nicht überschreiten.
5. In mehrschichtigen Betrieben dürfen Jugendliche mit dem Einverständnis der Eltern auch Nachtschichten übernehmen.

Z 24. Aufgabe ☐

Die Dialogfix GmbH hat alle Callcenter-Arbeitsplätze gemäß den Bestimmungen der Bildschirmarbeitsverordnung (BildscharbV) ausgestattet. Welcher Fehler ist dabei passiert?

1. Die Bildschirmgeräte sind leicht drehbar und neigbar.
2. Die Tastatur hat eine reflexionsarme Oberfläche.
3. Die Beschriftung der Tasten hebt sich vom Untergrund deutlich ab.
4. Die Tastatur ist verrutschungssicher auf dem Schreibtisch befestigt.
5. Das auf dem Bildschirm dargestellte Bild ist stabil und frei von Flimmern.

Z 25. Aufgabe ☐

Stellen Sie fest, in welchem Fall die Dialogfix GmbH die Arbeits- und Sicherheitsbestimmungen für Büroarbeitsplätze eingehalten hat.

1. Der Abstand zum Bildschirm beträgt mindestens 30 cm.
2. Alle Bürodrehstühle sind mit 4 Rollen ausgestattet.
3. Bei Rechtshändern kommt die Lichteinfallrichtung der Schreibtischlampe von der linken Seite.
4. Der Kabelschacht ragt im Arbeitsbereich maximal 5 cm aus dem Boden.
5. Die Arbeitsmittel sind gemäß ihrer Größe von links nach rechts angeordnet.

26. Aufgabe ☐ Z

Die Praktikantin Saskia Molter fragt Sie, welche Inhalte in der Arbeitsstättenverordnung (ArbStättV) geregelt sind. Welche Antwort müssen Sie ihr geben?

1. „Es geht beispielsweise um die Zahl der Ersthelfer in einem Betrieb."
2. „Thema ist unter anderem die Ausstattung der Pausenräume."
3. „Hier finden sich die Regelungen zur wöchentlichen Arbeitszeit."
4. „Es geht beispielsweise um die Beschäftigungsverbote für werdende Mütter."
5. „Da findest du alles über das Thema Pausenzeiten."

27. Aufgabe ☐ Z

In letzter Zeit häufen sich bei der Dialogfix GmbH Klagen der Mitarbeiter über die Headsets. Stellen Sie fest, welcher Punkt Anlass für eine berechtigte Beschwerde ist.

1. Maximal vier Mitarbeiter teilen sich ein Headset.
2. Die Lautstärke kann individuell geregelt werden.
3. Die Sprechröhrchen sind austauschbar.
4. Die Headsets sind kabellos.
5. Die Mikrofone sind beweglich.

Situation zu den Aufgaben 28 bis 30:

Bei der Dialogfix GmbH steht eine betriebsinterne Überprüfung der Sicherheits- und Gesundheitsschutzmaßnahmen an. Sie sollen den verantwortlichen Kollegen unterstützen. „Am liebsten würde ich die zuständigen Mitarbeiter rund um die Uhr und übers Wochenende hier behalten, damit zum Überprüfungstermin auch alles erledigt ist!", grummelt der Geschäftsführer.

28. Aufgabe

Welches Gesetz verbietet einen solchen Einsatz der Mitarbeiter und wie lauten dessen Regelungen zu den Arbeitszeiten im Einzelnen?

29. Aufgabe

Im Pausenaufenthaltsraum der Dialogfix GmbH hören Sie folgendes Gespräch:

Matthias Weiland: „Dieses Jahr möchte ich in den Sommerferien mit meinen Kindern zwei Wochen Urlaub machen. Hoffentlich klappt das, Frau Steffens plant einen Single-Cluburlaub zur gleichen Zeit."

Tina Schommer: „Ich werde es nicht schaffen, meinen kompletten Jahresurlaub zu nehmen. Ich werde dann im April nächsten Jahres den Rest nehmen."

Thorsten Schneider: „Im Urlaub arbeite ich als Clubanimateur auf Ibiza. Das macht Spaß und bringt noch zusätzliches Geld."

Geben Sie begründet an, ob diese drei Mitarbeiter ihre Urlaubspläne so verwirklichen können.

30. Aufgabe

Der Tag der betriebsinternen Überprüfung ist da. Der Prüfer möchte sich natürlich auch das Großraumbüro anschauen, in dem das Callcenter der Dialogfix GmbH untergebracht ist. Nennen Sie sechs Aspekte, die hierbei überprüft werden können.

Situation zu den Aufgaben 31 bis 34:
Die Auszubildende Franziska Roth hat krankheitsbedingt die betriebliche Unterweisung zum Thema Brandschutz versäumt und wendet sich nun an Sie mit der Bitte um Auskunft.

31. Aufgabe

Wo liegen die Unterschiede zwischen dem vorbeugenden und dem abwehrenden Brandschutz?

32. Aufgabe

Was sind typische Beispiele für den vorbeugenden und den abwehrenden Brandschutz?

33. Aufgabe

Plötzlich ertönt bei der Dialogfix GmbH während der Arbeitszeit der Feueralarm. Die Auszubildende Franziska Roth erschrickt und blickt panisch zu Ihnen herüber. Wie reagieren Sie?

34. Aufgabe

Am Tag nach dem Feueralarm nutzen Sie die Gelegenheit, Franziska Roth über weitere Inhalte des Brandschutzes zu informieren. Sie gehen dabei auch auf die Brandschutzordnung ein. Welche Inhalte müssen dabei zur Sprache kommen?

Lösungen zu Kapitel 15

1. Aufgabe	5	*14. Aufgabe*	5
2. Aufgabe	1	*15. Aufgabe*	2
3. Aufgabe	4	*16. Aufgabe*	1
4. Aufgabe	3	*17. Aufgabe*	3
5. Aufgabe	2	*18. Aufgabe*	2, 2, 1, 1, 2
6. Aufgabe	2	*19. Aufgabe*	2
7. Aufgabe	2, 6	*20. Aufgabe*	3
8. Aufgabe	1	*21. Aufgabe*	5
9. Aufgabe	4	*22. Aufgabe*	5
10. Aufgabe	3	*23. Aufgabe*	4
11. Aufgabe	3	*24. Aufgabe*	4
12. Aufgabe	3	*25. Aufgabe*	3
13. Aufgabe	3	*26. Aufgabe*	2
		27. Aufgabe	1

28. Aufgabe Es handelt sich um das Arbeitsschutzgesetz mit diesen Inhalten:

- Werktägliche Arbeitszeit: Darf 8 Stunden nicht überschreiten und darf in Ausnahmefällen auf bis zu 10 Stunden verlängert werden, wenn ein Ausgleich innerhalb von 6 Kalendermonaten erfolgt.
- Nachtarbeit: Hier muss der Ausgleich bei verlängerten Arbeitszeiten auf durchschnittlich 8 Stunden innerhalb eines Monats hergestellt werden. Nachtarbeitnehmer genießen zudem weitere Schutzrechte.
- Arbeitnehmer müssen eine Ruhezeit von mindestens 11 Stunden nach Beendigung der Arbeit haben.
- Für Arbeit an Sonn- und Feiertagen gelten verschiedene Ausgleichsregelungen.

29. Aufgabe Matthias Schmidt: Ja – unter sozialen Gesichtspunkten (Vater, Sommerferien der Kinder) sind seine Urlaubswünsche bevorzugt zu behandeln.

Tina Schommer: Nein – sie kann ihren Resturlaub nur bis Ende März des Folgejahres nehmen.

Thorsten Schneider: Nein – während des Urlaubs darf der Arbeitnehmer nicht erwerbstätig sein.

30. Aufgabe

- Ergonomisch eingerichtete Bildschirmarbeitsplätze?
- Kennzeichnung der Fluchtwege durch beleuchtete Schilder und Lagepläne?
- Notrufnummern an jedem Telefon?
- Genügend Feuerlöscher vorhanden?
- Einsatz Lärm dämpfender Maßnahmen?
- Name und Kontaktdaten des Ersthelfers für jeden klar einsehbar?

31. Aufgabe Der vorbeugende Brandschutz umfasst Maßnahmen, die die Entstehung eines Brandes verhindern bzw. dafür sorgen sollen, dass im Brandfall ein möglichst geringer Schaden entsteht. Beim abwehrenden Brandschutz geht es um die Maßnahmen, die bei einem Brand zu ergreifen sind.

32. Aufgabe Der vorbeugende Brandschutz beschäftigt sich beispielsweise mit baulichen Maßnahmen zur Brandverhinderung (z. B. Einbau von Brandschutz-türen), mit der Ausstattung mit Brandmeldeanlagen und Feuerlöschgeräten sowie mit organisatorischen Brandschutzmaßnahmen (Brandschutzordnung). Abwehrender Brandschutz bedeutet z. B. Menschen im Brandfall in Sicherheit zu bringen, Räume zu verlassen und Sammelplätze aufzusuchen und natürlich die Feuerwehr zu benachrichtigen.

33. Aufgabe Franziskas Reaktion lässt darauf schließen, dass sie nicht weiß, was zu tun ist und demnach Hilfe benötigt. Menschenrettung geht vor Brandbekämpfung, deshalb bringen Sie hilfsbedürftige Menschen wie Franziska in Sicherheit. Sie verlassen den Raum, schließen dabei Fenster und Türen und gehen die ausgeschilderten Fluchtwege entlang (keine Fahrstühle!) zum Sammelplatz. Dabei bewahren Sie Ruhe und vermeiden Panik. Sie überprüfen, ob alle Personen aus dem Büro vollzählig sind, und weisen die Feuerwehr ein. Falls es die Umstände zulassen, löschen Sie kleinere Brände selbst.

34. Aufgabe
- Brandschutzordnung, Teil A. Sie gilt für alle Personen, die sich in einem Gebäude aufhalten.
- Brandschutzordnung, Teil B. Sie gilt für Personen, die sich regelmäßig in einem Gebäude aufhalten.
- Brandschutzordnung, Teil C. Sie gilt für Personen mit besonderen Brandschutzaufgaben.

16 Umweltschutz

1. Aufgabe ☐ Z

Die Dialogfix GmbH muss bei ihrer täglichen Arbeit eine Vielzahl von Gesetzen und Verordnungen berücksichtigen. Stellen Sie fest, welche der nachfolgenden Regelungen vorrangig den Umweltschutz betrifft.

1. Handelsgesetzbuch
2. Betriebsverfassungsgesetz
3. Abgabenordnung
4. Verpackungsverordnung
5. Bildschirmarbeitsverordnung

2. Aufgabe ☐ Z

Stellen Sie fest, mit welchem Verhalten die Dialogfix GmbH dazu beiträgt, Energie einzusparen.

1. Um eine gleichmäßige Belüftung zu erreichen, werden alle Fenster auf Kipp gestellt.
2. Das benötigte Heizöl für den Winter wird bereits im Sommer zu günstigeren Preisen eingekauft.
3. Nicht benötigte Bürogeräte werden ausgeschaltet und vom Netz getrennt.
4. Die Klimaanlage wird ganzjährig auf 18 Grad temperiert.
5. Die Büroräume werden mit Grünpflanzen ausgestattet.

3. Aufgabe ☐ Z

Von Ihrem Ausbilder werden Sie beauftragt, Altbatterien fachgerecht zu entsorgen. Wie verhalten Sie sich richtig?

1. Um wertvolle Rohstoffe zurückzugewinnen, nehmen Sie die Batterien mit nach Hause und zerlegen Sie dort in ihre Einzelteile.
2. Da die Batterien mehr als 1 kg wiegen, heben Sie sie auf bis zum nächsten Sperrmüll.
3. Diese Art von Abfall werfen Sie in die blaue Tonne.
4. Sie nutzen den noch nicht ganz gefüllten gelben Sack.
5. Sie geben die Batterien beim örtlichen Fachhändler zur Entsorgung zurück.

4. Aufgabe ☐ Z

Stellen Sie fest, wie die Dialogfix GmbH den Recycling-Gedanken umsetzen kann.

1. Anfallendes Altglas wird in einem Container gesammelt und später zur Produktion von neuen Flaschen eingesetzt.
2. Der Hausmüll wird in einer Müllverbrennungsanlage in Fernwärme umgewandelt.
3. Die Müllabfuhr kommt nicht mehr wöchentlich, sondern in einem 2-Wochen-Rhythmus.
4. Altpapier wird im Keller gesammelt, um es im Winter zur Heizungsunterstützung zu verwenden.
5. Mittels einer Solaranlage wird erneuerbare Energie genutzt.

Z *5. Aufgabe* ☐☐☐☐☐

Das Kreislaufwirtschaftsgesetz (KrWG) dient der Schonung der natürlichen Ressourcen und der umweltverträglichen Beseitigung von Abfällen. Bringen Sie die Prioritäten (Zielhierarchie) des Gesetzes in die richtige Reihenfolge, indem Sie die Ziffern der Antworten von links nach rechts in die Kästchen eintragen.

1. Wiederverwertung
2. Wiederverwendung
3. Energetische Verwertung
4. Vermeidung
5. Beseitigung

Z *6. Aufgabe* ☐☐

Stellen Sie fest, in welchen zwei Situationen die Dialogfix GmbH den Grundsatz der Wiederverwertung berücksichtigt.

1. Interne Rundschreiben werden nur noch per E-Mail verschickt.
2. Nicht mehr benötigte Flyer werden in den Altpapiercontainer gegeben.
3. Es werden nachfüllbare Tintenpatronen eingesetzt.
4. Computerschrott wird in der Sondermülldeponie entsorgt.
5. Einwegflaschen werden im Altglascontainer entsorgt.
6. Bei Feierlichkeiten wird auf Einweggeschirr verzichtet.

Z *7. Aufgabe* ☐

Wie wird gemäß der Zielhierarchie des Kreislaufwirtschaftsgesetzes (KrWG) mit nicht mehr befüllbaren Tonerkartuschen verfahren?

1. Energetische Verwertung
2. Abfallvermeidung
3. Wiederverwertung
4. Deponierung
5. Wiederverwendung

Z *8. Aufgabe* ☐

Es gibt für die Dialogfix GmbH vielfältige Gründe, das Thema Umweltschutz konsequent zu verfolgen. Welcher Grund gehört jedoch nicht dazu?

1. Kostensenkung durch Realisierung von Einsparpotenzial
2. Beitrag zum positiven Firmenimage
3. Beitrag zum Klimaschutz durch Dämmung und Einsatz alternativer Energieträger
4. Beitrag zur kurzfristigen Erhöhung von Ausbildungsplätzen
5. Beitrag zum nachhaltigen Wirtschaften mit Rohstoffen

9. Aufgabe Z

Nach einem Großputz in Ihrem Büro stehen Sie vor der Frage, wo die einzelnen Abfallsorten entsorgt werden. Ordnen Sie die richtigen Entsorgungsmöglichkeiten dem gesammelten Abfall zu.

☐ Pappe und Kartons
☐ Kaputte Computertastatur
☐ Defekte herkömmliche Glühbirne
☐ Verblühter Blumenstrauß
☐ Einweg-Glasflasche
☐ Joghurtbecher

1. Grüne oder braune Biotonne
2. Altpapiercontainer (blaue Tonne)
3. Gelber Sack/gelbe Tonne
4. Altglascontainer
5. Graue Restmülltonne
6. Besondere Annahmestellen

Situation zu den Aufgaben 10 bis 13:

Sie interessieren sich für die Arbeit des Umweltschutzbeauftragten der Dialogfix GmbH. Jetzt haben Sie im Rahmen Ihrer Ausbildung die Möglichkeit, ihn eine Woche lang bei seinen Tätigkeiten zu begleiten.

10. Aufgabe ☐ Z

Der Umweltschutzbeauftragte erläutert Ihnen den PDCA-Zyklus. Dabei handelt es sich um:

1. einen kontinuierlichen Verbesserungsprozess der Umweltmanagementsysteme.
2. einen ISO-zertifizierten Recyclingprozess.
3. eine abgewandelte Form der Zielhierarchie beim Umgang mit Abfall.
4. eine Verordnung auf Basis des Bundes-Immissionsschutzgesetzes.
5. eine Maßnahme auf Basis des Gesetzes über die Umweltverträglichkeitsprüfung.

11. Aufgabe Z

Natürlich muss der Umweltschutzbeauftragte der Dialogfix GmbH über die verschiedenen Gesetze und Verordnungen zum Umweltschutz informiert sein. Ordnen Sie die einzelnen Beschreibungen den jeweiligen Gesetzen korrekt zu.

☐ Bundes-Immissionsschutzgesetz (BImSchG)
☐ Verpackungsverordnung (VerpackV)
☐ Gewerbeabfallverordnung (GewAbfV)
☐ Gesetz über die Umweltverträglichkeitsprüfung (UVPG)
☐ Kreislaufwirtschaftsgesetz (KrWG)

1. Schreibt vor, dass Unternehmen Abfälle bereits an der Anfallstelle trennen müssen.
2. Verpflichtet Handel und Hersteller, Verpackungen zurückzunehmen und zu recyceln.
3. Legt fest, dass bei wirtschaftlichen Vorhaben im Vorfeld die Auswirkungen auf die Umwelt ermittelt, beschrieben und bewertet werden müssen.
4. Regelt den Schutz vor schädlichen Umwelteinwirkungen durch Luftverschmutzung, Geräusche und Erschütterungen.
5. Sichert die umweltverträgliche Beseitigung von Abfällen.

Z *12. Aufgabe* ☐

Sie bitten den Umweltschutzbeauftragten der Dialogfix GmbH um Tipps, um am Arbeitsplatz umweltschonend zu handeln. Welchen Rat zum Energieverbrauch wird er Ihnen nicht geben?

1. Die Klimaanlage sollte nicht zu kalt und nicht zu warm eingestellt sein.
2. Verwenden Sie die Energiesparoptionen Ihres Betriebssystems.
3. Schalten Sie Bürogeräte ganz aus, wenn Sie diese längere Zeit nicht benutzen.
4. Praktisch sind auch Mehrfachsteckdosen mit Kippschalter.
5. Der Einsatz von gelbem Sack/gelber Tonne lohnt sich nicht, da sämtliches Plastik in die nahe gelegene Müllverbrennungsanlage zur Energiegewinnung kommt.

Z *13. Aufgabe* ☐

Welchen der folgenden Tipps werden Sie ebenfalls bestimmt nicht erhalten?

1. Nur die Informationen ausdrucken, die wirklich wichtig sind.
2. Achten Sie auf das Prüfsiegel „Blauer Engel".
3. Beidseitiges Kopieren spart Papier.
4. Kein Recyclingpapier verwenden, da es den Laserdruckern schadet.
5. Die Rückseite von Fehlkopien kann man gut als Schmierzettel verwenden.

Z *14. Aufgabe* ☐

Welche Maßnahme führt bei der Dialogfix GmbH zur Vermeidung von Müll?

1. Die Betriebskantine stellt von Plastikbechern auf Pappbecher um.
2. Künftig wird zum Drucken ausschließlich Recycling-Papier eingekauft.
3. Der Getränkeautomat im Pausenraum wird künftig statt mit Einweg- nur noch mit Mehrwegflaschen bestückt.
4. Mit Ausnahme der Notbeleuchtung wird die Flurbeleuchtung künftig über Bewegungsmelder aktiviert.
5. In jedem Großraumbüro befinden sich verschiedene Behälter zur Mülltrennung.

Z *15. Aufgabe* ☐

Welcher Zusammenhang zwischen Ökonomie und Ökologie ist korrekt dargestellt?

1. Die wichtigste Aufgabe besteht darin, bestehende Zielkonflikte zu übergehen.
2. Sobald ein Unternehmen Maßnahmen zum Schutz der Umwelt ergreift, ergibt sich ein Wettbewerbsnachteil.
3. Maßnahmen zum Umweltschutz sind zur Gewinnmaximierung in der Wirtschaft zwingend notwendig.
4. Die Kundenzufriedenheit mit einem Unternehmen ist prozentual direkt abhängig von den Investitionen eines Unternehmens in Umweltschutz.
5. Zwischen ökonomischen Zielen und ökologischen Zielen besteht oft ein Zielkonflikt.

16. Aufgabe

Die Dialogfix GmbH baut ein zweites Callcenter-Großraumbüro. Welche Vorrichtungen zur Mülltrennung müssen bereitgestellt werden und welcher Abfall ist hierfür vorgesehen?

17. Aufgabe

Nennen Sie drei Hauptquellen von Umweltbelastungen, die von einem Unternehmen im Dialogmarketing ausgehen können. Erläutern Sie jeweils eine Möglichkeit, diese Umweltbelastung zu senken.

18. Aufgabe

Nennen Sie fünf gesetzliche Regelungen zum Umweltschutz, die Unternehmen beachten müssen.

19. Aufgabe

Die Dialogfix GmbH ist bestrebt, ihr Umweltmanagementsystem kontinuierlich zu verbessern. Dazu nutzt sie auch den sog. PDCA-Zyklus. Wie lauten die einzelnen Stufen des PDCA-Zyklus, wenn der monatliche Papierverbrauch der Dialogfix GmbH knapp 40 000 Seiten Papier beträgt und gesenkt werden soll? Erläutern Sie die Stufen am Beispiel eines per Post verschickten Newsletters der Dialogfix GmbH, der künftig papierlos erscheinen soll.

20. Aufgabe

Im vierten Quartal werden im Intranet die Unternehmensziele für das kommende Jahr vorgestellt. Als ökologisches Ziel ist vermerkt, den Energieverbrauch um 20 % zu senken. Über das betriebliche Vorschlagswesen sollen die Mitarbeiter Vorschläge einreichen, wie der Energieverbrauch reduziert werden kann. Formulieren Sie drei konkrete Vorschläge, die Sie im Großraumbüro umsetzen können.

Lösungen zu Kapitel 16

1. Aufgabe	4	*8. Aufgabe*	4
2. Aufgabe	3	*9. Aufgabe*	2, 6, 5, 1, 4, 3
3. Aufgabe	5	*10. Aufgabe*	1
4. Aufgabe	1	*11. Aufgabe*	4, 2, 1, 3, 5
5. Aufgabe	4, 2, 1, 3, 5	*12. Aufgabe*	5
6. Aufgabe	2, 5	*13. Aufgabe*	4
7. Aufgabe	4	*14. Aufgabe*	3

15. Aufgabe 5

16. Aufgabe
- Grüne oder braune Biotonne: kompostierbare, organische Abfälle aus Küche und Garten
- Blaue Tonne: Papier, Pappe, Kartons
- Gelber Sack/Gelbe Tonne: Leichtverpackungen aus Metall, Kunststoff oder Verbundstoffen mit dem „Grünen Punkt"
- Altglascontainer: nach den Farben Weiß, Grün und Braun getrenntes Altglas
- Graue Restmülltonne: alle nicht verwertbaren, schadstofffreien Abfälle
- Besondere Annahmestellen: alle schadstoffhaltigen Abfälle (Problemabfälle)

17. Aufgabe
- Energieverbrauch: Auf Geräte mit geringem Stromverbrauch achten.
- Papierverbrauch: Papier beidseitig bedrucken.
- Tonerverbrauch: Verstärkt elektronische Dokumente (PDF) nutzen.

18. Aufgabe Beispiele: Verpackungsverordnung, Gewerbeabfallverordnung, Bundes-Immissionsschutzgesetz, Kreislaufwirtschaftsgesetz, Gesetz über die Umweltverträglichkeitsprüfung.

19. Aufgabe **P = Plan (Planen):** Ziele und Prozesse festlegen.

Beispiel: Der monatliche Newsletter an Kunden wird nur noch online verschickt, nicht mehr per Post.

D = Do (Durchführen): Festgelegte Maßnahmen durchführen.

Beispiel: Newsletterdruck einstellen, Mailverteiler einrichten, Masterdokument zur Erstellung des PDF-Newsletters anlegen. Ersten Newsletter verschicken.

C = Check (Überprüfen): Ziele und Prozesse überprüfen.

Beispiel: Ersparnis von 10 000 Blatt pro Monat (25 %). Kundenumfrage zeigt, dass viele Kunden statt PDF-Dokument einen Link möchten, über den sie Zugriff auf den Newsletter über die Homepage der Dialogfix GmbH erhalten.

A = Act (Handeln).

Beispiel: Umstellen auf Newsletter, eingebunden in den Internetauftritt der Firma.

20. Aufgabe
- Energiesparoptionen des Betriebssystems nutzen, Monitore und PCs so einstellen, dass sie nach einer gewissen Zeit ohne Nutzung in den Energiesparmodus wechseln.
- Verwendung von Steckdosenleisten mit Kippschalter, um mehrere Geräte gleichzeitig ausschalten zu können.
- Klimaanlage angemessen temperieren.

17 Notwendigkeit des Wirtschaftens

1. Aufgabe ☐

Die neuen Auszubildenden der KommunikativAktiv KG diskutieren über das ökonomische Prinzip. Welche der folgenden Aussagen ist richtig?

1. Das ökonomische Prinzip basiert auf der Annahme der Güterknappheit.
2. Mit einem geringstmöglichen Einsatz soll stets das bestmögliche Ergebnis erzielt werden.
3. Beim Maximalprinzip ist das Ergebnis vorgegeben. Der Mitteleinsatz soll so gering wie möglich sein, um dieses Ziel zu erreichen.
4. Beim Minimalprinzip ist der Mitteleinsatz vorgegeben. Damit soll ein möglichst hohes Ergebnis erreicht werden.
5. Für das bestmögliche Ergebnis muss zuerst das Minimal-, dann das Maximalprinzip angewendet werden.

2. Aufgabe ☐

In welchem der folgenden Fälle handelt die KommunikativAktiv KG nach dem Maximalprinzip?

1. Der Outbound-Bereich erzielt dieselben Umsatzvorgaben, nachdem die Anzahl der Agents um 5 % gekürzt wurde.
2. Durch einen verbesserten Gesprächsleitfaden konnte die AHT um 30 Sekunden verkürzt werden.
3. Durch eine erhöhte Reisetätigkeit des Vertriebs konnte die rückläufige Zahl an neuen Projektaufträgen gestoppt werden.
4. Im Inbound-Bereich gelang es, bei gleicher personeller und sachlicher Ausstattung ein Umsatzplus von 6 % zu erreichen.
5. Durch intensive Trainings in Verkaufsführung konnte die Kundenzufriedenheit im letzten Quartal auf den bislang höchsten Wert klettern.

3. Aufgabe ☐

In welchem der folgenden Fälle handelt die KommunikativAktiv KG nach dem Minimalprinzip?

1. Für die neuen externen Auftraggeber werden die Kosten pro Call erhöht, wodurch der Gewinn ansteigt.
2. Die neue CTI wird nach einer umfassenden Recherche möglicher Fachbetriebe vom günstigsten Fachbetrieb geliefert und installiert.
3. Die Teamleiter des Inbound-Bereiches betreuen für ein Kreditkartenunternehmen die Neukundengewinnung, sie erhalten die Vorgabe, den Umsatz um 3 % zu steigern.
4. In einer Besprechung diskutieren die beiden Gesellschafter darüber, das Produktportfolio der KommunikativAktiv KG zu erweitern.
5. Bei einem neuen Auftrag muss die KommunikativAktiv KG einen Teil des Anrufvolumens an einen externen Dienstleister abgeben.

4. Aufgabe ☐

In einem Hotel finden Sie im Badezimmer einen Aushang, dass nur die Handtücher, die Sie eindeutig auf den Boden legen, gewechselt werden. Welche Ziele realisiert die Hotelleitung damit?

1. Soziale Ziele
2. Soziale und ökonomische Ziele
3. Ökonomische und ökologische Ziele
4. Soziale und ökologische Ziele
5. Rein wirtschaftliche Ziele

Situation zu den Aufgaben 5 bis 11:
Die Haus und Garten GmbH ist ein mittelständischer Industriebetrieb, der sich auf die Produktion von Haushaltsgeräten spezialisiert hat.

5. Aufgabe ☐

Die Haus und Garten GmbH möchte eine neue Brotbackmaschine entwickeln, produzieren und vertreiben. Hierbei soll nach dem ökonomischen Prinzip gearbeitet werden. Prüfen Sie, welche Maßnahme dem Minimalprinzip entspricht.

1. Die fertige Verpackung soll leichter sein als die eines vergleichbaren Konkurrenzprodukts.
2. Hergestellt werden soll beste Qualität, unabhängig vom Verkaufspreis.
3. Bei gleicher Backleistung wie derjenigen eines Konkurrenzprodukts soll der Stromverbrauch so gering wie möglich sein.
4. Die Brotbackmaschine soll zu 80 % aus recycelten Materialien bestehen.
5. Das Design der Brotbackmaschine soll minimalistisch sein.

6. Aufgabe ☐

In welchem Fall handelt die Haus und Garten GmbH nach dem Maximalprinzip?

1. Die vorhandenen Produktionsanlagen sollen mit der maximalen Auslastung produzieren.
2. Pro Tag sollen 500 Brotbackmaschinen produziert werden.
3. Die fertige Verpackung soll möglichst umweltfreundlich sein.
4. Für die Abteilung Entwicklung wird ein neuer Mitarbeiter gesucht.
5. Die Brotbackmaschine ist leichter als vergleichbare Konkurrenzprodukte.

7. Aufgabe ☐

Die Haus und Garten GmbH ist sich ihrer Umweltverantwortung bewusst. Mit welcher Entscheidung verfolgt sie jedoch <u>kein</u> ökologisches Ziel?

1. Bei der Herstellung wird auf chemische Lösungsmittel verzichtet.
2. Die Verpackung soll komplett aus Recyclingmaterialien hergestellt werden.
3. Aus Gründen des Stromverbrauches wird auf eine Stand-by-Funktion verzichtet.
4. Die Produktdesigner einigen sich auf den Namen „Backfein Eco-logic 2000".
5. Durch die gute Isolierung der Brotbackmaschine verbraucht das Gerät 30 % weniger Strom als vergleichbare Produkte.

8. Aufgabe

Welche der folgenden Situationen beschreibt einen Zielkonflikt zwischen ökonomischen und ökologischen Zielen bei der Haus und Garten GmbH?

1. Die Werkskantine bezieht Fleisch und Gemüse vom Biobauern, wodurch die Essenspreise erhöht werden.
2. Es gibt keinen Kostenunterschied zwischen ökologischer und herkömmlicher Trittschalldämmung.
3. Die Investition in Solaranlagen auf dem Dach spart langfristig Energiekosten.
4. Der Verzicht auf den Einsatz von chemischen Lösungsmitteln führt zu geringeren Entsorgungskosten.
5. Eine Umrüstung der Firmenwagen auf Erdgas spart mittelfristig Energiekosten.

9. Aufgabe

Die Haus und Garten GmbH handelt nach dem erwerbswirtschaftlichen Prinzip. Stellen Sie fest, welches Ziel das Unternehmen daher vorrangig verfolgen muss.

1. Die Haus und Garten GmbH muss einen maximalen Umsatz erzielen.
2. Über ein breites Fortbildungsangebot soll die Zufriedenheit der Mitarbeiter gewährleistet werden.
3. Das Unternehmen strebt die Erwirtschaftung eines maximalen Gewinns an.
4. Vorrangiges Ziel ist die Sicherung und Erhaltung der Arbeitsplätze.
5. Über moderate Preise gewährleistet die Haus und Garten GmbH einen fairen Wettbewerb unter den Mitbewerbern.

10. Aufgabe

Die Haus und Garten GmbH ist bestrebt, ihren Marktanteil auf dem Markt für Brotbackmaschinen zu steigern. Ermitteln Sie, welche Maßnahme dazu geeignet ist.

1. Einführung eines neuen Produktionsprozesses
2. Senkung des Verkaufspreises
3. Neubau einer Lagerhalle
4. Einstellung eines neuen Personalleiters
5. Umbenennung der Brotbackmaschine

11. Aufgabe

Die Haus- und Garten GmbH geht aufgrund einer Marktforschung von folgenden Daten beim Verkauf einer neuen Brotbackmaschine aus:

Verkaufspreis	80,00 €	90,00 €	100,00 €	120,00 €
Voraussichtliche Absatzmenge (Stück)	6000	5500	4500	3000

Ermitteln Sie den zu erwartenden Marktanteil der Haus- und Garten GmbH, wenn sich das Unternehmen für einen Verkaufspreis von 90,00 € entscheidet und auf dem Gesamtmarkt 110000 Stück verkauft werden.

Lösungen zu Kapitel 17

1. Aufgabe 1
2. Aufgabe 4
3. Aufgabe 2
4. Aufgabe 3
5. Aufgabe 3
6. Aufgabe 1
7. Aufgabe 4
8. Aufgabe 1
9. Aufgabe 3
10. Aufgabe 2
11. Aufgabe 5 %

18 Rechtliche Rahmenbedingungen des Wirtschaftens

Hinweis: Dieses Kapitel enthält die Themen

- Rechtssubjekte, Rechtsobjekte, Rechtsgeschäfte (Aufgabe 1 bis 36),
- Rechtsformen der Unternehmung (Aufgabe 37 bis 57),
- Struktur des Ausbildungsbetriebs (Aufgabe 58 bis 63).

1. Aufgabe ☐

Die 16-jährige Tanja Müller hat sich erfolgreich bei der Haus und Garten GmbH um einen Ausbildungsplatz beworben. Welche der folgenden Aussagen ist richtig?

1. Da dieses Rechtsgeschäft für Tanja nur Vorteile bietet, kann auf das Einverständnis der Eltern beim Abschluss des Ausbildungsvertrags verzichtet werden.
2. Tanja ist in diesem Fall berufsschulpflichtig.
3. Da ein Girokonto zwingend nötig ist, um am Geschäftsleben teilzunehmen, muss Tanja ein solches Konto einrichten, damit der Ausbildungsvertrag rechtswirksam wird.
4. Da Tanja nun ihr eigenes Geld verdient, ist sie automatisch voll geschäftsfähig.
5. Tanja ist im Rahmen des Ausbildungsverhältnisses voll geschäftsfähig.

2. Aufgabe ☐

Prüfen Sie, wer nur beschränkt geschäftsfähig ist.

1. Dialogfix GmbH, wenn ein Gesellschafter verhindert ist
2. KommunikativAktiv KG, wegen der Rechtsform Kommanditgesellschaft
3. Auszubildender Thomas, 18 Jahre alt
4. Auszubildende Julia, 17 Jahre alt
5. Benny, Julias Neffe, 5 Jahre alt

3. Aufgabe

Ordnen Sie im Folgenden die Eigentums- bzw. Besitzverhältnisse zu. Tragen Sie dazu die jeweils zutreffende Ziffer ein.

☐ Die Haus und Garten GmbH least einen Lkw.

☐ Die Haus und Garten GmbH vermietet eine Verpackungsanlage an eine andere Firma.

☐ Die Auszubildende Carola Groß bezahlt ihren neuen Kleinwagen mit dem von ihrer Tante geerbten Geld.

☐ Carola Groß nutzt eine Mitfahrgelegenheit von der Berufsschule zum Ausbildungsbetrieb.

☐ Carola Groß kauft eine ohne ihr Wissen gestohlene Sonnenbrille.

1. Besitz, aber kein Eigentum
2. Eigentum, aber kein Besitz
3. Besitz und Eigentum
4. Weder Eigentum noch Besitz

4. Aufgabe ☐

Die Haus und Garten GmbH hat anlässlich ihres Firmenjubiläums einen in der Region bekannten Künstler gebeten, ein großes Bild zu malen, das in die Empfangshalle gehängt werden soll. Worum handelt es sich bei diesem Bild?

1. Eine unbewegliche und vertretbare Sache.
2. Eine unbewegliche und nicht vertretbare Sache.
3. Eine bewegliche und vertretbare Sache.
4. Eine bewegliche und nicht vertretbare Sache.
5. Keine der oben genannten Aussagen trifft zu.

5. Aufgabe

Ordnen Sie zu, um welche Vertragsart es sich bei den folgenden Beispielen handelt. Tragen Sie dazu die jeweils zutreffende Ziffer ein.

☐ Die Haus und Garten GmbH nimmt einen Kredit zum Kauf eines Lkw auf.

☐ Um vermutete Mängel an einer geleasten Maschine aufzudecken, beauftragt die Geschäftsleitung der Haus und Garten GmbH einen Gutachter.

☐ Die Fassade des Hauptgebäudes der Haus und Garten GmbH steht unter Denkmalschutz. Ein Kunstbildhauer soll abgebrochene Teile des Erkers wieder original nachbauen.

☐ Die Haus und Garten GmbH verkauft 1 000 Brotbackmaschinen an einen Großhändler.

☐ Wegen einer Überproduktion wird kurzfristig zusätzlicher Lagerraum angemietet.s

1. Kaufvertrag
2. Darlehensvertrag
3. Mietvertrag
4. Dienstvertrag
5. Werkvertrag

6. Aufgabe ☐

Welche der folgenden Aussagen zu Rechtsgeschäften ist richtig?

1. Bei der fristlosen Kündigung eines beim Diebstahl erwischten Mitarbeiters der Haus und Garten GmbH handelt es sich um einen einseitig verpflichtenden Vertrag.
2. Bei der fristlosen Kündigung handelt es sich um eine nicht empfangsbedürftige Willenserklärung.
3. Schließt die Haus und Garten GmbH einen Arbeitsvertrag mit einem neuen Mitarbeiter, so handelt es sich um ein mehrseitig verpflichtendes Rechtsgeschäft.
4. Carola Groß, Auszubildende bei der Haus und Garten GmbH, wurde im Testament ihrer Tante berücksichtigt. Es handelt sich hierbei um eine empfangsbedürftige Willenserklärung.
5. Verbraucher können eine Brotbackmaschine nur durch mündliche Äußerung oder durch konkludentes Handeln erwerben.

7. Aufgabe

Prüfen Sie, welches der folgenden Rechtsgeschäfte der Haus und Garten GmbH rechtlich anfechtbar ist.

1. Ein Kunde füllt das Bestellfax falsch aus: Er bestellt 800 statt 80 Pakete Granulatdünger.
2. Die Verkäuferin des Ladengeschäftes verkauft einem fünfjährigen Jungen eine Tasse für 15,00 €.
3. Ein 17-jähriges Mädchen kauft ohne Zustimmung der Eltern einen Kleiderschrank für 750,00 €.
4. Ein Verkäufer der Elektroabteilung schließt per Handschlag einen Leasingvertrag über einen Flachbildfernseher ab.
5. Frau Schumann bestellt online einen Blumenübertopf im Wert von 49,00 € und zahlt per Lastschrift.

8. Aufgabe

Prüfen Sie, in welchem der folgenden Fälle eine notarielle Beurkundung nötig ist.

1. Nach ihrer Ausbildung schließt Carola Groß einen Arbeitsvertrag mit der Haus und Garten GmbH.
2. Die Haus und Garten GmbH lässt sich ins Handelsregister eintragen.
3. Die Haus und Garten GmbH erwirbt ein Grundstück.
4. Die AGB der Haus und Garten GmbH werden neu formuliert.
5. Die Haus und Garten GmbH mietet zusätzliche Lagerhallen.

9. Aufgabe

Die Haus und Garten GmbH möchte ein Grundstück in einem neu erschlossenen Gewerbegebiet kaufen, um dort eine weitere Lagerhalle zu errichten. Die dazu notwendigen Vorgänge sind in der nachstehenden Liste dargestellt.

Datum	Vorgang
10.01.	Beschlussfassung der Geschäftsführung über den Grundstückskauf
26.02.	Abschluss des notariellen Kaufvertrages
27.02.	Anzahlung von 20 % des im Kaufvertrag vereinbarten Kaufpreises
12.04.	Restzahlung des im Kaufvertrag vereinbarten Kaufpreises
10.06.	Auflassung und Eintragung in das Grundbuch
15.07.	Erstmalige Zahlung der fälligen Grundsteuer an die Stadt

Tragen Sie in das Lösungskästchen das Datum ein, an dem die Haus und Garten GmbH Eigentümerin des Grundstücks wird.

10. Aufgabe

Die Haus und Garten GmbH feiert ihr fünfjähriges Bestehen. Wodurch wurde das Unternehmen damals rechtsfähig?

1. Als die Gesellschafter die Gründung beschlossen hatten.
2. Als der Gesellschaftsvertrag notariell beurkundet wurde.
3. Durch den Eintrag ins Handelsregister.
4. Durch die Veröffentlichung der Eröffnungsbilanz.
5. Als das Unternehmen anfing, am Geschäftsleben teilzunehmen.

11. Aufgabe

Die Haus und Garten GmbH ist eine juristische Person. Welche Aussage ist richtig?

1. Nach dem Gesetz hat die juristische Person bei Bundestagswahlen ein Wahlrecht.
2. Das Unternehmen als solches kann vor Gericht klagen oder verklagt werden.
3. Nur die Geschäftsführer können vor Gericht klagen oder verklagt werden.
4. Die Haus und Garten GmbH ist als juristische Person begrenzt geschäftsfähig.
5. Der Unterschied zur natürlichen Person besteht darin, dass das Finanzamt bei der Haus und Garten GmbH keine Kapitalsteuer veranlagt.

12. Aufgabe

Welche der folgenden Aussagen trifft auf die Haus und Garten GmbH zu?

1. Das Unternehmen war ab Unterzeichnung des Gesellschaftsvertrages Träger von Rechten und Pflichten.
2. Die Haus und Garten GmbH ist eine juristische Person des öffentlichen Rechts.
3. Bei den von dem Unternehmen in Serie hergestellten Wasserkochern handelt es sich um nicht vertretbare Güter.
4. Da es sich um eine GmbH handelt, kann das Unternehmen selbst nicht klagen oder verklagt werden.
5. Im Falle einer Auflösung des Unternehmens erlischt mit der Entfernung aus dem Handelsregister die Möglichkeit, zu klagen oder verklagt zu werden.

13. Aufgabe

Jana Kunz möchte wegen ihres Umzugs nach Hamburg ihre Arbeitsstelle bei der Haus und Garten GmbH kündigen. Um welche Art von Rechtsgeschäft handelt es sich bei einer Kündigung?

1. Um ein einseitiges Rechtsgeschäft in Form einer empfangsbedürftigen Willenserklärung.
2. Um ein mehrseitiges Rechtsgeschäft in Form von empfangsbedürftigen übereinstimmenden Willenserklärungen beider Seiten.
3. Um ein für die Haus und Garten GmbH einseitig verpflichtendes Rechtsgeschäft, nämlich Frau Kunz das ausstehende Gehalt zu zahlen sowie ihr ein Arbeitszeugnis auszustellen.
4. Um ein mehrseitiges Rechtsgeschäft, bei dem Frau Kunz ihre Kündigung einreichen und das Unternehmen ihr ein Arbeitszeugnis ausstellen muss.
5. Um ein Rechtsgeschäft, das erst durch konkludentes Handeln entsteht.

14. Aufgabe ☐

Die Haus und Garten GmbH hat in der vergangenen Woche mehrere Verträge geschlossen. Bei welchem der folgenden Verträge handelt es sich um einen Dienstleistungsvertrag?

1. Das Unternehmen least zwei Lkw zur Erweiterung des Fuhrparks.
2. Eine Druckerei wird mit der Herstellung des aktuellen Werbeprospekts beauftragt.
3. Ein neuer Angestellter verpflichtet sich zur Arbeitsleistung im Unternehmen.
4. Das Unternehmen überlässt gegen Entgelt seine alte Werkshalle für eine Livemusik-Veranstaltung.
5. Geschäftsführer Karl Thanner bringt einem Bildhauer einen Steinblock und bittet ihn, daraus eine Skulptur für das Foyer zu erstellen.

15. Aufgabe ☐

In einem Kaufvertrag zwischen der Haus und Garten GmbH, gewerbliche Niederlassung in Marburg, und dem Großhändler ExportMax GmbH, gewerbliche Niederlassung in Bremen, wurde keine Vereinbarung über den Erfüllungsort getroffen. Welche Aussage ist richtig, wenn die Haus und Garten GmbH Ware an die ExportMax GmbH verkauft?

1. Erfüllungsort für die Warenleistung ist Bremen.
2. Erfüllungsort für die Geldleistung ist Marburg.
3. Erfüllungsort für die Geldleistung ist Bremen.
4. Erfüllungsort für die Waren- und Geldleistung ist Marburg.
5. Erfüllungsort für die Waren- und Geldleistung ist Bremen.

16. Aufgabe ☐

Die Haus und Garten GmbH unterhält zu zahlreichen Lieferanten geschäftliche Kontakte. In welchem Fall ist zwischen der Haus und Garten GmbH und der ExportMax GmbH ein Kaufvertrag zustande gekommen?

1. Die Haus und Garten GmbH sendet aufgrund einer telefonischen Anfrage des Großhändlers diesem eine Auftragsbestätigung per Einschreiben.
2. Der Großhändler fragt eine Ware an, worauf die Haus und Garten GmbH ihm ein Angebot unterbreitet.
3. Der Großhändler bestellt aufgrund einer Zeitungsanzeige.
4. Die Bestellung durch die ExportMax GmbH wird von der Haus und Garten GmbH unter Erhöhung der Preise um 1 % bestätigt.
5. Nachdem der Großhändler ohne ein vorheriges Angebot bestellt hat, sendet die Haus und Garten GmbH ihm eine Auftragsbestätigung.

17. Aufgabe

Stellen Sie fest, in welchem der folgenden Fälle es sich nicht um ein Angebot handelt.

1. Agent Christian Telorac bietet seinem Gesprächspartner am Telefon einen All-in-One-Computer für 480,00 € an.
2. Projektbetreuer Arne Klein bietet einem potenziellen Kunden an, die von ihm verlangten Calls zu einem Preis von 3,80 € je Call zu realisieren.
3. Die KommunikativAktiv KG verschickt an einen bestimmten Kundenkreis einen Werbeflyer, in dem ein Bürostuhl zu 99,98 € angeboten wird.
4. Arne Klein bietet Christian Telorac seine Briefmarkensammlung zum Preis von 400,00 € an.
5. Ein Vertreter für Kommunikationsanlagen bietet Arne Klein das neueste Modell zu einem unglaublich günstigen Preis an.

18. Aufgabe

Welcher der folgenden Aussagen dürfen Sie nicht zustimmen?

1. Bei einer Bestellung handelt es sich um eine rechtlich verbindliche Annahme des Angebots.
2. Ein Angebot erlischt, wenn dem Kunden ein Widerruf vor oder spätestens mit dem Angebot zugeht.
3. Wird einem Abwesenden ein Angebot gemacht, ist der Anbieter an das Angebot fortwährend gebunden.
4. Eine Anpreisung ist an die Allgemeinheit gerichtet und gilt nicht als Angebot im rechtlichen Sinn.
5. Durch Freizeichnungsklauseln lässt sich die Bindung an ein Angebot einschränken.

19. Aufgabe

Prüfen Sie, welche der zwei nachfolgenden Aussagen den gesetzlichen Bestimmungen vollständig entsprechen.

1. Wird einem Verbraucher Ware unbestellt zugesandt, dann führt ein Stillschweigen des Verbrauchers zur Annahme des Angebots.
2. Erfolgt eine Bestellung ohne vorheriges Angebot, kommt umgehend ein Kaufvertrag rechtswirksam zustande.
3. Besteht keine Geschäftsverbindung zu dem Absender von unbestellter Ware, ist die Ware an diesen zurückzusenden.
4. Eine Auftragsbestätigung ist zwingend erforderlich, wenn die Bestellung vom Angebot abweicht.
5. Eine Bestellung ist immer schriftlich zu fixieren.
6. Ändert der Kunde bei der Bestellung das Angebot ab, ist der Anbieter nicht mehr an das Angebot gebunden.

20. Aufgabe ☐

Welche der folgenden Aussagen zu AGB ist nicht zutreffend?

1. Die Nutzung von AGB ist eine Arbeitserleichterung beim Abschluss von Verträgen, da einzelne Bedingungen nicht immer neu ausgehandelt werden müssen.
2. Die AGB werden nur dann Vertragsbestandteil, wenn der Kunde ausdrücklich auf sie hingewiesen wurde.
3. Persönliche Absprachen zwischen Verkäufer und Käufer können nicht dazu führen, dass einzelne Teile der AGB nicht mehr gelten.
4. Sind einzelne Teile der AGB unwirksam, bleibt der Kaufvertrag dennoch bestehen und richtet sich nach den gesetzlichen Regelungen.
5. Einzelne Bestimmungen der AGB sind unwirksam, wenn sie den Verbraucher unangemessen benachteiligen.

21. Aufgabe ☐

Prüfen Sie, in welchem der folgenden Fälle es sich um eine Schlechtleistung (mangelhafte Lieferung) handelt.

1. Die KommunikativAktiv KG liefert einen bestellten Computer nicht fristgemäß aus.
2. Ein Kunde der Dialogfix GmbH überweist den fälligen Rechnungsbetrag nicht.
3. Christian Telorac weigert sich, die Briefmarkensammlung von Arne Klein anzunehmen.
4. Die Dialogfix GmbH liefert einem Kunden ein falsches Laptopmodell.
5. Durch einen Streik werden der Dialogfix GmbH die zum Versand dringend benötigten Handys nicht geliefert.

Situation zu den Aufgaben 22 bis 24:
Frank Meyer bestellt bei der KommunikativAktiv KG telefonisch am 04.03. den Laptop GameMan.

22. Aufgabe ☐

Am 05.03. bestätigt die KommunikativAktiv KG Herrn Meyer, dass der Laptop GameMan nach Anzahlung von 10 % des Kaufpreises auf das Firmenkonto geliefert wird. Der Laptop wird am 20.03. geliefert und der ausstehende Rechnungsbetrag von Herrn Meyer am 22.03. auf das Firmenkonto überwiesen, wo er am 23.03. gutgeschrieben wird. Wann geht das Eigentum am Laptop an Herrn Meyer über?

1. Herr Meyer wird Eigentümer mit Annahme der Bestellung am 05.03.
2. Herr Meyer wird Eigentümer mit Leistung der Anzahlung.
3. Herr Meyer wird Eigentümer am Tag der Lieferung und Übergabe des Laptops.
4. Herr Meyer wird Eigentümer mit Überweisung des ausstehenden Kaufpreises am 22.03.
5. Herr Meyer wird Eigentümer am Tag der Gutschrift des restlichen Rechnungsbetrages am 23.03.

23. Aufgabe ☐

Welches Recht steht Herrn Meyer bei mangelhafter Lieferung des neuen Laptops vorrangig zu?

1. Nacherfüllung
2. Rücktritt vom Vertrag
3. Minderung des Kaufpreises
4. Schadensersatz
5. Ersatz vergeblicher Aufwendungen

24. Aufgabe ☐

Welche Aussage zum Lieferungsverzug trifft nicht zu?

1. Wenn kein Termin vereinbart wurde, muss der Käufer den Verkäufer mahnen, damit dieser in Verzug kommt.
2. Ein Verschulden des Lieferers liegt bei vorsätzlichem (absichtsvollem) oder fahrlässigem (unachtsamem) Verhalten vor.
3. Nach erfolglosem Verstreichen einer Nachfrist ist es möglich, vom Kaufvertrag zurückzutreten.
4. Ist der Verkäufer in Verzug, kann der Käufer den Ersatz des Verspätungsschadens verlangen.
5. Ist ein genauer Termin für die Lieferung bestimmt worden, ist der Verkäufer automatisch zwei Wochen später in Verzug.

25. Aufgabe ☐

In welcher Zeile wird ein zweiseitiger Handelskauf beschrieben?

1. Verkäufer ist die Dialogfix GmbH, Käufer ist ein Unternehmen.
2. Verkäufer ist ein Verbraucher, Käufer ist ein Unternehmen.
3. Verkäufer ist ein Verbraucher, Käufer ist ein Verbraucher.
4. Verkäufer ist ein Unternehmen, Käufer ist ein Verbraucher.
5. Verkäufer ist die KommunikativAktiv KG, Käufer ist Julia Lauer.

26. Aufgabe ☐

Stellen Sie fest, in welchem Fall ein Verbrauchsgüterkauf vorliegt.

1. Azubi Tim verkauft seinen MP3-Player an einen Kollegen.
2. Geschäftsführer Gorkens kauft sich in der Apotheke Beruhigungspillen.
3. Die KommunikativAktiv KG kauft in einem Schreibwarengeschäft einige Kartons Briefumschläge.
4. Eine Bank kauft aus Privatbesitz eine Münzsammlung auf.
5. Die Dialogfix GmbH kauft der Mitarbeiterin Stephanie Braun fürs Betriebsfest eine Bierzeltgarnitur ab.

Situation zu den Aufgaben 27 bis 31:
Die Firma Münzcollector GmbH vertreibt eine neue Münzserie „WM-Siege". Sie hat die Nachfrage nach diesen Münzen falsch eingeschätzt: Es wurden weniger Münzen verkauft als erwartet. Damit kein Verlust entsteht, müssen die übrig gebliebenen Münzen zu einem akzeptablen Preis verkauft werden.

27. Aufgabe ☐

In welchem Fall handelt es sich um ein die Firma Münzcollector rechtlich bindendes Angebot?

1. Die Firma bewirbt die Münzserie in einer Zeitschrift für Münzsammler.
2. Die Münzserie wird im Verkaufskatalog dieses Quartals nochmals beworben.
3. Münzcollector legt den Rechnungen Flyer mit der Münzserie bei. Diese enthalten den Vermerk „Solange der Vorrat reicht".
4. Münzcollector bietet die Münzen im Rahmen des Cross-Sellings während eingehender Bestellanrufe an.
5. In einer Vitrine im Verkaufsraum wird die Münzserie für die Laufkundschaft ausgestellt, mit der Überschrift „zum Hammerpreis".

28. Aufgabe ☐

Der Geschäftsführer von Münzcollector sendet einem Einzelhändler am 12.10. ein persönliches Schreiben, er bietet in dem Brief versehentlich 50 Sätze der Münzen zu 2,95 € statt zu 12,95 € an. Das Angebot ist gültig bis zum 12.11. Wie kann der Geschäftsführer seinen Fehler korrigieren?

1. Gar nicht.
2. Er hat bis zum 12.11. Zeit, seinen Fehler zu korrigieren.
3. Er muss unverzüglich ein Fax aufsetzen, in dem er sein Angebot widerruft, damit dieses den Einzelhändler noch vor dem Brief erreicht.
4. Er muss innerhalb einer Woche nach Absendung des Angebots reagieren.
5. Er braucht nicht zu handeln, da es sich um eine Anpreisung handelt.

29. Aufgabe ☐

Die Prägerei liefert der Münzcollector GmbH weitere Sätze der Münzen. Diese waren nicht bestellt. Wie muss Münzcollector in dieser Situation reagieren?

1. Man stellt die Münzen vor die Tür und fordert die Prägerei zur Abholung auf.
2. Die Münzen werden im Tresor verwahrt. Nach einer Woche werden sie einem Mitarbeiter mitgegeben, der in der Nähe der Prägerei wohnt, damit er sie dort abliefert.
3. Die Firma Münzcollector nimmt sofort Kontakt mit der Prägerei auf und schickt die Münzen umgehend zurück.
4. Münzcollector versucht, einen Teil der Sätze zu verkaufen, den anderen Teil kann man später zurückgeben.
5. Man braucht nichts zu unternehmen, da die Ware nicht bestellt war.

30. Aufgabe ☐

Münzcollector schickt einigen als Stammkunden bekannten Privatpersonen die Münzserie unbestellt zu, beiliegend ein Überweisungsformular. Welche Aussage ist richtig?

1. Die Zusendung unbestellter Ware stellt ein Angebot dar. Behält der Kunde die Ware, ist ein Kaufvertrag zustande gekommen.
2. Möchte der Kunde das Angebot nicht annehmen, ist er lediglich dazu verpflichtet, die zugesandte Münzserie aufzubewahren.
3. Möchte der Kunde die angebotene Münzserie nicht behalten, muss er sie umgehend zurückschicken.
4. Bei einer Privatperson gilt Stillschweigen als Ablehnung des Angebotes. Der Kunde muss nicht reagieren und kann frei über die zugesandte Münzserie verfügen.
5. Der Kunde kann dieses Angebot durch Aufbewahrung und Rücksendung innerhalb einer Frist von 14 Tagen ablehnen.

31. Aufgabe ☐

Ein Konkurrent von Münzcollector erfährt von der neuen Angebotsstrategie der unbestellten Warensendung an Privatkunden. Er fordert Münzcollector auf, diese Vorgehensweise sofort zu unterlassen. Welche Aussage trifft zu?

1. Der Konkurrent hat keine rechtlichen Möglichkeiten, gegen diese Angebotsstrategie von Münzcollector vorzugehen.
2. Da der Kunde die Möglichkeit hat, das Angebot ohne großen Aufwand abzulehnen, ist an der Vorgehensweise rechtlich nichts auszusetzen.
3. Solange sich die Kunden nicht beschweren, kann Münzcollector mit dieser Angebotsstrategie fortfahren.
4. Es handelt sich hierbei um eine legitime Art der Angebotserstellung. Daher muss Münzcollector überhaupt nicht auf die Forderung des Konkurrenten reagieren.
5. Der Konkurrent kann Rechtsansprüche geltend machen, da Münzcollector gegen das Gesetz gegen den unlauteren Wettbewerb verstößt.

Situation zu den Aufgaben 32 bis 36:
Die Karl Knaub GmbH versendet Grillzubehör an Verbraucher. Sie sichert den Kunden immer individuell zu, dass die Ware binnen einer Woche ab Bestelldatum beim Kunden ankommt.

32. Aufgabe ☐

Herr Heim bestellt bei der Karl Knaub GmbH am 11.02. einen Aztekenofen. Dieser wird am 14.02. geliefert. Die Rechnung geht Herrn Heim am 16.02. zu. Sie trägt das Datum 15.02. und enthält keine näheren Zahlungsbedingungen. Herr Heim bezahlt am 19.02. den Rechnungsbetrag, der am 21.02. dem Konto der Firma Knaub gutgeschrieben wird. Stellen Sie fest, zu welchem Zeitpunkt das Eigentum an dem Aztekenofen an Herrn Heim übergeht.

33. Aufgabe

Zu welchem Zeitpunkt (Datum) ist in diesem Fall die Zahlung des Kaufpreises fällig?

34. Aufgabe

Prüfen Sie, unter welcher Voraussetzung die Karl Knaub GmbH in diesem Fall in Lieferungsverzug geraten kann.

1. Da die erforderliche Ware wegen eines Streiks beim Hersteller nicht beschafft werden kann, wird sie nicht rechtzeitig an Herrn Heim geliefert.
2. Wegen eines Personalengpasses in der Versandabteilung kann die Ware nicht rechtzeitig auf den Weg gebracht werden.
3. Ein Hochwasser verhindert, dass Fahrzeuge das Werksgelände befahren können.
4. Ein beauftragter Frachtführer trifft erst um 18:00 Uhr des zweiten Tages nach Bestellung beim Kunden ein.
5. Höhere Gewalt hat die rechtzeitige Lieferung verhindert.

35. Aufgabe

Herr Fröhlich richtet die Hochzeit seiner Tochter am 15.05. aus. Er hat dazu am 20.04. bei der Karl Knaub GmbH ein Partyzelt und zwei exklusive Kombigrillwagen bestellt. Als Liefertermin wurde der 04.05. vertraglich festgelegt. Am 05.05. ist die Ware immer noch nicht eingetroffen und Herr Fröhlich entdeckt in einem Baumarkt Partyzelte und Kombigrillwagen, die ihm noch besser gefallen, als die bereits bestellten Produkte. Preislich macht es keinen Unterschied. Kann Herr Fröhlich noch vom Kaufvertrag mit der Karl Knaub GmbH zurücktreten?

1. Da der Liefertermin vertraglich vereinbart wurde, kann er sofort vom Kaufvertrag zurücktreten.
2. Ein Rücktritt vom Kaufvertrag ist erst möglich, wenn bis zum 15.05. keine Lieferung erfolgt ist. Dann kann Herr Fröhlich auch Schadensersatz wegen Leistungsverzögerung verlangen.
3. Herr Fröhlich kann frühestens einen Werktag vor der Hochzeit vom Kaufvertrag zurücktreten, da er dann noch ausreichend Zeit hat, die Ware im Baumarkt zu besorgen.
4. Herr Fröhlich muss zunächst eine angemessene Nachfrist setzten, um vom Kaufvertrag zurücktreten zu können.
5. Bevor Herr Fröhlich vom Kaufvertrag zurücktreten kann, muss er auf sein vorrangiges Recht auf Lieferung bestehen. Eine Fristsetzung ist nicht notwendig.

36. Aufgabe

Die Karl Knaub GmbH schickt Frau Meyer am 12. Juni eine Rechnung. In der Rechnung steht „zahlbar bis 17. Juni". Wann kommt Frau Meyer in Zahlungsverzug?

1. Frau Meyer kommt erst nach Überschreiten der 30-Tage-Frist in Zahlungsverzug.
2. Sobald eine Mahnung durch den Verkäufer erfolgt, kommt Frau Meyer in Zahlungsverzug.
3. Sie kommt mit Erhalt der Rechnung in Zahlungsverzug.
4. Frau Meyer kommt nach Ablauf des Fälligkeitstermins nur dann in Zahlungsverzug, wenn sie auch eine Mahnung erhält.
5. Frau Meyer kommt am 18. Juni in Zahlungsverzug.

Situation zu den Aufgaben 37 bis 50:
Von Ihrem Ausbilder erhalten Sie den Auftrag, für den nächsten innerbetrieblichen Unterricht das Thema „Rechtsformen der Unternehmen" vorzubereiten.

Z *37. Aufgabe* ☐

Welche der folgenden Aussagen über die Rechtsform eines Unternehmens ist falsch?

1. Die Rechtsform regelt die Beziehungen zwischen Eigentümer und Betrieb.
2. Die gesetzlichen Regelungen für sämtliche deutschen Rechtsformen sind im Handelsgesetzbuch (HGB) zu finden.
3. Die Wahl der Rechtsform hat Auswirkung auf die Finanzierungsmöglichkeiten.
4. Die Rechtsform regelt die Beziehungen der Eigentümer untereinander.
5. Je nach Wahl der Rechtsform sind Haftungsfragen unterschiedlich geregelt.

Z *38. Aufgabe* ☐

Die Dialogfix GmbH ist ins Handelsregister eingetragen. Prüfen Sie, welche Feststellung in diesem Zusammenhang zutreffend ist.

1. Der Eintrag zur Dialogfix GmbH findet sich in Abteilung B.
2. Das Handelsregister wird bei der zuständigen Industrie- und Handelskammer (IHK) geführt.
3. Die Eintragung ins Handelsregister war für die Dialogfix GmbH freiwillig.
4. Eintragungen ins Handelsregister werden erst durch notarielle Beglaubigungen wirksam.
5. Handelsregistereintragungen können nur von Kaufleuten eingesehen werden.

Z *39. Aufgabe* ☐

Über welche gesetzmäßigen Organe kann die Dialogfix GmbH verfügen?

1. Geschäftsführer, Gesellschafterversammlung, Aufsichtsrat
2. Vorstand, Hauptversammlung, Aufsichtsrat
3. Komplementäre, Kommanditisten, Rat der Gesellschafter
4. Präsident, Generalversammlung, Genossenschaftsrat
5. Geschäftsführer, Vorstandsvorsitzende, Lenkungsausschuss

Z *40. Aufgabe* ☐

Welche Information über die Dialogfix GmbH findet sich nicht im Handelsregister?

1. Namen der Gesellschafter
2. Stammkapital
3. Allgemeine Geschäftsbedingungen (AGB)
4. Vertretungsberechtigte Personen
5. Firmensitz

41. Aufgabe ☐ Z

Welcher der nachfolgenden Vorgänge bei der Dialogfix GmbH muss zwingend ins Handelsregister eingetragen werden?

1. Einrichtung einer neuen Stabsstelle „Öffentlichkeitsarbeit"
2. Innerbetriebliche Versetzung des Abteilungsleiters Hans Krause
3. Aufnahme eines neuen Gesellschafters
4. Wahl eines neuen Betriebsratsvorsitzenden
5. Änderungen in der Ablauforganisation

42. Aufgabe ☐ Z

In der Dialogfix GmbH gibt es Bestrebungen, den Firmennamen zu ändern. Prüfen Sie, welche Firmenbezeichnung für das Unternehmen auf jeden Fall unzulässig ist.

1. Braun, Kruse & Russ GmbH
2. Gesellschaft für Kundendialoge mbH
3. DAS Callcenter GmbH
4. Fixdialog, Callcenterunternehmung
5. Dialogfix Contactcenter GmbH

43. Aufgabe ☐ Z

Welche Aussage trifft auf die Rechtsform der Dialogfix GmbH zu?

1. Es handelt sich um eine Personengesellschaft mit beschränkter Haftung.
2. Der Betrag, mit dem sich ein Gesellschafter an der Gesellschaft beteiligt, heißt Stammeinlage.
3. Das Gesellschaftskapital einer GmbH beträgt mindestens 50 000,00 €.
4. Alle Gesellschafter haften ausschließlich mit ihrem Privatvermögen für die Verbindlichkeiten der Gesellschaft.
5. Die Stammeinlagen der einzelnen Gesellschafter einer GmbH müssen gleich groß sein.

44. Aufgabe ☐ Z

Welche Aussage über die Haftung der Gesellschafter der Dialogfix GmbH ist richtig?

1. Einzelne Gesellschafter können von der Haftung ausgenommen werden.
2. Jeder Gesellschafter haftet mit seinem Privatvermögen.
3. Nur die geschäftsführenden Gesellschafter haften für Verbindlichkeiten der GmbH.
4. Die Gesellschafterversammlung legt die Haftung der einzelnen Gesellschafter fest.
5. Die Gesellschafter haften nur mit ihrem Gesellschaftsvermögen.

45. Aufgabe ☐ Z

Der Gesellschaftsvertrag der Stardialog GmbH sieht vor, die erwirtschafteten Gewinne der Gesellschaft im Verhältnis der Stammeinlagen zu verteilen. Die drei Gesellschafter Huber, Sacher und Maier sind mit 190 000,00 €, 400 000,00 € und 210 000,00 € am Unternehmen beteiligt. Im vergangenen Jahr erzielte die Stardialog GmbH einen Gewinn von 90 000,00 €. Berechnen Sie den Anteil des Gesellschafters Maier.

Z *46. Aufgabe* ☐

Die Gesellschafter der Dialogfix GmbH überlegen, das Unternehmen in eine GmbH & Co. KG umzuwandeln. Stellen Sie fest, welche der folgenden Aussagen zur Haftung für diese Gesellschaftsform zutreffend ist.

1. Die GmbH als Komplementär haftet unbeschränkt mit ihrem Vermögen.
2. Die Gesellschafter der GmbH haften mit ihrem Privatvermögen.
3. Die Kommanditisten haften unbeschränkt mit ihrem Privatvermögen.
4. Die Mitarbeiter des Unternehmens haften anteilig mit ihrem Privatvermögen.
5. Die unternehmerischen Haftungsrisiken bleiben unverändert.

Z *47. Aufgabe* ☐

Als Handelsunternehmen ist die Dialogfix GmbH verpflichtet, Mitgliedsbeiträge an die Industrie- und Handelskammer (IHK) zu entrichten. Bestimmen Sie die zentrale Aufgabe der Industrie- und Handelskammer.

1. Träger der gesetzlichen Unfallversicherung
2. Überwachung der Einhaltung von Arbeitsschutzbestimmungen
3. Interessenvertretung aller Wirtschaftszweige in Industrie und Handel
4. Abschluss von Tarifverträgen
5. Organisation der Zwischen- und Abschlussprüfungen im Handwerk

Z *48. Aufgabe* ☐

Die Dialogfix GmbH hat die NightRanger KG als Neukunden gewonnen. Welche Angabe über den Neukunden finden Sie im Handelsregister?

1. Die Anzahl der beschäftigten Mitarbeiter
2. Die Namen und Vornamen der Gesellschafter
3. Die Namen der Abteilungsleiter
4. Den Gewinn im abgelaufenen Geschäftsjahr
5. Die Bonität der Gesellschaft

Z *49. Aufgabe* ☐

Zu den Vertragspartnern der Dialogfix GmbH zählen Unternehmen mit unterschiedlichen Rechtsformen. Prüfen Sie, welche der folgenden Aussagen die Rechte und Pflichten der Kommanditisten einer Kommanditgesellschaft <u>nicht</u> richtig beschreibt.

1. Kommanditisten haften unbeschränkt für alle bestehenden Verbindlichkeiten.
2. Kommanditisten sind von der Unternehmensführung ausgeschlossen.
3. Kommanditisten haben das Recht, den Jahresabschluss zu prüfen.
4. Kommanditisten werden am Verlust der Gesellschaft nur bis zur Höhe ihrer Kommanditanteile und etwaiger Rückstände beteiligt.
5. Kommanditisten haben bei gewöhnlichen Handlungen des persönlich haftenden Gesellschafters kein Widerspruchsrecht.

50. Aufgabe ☐ Z

Die Dialogfix GmbH steht mit vielen Unternehmen in Kontakt, die in der Rechtsform GmbH oder KG geführt werden. Welche Aussage trifft ausschließlich auf eine KG zu?

1. Das Unternehmen ist im Handelsregister eingetragen.
2. Das Unternehmen muss laut Gesetz eine Firma führen.
3. Das Unternehmen kann von nur einer Person gegründet werden.
4. Das Unternehmen ist eine Kapitalgesellschaft.
5. Die Haftung einiger Gesellschafter ist beschränkt, andere sind Vollhafter.

Situation zu den Aufgaben 51 bis 53:

Ein regelmäßiger Geschäftspartner der Dialogfix GmbH ist die MobilTelco GmbH. Gesellschafter sind: Waldemar Hart, Anna Klein und Kate Komuni. Anna Klein und Kate Komuni sind als Geschäftsführer bestellt und einzelvertretungsbefugt.

51. Aufgabe ☐ Z

Prüfen Sie, wer die MobilTelco GmbH in einer Rechtsstreitigkeit vor Gericht vertreten darf.

1. Herr Hart, Frau Klein und Frau Komuni müssen gemeinsam unter ihrem eigenen Namen klagen.
2. Frau Klein und Frau Komuni als Geschäftsführerinnen müssen gemeinsam als Vertreter der GmbH klagen.
3. Da die GmbH nicht rechtsfähig ist, müssen beide Geschäftsführerinnen gemeinsam unter ihrem eigenen Namen klagen.
4. Frau Klein oder Frau Komuni können als Geschäftsführerin allein als Vertreterin der GmbH klagen.
5. Da die MobilTelco GmbH nicht rechtsfähig ist, kann einer der drei Gesellschafter unter eigenem Namen klagen.

52. Aufgabe ☐ Z

Wie hoch muss das Stammkapital der MobilTelco GmbH mindestens sein, sofern es sich nicht um eine sog. „Mini-GmbH" handelt?

53. Aufgabe ☐ Z

Kate Komuni ist mit 30 %, Anna Klein mit 45 % und Waldemar Hart mit dem Rest an der GmbH beteiligt. Der Gewinn in diesem Jahr beträgt 350 000,00 €. Frau Klein und Frau Komuni erhalten laut Gesellschaftervertrag für die Geschäftsführung jeweils vorab 50 000,00 € aus dem erzielten Gewinn. Der Restgewinn wird entsprechend den Anteilen am Stammkapital auf die Gesellschafter verteilt. Wie viel Euro Gewinnanteil erhält Gesellschafter Waldemar Hart?

Z *54. Aufgabe* ☐

Welche der aufgeführten gesetzlichen Vorschriften trifft auf die KommunikativAktiv KG zu?

1. Das Mindestkapital beträgt 25 000,00 €.
2. Bei der Gewinnverteilung nach HGB hat jeder Gesellschafter Anspruch auf eine 4 %ige Verzinsung seines Kapitalanteils. Der Restgewinn wird nach Köpfen verteilt.
3. Jeder Gesellschafter hat die Pflicht, die Geschäfte der Gesellschaft persönlich zu führen.
4. Mindestens einer der Gesellschafter haftet den Gläubigern gegenüber unbeschränkt.
5. Die Geschäftsführungsbefugnis wird von der Hauptversammlung festgelegt.

Z *55. Aufgabe* ☐

Welche der folgenden Aussagen über die KommunikativAktiv KG ist falsch?

1. Die KommunikativAktiv KG hat die einfache Möglichkeit, durch Aufnahme neuer Kommanditisten als Gesellschafter ihre Eigenkapitalbasis zu erhöhen.
2. Die KommunikativAktiv KG ist eine Kapitalgesellschaft, da bei den Teilhaftern die Haftung beschränkt ist.
3. Tritt in der KommunikativAktiv KG ein Verlust auf, dürfen die Kommanditisten nur bis zum Betrag ihres Kapitalanteils beteiligt werden.
4. Die Komplementäre vertreten die KommunikativAktiv KG nach außen.
5. Die KommunikativAktiv KG ist den Regelungen des HGB unterworfen.

Z *56. Aufgabe* ☐

Gesellschafter der KommunikativAktiv KG sind die Komplementäre Herrmann (15 000,00 € Einlage) und Groß (15 000,00 € Einlage) sowie die Kommanditistin Seewald (10 000,00 € Einlage). Die Verteilung des Gewinns in Höhe von 81 600,00 € erfolgt nach Gesellschaftsvertrag wie folgt: 4 %ige Verzinsung des Kapitalanteils, Verteilung des Restgewinns im Verhältnis der Kapitalanteile. Ermitteln Sie den Gewinnanteil von Herrn Groß (in €).

Z *57. Aufgabe* ☐

Stellen Sie fest, welches Recht der Kommanditistin Frau Seewald zusteht.

1. Mitbestimmung bei der Geschäftsführung
2. Vertretung des Unternehmens vor Gericht
3. Kauf von Grundstücken für die KG
4. Aufnahme weiterer Kommanditisten in das Unternehmen
5. Widerspruchsrecht bei außergewöhnlichen Handlungen der Komplementäre

Situation zu den Aufgaben 58 bis 63:

Im Rahmen Ihrer Ausbildung sind Sie derzeit Herrn Paulus, Leiter der Betriebsorganisation der Dialogfix GmbH, zugeordnet. Zunächst bittet Sie Herr Paulus, sich mit dem Organigramm der Dialogfix GmbH vertraut zu machen.

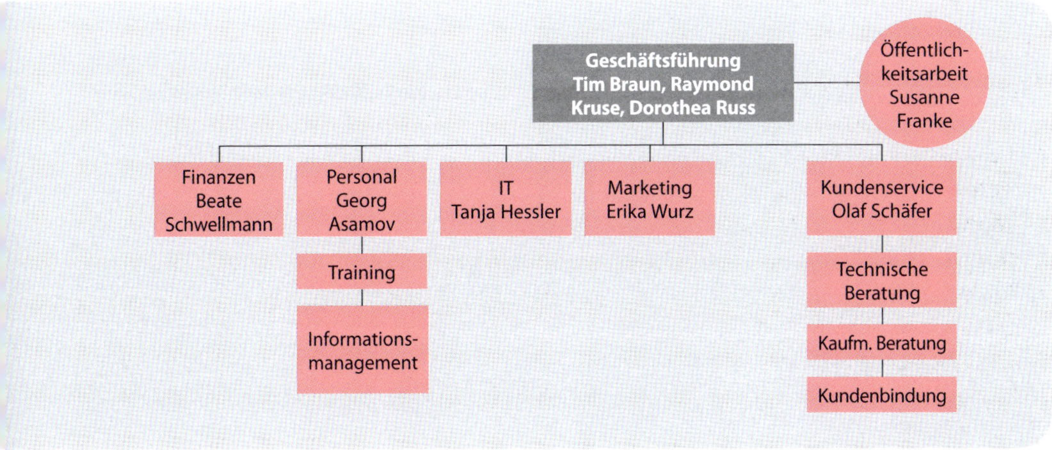

58. Aufgabe ☐ Z

Welche Aussage können Sie anhand des Organigramms treffen?

1. Es handelt sich um eine Matrixorganisation.
2. Susanne Franke hat Weisungsbefugnis gegenüber dem Kundenservice.
3. Bei der Abteilung Marketing handelt es sich um eine Stabsstelle.
4. Olaf Schäfer ist gegenüber der Technischen Beratung weisungsbefugt.
5. Die Dialogfix GmbH nutzt hier eine Mehrlinienorganisation.

59. Aufgabe ☐ Z

Prüfen Sie anhand des Organigramms, welche Aussage zu Susanne Franke zutreffend ist.

1. Frau Franke ist eine externe Mitarbeiterin.
2. Frau Franke ist Mitglied der Geschäftsführung.
3. Frau Franke leitet die Stabsstelle Öffentlichkeitsarbeit.
4. Frau Franke unterliegt als Stabsstelle nicht dem Betriebsverfassungsgesetz.
5. Frau Franke übt eine Matrixfunktion aus.

60. Aufgabe ☐ Z

Stellen Sie fest, welche Hauptaufgabe bzw. Zuständigkeit Frau Franke innehat.

1. Eine generelle Weisungsbefugnis gegenüber der Geschäftsführung.
2. Weisungsbefugnis gegenüber den Abteilungsleitern.
3. Unterstützung und Beratung der Geschäftsführung.
4. Übernahme sämtlicher Assistenz- und Sekretariatsaufgaben für die Geschäftsführung.
5. Kontrolle der Geschäftsführung.

61. Aufgabe ☐ Z

Welche Informationen können Sie aus dem vorliegenden Organigramm entnehmen?

1. Verteilung der betrieblichen Aufgaben auf die ausführenden Stellen
2. Darstellung der angebotenen Produkte
3. Reihenfolge von einzelnen Arbeitsvorgängen
4. Anforderungsprofil an die Stelleninhaber
5. Rentabilität der einzelnen Abteilungen

Z *62. Aufgabe* ☐

Bei Ihrer Arbeit mit verschiedenen Organigrammen stoßen Sie auf den Begriff „Instanz". Sie bitten Ihre Kollegin um eine Erläuterung. Welche Antwort werden Sie erhalten?

1. Unterstützende Stelle mit speziellen Funktionen
2. Grafische Darstellung der Arbeitsabläufe
3. Abteilung mit einer besonderen Kernkompetenz
4. Zusammenfassung von sachlich zusammenhängenden Stellen
5. Stelle mit Weisungsbefugnis

Z *63. Aufgabe* ☐

Mit welcher zutreffenden Aussage erläutert Ihnen der Kollege bei dieser Gelegenheit auch den Begriff „Stelle"?

1. Die Gesamtheit aller Arbeitnehmer im Betrieb
2. Die Hard- und Softskills eines Mitarbeiters
3. Die Arbeitsplatzbeschreibungen einer Abteilung
4. Die Abläufe an einem bestimmten Arbeitsplatz
5. Die kleinste Einheit der Aufbauorganisation

Z *64. Aufgabe* ☐

Welchen Vorteil hat die Dialogfix GmbH, wenn sie als Leitungssystem eine Einlinienorganisation umsetzt?

1. Wenige Hierarchiestufen
2. Rascher Informationsfluss
3. Klare Kompetenzabgrenzungen
4. Entlastung der Instanzen
5. Kurzer Dienstweg

Lösungen zu Kapitel 18

1. Aufgabe	2	*33. Aufgabe*	16.02.
2. Aufgabe	4	*34. Aufgabe*	2
3. Aufgabe	1, 2, 3, 4, 1	*35. Aufgabe*	1
4. Aufgabe	4	*36. Aufgabe*	5
5. Aufgabe	2, 4, 5, 1, 3	*37. Aufgabe*	2
6. Aufgabe	*3*	*38. Aufgabe*	1
7. Aufgabe	*1*	*39. Aufgabe*	1
8. Aufgabe	*3*	*40. Aufgabe*	3
9. Aufgabe	*10.06.*	*41. Aufgabe*	3
10. Aufgabe	3	*42. Aufgabe*	4
11. Aufgabe	2	*43. Aufgabe*	2
12. Aufgabe	5	*44. Aufgabe*	5
13. Aufgabe	1	*45. Aufgabe*	23 625,00 €
14. Aufgabe	3	*46. Aufgabe*	1
15. Aufgabe	3	*47. Aufgabe*	3
16. Aufgabe	5	*48. Aufgabe*	2
17. Aufgabe	3	*49. Aufgabe*	1
18. Aufgabe	3	*50. Aufgabe*	5
19. Aufgabe	4, 6	*51. Aufgabe*	4
20. Aufgabe	3	*52. Aufgabe*	25 000,00 €
21. Aufgabe	4	*53. Aufgabe*	62 500,00 €
22. Aufgabe	3	*54. Aufgabe*	4
23. Aufgabe	1	*55. Aufgabe*	2
24. Aufgabe	5	*56. Aufgabe*	30 600,00 €
25. Aufgabe	1	*57. Aufgabe*	5
26. Aufgabe	2	*58. Aufgabe*	4
27. Aufgabe	4	*59. Aufgabe*	3
28. Aufgabe	3	*60. Aufgabe*	3
29. Aufgabe	3	*61. Aufgabe*	1
30. Aufgabe	2	*62. Aufgabe*	5
31. Aufgabe	5	*63. Aufgabe*	5
32. Aufgabe	14.02.	*64. Aufgabe*	3

19 Menschliche Arbeit im Betrieb

Hinweis: Dieses Kapitel enthält die Themen
- Arbeitsrecht (mit Ausbildung) (Aufgabe 1 bis 41),
- Arbeitsschutzbestimmungen (Aufgabe 42 bis 68),
- soziale Sicherung (Aufgabe 69 bis 95),
- Mitwirkung und Mitbestimmung (Aufgabe 96 bis 121).

Z *1. Aufgabe* ☐☐

Die Berufsausbildung in Deutschland erfolgt überwiegend im dualen Ausbildungssystem. Wer sind die beiden Beteiligten an dieser Form der Ausbildung?

1. Ausbildungsbetrieb
2. Wirtschaftsministerium
3. Industrie- und Handelskammer
4. Agentur für Arbeit
5. Berufsschule
6. Berufsakademie

Z *2. Aufgabe* ☐

Bei der Ausbildung von Servicefachkräften und Kaufleuten für Dialogmarketing muss die Dialogfix GmbH die Vorschriften des Berufsbildungsgesetzes beachten. Welche Regelung ergibt sich nicht aus diesem Gesetz?

1. Für den Berufsschulunterricht freistellen
2. Geeignete Ausbilder bestellen
3. Monatliche Feedbackgespräche führen
4. Die für die Ausbildung erforderlichen Kenntnisse vermitteln
5. Nur ausbildungsbezogene Tätigkeiten übertragen

Z *3. Aufgabe* ☐

Die Dialogfix GmbH hat mit Samira Groll einen Berufsausbildungsvertrag zur Kauffrau für Dialogmarketing abgeschlossen. Welcher Inhalt muss dort nicht geregelt werden?

1. Betriebliche Tätigkeiten während der Ausbildung
2. Dauer der Berufsausbildung
3. Dauer des Urlaubs
4. Höhe der Ausbildungsvergütung
5. Beginn der Berufsausbildung

4. Aufgabe ☐ Z

Samira möchte sich bereits zu Beginn der Ausbildung über die Prüfungsanforderungen zur Kauffrau für Dialogmarketing informieren. Wo kann sie diese Informationen finden?

1. Ausbildungsrahmenplan
2. Rahmenlehrplan
3. Ausbildungsplan
4. Ausbildungsordnung
5. Berufsbildungsgesetz

5. Aufgabe ☐ Z

In Samiras Ausbildungsvertrag finden sich auch Regelungen zur Probezeit. Stellen Sie fest, welche Aussage dazu richtig ist.

1. Während der Probezeit kann das Ausbildungsverhältnis jederzeit mit einer vierwöchigen Frist gekündigt werden.
2. Samira kann das Ausbildungsverhältnis jederzeit fristlos kündigen, die Dialogfix GmbH hingegen nur aus einem wichtigen Grund.
3. Regelungen zur Probezeit können zwischen Samira Groll und der Dialogfix GmbH individuell verhandelt werden.
4. Die Probezeit beträgt mindestens einen Monat.
5. Bei entsprechender Vorbildung von Samira kann die Dialogfix GmbH auf eine Probezeit verzichten.

6. Aufgabe ☐ Z

Die Auszubildende Janine Weber möchte nach Beendigung der Ausbildung in einem anderen Unternehmen arbeiten. Was muss sie bei der Kündigung beachten?

1. Nach der praktischen Prüfung ist eine fristlose Kündigung des Ausbildungsverhältnisses möglich.
2. Es gilt die im Berufsbildungsgesetz geregelte vierwöchige Kündigungsfrist.
3. Ein Wechsel in ein anderes Unternehmen ist frühestens nach dem im Ausbildungsvertrag genannten Ende der Ausbildung möglich.
4. Sofern sie nur das Unternehmen, aber nicht den Beruf wechseln möchte, gelten die gesetzlichen Kündigungsfristen für Arbeitnehmer.
5. Nach dem Bestehen der Abschlussprüfung ist ein Wechsel jederzeit möglich, da dann die Ausbildung beendet ist.

7. Aufgabe ☐ Z

Janine Weber legt ihren Bewerbungsunterlagen ein einfaches Zeugnis bei. Welche Angabe wird sich dort nicht finden?

1. Dauer der Ausbildung
2. Art der Ausbildung (Ausbildungsberuf)
3. Erworbene Kenntnisse und Fertigkeiten
4. Ziel der Berufsausbildung
5. Verhalten während der Ausbildung

Z *8. Aufgabe* ☐

Was kann eine Ausbildungsordnung in einem bestimmten Beruf nicht beinhalten?

1. Ausbildungsdauer
2. Kündigungsfristen
3. Prüfungsanforderungen
4. Bezeichnung des Ausbildungsberufs
5. Ausbildungsrahmenplan

Z *9. Aufgabe* ☐

Welcher der folgenden Punkte ist nicht im Berufsbildungsgesetz geregelt?

1. Regelung über Beginn und Ende des Berufsausbildungsverhältnisses
2. Pflichten des Auszubildenden
3. Berechtigung zum Einstellen und Ausbilden von Auszubildenden
4. Betrieblicher Ausbildungsplan
5. Rechte des Auszubildenden

Z *10. Aufgabe* ☐

Welche Aussage über den Berufsausbildungsvertrag ist richtig?

1. Die Probezeit, die von beiden Seiten einzuhalten ist, beträgt mindestens 14 Tage.
2. Der Berufsausbildungsvertrag ist für alle Berufe bei der Industrie- und Handelskammer einzutragen.
3. Der Vertrag kann innerhalb der ersten sechs Monate von beiden Seiten ohne Begründung gekündigt werden.
4. Der Auszubildende kann den Vertrag nach der Probezeit mit einer vierwöchigen Kündigungsfrist lösen, wenn er einen anderen Beruf erlernen möchte.
5. Bei jugendlichen Auszubildenden sind ausschließlich die gesetzlichen Vertreter für die Einhaltung der Vertragspflichten verantwortlich.

Z *11. Aufgabe* ☐☐

In welchen zwei Fällen verstößt der Ausbildungsbetrieb gegen seine Pflichten?

1. Der Ausbildungsbetrieb muss heute unbedingt eine bestimmte Nettokontaktzahl erreichen. Die Auszubildende zur Servicefachkraft für Dialogmarketing Julia Heinen muss deshalb im Betrieb bleiben und darf nicht die Berufsschule besuchen.
2. Julia Heinen wird aufgefordert, sich auf eigene Kosten ein ergonomisches Headset zu kaufen, da es für die Ausbildung erforderlich ist.
3. Der Chef verlangt von Julia Heinen, dass sie ihren Arbeitsplatz aufräumt und säubert.
4. Julia Heinen hat die Ausbildung beendet und benötigt für eine Bewerbung ein Ausbildungszeugnis. Der Chef stellt ihr ein einfaches Zeugnis aus.
5. Die Auszubildende Julia Heinen wird während der dreimonatigen Probezeit ohne Angabe von Gründen entlassen.
6. Der Chef verbietet der Auszubildenden Julia Heinen, mit fremden Auszubildenden über Betriebsgeheimnisse zu reden.

Situation zu den Aufgaben 12 bis 19:
Die KommunikativAktiv KG möchte auf einen gut ausgebildeten Personalstamm zurückgreifen können. Der Gesellschafter Reinhold Groß hat Sie mit der Einstellung neuer Auszubildender und deren Betreuung betraut.

12. Aufgabe ☐ Z

Sie haben sich während des Gesprächs mit Herrn Groß Notizen gemacht. Welcher Aufzählungspunkt lässt sich aus rechtlichen Gründen nicht umsetzen?

1. Einstellung von zwei Kaufleuten und einer Servicefachkraft (m/w) zum 01.07. dieses Jahres.
2. Bei Erfüllung der Voraussetzungen ist eine Verkürzung der Ausbildung um sechs Monate möglich.
3. Bindung der Ausbildungsvergütung an den für die KommunikativAktiv KG geltenden Tarifvertrag durch Gleichstellungsabrede im Ausbildungsvertrag.
4. Vereinbarung einer Probezeit von fünf Monaten.
5. Vorauswahl der Bewerber durch ein Telefoninterview.

13. Aufgabe ☐☐☐☐☐☐ Z

Auf eine Anzeige gehen mehrere Bewerbungen ein. Bringen Sie die folgenden Schritte bei der Bearbeitung dieser Bewerbungen in die richtige Reihenfolge und tragen Sie die Ziffern von links nach rechts in die Lösungskästchen ein.

1. Ausbildungsvertrag zusenden
2. Bewerbungsunterlagen sammeln
3. Auswahl der Bewerber im persönlichen Gespräch
4. Geeignete Bewerber zur persönlichen Vorstellung einladen
5. Gesammelte Bewerbungsunterlagen sichten und auswerten
6. Mit Erfolg versprechenden Bewerbern Telefoninterviews führen

14. Aufgabe ☐ Z

Einer der neuen Auszubildenden der KommunikativAktiv KG will die Abschlussprüfung vorzeitig ein halbes Jahr vor Beendigung der vertraglich vereinbarten Ausbildungszeit ablegen. Wer entscheidet über die Zulassung zur Abschlussprüfung laut Berufsbildungsgesetz (BBiG)?

1. Die zuständige Industrie- und Handelskammer (IHK)
2. Der Klassenlehrer der Berufsschule
3. Der Ausbildungsleiter
4. Die beiden Gesellschafter der KommunikativAktiv KG
5. Die Schulleitung der Berufsschule
6. Der Auszubildende selbst

Z *15. Aufgabe* ☐

Der 18-jährige Azubi Ricky Klopp möchte sein Berufsausbildungsverhältnis kündigen. Er will wissen, in welchem Gesetz er nachschlagen muss. Welche Antwort müssen Sie ihm geben?

1. Im Arbeitszeitgesetz
2. Im Bürgerlichen Gesetzbuch
3. Im Betriebsverfassungsgesetz
4. Im Berufsbildungsgesetz
5. Im Jugendschutzgesetz

Z *16. Aufgabe* ☐

Nach Ablauf der Probezeit möchte der 18-jährige Azubi Ricky Klopp nun schriftlich kündigen, um in der darauf folgenden Woche als Ungelernter eine Stelle mit besseren Verdienstmöglichkeiten im Outbound anzutreten. Wie gehen Sie mit der Kündigung von Herrn Klopp um?

1. Akzeptieren, da ein wichtiger Kündigungsgrund vorliegt.
2. Akzeptieren, da Herr Klopp volljährig ist.
3. Ablehnen, da die Gefahr besteht, dass Herr Klopp wegen der leistungsabhängigen Vergütung im Outbound weniger verdienen könnte als mit seiner Ausbildungsvergütung.
4. Ablehnen, da Herr Klopp keinen anderen Beruf erlernen möchte.
5. Ablehnen, da Herr Klopp eine vierwöchige Kündigungsfrist einhalten muss.

Z *17. Aufgabe* ☐

Eine Auszubildende möchte wissen, wann das Berufsausbildungsverhältnis endet, wenn sie die Abschlussprüfung nicht besteht. Welche Antwort müssen Sie ihr geben?

1. Das Berufsausbildungsverhältnis verlängert sich auf ihr Verlangen bis zur nächsten Wiederholungsprüfung, höchstens jedoch um ein Jahr.
2. Das Berufsausbildungsverhältnis endet mit Ablauf des Monats, in dem die Abschlussprüfung nicht bestanden wird.
3. Das Berufsausbildungsverhältnis endet mit Beginn des Monats, in dem die Abschlussprüfung nicht bestanden wird.
4. Das Berufsausbildungsverhältnis endet mit Feststellung des Nicht-Bestehens.
5. Das Berufsausbildungsverhältnis endet immer mit dem Ablauf der Ausbildungszeit.

Z *18. Aufgabe* ☐

Ricky Klopp hat seine Ausbildung wider Erwarten doch weitergeführt und unterzieht sich nun der Abschlussprüfung. Am 09.05. fand die schriftliche Abschlussprüfung statt. Die mündliche Prüfung als letzten Prüfungsteil besteht er am 16.06. und erhält darüber eine Bescheinigung. In seinem Ausbildungsvertrag steht, dass das Vertragsverhältnis zum 01.07. endet. Das Zeugnis der Berufsschule erhält er am 02.07. Am 15.07. werden im Rahmen einer großen Feier die Zeugnisse durch die IHK vergeben. Prüfen Sie, wann Rickys Ausbildungsverhältnis endet.

1. 09.05.
2. 16.06.
3. 01.07.
4. 02.07.
5. 15.07.

19. Aufgabe ☐ Z

Ricky Klopp verlangt nach Beendigung seiner Ausbildung ein einfaches Zeugnis. Stellen Sie fest, welche Formulierung nicht in dieses Zeugnis gehört.

1. „Herr Ricky Klopp, geboren am ... in Berlin, ..."
2. „... war vom ... bis zum ... als Auszubildender in unserem Unternehmen beschäftigt."
3. „Herr Klopp war in folgenden Abteilungen eingesetzt: ..."
4. „Herr Klopp erledigte die ihm übertragenen Aufgaben stets zu unserer vollen Zufriedenheit."
5. „Wir wünschen Herrn Klopp für seine berufliche und private Zukunft alles Gute."

Situation zu den Aufgaben 20 bis 21:

Jörg Raders begann am 01.05. dieses Jahres seine Ausbildung zum Kaufmann für Dialogmarketing bei der Dialogfix GmbH. Am 10.10. ertappt ihn der Geschäftsführer dabei, wie er die Kaffeemaschine des Pausenraums in sein Auto auf dem Firmenparkplatz einlädt. Eine vernünftige Erklärung bleibt Jörg schuldig. Am 10.11. wird er daraufhin vom Geschäftsführer fristlos gekündigt.

20. Aufgabe ☐ Z

Welche Aussage ist bezogen auf diese Kündigung richtig?

1. Die fristlose Kündigung ist rechtens, da es sich bei Diebstahl um einen wichtigen Grund handelt.
2. Die fristlose Kündigung ist nicht wirksam, da Jörg Raders ihr nicht zustimmen wird.
3. Die fristlose Kündigung ist unwirksam, weil die der Kündigung zugrunde liegenden Tatsachen dem Ausbildenden länger als zwei Wochen bekannt waren.
4. Die fristlose Kündigung ist unwirksam, da eine Kündigungsfrist von vier Wochen eingehalten werden muss.
5. Diebstahl ist kein so wichtiger Grund, als dass er eine fristlose Kündigung rechtfertigen würde.

21. Aufgabe ☐ Z

Welchen Anspruch auf ein einfaches bzw. qualifiziertes Zeugnis hat Jörg Raders?

1. Er kann lediglich ein einfaches Zeugnis erhalten, da er weniger als ein Jahr beschäftigt war.
2. Ein qualifiziertes Zeugnis wird nur bei einvernehmlicher Aufhebung des Arbeitsvertrages ausgestellt.
3. Er hat weder Anspruch auf ein einfaches noch auf ein qualifiziertes Zeugnis, da er durch den Arbeitgeber gekündigt wurde.
4. Die Dialogfix GmbH muss ein qualifiziertes Zeugnis ausstellen, wenn Jörg es verlangt.
5. Als Auszubildender hat Jörg nur Anspruch auf ein einfaches Zeugnis.

Situation zu den Aufgaben 22 bis 36:
Während Ihrer Ausbildung werden Sie auch in der Personalabteilung eingesetzt und sollen die Sachbearbeiter unterstützen.

22. Aufgabe ☐

Im Berufsschulunterricht hatten Sie immer Schwierigkeiten, Individual- und Kollektivarbeitsrecht zu unterscheiden. Sie bitten daher den Personalchef um ein zutreffendes Beispiel für das Individualarbeitsrecht. Welche Antwort werden Sie erhalten?

1. Regelungen zwischen der Dialogfix GmbH und dem Betriebsrat
2. Regelungen zwischen der Dialogfix GmbH und dem Arbeitnehmer Björn Henschel
3. Regelungen zwischen der Dialogfix GmbH und der Gewerkschaft verdi
4. Regelungen zwischen dem Betriebsrat der Dialogfix GmbH und der Gewerkschaft verdi
5. Regelungen innerhalb der Mitglieder des Betriebsrats der Dialogfix GmbH

Situation zu den Aufgaben 23 bis 26:
Derzeit sind einige Kündigungen zu bearbeiten. Ihnen liegt dabei folgender Gesetzesauszug aus dem BGB vor:

§ 622: Kündigungsfristen bei Arbeitsverhältnissen
(1) Das Arbeitsverhältnis eines Arbeiters oder eines Angestellten (Arbeitnehmers) kann mit einer Frist von vier Wochen zum Fünfzehnten oder zum Ende eines Kalendermonats gekündigt werden.
(2) Für eine Kündigung durch den Arbeitgeber beträgt die Kündigungsfrist, wenn das Arbeitsverhältnis in dem Betrieb oder Unternehmen
1. zwei Jahre bestanden hat, einen Monat zum Ende eines Kalendermonats,
2. fünf Jahre bestanden hat, zwei Monate zum Ende eines Kalendermonats,
3. acht Jahre bestanden hat, drei Monate zum Ende eines Kalendermonats,
4. zehn Jahre bestanden hat, vier Monate zum Ende eines Kalendermonats,
5. zwölf Jahre bestanden hat, fünf Monate zum Ende eines Kalendermonats,
6. 15 Jahre bestanden hat, sechs Monate zum Ende eines Kalendermonats (…).

23. Aufgabe ☐

Welche Aussage zu den Kündigungsfristen im BGB ist zutreffend?

1. Arbeitnehmer können grundsätzlich nur zum Ende eines Kalendermonats kündigen.
2. Die einzuhaltenden Kündigungsfristen für Arbeitnehmer und Arbeitgeber sind gleich.
3. Arbeitnehmer müssen immer eine Kündigungsfrist von einem Monat beachten.
4. Eine Kündigung zum 15. eines Monats kann zulässig sein.
5. Besteht das Arbeitsverhältnis länger als 15 Jahre, hat der Arbeitnehmer eine Kündigungsfrist von sechs Monaten zu beachten.

24. Aufgabe

☐

Die 28-jährige Sandra Theis arbeitet seit sieben Jahren bei der Dialogfix GmbH. Sie möchte nun ein BWL-Studium beginnen und ihr Arbeitsverhältnis zum 30.09. beenden. Prüfen Sie, bis zu welchem Termin Sandra Theis die Kündigung spätestens einreichen muss.

1. 31.08.
2. 01.09.
3. 02.09.
4. 03.09.
5. 15.09.

25. Aufgabe

☐

Dem 34-jährigen Agent Timo Jungmann (Betriebszugehörigkeit 8 Jahre) wird am 05.09. eine verhaltensbedingte Kündigung ausgesprochen, alle rechtlich notwendigen Schritte wurden beachtet. Stellen Sie fest, wann die Kündigung frühestens wirksam werden kann.

1. 31.09.
2. 15.10.
3. 31.10.
4. 31.12.
5. 31.01. des Folgejahres

26. Aufgabe

☐

Aus dringenden betrieblichen Gründen müssen weitere Kündigungen ausgesprochen werden. Prüfen Sie, welches Arbeitsverhältnis am schnellsten durch Kündigung beendet werden kann.

1. Sebastian Lux, 26 Jahre alt, Agent, 4 Jahre Betriebszugehörigkeit, Ausbilder
2. Isabel Marx, 33 Jahre alt, Sekretärin, 1 Jahr Betriebszugehörigkeit, im 4. Monat schwanger
3. Lisa Buchenfeld, 19 Jahre alt, Auszubildende Kauffrau für Dialogmarketing, 2. Ausbildungsjahr
4. Hajo Hilbert, 24 Jahre alt, Lagerarbeiter, 3 Jahre Betriebszugehörigkeit, Mitglied im Betriebsrat
5. Sandra Messinger, 42 Jahre alt, Büroassistentin, 5 Jahre Betriebszugehörigkeit

27. Aufgabe

☐

Die Dialogfix GmbH plant, neben dem monatlichen Festgehalt einen erfolgsabhängigen Prämienlohn einzuführen, der sich an den erzielten Verkaufsabschlüssen orientiert. Prüfen Sie, welcher Effekt bei der Einführung dieses Gehaltsmodells <u>nicht</u> eintreten wird.

1. Die Arbeitnehmer können aktiv die Höhe ihres Gehalts beeinflussen.
2. Die Motivation, zusätzliche Verkäufe zu erzielen, steigt an.
3. Das Konkurrenzdenken verstärkt sich.
4. Die Abschlussorientierung der Mitarbeiter wächst.
5. Die Kollegialität im Team nimmt zu.

Situation zu den Aufgaben 28 bis 36:
Während Ihrer Tätigkeit in der Personalabteilung kommen Sie auch mit verschiedenen Tarifverträgen in Kontakt. Da Sie bislang wenig Ahnung von diesem Thema haben, befragen Sie erst einmal Ihre Kollegin Rebecca Schwarz, die bereits seit Langem in der Personalabteilung arbeitet.

28. Aufgabe ☐

Welche zutreffende Auskunft über Tarifverträge wird Ihnen Frau Schwarz geben?

1. Beim Abschluss von Tarifverträgen gilt die gesetzliche Formfreiheit.
2. Um rechtswirksam zu werden, bedürfen Tarifverträge der Genehmigung des Bundesministers für Arbeit und Soziales.
3. Tarifvertragspartei können auch einzelne Arbeitgeber sein.
4. Die maximale Laufzeit von Tarifverträgen beträgt vier Jahre.
5. Tarifverträge müssen durch eine Betriebsvereinbarung für den jeweiligen Betrieb bestätigt werden.

29. Aufgabe ☐

In diesem Zusammenhang fällt auch der Begriff „Tarifautonomie". Was ist darunter zu verstehen?

1. Die Abgeordneten des Deutschen Bundestages beschließen in freier Abstimmung ohne Fraktionszwang Tarifverträge.
2. Die Tarifvertragsparteien handeln ohne staatliche Einflussnahme Tarifverträge aus.
3. Jeder Arbeitgeber kann unabhängig entscheiden, ob der Tarifvertrag in Kraft treten soll.
4. Mittels Betriebsvereinbarungen kann jederzeit von gültigen Tarifverträgen abgewichen werden.
5. Der Arbeitgeber trifft mit jedem Arbeitnehmer eine individuelle Vereinbarung über die monatliche Vergütung.

30. Aufgabe ☐

In der Personalabteilung werden verschiedene Arten von Tarifverträgen aufbewahrt. Welche Information können Sie im Manteltarifvertrag finden?

1. Urlaubsdauer
2. Höhe des monatlichen Grundgehalts
3. Zuordnung einzelner Tätigkeiten in Tarifgruppen
4. Betriebliche Regelungen zur Gleitzeit
5. Höhe der Ausbildungsvergütung

31. Aufgabe

☐☐

Für die Dialogfix GmbH gilt ein Tarifvertrag. Welche zwei der folgenden Institutionen haben als Tarifvertragsparteien diesen Tarifvertrag ausgehandelt?

1. Betriebsrat
2. Gewerkschaft
3. Innenminister
4. Wirtschaftsminister
5. Arbeitgeberverband
6. Industrie- und Handelskammer

32. Aufgabe

☐

Rebecca Schwarz erwähnt, dass die Dialogfix GmbH demnächst den Abschluss eines Haustarifvertrags anstrebt. Stellen Sie fest, wer den Haustarifvertrag aushandeln wird.

1. Der Arbeitgeberverband und der Betriebsrat der Dialogfix GmbH.
2. Die Geschäftsleitung der Dialogfix GmbH und der Bundeswirtschaftsminister.
3. Die Geschäftsleitung der Dialogfix GmbH als Arbeitgeber und die zuständige Gewerkschaft.
4. Die Geschäftsleitung (als Arbeitgeber) und der Betriebsrat der Dialogfix GmbH.
5. Die zuständige Berufsgenossenschaft und die zuständige Gewerkschaft.

33. Aufgabe

☐☐☐☐☐

Bringen Sie die folgenden Schritte des Verlaufs einer Tarifverhandlung in die richtige Reihenfolge, indem Sie die Ziffern 1 bis 5 von links nach rechts in die Kästchen eintragen.

1. Gewerkschaft und Arbeitgeberverband verhandeln in der Tarifkommission ohne Erfolg.
2. Schlichtung wird einberufen.
3. Streik.
4. Der Schlichtungsversuch gilt als gescheitert.
5. Urabstimmung stimmt mit über 75 % für Streik.

34. Aufgabe

☐

Welche Aussage zur Schlichtung in Tarifverhandlungen ist richtig?

1. Das Schlichtungsverfahren führt nur dann zum Erfolg, wenn beide Seiten mit dem erarbeiteten Vorschlag einverstanden sind.
2. Ein Richter des Arbeitsgerichts macht einen Vorschlag, der von beiden Seiten akzeptiert werden muss.
3. Ein Schlichtungsverfahren ist in jedem Arbeitskampf zwingend vorgeschrieben.
4. Das Ergebnis des Schlichtungsverfahrens wird nur dann Vertragsgegenstand, wenn die Gewerkschaft ihre Mitglieder in einer Urabstimmung darüber abstimmen lässt.
5. Bevor die Beteiligten am Schlichtungsverfahren teilnehmen dürfen, müssen sie eine Gewaltverzichtserklärung abgeben oder an einem Anti-Aggressions-Workshop teilnehmen.

35. Aufgabe

Was versteht man unter der Friedenspflicht im Tarifvertragsrecht?

1. Die Arbeitgeber sind dazu angehalten, auf die Forderungen der Gewerkschaften einzugehen, um die Arbeitnehmer am wirtschaftlichen Wohlstand zu beteiligen.
2. Bei Arbeitskampfmaßnahmen verpflichten sich beide Seiten, auf Gewalt und die wirtschaftliche Schädigung der gegnerischen Seite zu verzichten.
3. Während der Laufzeit eines Tarifvertrages dürfen keine Arbeitskampfmaßnahmen gegen die bestehenden Vereinbarungen durchgeführt werden.
4. Beide Seiten sind dazu verpflichtet, bei Scheitern der Verhandlungen eine Schlichtung durchzuführen und deren Ergebnis anzunehmen.
5. Die Gewerkschaft muss mit ihren Arbeitskampfmaßnahmen warten, bis ihre Mitglieder sich in einer Urabstimmung dazu bereit erklärt haben.

36. Aufgabe

Während der „heißen Phase" des Arbeitskampfes kann es zu Streik und Aussperrung kommen. In welcher Aussage werden die Folgen richtig beschrieben?

1. Von der Aussperrung werden nur Gewerkschaftsmitglieder betroffen.
2. Die Aussperrung verursacht einen volkswirtschaftlichen Schaden, da die Arbeitgeber von der Bundesagentur für Arbeit Ausgleichszahlungen erhalten.
3. Wenn durch Streik oder Aussperrung ein großer volkswirtschaftlicher Schaden droht, kann der Wirtschaftsminister die Kampfmaßnahmen durch eine einstweilige Verordnung unterbinden.
4. Der Streik führt dazu, dass davon betroffene Arbeitgeber wirtschaftlich geschädigt werden.
5. Der Arbeitgeberverband muss Ausgleichszahlungen an die von Aussperrung betroffenen Arbeitnehmer aus der Streikkasse leisten.

37. Aufgabe

Auch Sie als Mitarbeiter der Dialogfix GmbH sind von einer Aussperrung während des Arbeitskampfes persönlich betroffen. Welche Aussage beschreibt Ihre Situation?

1. Für den Zeitraum des Arbeitskampfes wurden Sie ordentlich gekündigt, Sie dürfen danach aber weiterarbeiten.
2. Sie helfen den Mitstreikenden, das Callcenter zu besetzen, und verweigern der Geschäftsleitung den Zutritt.
3. Sie haben zusammen mit weiteren Mitarbeitern der Dialogfix GmbH die Arbeit niedergelegt, um Druck auf die Geschäftsleitung auszuüben.
4. Es wird Ihnen während der Aussperrung nicht erlaubt zu arbeiten, auch der Lohn wird Ihnen verweigert.
5. Da Sie sich gewerkschaftlich betätigen, wurden Sie außerordentlich gekündigt, erhalten aber eine Abfindungszahlung.

Situation zu den Aufgaben 38 bis 41:
Der Lohn- und Gehaltstarifvertrag ist ausgelaufen. Die Dialogfix GmbH ist Mitglied im Arbeitgeberverband und an den Tarifverhandlungen mit der zuständigen Gewerkschaft beteiligt. In der laufenden Tarifauseinandersetzung wurde vereinbart, alle Löhne um einen Festbetrag von monatlich 75,00 € zu erhöhen. Die KommunikativAktiv KG ist kein Mitglied des Arbeitgeberverbandes, verfolgt die Verhandlungen aber mit Interesse.

38. Aufgabe ☐

Für wen gilt in diesem Fall der getroffene Tarifabschluss?

1. Für alle Beschäftigten der Branche
2. Für die Beschäftigten der KommunikativAktiv KG, die der Gewerkschaft angehören, die verhandelt hat
3. Für alle Beschäftigten der Mitgliedsunternehmen des Arbeitgeberverbandes, sofern sie der Gewerkschaft angehören, die verhandelt hat
4. Für alle Beschäftigten der Mitgliedsunternehmen des Arbeitgeberverbandes, sofern deren Betriebsräte dem Verhandlungsergebnis zustimmen
5. Für alle Gewerkschaftsmitglieder, deren Gewerkschaft verhandelt hat

39. Aufgabe ☐

Dem Ergebnis der Tarifverhandlungen ging ein Streik der zuständigen Gewerkschaft voraus. Unter welcher Bedingung war dieser Streik rechtmäßig?

1. Es lag eine Erlaubnis des zuständigen Landesarbeitsministers vor.
2. Der bislang gültige Tarifvertrag erlaubte den Streik.
3. In einer Urabstimmung stimmten 25 % der Gewerkschaftsmitglieder für den Streik.
4. In einer Urabstimmung stimmten 75 % der Gewerkschaftsmitglieder für den Streik.
5. Der Streik war die Reaktion auf eine Aussperrung durch die Arbeitgeberseite.

40. Aufgabe ☐

In allen Einzelarbeitsverträgen der Dialogfix GmbH findet sich eine Gleichstellungsabrede. Prüfen Sie, welche Wirkung dadurch eintritt.

1. Die Beschäftigten der Dialogfix GmbH haben sich bei Vertragsschluss bereit erklärt mitzustreiken, wenn die Gewerkschaftsmitglieder auch streiken.
2. Die gewerkschaftlich gebundenen Arbeitnehmer erklären dadurch, dass sie sich während eines Arbeitskampfes neutral verhalten.
3. Das Ergebnis der Tarifverhandlungen kommt stets auch den nicht gewerkschaftlich gebundenen Arbeitnehmern des Unternehmens zugute.
4. Die Arbeitnehmer erklären dadurch, dass sie auf die ihnen zustehenden Rechte aus dem AGG verzichten.
5. Der Arbeitgeber signalisiert dadurch, dass eine unterschiedliche Entlohnung in Abhängigkeit von der Gewerkschaftsmitgliedschaft erfolgen kann.

41. Aufgabe ☐

Aus Gewerkschaftskreisen ist zu hören, dass es Bestrebungen gibt, eine Allgemeinverbindlichkeitserklärung zu erwirken. Welche Aussage dazu ist richtig?

1. Die Tarifpartner können den Tarifvertrag auf Antrag des Bundesministers für Arbeit und Soziales für allgemeinverbindlich erklären lassen.
2. Die Allgemeinverbindlichkeitserklärung führt dazu, dass die KommunikativAktiv KG dem Teil der Beschäftigten, die der Gewerkschaft angehören, die verhandelt hat, die Lohnerhöhung gewähren muss.
3. Der Bundespräsident kann anordnen, dass der Tarifvertrag für allgemeinverbindlich erklärt wird.
4. Der vereinbarte Tarifvertrag gilt dann für alle Arbeitnehmer der betroffenen Branche.
5. Die Arbeitgeber, auch die KommunikativAktiv KG, müssen der Allgemeinverbindlichkeitserklärung zustimmen.

42. Aufgabe ☐

Callcenteragent Björn Schlachter hat sich auf eine innerbetriebliche Stellenausschreibung als Teamleiter beworben. Er verlangt in diesem Zusammenhang Einsicht in seine Personalakte. Prüfen Sie anhand des nachstehenden Auszugs aus dem Betriebsverfassungsgesetz die Rechtslage.

AUSZUG AUS DEM BETRIEBSVERFASSUNGSGESETZ
§ 83 Einsicht in die Personalakten
(1) Der Arbeitnehmer hat das Recht, in die über ihn geführten Personalakten Einsicht zu nehmen. Er kann hierzu ein Mitglied des Betriebsrats hinzuziehen. Das Mitglied des Betriebsrats hat über den Inhalt der Personalakte Stillschweigen zu bewahren, soweit es vom Arbeitnehmer im Einzelfall nicht von dieser Verpflichtung entbunden wird.
(2) Erklärungen des Arbeitnehmers zum Inhalt der Personalakte sind dieser auf sein Verlangen beizufügen.

1. Herr Schlachter darf nur in Anwesenheit des Betriebsrates Einsicht in seine Personalakte nehmen.
2. Herr Schlachter hat als Arbeitnehmer generell kein Recht, Einsicht in seine Personalakte zu nehmen.
3. Die KommunikativAktiv KG muss dem Betriebsrat den Inhalt der Personalakte mitteilen, den dieser wiederum an Herrn Schlachter weitergeben kann.
4. Nur der Betriebsrat hat das Recht, Einsicht in die Personalakten der Mitarbeiter zu nehmen.
5. Herr Schlachter hat das Recht, Einsicht in seine Personalakte zu nehmen, er kann ein Mitglied des Betriebsrates hinzuziehen, wenn er dies möchte.

43. Aufgabe ☐

Ein Callcenteragent in einem Outbound-Callcenter erhält an seinem Arbeitsplatz Einblick in die Vermögensverhältnisse seines Vereinskameraden. Dabei stellt er fest, dass dieser hoch verschuldet ist. Am Abend erzählt er dies in seinem Bekanntenkreis. Der so Bloßgestellte erfährt dies und beschwert sich beim Callcenter. Eine Woche nach der Beschwerde wird der Agent nach Anhörung des Betriebsrates schriftlich und fristlos gekündigt. Stellen Sie fest, ob diese Kündigung rechtens ist.

1. Ja, weil gegen die Schweigepflicht verstoßen wurde und alle rechtlichen Voraussetzungen beachtet wurden.
2. Ja, weil ein Angestelltenverhältnis jederzeit fristlos gekündigt werden kann.
3. Nein, weil die Verletzung der Schweigepflicht lediglich eine zivilrechtliche Angelegenheit ist und sich nicht auf das Arbeitsverhältnis auswirken kann.
4. Nein, weil die Zustimmung des Betriebsrates nicht vorliegt.
5. Nein, weil die Kündigung nicht fristgerecht erfolgte.

44. Aufgabe ☐ *Z*

Bei ihrer Personaleinsatzplanung muss die Dialogfix GmbH u. a. das Arbeitszeitgesetz (ArbZG) beachten. Welche der nachfolgenden Regelungen findet sich nicht in diesem Gesetz?

1. Besondere Bedingungen für Arbeit an Sonn- und Feiertagen
2. Mindesturlaub von 24 Werktagen
3. Ruhepausen zählen nicht zur Arbeitszeit
4. Mindestens 11 Stunden Pause nach Beendigung der Arbeit
5. Besondere Schutzrechte für Arbeitnehmer, die nachts arbeiten

45. Aufgabe ☐ *Z*

Welcher Aussage zum Arbeitszeitgesetz (ArbZG) müssen Sie zustimmen?

1. Ziel des ArbZG ist es, Arbeitnehmer unter 18 Jahren zu schützen, indem es besondere Vorgaben für diese Altersgruppe enthält.
2. Das ArbZG schützt durch seine Regelungen Feiertage sowie Samstage und Sonntage als Tage der Arbeitsruhe.
3. Das ArbZG schützt die Arbeitgeber vor zu hohen Kosten, da von den Regelungen nicht zugunsten der Arbeitnehmer abgewichen werden darf.
4. Das ArbZG sichert für die Arbeitgeber einen durchlaufenden Betrieb, da die ununterbrochene Ruhezeit auf regulär 11 Stunden und mindestens 10 Stunden (in Sonderfällen, mit Ausgleich) beschränkt ist.
5. Das ArbZG macht die Arbeitseinteilung für den Arbeitgeber insofern einfach, da die Pausen der Arbeitnehmer mindestens 15 Minuten dauern müssen und ihr Zeitpunkt im Voraus festgelegt wird.

Situation zu den Aufgaben 46 bis 54:

Andrea (19 Jahre) und Tim (16 Jahre) haben ihre Ausbildung bei der Dialogfix GmbH begonnen. Max (17 Jahre) hat seine Ausbildung zur Servicefachkraft bereits abgeschlossen. Die drei diskutieren im Pausenraum über das Jugendarbeitsschutzgesetz (JArbSchG). Folgender Auszug liegt Ihnen vor:

AUSZUG AUS DEM JUGENDARBEITSSCHUTZGESETZ

§ 1 Geltungsbereich

(1) Dieses Gesetz gilt (...) für die Beschäftigung von Personen, die noch nicht 18 Jahre alt sind,
1. in der Berufsausbildung,
2. als Arbeitnehmer oder Heimarbeiter,
(...)

§ 4 Arbeitszeit

(1) Tägliche Arbeitszeit ist die Zeit vom Beginn bis zum Ende der täglichen Beschäftigung ohne die Ruhepausen (§ 11).
(2) Schichtzeit ist die tägliche Arbeitszeit unter Hinzurechnung der Ruhepausen (§ 11).
(...)
(4) Für die Berechnung der wöchentlichen Arbeitszeit ist als Woche die Zeit von Montag bis einschließlich Sonntag zugrunde zu legen. Die Arbeitszeit, die an einem Werktag infolge eines gesetzlichen Feiertags ausfällt, wird auf die wöchentliche Arbeitszeit angerechnet.
(...)

§ 8 Dauer der Arbeitszeit

(1) Jugendliche dürfen nicht mehr als acht Stunden täglich und nicht mehr als 40 Stunden wöchentlich beschäftigt werden. (...)
(2a) Wenn an einzelnen Werktagen die Arbeitszeit auf weniger als acht Stunden verkürzt ist, können Jugendliche an den übrigen Werktagen derselben Woche achteinhalb Stunden beschäftigt werden. (...)

§ 11 Ruhepausen, Aufenthaltsräume

(1) Jugendlichen müssen im Voraus feststehende Ruhepausen von angemessener Dauer gewährt werden. Die Ruhepausen müssen mindestens betragen
1. 30 Minuten bei einer Arbeitszeit von mehr als viereinhalb bis zu sechs Stunden,
2. 60 Minuten bei einer Arbeitszeit von mehr als sechs Stunden.
Als Ruhepause gilt nur eine Arbeitsunterbrechung von mindestens 15 Minuten.
(2) Die Ruhepausen müssen in angemessener zeitlicher Lage gewährt werden, frühestens eine Stunde nach Beginn und spätestens eine Stunde vor Ende der Arbeitszeit. Länger als viereinhalb Stunden hintereinander dürfen Jugendliche nicht ohne Ruhepause beschäftigt werden.
(...)

§ 12 Schichtzeit

Bei der Beschäftigung Jugendlicher darf die Schichtzeit (§ 4 Abs. 2) 10 Stunden, im Bergbau unter Tage 8 Stunden, im Gaststättengewerbe, in der Landwirtschaft, in der Tierhaltung, auf Bau- und Montagestellen 11 Stunden nicht überschreiten.

§ 13 Tägliche Freizeit

Nach Beendigung der täglichen Arbeitszeit dürfen Jugendliche nicht vor Ablauf einer ununterbrochenen Freizeit von mindestens 12 Stunden beschäftigt werden.

§ 19 Urlaub
(1) Der Arbeitgeber hat Jugendlichen für jedes Kalenderjahr einen bezahlten Erholungsurlaub zu gewähren.
(2) Der Urlaub beträgt jährlich
1. mindestens 30 Werktage, wenn der Jugendliche zu Beginn des Kalenderjahrs noch nicht 16 Jahre alt ist,
2. mindestens 27 Werktage, wenn der Jugendliche zu Beginn des Kalenderjahrs noch nicht 17 Jahre alt ist,
3. mindestens 25 Werktage, wenn der Jugendliche zu Beginn des Kalenderjahrs noch nicht 18 Jahre alt ist.
(...)

46. Aufgabe ☐ Z

Prüfen Sie, für wen die Regelungen des JArbSchG gelten.

1. Nur für Max
2. Nur für Tim
3. Nur für Andrea
4. Für Andrea und Tim
5. Für Tim und Max
6. Für Andrea, Tim und Max

47. Aufgabe ☐ Z

Tim interessiert sich für die Anrechnung der Berufsschulzeiten auf die Arbeitszeit. Welche Auskunft müssen Sie ihm geben?

1. Berufsschultage werden immer exakt mit der stattgefundenen Unterrichtszeit (ohne Pausen) angerechnet.
2. Berufsschultage werden grundsätzlich mit sechs Stunden angerechnet.
3. Jede Unterrichtsstunde in der Schule wird mit einer Zeitstunde angerechnet.
4. Der erste Berufsschultag wird mit acht Stunden, der zweite mit der Unterrichtszeit inkl. Pausen angerechnet.
5. Der erste Berufsschultag wird mit acht Stunden, der zweite mit sechs Stunden angerechnet, sofern der Unterricht vor 9:00 Uhr beginnt.

48. Aufgabe ☐ Z

Tim arbeitet ausnahmsweise montags von 8:00 Uhr bis 17:00 Uhr. Von 13:00 bis 14:00 Uhr hat er Pause. Kontrollieren Sie, ob die Regelungen des JArbSchG eingehalten wurden.

1. Die Regelungen des JArbSchG wurden eingehalten.
2. Die Schichtzeit für Tim ist zu lang bemessen.
3. Die Pause von Tim ist nach JArbSchG zu kurz.
4. Die Pause von Tim ist zu spät.
5. Die wöchentliche Arbeitszeit liegt über 40 Stunden.

Z *49. Aufgabe* ☐

Am Montag, Dienstag, Mittwoch und Freitag arbeiten Tim und Max von 9:00 Uhr bis 18:00 Uhr, am Donnerstag von 11:00 Uhr bis 20:00 Uhr. Sie haben Pausen von insgesamt einer Stunde an jedem Arbeitstag. Zu welchem Schluss müssen Sie kommen?

1. Nicht erlaubt, da jugendliche Mitarbeiter nach 18:00 Uhr grundsätzlich nicht mehr beschäftigt werden dürfen.
2. Erlaubt, wenn die Eltern zustimmen.
3. Erlaubt, weil dadurch die tägliche Arbeitszeit von acht Stunden und die wöchentliche Arbeitszeit von 40 Stunden nicht überschritten wird.
4. Erlaubt, weil das Gesetz nicht auf Tim und Max anwendbar ist, da sie sich in der Ausbildung befinden.
5. Nicht erlaubt, da die zulässige Schichtzeit überschritten wird.

Z *50. Aufgabe* ☐

Max hat dienstags zwei Stunden früher frei bekommen. Er arbeitet deswegen freitags von 8:00 bis 18:30 Uhr. Er hat Pause von 11:00 bis 12:00 und von 15:00 bis 16:00 Uhr. Kontrollieren Sie, ob die Regelungen des JArbSchG eingehalten wurden.

1. Max überschreitet die maximal erlaubte tägliche Arbeitszeit.
2. Die Pausen von Max übersteigen insgesamt die maximal erlaubte Pausendauer.
3. Die Regelungen des JArbSchG wurden eingehalten.
4. Die maximal erlaubte Schichtzeit wurde überschritten.
5. Die letzte Pause ist von ihrer zeitlichen Lage her unzulässig.

Z *51. Aufgabe* ☐

Der Mittwoch war infolge eines Feiertags arbeitsfrei. Welche Möglichkeit hat der Ausbilder gemäß JArbSchG, um die ausgefallene Arbeitszeit wieder auszugleichen?

1. Er kann die ausgefallene Arbeitszeit über fünf Wochen hinweg verteilen.
2. Er kann die vorgeschriebenen Pausen verkürzen.
3. Die Arbeitszeit ist für das Unternehmen unwiederbringlich verloren.
4. Er kann Max und Tim in dieser Woche 8,5 Stunden täglich arbeiten lassen.
5. Er kann die bei Max und Tim angefallene Schichtzeit schrittweise abbauen.

Z *52. Aufgabe* ☐

Für manche Auszubildende der Dialogfix GmbH gilt das Jugendarbeitsschutzgesetz. Prüfen Sie, welche der vorgeschlagenen Arbeitszeiten den Bestimmungen des JArbSchG entspricht.

1. Beginn 8 Uhr, Ende 18 Uhr, 1 Stunde Mittagspause
2. Beginn 6 Uhr, Ende 15 Uhr, 1 Stunde Mittagspause
3. Beginn 7 Uhr, Ende 16 Uhr, 30 Minuten Mittagspause
4. Beginn 8 Uhr, Ende 13 Uhr, keine Pause
5. Beginn 9 Uhr, Ende 14 Uhr, 15 Minuten Pause

53. Aufgabe ☐ Z

Aufgrund eines besonderen Marketing-Events haben die jugendlichen Auszubildenden ausnahmsweise bis 20:00 Uhr gearbeitet. Wann dürfen sie gemäß dem JArbSchG am nächsten Tag frühestens ihre Arbeit beginnen?

1. 7:00 Uhr
2. 7:30 Uhr
3. 8:00 Uhr
4. 9:00 Uhr
5. 9:30 Uhr

54. Aufgabe ☐ Z

Auf wie viel Urlaubstage hat Tim gemäß JArbSchG im aktuellen Jahr rechtlich einen Anspruch?

1. 25 Werktage
2. 26 Werktage
3. 27 Werktage
4. 29 Werktage
5. 30 Werktage

Situation zu den Aufgaben 55 bis 56:

Sie arbeiten nun schon seit einiger Zeit in der Personalabteilung der Dialogfix GmbH. Heute, am 05.08.2014, liegen Ihnen auszugsweise folgende Unterlagen vor:

Kevin Tietz, 16	Neu, 6-wöchiger Ferienjob Organisation der Ablage Beginn 05.08.2014	Keine Unterlagen
Manuela Lustig, 17	Ausbildungsbeginn 01.08.2013	Bescheinigung Erstuntersuchung vom 15.07.2013, vorgelegt 01.08.2013 Bescheinigung Nachuntersuchung vom 16.03.2014, vorgelegt 05.08.2014
Maximiliane Werber, 16	Ausbildungsbeginn 01.10.2013	Bescheinigung Erstuntersuchung vom 05.12.2012

VIERTER TITEL GESUNDHEITLICHE BETREUUNG

§ 32 Erstuntersuchung

(1) Ein Jugendlicher, der in das Berufsleben eintritt, darf nur beschäftigt werden, wenn
1. er innerhalb der letzten vierzehn Monate von einem Arzt untersucht worden ist (Erstuntersuchung) und
2. dem Arbeitgeber eine von diesem Arzt ausgestellte Bescheinigung vorliegt.

(2) Absatz I gilt nicht für eine nur geringfügige oder eine nicht länger als zwei Monate dauernde Beschäftigung mit leichten Arbeiten, von denen keine gesundheitlichen Nachteile für den Jugendlichen zu befürchten sind.

§ 33 Erste Nachuntersuchung
(1) Ein Jahr nach Aufnahme der ersten Beschäftigung hat sich der Arbeitgeber die Bescheinigung eines Arztes darüber vorlegen zu lassen, dass der Jugendliche nachuntersucht worden ist (erste Nachuntersuchung). Die Nachuntersuchung darf nicht länger als drei Monate zurückliegen. Der Arbeitgeber soll den Jugendlichen neun Monate nach Aufnahme der ersten Beschäftigung nachdrücklich auf den Zeitpunkt, bis zu dem der Jugendliche ihm die ärztliche Bescheinigung nach Satz I vorzulegen hat, hinweisen und ihn auffordern, die Nachuntersuchung bis dahin durchführen zu lassen.
(2) Legt der Jugendliche die Bescheinigung nicht nach Ablauf eines Jahres vor, hat ihn der Arbeitgeber innerhalb eines Monats unter Hinweis auf das Beschäftigungsverbot nach Absatz 3 schriftlich aufzufordern, ihm die Bescheinigung vorzulegen. Je eine Durchschrift des Aufforderungsschreibens hat der Arbeitgeber dem Personensorgeberechtigten und dem Betriebs- oder Personalrat zuzusenden.
(3) Der Jugendliche darf nach Ablauf von 14 Monaten nach Aufnahme der ersten Beschäftigung nicht weiterbeschäftigt werden, solange er die Bescheinigung nicht vorgelegt hat.

§ 34 Weitere Nachuntersuchungen
Nach Ablauf jedes weiteren Jahres nach der ersten Nachuntersuchung kann sich der Jugendliche erneut nachuntersuchen lassen (weitere Nachuntersuchungen). Der Arbeitgeber soll ihn auf diese Möglichkeit rechtzeitig hinweisen und darauf hinwirken, dass der Jugendliche ihm die Bescheinigung über die weitere Nachuntersuchung vorlegt.

Z *55. Aufgabe* ☐☐

Welche zwei Maßnahmen müssen Sie heute treffen?

1. Kevin zur Einreichung der Bescheinigung über die Erstuntersuchung auffordern.
2. Von Manuela eine Bescheinigung über die Nachuntersuchung neueren Datums anfordern.
3. Maximiliane zur Vorlage einer Bescheinigung über die Erstuntersuchung neueren Datums auffordern.
4. Maximiliane muss, sofern nicht bereits geschehen, zur Vorlage der Bescheinigung über die Nachuntersuchung bis zum 01.10.2013 aufgefordert werden.
5. Maximiliane mit Hinweis auf das bevorstehende Beschäftigungsverbot zur Vorlage der Bescheinigung auffordern.
6. Manuela die Beschäftigung mit Hinweis auf § 33 Abs. 3 untersagen.

56. Aufgabe ☐ Z

Da Maximiliane regelmäßig Volleyball spielt und sich gesund fühlt, fragt sie bei Ihnen nach, ob eine Nachuntersuchung wirklich erforderlich sei. Welche Auskunft entspricht der gesetzlichen Regelung?

1. Ein Jahr nach Ausbildungsbeginn muss Maximiliane dem Arbeitgeber eine Bescheinigung über die Nachuntersuchung vorlegen.
2. Maximiliane muss vom Arbeitgeber spätestens 15 Monate nach Beginn der Ausbildung auf die Nachuntersuchung hingewiesen werden.
3. Wenn Maximiliane die Untersuchungsbescheinigung nicht 16 Monate nach Beginn der Ausbildung vorlegt, darf sie nicht weiterbeschäftigt werden.
4. Da der Arzt bei der Einstellung keine Bedenken hinsichtlich ihrer gesundheitlichen Eignung hatte, ist die Nachuntersuchung freiwillig.
5. Eine Nachuntersuchung zu Beginn des 2. Ausbildungsjahres ist nur für Auszubildende, die älter als 25 Jahre sind, vorgeschrieben.

Situation zu den Aufgaben 57 bis 59:

Sie tragen als Teamleiter in der KommunikativAktiv KG die Verantwortung für den ordnungsgemäßen Einsatz Ihrer Teammitglieder. Ihnen liegen einige Auszüge aus dem Arbeitszeitgesetz (ArbZG) vor.

AUSZUG AUS DEM ARBEITSZEITGESETZ

§ 2 Begriffsbestimmungen

(1) Arbeitszeit im Sinne dieses Gesetzes ist die Zeit vom Beginn bis zum Ende der Arbeit ohne die Ruhepausen; Arbeitszeiten bei mehreren Arbeitgebern sind zusammenzurechnen. (…)

§ 3 Arbeitszeit der Arbeitnehmer

Die werktägliche Arbeitszeit der Arbeitnehmer darf acht Stunden nicht überschreiten. Sie kann auf bis zu zehn Stunden nur verlängert werden, wenn innerhalb von sechs Kalendermonaten oder innerhalb von 24 Wochen im Durchschnitt acht Stunden werktäglich nicht überschritten werden.

§ 4 Ruhepausen

Die Arbeit ist durch im Voraus feststehende Ruhepausen von mindestens 30 Minuten bei einer Arbeitszeit von mehr als sechs bis zu neun Stunden und 45 Minuten bei einer Arbeitszeit von mehr als neun Stunden insgesamt zu unterbrechen. Die Ruhepausen nach Satz 1 können in Zeitabschnitte von jeweils mindestens 15 Minuten aufgeteilt werden. Länger als sechs Stunden hintereinander dürfen Arbeitnehmer nicht ohne Ruhepause beschäftigt werden.

§ 5 Ruhezeit

(1) Die Arbeitnehmer müssen nach Beendigung der täglichen Arbeitszeit eine ununterbrochene Ruhezeit von mindestens elf Stunden haben. (…)

Z **57. Aufgabe** ☐

Pia Schäfer arbeitet ab 7:30 Uhr. Ihre Arbeitszeit beträgt heute 8,5 Stunden. Sie macht zweimal 15 Minuten Pause am Stück. Wann hat sie planmäßig Feierabend?

1. 15:00 Uhr
2. 15:30 Uhr
3. 16:00 Uhr
4. 16:30 Uhr
5. 16:45 Uhr

Z **58. Aufgabe** ☐

Auf Ihrem Tisch liegen mehrere Krankmeldungen. Gustav Mahr, der inklusive der vorgeschriebenen Pausen von 11:00 bis 20:15 Uhr arbeitet, bietet an, länger zu bleiben. Sie wollen gesetzeskonform handeln. Welche Lösung ist zulässig?

1. Das geht nicht, da die maximale Arbeitszeit sonst überschritten wird.
2. Bei einer Pause von 30 Minuten darf er bis 20:30 Uhr weiterarbeiten. Sie müssen den Ausgleich zum Erreichen der durchschnittlichen werktäglichen Arbeitszeit dann entsprechend anpassen.
3. Bei Anpassung des Ausgleiches an anderen Tagen darf Herr Mahr höchstens bis 22:15 Uhr arbeiten, wenn die Pausenzeiten auf insgesamt 60 Minuten verlängert werden.
4. Sie dürfen dem Angebot von Herrn Mahr nicht zustimmen, da die Arbeitszeit im Voraus feststehen muss.
5. Wenn der Ausgleich zum Erreichen der durchschnittlichen werktäglichen Arbeitszeit gewährleistet ist und Herrn Mahr insgesamt 45 Minuten Pause eingeräumt werden, kann er bis 22:00 Uhr arbeiten.

Z **59. Aufgabe** ☐

Gustav Mahr soll gemäß der vorläufigen Arbeitseinteilung wie folgt arbeiten:

- Montag bis Donnerstag von 12:30 bis 21:00 Uhr, Pause 17:00 bis 17:30 Uhr
- Freitag 7:00 bis 15:30 Uhr, Pause 9:45 bis 10:15 Uhr
- Samstag 7:00 bis 13:30 Uhr, keine Pause

Kontrollieren Sie, ob diese vorläufige Planung den Regelungen des ArbZG entspricht.

1. Alle gesetzlichen Vorschriften werden eingehalten.
2. Samstag ist generell ein Tag der Arbeitsruhe, Herr Mahr müsste dafür an einem Werktag der Woche einen Ausgleichstag erhalten.
3. Es liegt ein grober Verstoß gegen das ArbZG vor, da Herr Mahr am Samstag ohne Pause beschäftigt wird.
4. Die Planung ist nicht zulässig, da Herr Mahr gemäß Gesetzestext am Freitag nicht bereits um 7:00 Uhr beginnen kann.
5. Die Planung ist nicht zulässig, da Herr Mahr am Freitag wegen der frühen Pause zu lange am Stück arbeiten muss, bevor er Feierabend machen kann.

60. Aufgabe ☐☐ Z

In den letzten Wochen kam es des Öfteren zu kleinen Zwischenfällen in der Dialogfix GmbH. Einmal verletzte sich eine Mitarbeiterin an einer Tischverkleidung, ein anderes Mal stolperte ein Auszubildender über ein unsachgemäß verlegtes Netzwerkkabel. Der Betriebsrat führte daraufhin ein klärendes Gespräch mit der Geschäftsführung und sucht nun fachkundige Unterstützung. Stellen Sie fest, welche zwei der folgenden Institutionen den Betriebsrat bei der Überwachung der Arbeitsschutzbestimmungen beraten können!

1. Industrie- und Handelskammer
2. Agentur für Arbeit
3. Gewerbeaufsichtsamt
4. Berufsgenossenschaft
5. Ärztekammer
6. Private Krankenkasse

61. Aufgabe ☐ Z

Neben den Vorschriften zur Vorbeugung von Unfällen am Arbeitsplatz legt der Gesetzgeber grundsätzliche Anforderungen an Arbeits-, Sanitär- und Pausenräume fest. Welche der folgenden Bestimmungen kommt hierfür in Betracht?

1. Arbeitsschutzgesetz (ArbSchG)
2. Unfallverhütungsvorschriften der Berufsgenossenschaften
3. Bildschirmarbeitsverordnung (BildscharbV)
4. Arbeitsstättenrichtlinien (ASR)
5. Sozialgesetzbuch (SGB)

Situation zu den Aufgaben 62 bis 64:
Die Callcenteragentin Lucy Kessler ist im 3. Monat schwanger und hat in dieser Situation einige Fragen.

62. Aufgabe ☐ Z

Lucy Kessler erkundigt sich in der Personalabteilung, inwiefern sich die Schwangerschaft auf ihre Tätigkeit auswirkt. Welche Antwort muss sie erhalten?

1. Die tägliche Arbeitszeit darf maximal sechs Stunden betragen.
2. Bildschirmarbeit ist aus gesundheitlichen Gründen untersagt.
3. Nachtschichten ab 20:00 Uhr sind nicht mehr erlaubt.
4. Frühestmöglicher Schichtbeginn ist um 9:00 Uhr.
5. Es gibt einen Zusatzurlaub von fünf Tagen.

Z *63. Aufgabe* ☐

Eine weitere Frage von Lucy Kessler betrifft den Kündigungsschutz im Rahmen des Mutterschutzgesetzes. Welche Aussage ist hier zutreffend?

1. Der Kündigungsschutz beginnt drei Monate vor der errechneten Entbindung.
2. Der Kündigungsschutz gilt während der gesamten Schwangerschaft bis zur tatsächlichen Entbindung.
3. Der Kündigungsschutz gilt während der gesamten Schwangerschaft und bis vier Monate nach der Entbindung.
4. Der Kündigungsschutz beträgt ein Jahr ab Bekanntgabe der Schwangerschaft.
5. Kündigungsschutz besteht nur, wenn Frau Kessler gleichzeitig Elternzeit beantragt.

Z *64. Aufgabe* ☐

Da Lucy Kessler viel Freude an ihrer Arbeit hat, möchte sie wegen der Entbindung nur möglichst kurz pausieren. Wie ist die Rechtslage in diesem Fall?

1. Die Entscheidung, wie lange Frau Kessler vor der Entbindung arbeiten will, liegt bei ihr, allerdings muss der Betriebsrat der Entscheidung zustimmen.
2. Vier Wochen vor der Entbindung tritt ein generelles Beschäftigungsverbot in Kraft.
3. Auch in den letzten sechs Wochen vor der Entbindung darf Frau Kessler auf ihren ausdrücklichen Wunsch hin arbeiten.
4. Wenn Frau Kessler dazu in der Lage ist, darf sie ab zwei Wochen nach der Entbindung wieder arbeiten.
5. Nach der Entbindung besteht ein dreimonatiges Beschäftigungsverbot.

Situation zu den Aufgaben 65 bis 66:

Natalie Dürer hat kürzlich bei der Dialogfix GmbH als kaufmännische Sachbearbeiterin begonnen. In der Kantine unterhalten Sie sich mit der neuen Kollegin über die Urlaubspläne.

Z *65. Aufgabe* ☐

Die neue Kollegin ist etwas verunsichert: In ihrem Arbeitsvertrag steht eine andere Zahl an Urlaubstagen als im Bundesurlaubsgesetz. Wie können Sie ihr das erklären?

1. Das Bundesurlaubsgesetz legt lediglich Mindestbedingungen fest, die im Arbeitsvertrag aber überschritten werden können.
2. Da ein Gesetz höher steht als ein Arbeitsvertrag, gilt die gesetzliche Regelung.
3. Bei solchen Abweichungen muss die Einigungsstelle eine abschließende Beurteilung treffen.
4. Da Vertragsfreiheit herrscht, gilt auf jeden Fall die Vereinbarung im Arbeitsvertrag.
5. Während der Probezeit gilt die gesetzliche Regelung, danach der Arbeitsvertrag.

66. Aufgabe ☐ Z

Zu Beginn des dreiwöchigen Urlaubs in Ägypten hat sich Natalie Dürer eine Fischvergiftung zugezogen und war eine Woche mit ärztlichem Attest arbeitsunfähig geschrieben. Prüfen Sie die Rechtslage.

1. Da der Urlaub außerhalb der Europäischen Union stattfand, gelten keine besonderen Schutzvorschriften.
2. Sie muss in diesem Fall den Betriebsrat einschalten und eine Einigung suchen.
3. Die hälftige Zeit der Arbeitsunfähigkeit (2,5 Tage) wird nicht auf den Urlaub angerechnet.
4. Die Zeit der nachgewiesenen Arbeitsunfähigkeit wird nicht auf den Urlaub angerechnet.
5. Da durch die Erkrankung der ganze Urlaub beeinträchtigt wurde, erhält Natalie Dürer weitere drei Wochen Urlaub.

67. Aufgabe ☐ Z

Die Dialogfix GmbH beschäftigt mehrere Schwerbehinderte. Welche Besonderheiten muss das Unternehmen bei diesen Arbeitsverhältnissen beachten?

1. Es besteht ein besonderer Kündigungsschutz.
2. Auf das Grundgehalt wird ein Schwerbehindertenzuschlag von 20 % gezahlt.
3. Die Arbeitszeit darf maximal die Hälfte der üblichen Wochenarbeitszeit betragen.
4. Mindestens vier Pausen pro Tag sind zu gewähren.
5. Bildschirmarbeit ist untersagt.

68. Aufgabe ☐

Gemäß dem Kündigungsschutzgesetz (KSchG) ist eine Kündigung unwirksam, wenn sie sozial ungerechtfertigt ist. Prüfen Sie mithilfe des nachstehenden Gesetzesauszugs, welcher der angeführten Kündigungsgründe demnach unwirksam ist.

AUSZUG AUS DEM KÜNDIGUNGSSCHUTZGESETZ

§ 1 Sozial ungerechtfertigte Kündigungen

(1) Die Kündigung des Arbeitsverhältnisses gegenüber einem Arbeitnehmer, dessen Arbeitsverhältnis in demselben Betrieb oder Unternehmen ohne Unterbrechung länger als sechs Monate bestanden hat, ist rechtsunwirksam, wenn sie sozial ungerechtfertigt ist.

(2) Sozial ungerechtfertigt ist die Kündigung, wenn sie nicht durch Gründe, die in der Person oder in dem Verhalten des Arbeitnehmers liegen, oder durch dringende betriebliche Erfordernisse, die einer Weiterbeschäftigung des Arbeitnehmers in diesem Betrieb entgegenstehen, bedingt ist. (…)

1. Die Aufträge sind um 20 % eingebrochen.
2. Ständige Verspätung.
3. Die vorgegebene Verkaufsquote wurde mehrfach nicht erreicht.
4. Dauerhafte Erkrankung seit 12 Monaten.
5. Mehrfach alkoholisiert am Arbeitsplatz erschienen.

Situation zu den Aufgaben 69 bis 85:
Derzeit arbeiten Sie in der Personalabteilung der KommunikativAktiv KG. Volker, Bernd und Renate sind die neuen Auszubildenden. Ihre Aufgabe ist heute, den Azubis das System der Sozialversicherung zu erklären und auf ihre Fragen zu antworten.

Z *69. Aufgabe* ☐

Sie möchten den neuen Auszubildenden die Grundprinzipien der gesetzlichen Sozialversicherung erläutern. Mit welcher Aussage können Sie dies tun?

1. Die Leistungen der Sozialversicherungen können individuell vereinbart werden.
2. Die Beitragshöhe richtet sich nach den persönlichen Risiken der Versicherten.
3. Es handelt sich um Pflichtversicherungen, für die ein gesetzlicher Zwang besteht.
4. Die Finanzierung wird zu 75 % von den Arbeitgebern getragen.
5. Die Beiträge zur Sozialversicherung bemessen sich nach dem Nettogehalt.

Z *70. Aufgabe* ☐

Die Auszubildenden erkundigen sich nach den Trägern der gesetzlichen Sozialversicherung. In welcher Zeile findet sich eine passende Zuordnung?

1. Rentenversicherung – Barmer Ersatzkasse
2. Krankenversicherung – Pflegekasse der AOK
3. Pflegeversicherung – Verwaltungsberufsgenossenschaft
4. Arbeitslosenversicherung – Bundesagentur für Arbeit
5. Unfallversicherung – Deutsche Rentenversicherung Bund

Z *71. Aufgabe* ☐☐

Insbesondere Bernd interessiert sich für die gesetzliche Rentenversicherung und konfrontiert Sie mit einigen Behauptungen. Welche zwei Aussagen sind aber nur zutreffend?

1. Die spätere Rentenzahlung ist von den eingezahlten Beiträgen unabhängig.
2. Beiträge werden maximal bis zur Höhe der Versicherungspflichtgrenze erhoben.
3. Als Besonderheit in der Sozialversicherung gilt hier das Äquivalenzprinzip.
4. Die Beiträge sind an die Inflationsrate gekoppelt.
5. Monatlich überweist der Arbeitnehmer seine Beiträge an den Rentenversicherungsträger.
6. Die Mitgliedschaft besteht bereits mit Beginn der Ausbildung.

Z *72. Aufgabe* ☐

Mit welcher Aussage beschreiben Sie den neuen Auszubildenden eine Besonderheit der gesetzlichen Unfallversicherung zutreffend?

1. Die Beiträge werden ausschließlich vom Arbeitgeber aufgebracht.
2. Beiträge werden maximal bis zur Höhe der Beitragsbemessungsgrenze erhoben.
3. Die Höhe der Beiträge wird per Gesetz festgelegt.
4. Die Beitragssätze sind für alle Arbeitnehmer gleich.
5. Statt der gesetzlichen kann alternativ auch eine private Unfallversicherung abgeschlossen werden.

73. Aufgabe

Z

An Beispielen machen Sie den drei Auszubildenden deutlich, dass viele Risiken bereits durch die gesetzlichen Sozialversicherungen abgedeckt sind. Ordnen Sie die nachfolgenden fünf Leistungen den entsprechenden Zweigen der Sozialversicherung zu.

- ☐ Krankenversicherung
- ☐ Rentenversicherung
- ☐ Arbeitslosenversicherung
- ☐ Pflegeversicherung
- ☐ Unfallversicherung

1. Berufsberatung
2. Gewährung eines Zuschusses für Kosten der Heimunterbringung
3. Zahlung von Mutterschaftsgeld
4. Zahlung von Altersruhegeld
5. Zahlung von Verletztengeld

74. Aufgabe

☐

Die gesetzliche Sozialversicherung trägt nur einen Teil des Sozialstaates in Deutschland. Welche Leistung wird nicht von der gesetzlichen Sozialversicherung aufgebracht?

1. Arbeitsvermittlung
2. Arbeitslosengeld I
3. Arbeitslosengeld II
4. Kurzarbeitergeld
5. Leistungen bei Berufskrankheiten

75. Aufgabe

☐

Stellen Sie fest, welche Aussage zur Sozialversicherung zutreffend ist.

1. Der Beitritt zur Sozialversicherung geschieht auf eigenen Wunsch.
2. In der Sozialversicherung gilt durchgängig das Äquivalenzprinzip: hohe Beiträge = viele Leistungen, niedrige Beiträge = wenig Leistungen.
3. Durch die Sozialversicherung sind die Unternehmen vor unternehmerischen Risiken geschützt.
4. Für die Berechnung der Beiträge zur Sozialversicherung wird bei Arbeitnehmern die Höhe des Einkommens berücksichtigt.
5. In der Sozialversicherung gilt allgemein der Grundsatz: hohes Risiko = hoher Beitrag, niedriges Risiko = niedriger Beitrag. Daher müssen die Risiken regelmäßig vom Staat neu eingeschätzt werden.

76. Aufgabe

Ordnen Sie der jeweiligen Versicherung das zugrunde liegende Vorsorgeprinzip zu.

- ☐ Gesetzliche Krankenversicherung
- ☐ Arbeitslosenversicherung
- ☐ Pflegezusatzversicherung
- ☐ Berufsunfähigkeitsversicherung
- ☐ Haftpflichtversicherung
- ☐ Gesetzliche Unfallversicherung

1. individuelle Vorsorge
2. staatlich geregelte Vorsorge

77. Aufgabe ☐

Sie erklären den Auszubildenden auch, dass der Abschluss von bestimmten zusätzlichen Individualversicherungen vorteilhaft ist, da die gesetzlichen Sozialversicherungen nicht alle Risiken abdecken. Welches Beispiel können Sie hierzu anführen?

1. Wegen Insolvenz der KommunikativAktiv KG werden Volker, Bernd und Renate arbeitslos.
2. Nach 20 Jahren bei der KommunikativAktiv KG wird Volker plötzlich aus psychischen Gründen erwerbsunfähig.
3. Renate verbringt ihre Ferien in Lloret de Mar. Sie erkrankt und muss in Spanien einen Arzt aufsuchen.
4. Bernd fährt mal wieder viel zu schnell zur Arbeit. Er landet in der Auslage eines Computergeschäftes und verursacht einen hohen materiellen Schaden. Ihm selbst passiert nichts.
5. Auf dem Weg zur Kick-off-Veranstaltung eines neuen Projekts verunglückt Volker und zieht sich bleibende Schäden zu.

78. Aufgabe ☐

Volker möchte die Krankenkasse wechseln. Renate behauptet, dass er bei seiner Krankenkasse pflichtversichert sei und somit kein Wechsel in eine andere Kasse möglich wäre. Hat sie recht?

1. Ja, denn alle Sozialversicherungen sind Pflichtversicherungen.
2. Nein, denn sowohl Kranken- als auch Rentenversicherung sind frei wählbar.
3. Ja, denn der Arbeitgeber bestimmt die Wahl der Krankenkasse, da er die Hälfte des Beitrages bezahlen muss.
4. Nein, denn nach Absprache mit dem Arbeitgeber ist ein Wechsel möglich.
5. Nein, denn die Krankenkasse ist vom Arbeitnehmer frei wählbar.

Z *79. Aufgabe* ☐

Ein Zweig der Sozialversicherung ist die gesetzliche Rentenversicherung. Welche der folgenden Leistungen wird <u>nicht</u> von der Rentenversicherung gewährt?

1. Berufsunfähigkeitsrente
2. Hinterbliebenenrente
3. Umschulungsmaßnahmen
4. Rente nach Renteneintritt
5. Entgeltfortzahlung im Krankheitsfall

Z *80. Aufgabe* ☐

Nennen Sie Bernd die Versicherung, die <u>nicht</u> zur gesetzlichen Sozialversicherung gehört.

1. Rentenversicherung
2. Arbeitslosenversicherung
3. Haftpflichtversicherung
4. Pflegeversicherung
5. Krankenversicherung

81. Aufgabe ☐

Bei einer Diskussion in der Mittagspause über die Probleme der gesetzlichen Sozialversicherung fällt auch der Begriff „demografischer Wandel". Volker kann mit diesem Begriff nichts anfangen und bittet Sie um eine Erklärung. Welche Antwort müssen Sie ihm geben?

1. „Dies ist ein Überbegriff für Meinungsumfragen."
2. „Damit ist die Anpassung der Beitragssätze je nach konjunktureller Situation gemeint."
3. „Im Mittelpunkt steht die staatliche Förderung der privaten Altersvorsorge."
4. „Dabei geht es um die Veränderung der Altersstruktur in der Gesellschaft."
5. „Demografie beschäftigt sich mit der Erforschung von psychischen Erkrankungen."

82. Aufgabe ☐

Als ein weiteres Problem wird in der Diskussion auch der sog. „Generationenvertrag" thematisiert. Welches Prinzip ist damit gemeint?

1. Ältere Arbeitnehmer können früher in Rente gehen, um Platz für die jüngeren zu machen.
2. Die Renten werden durch die Beiträge der arbeitenden Bevölkerung finanziert.
3. Die ältere Generation gibt ihr Wissen an die Auszubildenden weiter.
4. Die Höhe der Rente wird zu Beginn des Berufslebens garantiert.
5. Die eingezahlten Rentenbeiträge eines Arbeitnehmers werden im Laufe des Berufslebens festverzinslich angespart.

83. Aufgabe ☐☐ *Z*

Der Bildschirm an Volkers Arbeitsplatz funktioniert nicht. Beim Testen der Spannungsversorgung erhält Volker einen Stromschlag und fällt mehrere Tage aus. Nennen Sie die zwei Gründe dafür, dass die KommunikativAktiv KG den Arbeitsunfall anzeigen muss.

1. Die IHK will über Unfälle informiert werden.
2. Arbeitsunfälle können später zu Rentenzahlungen führen.
3. Das Erfassen von Arbeits- und Wegeunfällen ist wichtig für die Statistik des zuständigen Ministeriums.
4. Arbeitsunfälle können später zu Erwerbs- bzw. Berufsunfähigkeit führen.
5. Volker hat gegenüber der KommunikativAktiv KG Anspruch auf Schmerzensgeld.
6. Der zuständige Stromversorger muss einen evtl. Spannungsabfall überprüfen.

84. Aufgabe ☐ *Z*

Welcher der folgenden Institutionen müssen Sie Volkers Unfall unverzüglich melden?

1. Krankenkasse
2. Bundesnetzagentur
3. Berufsgenossenschaft
4. Industrie- und Handelskammer (IHK)
5. Technischer Überwachungsverein (TÜV)

Z *85. Aufgabe* ☐

Azubi Bernd hat Angst, nach der Ausbildung nicht übernommen zu werden. Er möchte wissen, ob er dann Anspruch auf Arbeitslosengeld hat. Welche Antwort müssen Sie ihm geben?

1. Da von vornherein bekannt war, dass die Ausbildung nur drei Jahre dauert, zahlt die Bundesagentur für Arbeit kein Arbeitslosengeld.
2. Da Bernd nur drei Jahre eingezahlt hat, die Wartezeit zur Arbeitslosenversicherung aber fünf Jahre beträgt, wird kein Arbeitslosengeld gezahlt.
3. Da Bernd bislang noch keine Beiträge zur Arbeitslosenversicherung geleistet hat, erhält er auch kein Arbeitslosengeld.
4. Bernd erhält kein Arbeitslosengeld, sondern Rente wegen Minderung des Erwerbs wegen nachgewiesener Berufsunfähigkeit.
5. Bernd hat einen Anspruch auf Arbeitslosengeld, weil während der Ausbildungszeit Beiträge zur Arbeitslosenversicherung geleistet wurden.

Situation zu den Aufgaben 86 bis 90:
In der Dialogfix GmbH betreuen Sie als Personalreferent die Personalangelegenheiten aller Mitarbeiter und beantworten auch deren Fragen.

Z *86. Aufgabe* ☐

Die Auszubildende Julia Lauer ist mit den Leistungen ihrer gesetzlichen Krankenversicherung unzufrieden und möchte sich gerne privat versichern. Mit diesem Anliegen wendet sie sich an Sie. Welche Antwort müssen Sie ihr geben?

1. Ein Austritt aus der gesetzlichen Krankenversicherung ist für Arbeitnehmer generell nicht möglich.
2. Dies ist möglich, muss allerdings vom Arbeitgeber genehmigt werden.
3. Eine private Krankenversicherung ist erst nach einer mindestens 5-jährigen Pflichtmitgliedschaft in der gesetzlichen Krankenversicherung möglich.
4. Solange das Einkommen geringer ist als die Beitragbemessungsgrenze, besteht eine generelle Versicherungspflicht in der gesetzlichen Krankenversicherung.
5. Nur wenn das Einkommen die Versicherungspflichtgrenze überschreitet, kann statt der gesetzlichen eine private Krankenversicherung gewählt werden.

Z *87. Aufgabe* ☐☐

Julia Lauer prüft ihre monatliche Gehaltsabrechnung, die mit einer neuen Personalverwaltungssoftware erstellt wurde. In welchen zwei Zeilen muss sie einen Fehler feststellen?

1.	Krankenversicherung (Arbeitnehmeranteil):	49,77 €
2.	Pflegeversicherung (Arbeitnehmeranteil):	6,14 €
3.	Arbeitslosenversicherung (Arbeitnehmeranteil):	8,82 €
4.	Berufshaftpflichtversicherung (Arbeitnehmeranteil):	5,27 €
5.	Rentenversicherung (Arbeitnehmeranteil):	62,69 €
6.	Unfallversicherung (Arbeitnehmeranteil):	4,23 €

88. Aufgabe ☐ Z

Julias Vater verstarb an einem Herzinfarkt, als sie zwei Jahre alt war. Welcher Sozialversicherungszweig leistete für die Familie die Hinterbliebenenversorgung?

1. Gesetzliche Rentenversicherung
2. Gesetzliche Krankenversicherung
3. Gesetzliche Pflegeversicherung
4. Gesetzliche Arbeitslosenversicherung
5. Gesetzliche Unfallversicherung

89. Aufgabe ☐ Z

Gelegentlich fährt Julia Lauer mit ihrem Motorroller den kurzen Weg von ihrer Wohnung zu ihrem Ausbildungsbetrieb. Im Spätherbst rutscht sie kurz vor der Einfahrt zum Dialogfix-Parkplatz mit dem Roller auf nasser Fahrbahn aus und bricht sich den Arm. Prüfen Sie, wer für die Kosten der notwendigen ärztlichen Behandlung aufkommt.

1. Die private Unfallversicherung von Julia Lauer.
2. Die Verkehrshaftpflichtversicherung der Dialogfix GmbH.
3. Da die Dialogfix GmbH bei solch gefährlichen Verkehrsmitteln nicht haftet, bleibt Julia Lauer auf den Kosten sitzen.
4. Die zuständige Berufsgenossenschaft (Verwaltungsberufsgenossenschaft).
5. Die gesetzliche Krankenversicherung von Julia Lauer (IKK).

90. Aufgabe ☐ Z

Melanie Diedrich ist seit einiger Zeit als Servicefachkraft für Dialogmarketing bei der Dialogfix GmbH beschäftigt. Früher arbeitete sie als Goldschmiedin. Nachdem sie bei winterlichen Straßenverhältnissen auf dem Weg zur Arbeit einen schweren Unfall erlitt, konnte sie jedoch ihren ursprünglichen Beruf nicht mehr ausüben. Welcher Zweig der Sozialversicherung war für die Finanzierung der notwendigen Umschulung zuständig?

1. Rentenversicherung
2. Unfallversicherung
3. Arbeitslosenversicherung
4. Pflegeversicherung
5. Krankenversicherung

Situation zu den Aufgaben 91 bis 95:

Sie unterstützen die Personalabteilung der Dialogfix GmbH bei der Berechnung der Sozialversicherungsbeiträge. Für die gesetzliche Krankenversicherung gilt ein Beitragssatz von 15,5 % (einschließlich 0,9 % Eigenbeitrag Arbeitnehmer), wobei die Versicherungspflichtgrenze bei 4 462,50 € und die Beitragsbemessungsgrenze bei 4 050,00 € im Monat liegen. Für die gesetzliche Pflegeversicherung gelten ein Beitragssatz von 2,05 % und ggf. ein Kinderlosenzuschlag von 0,25 %. Der Beitragssatz für die gesetzliche Rentenversicherung liegt bei 18,9 %, der Beitragssatz der gesetzlichen Arbeitslosenversicherung bei 3,0 %.

91. Aufgabe

Michaela Weinmann ist 36 Jahre alt, verheiratet, 2 Kinder und arbeitet seit 4 Jahren bei der Dialogfix GmbH. Ihr monatliches Bruttogehalt liegt bei 2 400,00 €. Berechnen Sie den Arbeitnehmerbeitrag zur gesetzlichen Krankenversicherung.

92. Aufgabe

Teamleiterin Petra Gunzenhauser ist 45 Jahre alt, verheiratet, keine Kinder. Sie arbeitet seit 10 Jahren bei der Dialogfix GmbH. Ihr monatliches Bruttogehalt liegt bei 3 500,00 €. Berechnen Sie den Arbeitgeberbeitrag zur gesetzlichen Pflegeversicherung.

93. Aufgabe

Bei der Ermittlung der Beiträge zur Sozialversicherung sind eine Versicherungspflichtgrenze und eine Beitragsbemessungsgrenze zu beachten. Stellen Sie fest, welche Aussage zutreffend ist.

1. Die Beitragshöhe der Haftpflichtversicherung ist auf 75 % der Beitragsbemessungsgrenze der Rentenversicherung begrenzt.
2. Bei der Rentenversicherung gilt keine Beitragsbemessungsgrenze.
3. Bei der Arbeitslosenversicherung ist keine Beitragsbemessungsgrenze zu berücksichtigen.
4. Die Versicherungspflichtgrenze bei der Krankenversicherung entspricht der Beitragsbemessungsgrenze bei der Pflegeversicherung.
5. Bei Arbeitslosenversicherung und Rentenversicherung hat die Beitragsbemessungsgrenze die gleiche Höhe.

94. Aufgabe

Prüfen Sie, welcher der folgenden Beschäftigten der Dialogfix GmbH sich ausschließlich privat krankenversichern könnte.

1. Eduard Schreiner, Auszubildender im 3. Lehrjahr, Ausbildungsvergütung 643,00 €.
2. Joachim Schwarz, Prokurist der Dialogfix GmbH, monatliches Bruttogehalt seit 3 Jahren 5 200,00 €.
3. Petra Gunzenhauser, Teamleiterin, monatliches Bruttogehalt 3 500,00 €, leidet an chronischen Rückenschmerzen.
4. Patrick Schmachtl, Mitarbeiter in der IT-Abteilung, monatliches Bruttogehalt 2800,00 €, hat seit mehreren Jahren bereits eine private Pflegezusatzversicherung abgeschlossen.
5. Gustav Mahr, umsatzstärkster Agent, monatliches Bruttogehalt 2 600,00 €, hatte seit fünf Jahren keinen Krankenschein mehr.

95. Aufgabe

Teamleiterin Petra Gunzenhauser (45 Jahre alt, verheiratet, keine Kinder, seit 10 Jahren bei der Dialogfix GmbH, monatliches Bruttogehalt 3 500,00 €) möchte die Höhe der Sozialabgaben wissen, die sie als Arbeitnehmerin zahlen muss.

Situation zu den Aufgaben 96 bis 111:

In der Dialogfix GmbH stehen die Wahlen zum Betriebsrat und zur JAV an. Sie wurden als Mitglied in den Wahlvorstand berufen. Ihnen liegen folgende Informationen zum aktuellen Stand der Belegschaft vor:

Mitarbeiter insgesamt: 110

Alter	Unter 18	18 bis einschl. 24	25 bis einschl. 35	35 und älter
Reguläre MA	0	20	65*	10
Auszubildende	10	4	1	0

* davon 5 Mitarbeiter erst vor 3 Monaten eingestellt

AUSZUG AUS DEM BETRIEBSVERFASSUNGSGESETZ

§ 9 Zahl der Betriebsratsmitglieder

Der Betriebsrat besteht in Betrieben mit in der Regel
5 bis 20 wahlberechtigten Arbeitnehmern aus einer Person,
21 bis 50 wahlberechtigten Arbeitnehmern aus 3 Mitgliedern,
51 wahlberechtigten Arbeitnehmern bis 100 Arbeitnehmern aus 5 Mitgliedern,
101 bis 200 Arbeitnehmern aus 7 Mitgliedern,
201 bis 400 Arbeitnehmern aus 9 Mitgliedern,
401 bis 700 Arbeitnehmern aus 11 Mitgliedern,
701 bis 1 000 Arbeitnehmern aus 13 Mitgliedern,
1 001 bis 1 500 Arbeitnehmern aus 15 Mitgliedern,
1 501 bis 2 000 Arbeitnehmern aus 17 Mitgliedern,
2 001 bis 2 500 Arbeitnehmern aus 19 Mitgliedern,
2 501 bis 3 000 Arbeitnehmern aus 21 Mitgliedern,
3 001 bis 3 500 Arbeitnehmern aus 23 Mitgliedern,
3 501 bis 4 000 Arbeitnehmern aus 25 Mitgliedern,
4 001 bis 4 500 Arbeitnehmern aus 27 Mitgliedern,
4 501 bis 5 000 Arbeitnehmern aus 29 Mitgliedern,
5 001 bis 6 000 Arbeitnehmern aus 31 Mitgliedern,
6 001 bis 7 000 Arbeitnehmern aus 33 Mitgliedern,
7 001 bis 9 000 Arbeitnehmern aus 35 Mitgliedern.
In Betrieben mit mehr als 9 000 Arbeitnehmern erhöht sich die Zahl der Mitglieder des Betriebsrats für je angefangene weitere 3 000 Arbeitnehmer um 2 Mitglieder.

§ 60 Errichtung und Aufgabe der Jugend- und Auszubildendenvertretung

(1) In Betrieben mit in der Regel mindestens fünf Arbeitnehmern, die das 18. Lebensjahr noch nicht vollendet haben (jugendliche Arbeitnehmer) oder die zu ihrer Berufsausbildung beschäftigt sind und das 25. Lebensjahr noch nicht vollendet haben, werden Jugend- und Auszubildendenvertretungen gewählt.
(2) Die Jugend- und Auszubildendenvertretung nimmt nach Maßgabe der folgenden Vorschriften die besonderen Belange der in Absatz 1 genannten Arbeitnehmer wahr.

§ 61 Wahlberechtigung und Wählbarkeit der JAV

(1) Wahlberechtigt sind alle in § 60 Abs. 1 genannten Arbeitnehmer des Betriebs.
(2) Wählbar sind alle Arbeitnehmer des Betriebs, die das 25. Lebensjahr noch nicht vollendet haben (...). Mitglieder des Betriebsrats können nicht zu Jugend- und Auszubildendenvertretern gewählt werden.

Z *96. Aufgabe*

Wer kann in den Betriebsrat gewählt werden?

1. Nur Wahlberechtigte, die dem Betrieb mindestens 6 Monate angehören.
2. Alle volljährigen Betriebsangehörigen.
3. Alle Betriebsangehörigen, die das 21. Lebensjahr vollendet haben.
4. Nur die Wahlberechtigten, die über 24 Jahre alt sind.
5. Alle Betriebsangehörigen, die dem Betrieb mindestens 6 Wochen angehören.

Z *97. Aufgabe*

Welche Aussage über den Betriebsrat ist nicht zutreffend?

1. Betriebsräte können in Betrieben mit drei wahlberechtigten Arbeitnehmern, die mindestens sechs Monate im Betrieb sind, gewählt werden.
2. Der Betriebsrat ist vor jeder Kündigung zu hören. Eine Kündigung ohne Anhörung des Betriebsrats ist unwirksam.
3. Eine ordentliche Kündigung von Betriebsratsmitgliedern während ihrer Amtszeit und ein Jahr danach ist unzulässig.
4. Betriebsratssitzungen finden in der Regel während der Arbeitszeit statt.
5. Der Betriebsrat sollte sich möglichst aus Arbeitnehmern der einzelnen Organisationsbereiche und der verschiedenen Beschäftigungsarten der im Betrieb tätigen Arbeitnehmer zusammensetzen.

Z *98. Aufgabe*

Für welche Aufgabe ist der Betriebsrat nach dem Betriebsverfassungsgesetz zuständig?

1. Für den Abschluss von Manteltarifverträgen
2. Für die Beratung der Betriebsleitung in allen kaufmännischen Angelegenheiten
3. Für die regelmäßige Abhaltung von Betriebsversammlungen
4. Für die Durchführung von Streikmaßnahmen
5. Für die Gewährung der Mutterschutzfrist

Z *99. Aufgabe*

Ermitteln Sie, wie viele Arbeitnehmer in der Dialogfix GmbH bei der Wahl zum Betriebsrat wahlberechtigt sind (aktives Wahlrecht).

Z *100. Aufgabe*

Wie viele Arbeitnehmer sind bei der Dialogfix GmbH in den Betriebsrat wählbar (passives Wahlrecht)?

Z *101. Aufgabe*

Wie viele Betriebsratsmitglieder sind in der Dialogfix GmbH zu wählen?

102. Aufgabe

☐ Z

Welcher Mitarbeiter der Dialogfix GmbH ist bei der Betriebsratswahl nicht wahlberechtigt?

1. Herr Vollmers, Auszubildender, 19 Jahre, 2 Jahre Betriebszugehörigkeit
2. Herr Sahir (Ägypter), Callcenteragent, 40 Jahre, 3 Jahre Betriebszugehörigkeit
3. Frau Salzmann, Verwaltungsfachkraft, 35 Jahre, 2 Monate Betriebszugehörigkeit
4. Frau Russ, Geschäftsführerin, 40 Jahre, 15 Jahre Betriebszugehörigkeit
5. Herr Prahl, Callcenteragent, 26 Jahre, 8 Monate Betriebszugehörigkeit

103. Aufgabe

☐ Z

Welche der folgenden Aussagen über die Wahlen zur Jugend- und Auszubildendenvertretung (JAV) in der Dialogfix GmbH ist richtig?

1. Die Mitglieder der JAV werden nach geheimer Wahl im Betriebsrat durch dessen Vorsitzenden bestellt.
2. Die Wahlen zur JAV finden im selben Rhythmus wie die Betriebsratswahlen statt.
3. Die Geschäftsführer legen ca. alle zwei Jahre einen neuen Wahltermin für die JAV fest, sobald mehr als die Hälfte der Auszubildenden die Ausbildung abgeschlossen haben.
4. Die Gewerkschaften bestellen aus dem Kreis ihrer Mitglieder die Jugend- und Auszubildendenvertreter.
5. Die Wahlen zur JAV finden alle zwei Jahre im Oktober bzw. November statt.

104. Aufgabe

☐ Z

Die Interessen jugendlicher Arbeitnehmer in der Dialogfix GmbH werden von der Jugend- und Auszubildendenvertretung wahrgenommen. Wie viele Personen dürfen bei der Wahl zur JAV wählen?

105. Aufgabe

☐ Z

Welcher Personenkreis kann nicht in die JAV gewählt werden?

1. Auszubildende unter 18 Jahren
2. Jugendliche Arbeitnehmer unter 18 Jahren
3. Auszubildende unter 24 Jahren
4. Jugendliche Arbeitnehmer unter 24 Jahren
5. Auszubildende, die das 25. Lebensjahr vollendet haben

106. Aufgabe

☐☐ Z

Für die bevorstehende JAV-Wahl in der Dialogfix GmbH sollen Sie für den Personalleiter eine Liste der Mitarbeiter erstellen, die ein aktives Wahlrecht besitzen. Stellen Sie fest, welche zwei der folgenden Mitarbeiter wahlberechtigt sind.

1. Maria Friedrich, Auszubildende, 22 Jahre, 5 Monate Betriebszugehörigkeit
2. Jana Schmidt, Angestellte, 24 Jahre, 1 Jahr Betriebszugehörigkeit
3. Guido Schopp, Auszubildender, 27 Jahre, 2 Jahre Betriebszugehörigkeit
4. Jens Schwarz, Hilfsarbeiter im Lager, 17 Jahre, 7 Monate Betriebszugehörigkeit
5. Tom Hirche, Ausbilder, 40 Jahre, 17 Jahre Betriebszugehörigkeit
6. Claudia Berg, Leiharbeitnehmerin, 26 Jahre, seit 3 Jahren im Betrieb beschäftigt

Z *107. Aufgabe* ☐

Der neu gewählte Betriebsrat hat zu einer Betriebsversammlung eingeladen. Prüfen Sie, welche Aussage in diesem Zusammenhang zutreffend ist.

1. Die Betriebsversammlung muss mindestens einmal je Wahlperiode des Betriebsrats stattfinden.
2. Teilnahmeberechtigt sind alle Arbeitnehmer, die mindestens sechs Monate dem Betrieb angehören.
3. Auf ausdrücklichen Wunsch des Betriebsrats kann auch der Arbeitgeber eingeladen werden.
4. Die Teilnahme an der Betriebsversammlung wird als Arbeitszeit vergütet.
5. Die Teilnahme ist erst ab dem 18. Lebensjahr möglich.

Z *108. Aufgabe* ☐

Samantha Ritter, neue Auszubildende bei der Dialogfix GmbH, interessiert sich für die Arbeit des neu gewählten Betriebsrats und der JAV. Welche Aussage dürfen Sie ihr gegenüber <u>nicht</u> treffen?

1. Mitglieder der JAV sind zeitgleich auch automatisch Mitglieder des Betriebsrats.
2. Die regelmäßigen Wahlen der Jugend- und Auszubildendenvertretung finden alle zwei Jahre in der Zeit vom 1. Oktober bis zum 30. November statt.
3. Die Amtszeit der JAV beträgt zwei Jahre, die des Betriebsrats vier Jahre.
4. Die JAV kann zu allen Sitzungen des Betriebsrats einen Vertreter entsenden.
5. Die JAV vertritt die Interessen von Jugendlichen und Auszubildenden im Betriebsrat.

Z *109. Aufgabe* ☐

Sie möchten Samantha die Arbeit des Betriebsrats anhand seiner Aufgaben und seiner Rechte näher erläutern. Welchen Sachverhalt müssen Sie als Beispiel für die Informations- und Beratungsrechte des Betriebsrats anführen?

1. Versetzung eines Mitarbeiters vom Backoffice in die Hotline
2. Einstellung von drei neuen Auszubildenden
3. Geplante Erweiterung des Geschäftsgebäudes im nächsten Jahr
4. Neuregelung der Mittagspause
5. Vorübergehende Einführung von Überstunden

Z *110. Aufgabe* ☐

Zwischen der Geschäftsleitung der Dialogfix GmbH und dem Betriebsrat des Unternehmens wurde eine Betriebsvereinbarung abgeschlossen. Welcher der aufgeführten Sachverhalte kann in einer Betriebsvereinbarung geregelt werden?

1. Anzahl der Feiertage
2. Gleitende Arbeitszeit
3. Tarifliche Mindestlöhne
4. Mindesturlaubsansprüche
5. Tarifvertragliche Wochenarbeitszeit

111. Aufgabe ☐ Z

Welche Behauptung über Betriebsvereinbarungen der Dialogfix GmbH ist richtig?

1. Sie enthalten Vereinbarungen über Lohn- und Gehaltstarife und gelten für alle Betriebe der Dialogmarketingbranche.
2. Sie sind Vereinbarungen zwischen dem Arbeitgeberverband und der Gewerkschaft über Arbeitszeiten, Urlaub usw.
3. Sie werden abgeschlossen zwischen dem Betriebsrat und der Jugendvertretung der Dialogfix GmbH und regeln deren Zusammenarbeit.
4. Sie werden zwischen der Dialogfix GmbH und dem Betriebsrat abgeschlossen.
5. Sie werden vom Geschäftsführer ausgefertigt und den Beschäftigten zur Unterschrift vorgelegt.

Situation zu den Aufgaben 112 bis 113:
Die Unternehmensleitung der Dialogfix GmbH will ein neues flexibles Arbeitszeitmodell zur Anpassung an Beschäftigungsschwankungen einführen. Ihr Vorgesetzter gibt Ihnen den Auftrag, die Rechte des Betriebsrates für diesen Fall zu prüfen.

AUSZUG AUS DEM BETRIEBSVERFASSUNGSGESETZ
Dritter Abschnitt. Soziale Angelegenheiten: § 87 Mitbestimmungsrechte
(1) Der Betriebsrat hat, soweit eine gesetzliche oder tarifliche Regelung nicht besteht, in folgenden Angelegenheiten mitzubestimmen:
1. Fragen der Ordnung des Betriebs und des Verhaltens der Arbeitnehmer im Betrieb;
2. Beginn und Ende der täglichen Arbeitszeit einschließlich der Pausen sowie Verteilung der Arbeitszeit auf die einzelnen Wochentage;
3. vorübergehende Verkürzung oder Verlängerung der betriebsüblichen Arbeitszeit;
(...)
(2) Kommt eine Einigung über eine Angelegenheit nach Absatz 1 nicht zustande, so entscheidet die Einigungsstelle. Der Spruch der Einigungsstelle ersetzt die Einigung zwischen Arbeitgeber und Betriebsrat.

112. Aufgabe ☐ Z

Was müssen Sie Ihrem Vorgesetzten nach eingehender Prüfung des Betriebsverfassungsgesetzes mitteilen?

1. Das neue Arbeitszeitmodell kann ohne Benachrichtigung des Betriebsrates eingeführt werden.
2. Der Betriebsrat muss lediglich vor der Einführung unterrichtet werden.
3. Der Betriebsrat muss informiert werden, aber seine Alternativvorschläge müssen lediglich angehört werden.
4. Der Betriebsrat muss nur deshalb informiert werden, weil er ein Benachrichtigungsrecht hat.
5. Der Betriebsrat hat nach BetrVG ein Mitbestimmungsrecht.

Z *113. Aufgabe* ☐

Die Dialogfix GmbH und der Betriebsrat können sich nicht auf eine gemeinsame Lösung verständigen. Wie muss weiter vorgegangen werden?

1. Das zuständige Arbeitsgericht entscheidet den Fall.
2. Stimmen 75 % der Mitarbeiter in einer Urabstimmung dafür, wird der Betriebsrat durch Streik seine Vorstellungen durchzusetzen versuchen.
3. Durch die Verweigerungshaltung des Betriebsrates gilt die alte Bestimmung fort und die Einführung des neuen Arbeitszeitmodells ist endgültig gescheitert.
4. Die Einigungsstelle unter einem unparteiischen Vorsitz entscheidet den Fall abschließend.
5. Das neue Arbeitszeitmodell wird eingeführt, bis ein neuer Betriebsrat gewählt wurde.

Situation zu den Aufgaben 114 bis 122:
Die Bearbeitung des vorangegangenen Falles hat Ihren Vorgesetzten zufriedengestellt. Er beschäftigt Sie daher mit weiteren Fragestellungen zum Betriebsverfassungsgesetz.

Z *114. Aufgabe* ☐

Welche Aussage zu Betriebsvereinbarungen ist nach dem BetrVG richtig?

1. Die Geschäftsleitung der Dialogfix GmbH schließt Betriebsvereinbarungen mit dem zuständigen Gewerkschaftsbezirk schriftlich ab.
2. In der Dialogfix GmbH werden Betriebsvereinbarungen zwischen dem Betriebsrat und allen Arbeitnehmern beraten und beschlossen.
3. Betriebsvereinbarungen sind von allen volljährigen Mitarbeitern der Dialogfix GmbH zu erarbeiten und dem Betriebsrat zur Zustimmung vorzulegen.
4. Betriebsvereinbarungen sind vom Betriebsrat und der Geschäftsleitung der Dialogfix GmbH gemeinsam zu beschließen und schriftlich niederzulegen.
5. Betriebsvereinbarungen sind von der Geschäftsleitung auszuarbeiten und dem Betriebsrat zur Kenntnisnahme vorzulegen.

Z *115. Aufgabe* ☐

Die Dialogfix GmbH hat mit dem Betriebsrat eine Einigung über die Durchführung von „Silent Monitoring" als Methode zur Arbeits- und Qualitätskontrolle erzielt. Stellen Sie fest, in welcher Form diese Einigung geschlossen werden muss.

1. Manteltarifvertrag
2. Betriebsverfassungsgesetz
3. Arbeitsplatzverordnung
4. BGB-Vertrag
5. Betriebsvereinbarung

116. Aufgabe ☐ Z

Welches Recht steht dem Betriebsrat in diesem Fall zu?

1. Mitbestimmungsrecht
2. Mitwirkungsrecht
3. Informationsrecht
4. Diskussionsrecht
5. Prüfungsrecht

117. Aufgabe ☐ Z

Die Dialogfix GmbH möchte der Mitarbeiterin Franziska Kreutz kündigen. Stellen Sie fest, welche Rechte der Betriebsrat in diesem Fall hat.

1. Rechte des Betriebsrats bestehen in diesem Fall nicht.
2. Der Betriebsrat hat hier ein Mitbestimmungsrecht.
3. Ohne vorherige Anhörung des Betriebsrats ist die Kündigung unwirksam.
4. Damit die Kündigung wirksam wird, muss der Betriebsrat binnen 14 Tagen informiert werden.
5. Die Kündigung ist nur mit Zustimmung des Betriebsrats wirksam.

118. Aufgabe ☐ Z

Im Betriebsverfassungsgesetz werden auch die Rechte des einzelnen Arbeitnehmers aufgeführt. Welche Aussage begründet sich nicht mit dem Betriebsverfassungsgesetz?

1. Der Arbeitnehmer kann die Erörterung seiner beruflichen Entwicklungsmöglichkeiten im Unternehmen verlangen.
2. Der Arbeitnehmer kann die Erläuterung der Zusammensetzung und der Berechnung seines Gehaltes verlangen.
3. Der Arbeitnehmer hat das Recht, in eine andere Abteilung versetzt zu werden, wenn er seiner Ansicht nach gemobbt wird.
4. Der Arbeitnehmer hat das Recht, seine Personalakte einzusehen und Erläuterungen zum Inhalt abzugeben, die auf sein Verlangen der Personalakte beigefügt werden müssen.
5. Der Arbeitnehmer hat das Recht, sich zu beschweren, wenn er sich benachteiligt fühlt.

119. Aufgabe ☐ Z

Stellen Sie fest, bei welcher Angelegenheit der Betriebsrat ein Mitbestimmungsrecht hat.

1. Gewinnverteilung an die Gesellschafter
2. Aufbau eines Modells zur leistungsgerechten Bezahlung der Mitarbeiter
3. Versetzung eines Mitarbeiters
4. Strategische Unternehmensplanung
5. Schließung einer Betriebsstätte

Z *120. Aufgabe* ☐

In einer mitbestimmungspflichtigen Angelegenheit können Arbeitgeber und Betriebsrat keine Übereinkunft erzielen. Prüfen Sie, wie dennoch eine Entscheidung getroffen werden kann.

1. Durch den Lenkungsausschuss
2. Durch das Amtsgericht
3. Durch das Fürsorgegremium
4. Durch Befragung aller Arbeitnehmer
5. Durch die Einigungsstelle

Z *121. Aufgabe* ☐

In einigen Angelegenheiten hat der Betriebsrat ausschließlich Beratungsrechte. In welcher Zeile ist ein zutreffendes Beispiel genannt?

1. Angelegenheiten, die den Arbeitsablauf betreffen
2. Personelle Angelegenheiten
3. Soziale Angelegenheiten
4. Wirtschaftliche Angelegenheiten
5. Angelegenheiten, die die Gestaltung des Arbeitsplatzes betreffen

Z *122. Aufgabe* ☐

Sonja Adler denkt darüber nach, bei der nächsten Betriebsratswahl zu kandidieren. Von welchem Vorteil könnte sie bei einer erfolgreichen Wahl profitieren?

1. Sie erhält für ihre Tätigkeit eine tariflich festgelegte Erschwerniszulage.
2. Jedes Jahr der Betriebsratszugehörigkeit erhöht die gesetzliche Rente.
3. Ihre Kündigung ist nur mit Zustimmung des Betriebsrats aus wichtigem Grund möglich.
4. Der Urlaubsanspruch steigt um fünf Werktage.
5. Auf Antrag ist eine Freistellung von der Arbeit möglich, das Gehalt wird aus der Betriebskasse weitergezahlt.

Lösungen zu Kapitel 19

1. Aufgabe	1, 5
2. Aufgabe	3
3. Aufgabe	1
4. Aufgabe	4
5. Aufgabe	4
6. Aufgabe	5
7. Aufgabe	5
8. Aufgabe	2
9. Aufgabe	4
10. Aufgabe	4
11. Aufgabe	1, 2
12. Aufgabe	4
13. Aufgabe	2, 5, 6, 4, 3, 1
14. Aufgabe	1
15. Aufgabe	4
16. Aufgabe	5
17. Aufgabe	1
18. Aufgabe	2
19. Aufgabe	4
20. Aufgabe	3
21. Aufgabe	4
22. Aufgabe	2
23. Aufgabe	4
24. Aufgabe	3
25. Aufgabe	4
26. Aufgabe	1
27. Aufgabe	5
28. Aufgabe	3
29. Aufgabe	2
30. Aufgabe	1
31. Aufgabe	2, 5
32. Aufgabe	3
33. Aufgabe	1, 2, 4, 5, 3
34. Aufgabe	1
35. Aufgabe	3
36. Aufgabe	4
37. Aufgabe	4
38. Aufgabe	3
39. Aufgabe	4
40. Aufgabe	3
41. Aufgabe	4
42. Aufgabe	5
43. Aufgabe	1
44. Aufgabe	2
45. Aufgabe	5
46. Aufgabe	5
47. Aufgabe	4
48. Aufgabe	4
49. Aufgabe	3
50. Aufgabe	4
51. Aufgabe	3
52. Aufgabe	2
53. Aufgabe	3
54. Aufgabe	3
55. Aufgabe	2, 4
56. Aufgabe	1
57. Aufgabe	4
58. Aufgabe	2
59. Aufgabe	3
60. Aufgabe	3, 4
61. Aufgabe	4
62. Aufgabe	3
63. Aufgabe	3
64. Aufgabe	3
65. Aufgabe	1
66. Aufgabe	4
67. Aufgabe	1
68. Aufgabe	3
69. Aufgabe	3
70. Aufgabe	4
71. Aufgabe	3, 6
72. Aufgabe	1
73. Aufgabe	3, 4, 1, 2, 5
74. Aufgabe	3
75. Aufgabe	4
76. Aufgabe	2, 2, 1, 1, 1, 2
77. Aufgabe	4
78. Aufgabe	5
79. Aufgabe	5
80. Aufgabe	3
81. Aufgabe	4
82. Aufgabe	2
83. Aufgabe	2, 4
84. Aufgabe	3

85. Aufgabe 5
86. Aufgabe 5
87. Aufgabe 4, 6
88. Aufgabe 1
89. Aufgabe 4
90. Aufgabe 2
91. Aufgabe 196,80 €
92. Aufgabe 35,88 €
93. Aufgabe 5
94. Aufgabe 2
95. Aufgabe 714,88 €
96. Aufgabe 1
97. Aufgabe 1
98. Aufgabe 3
99. Aufgabe 100 AN
100. Aufgabe 95 AN
101. Aufgabe 5
102. Aufgabe 4
103. Aufgabe 5
104. Aufgabe 14
105. Aufgabe 5
106. Aufgabe 1, 4
107. Aufgabe 4
108. Aufgabe 1
109. Aufgabe 3
110. Aufgabe 2
111. Aufgabe 4
112. Aufgabe 5
113. Aufgabe 4
114. Aufgabe 4
115. Aufgabe 5
116. Aufgabe 1
117. Aufgabe 3
118. Aufgabe 3
119. Aufgabe 2
120. Aufgabe 5
121. Aufgabe 4
122. Aufgabe 3

20 Steuern

Hinweis: Dieses Kapitel enthält die Themen
- Steuerpolitik,
- Grundzüge der Besteuerung (Aufgabe 4 bis 11, nur für KDM!).

Situation zu den Aufgaben 1 bis 11:
Die folgende Abbildung und einige Daten aus der Personalabteilung der KommunikativAktiv KG liegen Ihnen heute vor:

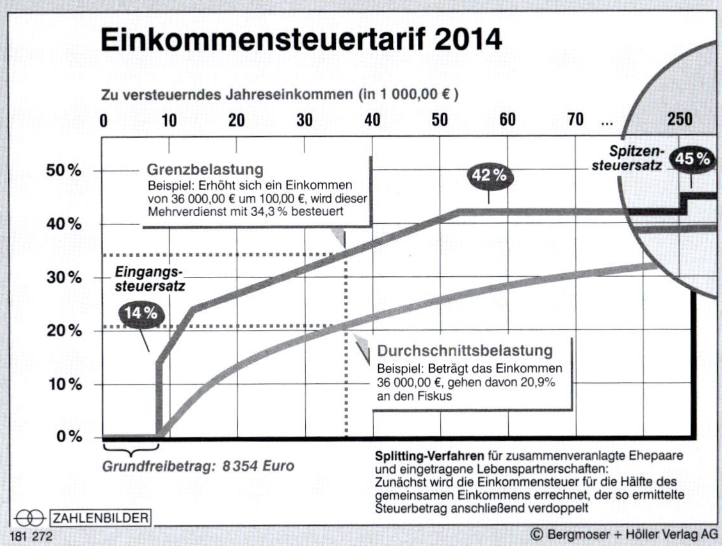

Nathalie Champ, zu versteuerndes monatliches Einkommen 1 500,00 €, ledig, 38 Jahre alt, keine Kinder.

1. Aufgabe
Welche zutreffende Aussage können Sie aus der Abbildung herleiten?
1. Bei einem Jahreseinkommen von 5 000,00 € müssen 14 % als Einkommensteuer abgeführt werden.
2. Bei einem Jahreseinkommen von 70 000,00 € liegt der durchschnittliche Steuersatz bei 42 %.
3. Der Spitzensteuersatz von 45 % gilt ab einem Jahreseinkommen von 90 000,00 €.
4. Der Eingangssteuersatz, der zu zahlen ist, wenn der Grundfreibetrag überschritten wurde, liegt bei 30 %.
5. Bei einem Jahreseinkommen von 70 000,00 € werden ungefähr 30 % des Einkommens an das Finanzamt abgeführt.

☐

2. Aufgabe ☐

Nathalie Champ befindet sich mit ihrem Einkommen in der Progressionszone. Stellen Sie fest, welche Aussage diese Situation richtig beschreibt.

1. Je mehr Nathalie verdient, umso geringer ist der anzuwendende Steuersatz.
2. Bis zur Höhe des Existenzminimums muss keine Einkommensteuer gezahlt werden.
3. Der Steuersatz in der Progressionszone beträgt allgemein 14 %.
4. Mit zunehmendem Einkommen steigt für Nathalie auch der Steuersatz auf jeden hinzuverdienten Euro.
5. Mit zunehmendem Einkommen zahlt Nathalie mehr Steuern. Der Steuersatz bleibt jedoch unverändert.

3. Aufgabe ☐

Welche Aussage über den Steuertarif lässt sich anhand der Abbildung treffen?

1. Grundlage des Steuertarifs ist ein linearer Verlauf.
2. Nach dem Grundfreibetrag schließt sich die Proportionalzone (gleicher Steuersatz) an, anschließend die Progressionszone (steigender Steuersatz).
3. Der Steuersatz sinkt mit zunehmendem Einkommen.
4. Innerhalb des Grundfreibetrags wird keine Einkommensteuer fällig.
5. Die Progressionszone endet bei 45 %.

4. Aufgabe ☐

Welche Steuerklasse muss auf der Lohnsteuerkarte von Nathalie Champ zwingend eingetragen sein?

1. Lohnsteuerklasse 1
2. Lohnsteuerklasse 2
3. Lohnsteuerklasse 3
4. Lohnsteuerklasse 4
5. Lohnsteuerklasse 5

5. Aufgabe ☐

Nathalie Champ möchte nächstes Jahr heiraten und fragt nach, wo sie die Änderung der Lohnsteuerklasse vornehmen lassen muss. Wie reagieren Sie richtig?

1. Die Informationen zur Lohnsteuerklasse werden von der gesetzlichen Rentenversicherung verwaltet. Diese muss sie anschreiben.
2. Frau Champ kann die Steuerklasse beim Ordnungsamt ihrer Heimatgemeinde ändern lassen.
3. Sie verweisen Frau Champ an das Finanzamt ihres Wohnortes.
4. Sie schicken Frau Champ in die Personalabteilung. Dort kann die Änderung vorgenommen werden.
5. Sie empfehlen Frau Champ, den Betriebsrat aufzusuchen, da dieser für solche persönlichen Belange zuständig ist.

6. Aufgabe

Welchen Betrag (in €) bekommt Nathalie Champ vom Arbeitgeber überwiesen? Berücksichtigen Sie dabei folgende Daten zur Sozialversicherung:
Krankenversicherung 15,5 %, Pflegeversicherung 2,05 % (Kinderlosenzuschlag 0,25 %), Rentenversicherung 18,9 %, Arbeitslosenversicherung 3,0 %.
Der in der Tabelle aufgeführte Kirchensteuersatz (9 %) ist in der Höhe korrekt und muss bei Nathalie Champ auch berücksichtigt werden.

Bruttolohn	StKl	Lohnsteuer	SolZ	KiSt
1 500,00	I	93,75	2,55	8,43
	II	67,91	_	1,05
	III	_	_	_
	IV	93,75	2,55	8,43
	V	266,00	14,63	23,94
	VI	302,25	16,62	27,20

Abzüge an Lohnsteuer, Solidaritätszuschlag (SolZ) und Kirchensteuer (KiSt), in €

7. Aufgabe

Nathalie Champ trägt die Unterlagen für ihre Steuererklärung zusammen. Dabei muss sie auch die Einkünfte aus nichtselbstständiger Arbeit ermitteln. Prüfen Sie, welche Einkünfte Nathalie dabei zu berücksichtigen hat.

1. Mieteinnahmen aus einer Ferienwohnung an der Ostsee
2. Erfolgsabhängige Vergütung (Verkaufsprämien)
3. Zinsen (Sparbuch)
4. Geldgeschenk (100,00 €) von der Großmutter
5. Dividendenzahlungen

8. Aufgabe

Welche Aufwendungen kann Nathalie Champ in der Steuererklärung als Werbungskosten geltend machen?

1. Beiträge zu einer Lebensversicherung
2. Kosten für das Mittagessen in der Kantine
3. Sozialversicherungsbeiträge
4. Mitgliedsbeitrag Gewerkschaft
5. Spende für ein Tierheim

9. Aufgabe

Nathalie Champ legt bis zu ihrem Arbeitsplatz bei der Dialogfix GmbH 28 km mit dem Pkw zurück. Wie wirken sich diese Kosten steuerlich aus?

1. Überhaupt nicht.
2. Es handelt sich hier um abzugsfähige Sonderausgaben.
3. Diese Kosten können als Werbungskosten geltend gemacht werden.
4. Die angefallenen Kosten werden maximal bis zur Höhe der gezahlten Kfz-Steuer erstattet.
5. Nathalie bekommt sämtliche angefallenen Fahrtkosten vom Finanzamt zurück.

10. Aufgabe

In Nathalies Steuerunterlagen finden sich u. a. folgende Belege:

Teilnahmegebühr für den Kurs „Coaching im Callcenter"	*899,00 €*
Gezahlte Kirchensteuer	*265,00 €*
Bewerbungskosten	*182,00 €*
Private Rentenversicherung	*1 200,00 €*
Sozialversicherungsbeiträge (Arbeitnehmeranteil)	*2 845,00 €*

Ermitteln Sie, welchen Betrag (in €) Nathalie als Werbungskosten geltend machen kann.

11. Aufgabe

Nathalie Champ wurde vom Finanzamt für höhere Werbungskosten ein monatlicher Freibetrag in Höhe von 250,00 € vermerkt. Wie wirkt sich diese Eintragung finanziell für Nathalie aus?

1. Nathalie zahlt nur den 250,00 € übersteigenden Betrag der Lohnsteuer.
2. Nathalies Sozialversicherungsbeiträge sinken um 250,00 €.
3. Bei der monatlichen Berechnung der Lohnsteuer wird das steuerpflichtige Bruttoentgelt um 250,00 € gemindert.
4. Nathalies zu zahlende Lohnsteuer verringert sich monatlich um 250,00 €.
5. Der Freibetrag stellt eine staatliche Transferleistung dar und ermöglicht es Nathalie, Vorsorgeaufwendungen in gleicher Höhe zu tätigen.

12. Aufgabe

Die Dialogfix GmbH möchte an einem neuen Standort in Deutschland ein Callcenter eröffnen. Bei der Beurteilung der Standortalternativen wird auch die jährliche Steuerbelastung am jeweiligen Standort betrachtet. Welcher der folgenden Steuersätze fließt daher in die Beurteilung mit ein?

1. Einkommensteuersatz
2. Körperschaftssteuersatz
3. Satz der Gewerbesteuer
4. Satz der Grunderwerbssteuer
5. Satz der Mineralölsteuer

13. Aufgabe

Steuern lassen sich unter anderem nach dem Empfänger der Steuern einteilen. Geben Sie an, welche Steuer ausschließlich den Gemeinden zufließt.

1. Tabaksteuer
2. Erbschaftssteuer
3. Grundsteuer
4. Sektsteuer
5. Umsatzsteuer

14. Aufgabe

Stellen Sie fest, bei welcher Steuer es sich nicht um eine Verbrauchssteuer handelt.

1. Branntweinsteuer
2. Energiesteuer
3. Kaffeesteuer
4. Grunderwerbssteuer
5. Biersteuer

15. Aufgabe

Der Staat möchte seine Einnahmen erhöhen. Welche Maßnahme ist dazu ungeeignet?

1. Einführen einer neuen Steuer
2. Erhöhung des Einkommensteuersatzes
3. Steuerliche Abzugsmöglichkeiten einschränken
4. Steuerbefreiungen streichen
5. Einführen einer neuen Subvention

16. Aufgabe

Die Bundesregierung möchte die Bezieher niedriger Einkommen steuerlich entlasten. Welche der folgenden Maßnahmen ist dazu geeignet?

1. Anheben des Spitzensteuersatzes
2. Erhöhen des Grundfreibetrages
3. Anheben des Eingangssteuersatzes
4. Erhöhen des Solidaritätszuschlags
5. Abzugsfähigkeit von Werbungskosten beschränken

17. Aufgabe

Welche Aussage zu den Steuerarten ist falsch?

1. Die Einnahmen aus der Einkommensteuer werden auf Bund, Länder und Gemeinden verteilt.
2. Die Gewerbesteuer ist eine Steuer, deren Höhe von der Gemeinde beeinflusst werden kann, der sie als Einnahme zufließt.
3. Die Einnahmen aus der Umsatzsteuer werden zwischen Bund und Ländern aufgeteilt.
4. Die Mineralölsteuer ist eine Gemeinschaftssteuer, da sie von allen Autofahrern zu zahlen ist.
5. Die Kaffeesteuer ist eine Verbrauchssteuer, da sie die Menge des konsumierten Kaffees besteuert.

18. Aufgabe ☐

Welche Aussage zur Besteuerung ist nicht zutreffend?

1. Der Solidaritätszuschlag wird vom Arbeitgeber an das Finanzamt überwiesen.
2. Charakteristisch für das deutsche Steuersystem ist die Steuerprogression.
3. Solidaritätszuschlag und Kirchensteuer sind abhängig von der Höhe der Lohnsteuer.
4. Die Lohnsteuer wird durch den Arbeitnehmer vom Verdienst einbehalten und an das zuständige Finanzamt abgeführt.
5. Die Höhe der zu zahlenden Kirchensteuer ist vom Bundesland und von der Höhe der Lohnsteuer abhängig.

19. Aufgabe ☐

Nach welchem der folgenden Punkte lässt sich einteilen, wer die Steuern letztlich vereinnahmen darf?

1. Gesetzgebungshoheit
2. Ertragshoheit
3. Kulturhoheit
4. Verwaltungshoheit
5. Rechtsprechungshoheit

20. Aufgabe ☐

Der Bundestag diskutiert den aktuellen Haushaltsentwurf der Bundesregierung und fordert eine 5%ige Senkung der Ausgaben aller Haushaltsbereiche. Welcher Ausgabenbereich hätte in diesem Fall den höchsten Einsparungsbeitrag (in Mrd. €) zu leisten?

1. Ausgaben für Bildung und Forschung
2. Ausgaben für Verteidigung
3. Ausgaben für Verkehr und Bau
4. Ausgaben für Arbeit und Soziales
5. Ausgaben für Entwicklungshilfe

21. Aufgabe ☐

Durch zahlreiche Hilfsmittel versucht der Staat, die gewünschten wirtschafts- und verteilungspolitischen Effekte herbeizuführen. In welchem Fall handelt es sich um eine Subvention?

1. Förderung der Ansiedlung von Callcentern durch direkte Beihilfe.
2. Förderung der Mitarbeiterbeteiligung an der Dialogfix GmbH über Belegschaftsaktien.
3. Bei der Vermietung und Verpachtung von Grundstücken wird generell keine Umsatzsteuer erhoben.
4. In Abhängigkeit von Anzahl und Alter der Kinder erhalten Eltern Kindergeld.
5. In Abhängigkeit von der Bedürftigkeit des Empfängers wird Wohngeld gewährt.

Lösungen zu Kapitel 20

1. Aufgabe	5
2. Aufgabe	4
3. Aufgabe	4
4. Aufgabe	1
5. Aufgabe	3
6. Aufgabe	1 088,90 €
7. Aufgabe	2
8. Aufgabe	4
9. Aufgabe	3
10. Aufgabe	1 081,00 €
11. Aufgabe	3
12. Aufgabe	3
13. Aufgabe	3
14. Aufgabe	4
15. Aufgabe	5
16. Aufgabe	2
17. Aufgabe	4
18. Aufgabe	4
19. Aufgabe	2
20. Aufgabe	4
21. Aufgabe	1

21 Markt und Preis/Wirtschaftsordnung

Hinweis: Dieses Kapitel enthält die Themen
- Begriff, Funktion und Arten des Marktes (Aufgabe 1 bis 29),
- Kooperation und Konzentration in der Wirtschaft (Aufgabe 30 bis 49),
- soziale Marktwirtschaft und staatliche Wettbewerbspolitik (Aufgabe 50 bis 61).

1. Aufgabe

Die Haus und Garten GmbH ist als Produzent von Haushaltsgeräten mit ständigen Änderungen von Angebot und Nachfrage konfrontiert. Um welche Bestimmungsgrößen der Nachfrage handelt es sich jeweils? Ordnen Sie zu!

☐ Die durch sinkende Preise anziehende Nachfrage nach Ceranfeldern führt zu einem Nachfragerückgang bei herkömmlichen Kochplatten.

☐ Durch den reißenden Absatz ihrer neuen Brotbackmaschine kann die Haus und Garten GmbH ihre eigene Brotbackmischung teurer verkaufen.

☐ Eine Erhöhung der Einkommensteuer führt zu einem gesunkenen verfügbaren Einkommen der Verbraucher.

☐ Eine sinkende Nachfrage nach Mikrowellengeräten führt dazu, dass die Haus und Garten GmbH ihre Preise für Mikrowellengeräte senkt.

☐ Öffentliche Diskussionen über die Schädlichkeit von Mikrowellenstrahlen führen zu einem Rückgang der Nachfrage nach Mikrowellengeräten.

1. Preis des Gutes
2. Preise von Komplementärgütern
3. Preise von Substitutionsgütern
4. Verfügbares Einkommen
5. Externe Faktoren

2. Aufgabe ☐

Bei welchem der folgenden Fälle handelt es sich um eine Bestimmungsgröße des Angebotes?

1. Das Tarifeinkommen wurde für viele Branchen erhöht, wodurch den Verbrauchern mehr Geld zur Verfügung steht.
2. Sinkende Preise bei Brotbackmaschinen führen zu einer höheren Nachfrage.
3. Eine schlechte gesamtwirtschaftliche Lage zwingt die Anbieter von Haushaltsgeräten, ihre Preise zu senken.
4. Durch den verstärkten Trend zum Heimwerken steigt die Nachfrage bei Anbietern von Heimwerksartikeln.
5. Ein heißer Sommer führt zur stark ansteigenden Nachfrage nach Ventilatoren.

3. Aufgabe ☐

Welche Voraussetzung für einen vollkommenen Markt ist nicht zutreffend?

1. Eine Vielzahl von Anbietern und Nachfragern gestaltet den Markt (Polypol).
2. Es gibt keine Beschränkungen des Marktzugangs. Jeder Anbieter und Nachfrager hat die Möglichkeit, am Markt aufzutreten.
3. Auf dem Markt werden gleichartige (homogene) Güter angeboten. Es gibt keine Unterschiede in Aussehen, Funktion, Qualität etc.
4. Die Käufer haben keine Präferenzen (Bevorzugungen) für bestimmte Verkäufer, sondern orientieren sich ausschließlich am Preis.
5. Der Markt ist vollständig intransparent. Den Marktteilnehmern ist es nicht möglich, sich über sämtliche Preise, Produkte, Angebote etc. zu informieren.

4. Aufgabe ☐

Welche Gegebenheit trifft auf den unvollkommenen Markt nicht zu?

1. Anbieter und Nachfrager reagieren häufig erst mit erheblicher Zeitverzögerung auf Änderungen der Marktsituation.
2. Die angebotenen Güter sind verschieden (heterogen).
3. Die Käufer haben keine Präferenzen für bestimmte Verkäufer, sondern orientieren sich ausschließlich am Preis.
4. Verschiedene Barrieren behindern den Zugang zum Markt.
5. In vielen Märkten existieren Oligopole oder Monopole.

5. Aufgabe ☐

Stellen Sie fest, in welchem Fall es sich um ein Nachfrageoligopol handelt.

1. Ein Anbieter, viele Nachfrager
2. Viele Anbieter, wenige Nachfrager
3. Wenige Anbieter, ein Nachfrager
4. Viele Anbieter, viele Nachfrager
5. Ein Anbieter, ein Nachfrager

6. Aufgabe ☐

Welche Aussage über das Marktgeschehen in der sozialen Marktwirtschaft ist richtig?

1. Alle Preise werden durch vollständige Konkurrenz bestimmt.
2. Die Verbraucher können auf einen Preisvergleich verzichten, da die Preise durch Angebot und Nachfrage auf dem Markt festgelegt werden.
3. Die Preisangabenverordnung (PAngV) garantiert verbraucherfreundliche Preise.
4. Das Verhalten der Verbraucher kann die Preise beeinflussen.
5. Das Bundeskartellamt bestimmt Höchst- und Mindestpreise.

7. Aufgabe ☐

Welche Aussage zum Käufermarkt trifft zu?

1. Bei einem Käufermarkt verfügen die Verkäufer über eine starke Verhandlungsposition.
2. Die Nachfrage übersteigt das Angebot nur minimal.
3. Es handelt sich um einen sogenannten ungesättigten Markt.
4. Das Angebot übersteigt die Nachfrage.
5. Ein typisches Beispiel für einen Käufermarkt stellt der Markt für Benzin dar.

8. Aufgabe ☐

Welche Marktform liegt vor, wenn als Marktteilnehmer Autofahrer als Nachfrager und Mineralölgesellschaften als Anbieter agieren?

1. Zweiseitiges Oligopol
2. Beschränktes Angebotsmonopol
3. Polypol
4. Angebotsoligopol
5. Nachfrageoligopol

9. Aufgabe ☐

Welche der folgenden Handlungen findet auf dem Konsumgütermarkt statt?

1. Die Dialogfix GmbH verkauft nicht mehr benötigte Schreibtische an die KommunikativAktiv KG.
2. Die Dialogfix GmbH verkauft einen Laserdrucker an die Infeurop AG.
3. Die Dialogfix GmbH kauft 20 Headsets von der Acustica OHG.
4. Die Dialogfix GmbH erwirbt ein Grundstück von der LaMaison GmbH.
5. Die Dialogfix GmbH verkauft einen Laserdrucker an Rolf Waring.

10. Aufgabe ☐

Der Staat greift gelegentlich in das Marktgeschehen ein, um wirtschaftspolitische Ziele zu verfolgen. Welche Zielsetzung verfolgt der Staat dabei <u>nicht</u>?

1. Aus sozialpolitischen Gründen sollen Nachfrager vor zu hohen Preisen geschützt werden.
2. Anbieter sollen vor zu niedrigen Preisen und einem ruinösen Wettbewerb geschützt werden.
3. Durch den Staat als Tarifpartner an der Seite der Gewerkschaften soll die Marktmacht der Unternehmen auf dem Arbeitsmarkt gebremst werden.
4. Der Staat sucht zusätzliche Einnahmequellen.
5. Im internationalen Wettbewerb sollen für heimische Unternehmen Wettbewerbsvorteile erlangt werden.

Situation zu den Aufgaben 11 bis 15:
An der Londoner Kaffeebörse wird Rohkaffee in Säcken zu 60 kg gehandelt. Ihnen steht eine aktuelle Übersicht mit Kauf- und Verkaufsaufträgen zur Verfügung.

Kaufaufträge

Käufer	Kaufmenge in Sack	Akzeptierte Preisobergrenze €/Sack
A	3 500	95,00
B	500	98,00
C	2 200	100,00
D	800	102,00

Verkaufsaufträge

Verkäufer	Verkaufsmenge in Sack	Akzeptierte Preisuntergrenze €/Sack
E	1 400	95,00
F	2 100	98,00
G	1 700	100,00
H	2 300	102,00

11. Aufgabe
Ermitteln Sie, wie viele Sack Kaffee bei einem Preis von 100,00 €/Sack auf dem Markt angeboten werden.

12. Aufgabe
Ermitteln Sie, wie viele Sack Kaffee bei einem Preis von 100,00 €/Sack auf dem Markt nachgefragt werden.

13. Aufgabe
Ermitteln Sie den Gleichgewichtspreis (in €) für einen Sack Rohkaffee.

14. Aufgabe
Welche Marktsituation liegt bei einem Preis von 102,00 € für den Sack Rohkaffee vor?
1. Käufermarkt, Nachfrageüberhang
2. Vollkommener Markt, Angebots-/Nachfrageausgleich
3. Käufermarkt, Angebotsüberhang
4. Verkäufermarkt, Nachfrageüberhang
5. Verkäufermarkt, Angebotsüberhang

15. Aufgabe
In welchem Fall kann ein Anbieter von Rohkaffee am ehesten Preiserhöhungen durchsetzen?
1. Wenn weitere Anbieter von Rohkaffee auf den Markt drängen.
2. Wenn die Konkurrenz die Preise senkt.
3. Wenn der Kaffeekonsum steigt.
4. Wenn ein russisches Unternehmen Aktien des Anbieters kauft.
5. Wenn es infolge von Unwettern bei diesem Anbieter zu Ernteausfällen kommt.

16. Aufgabe

Die Dialogfix GmbH ist u. a. auf dem Markt für Personal Digital Assistants (PDA) tätig. Stellen Sie anhand der Abbildung fest, welche der folgenden Situationen zu einer Verschiebung der Nachfragekurve nach links führt.

1. Verbesserte Produktionsabläufe bei den Herstellern führen dazu, dass größere Mengen auf dem Markt angeboten werden können.
2. Immer mehr Nutzer steigen vom Handy auf einen vollwertigen PDA mit Telefonfunktion um.
3. Die Verbraucher sehen zunehmend in Netbooks eine Alternative zum PDA.
4. Infolge des heiß umkämpften Marktes entschließen sich mehrere PDA-Hersteller zur Aufgabe der PDA-Produktion.
5. Die Einkommensteuersätze werden gesenkt.

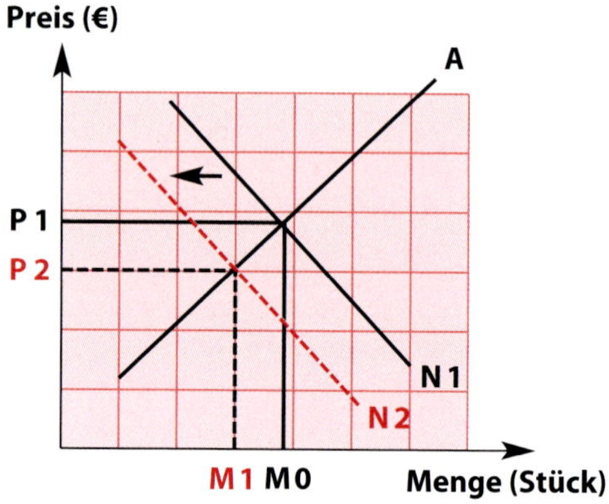

17. Aufgabe

In einer Fachzeitschrift lesen Sie den folgenden Satz:

> „Der ständige Anpassungsprozess ist im Marktmodell Ausdruck einer wandlungsfähigen Wettbewerbswirtschaft, in der bei bedarfsorientierter Produktionssteuerung und bei freier Berufs- und Arbeitsplatzwahl die produktiven Kräfte so wirksam wie möglich eingesetzt werden (optimale Allokation)."

Stellen Sie fest, welche der aufgeführten Funktionen des Preises hier verdeutlicht wird.

1. Ausschaltungsfunktion
2. Ausgleichsfunktion
3. Erziehungsfunktion
4. Signalfunktion
5. Lenkungsfunktion

18. Aufgabe

Stellen Sie fest, bei welchem Markt es sich tendenziell um einen Verkäufermarkt handelt.

1. Markt für Haushaltsgeräte, auf dem auch die Haus und Garten GmbH agiert.
2. Markt für Erdgas, auf dem die Haus und Garten GmbH ihr Gas bezieht.
3. Markt für Printmedien, auf dem die Haus und Garten GmbH mit einem eigenen Kochbuch vertreten ist.
4. Markt für Handwerkerbedarf, in den die Haus und Garten GmbH eintreten möchte.
5. Markt für Gebäudereinigung, von dem die Haus und Garten GmbH ihr Reinigungspersonal bezieht.

19. Aufgabe

Ordnen Sie die Funktionen des Marktpreises den einzelnen Situationen zu:

☐ Der Markt informiert über die Verfügbarkeit eines Gutes. Preisänderungen zeigen Veränderungen in der Verfügbarkeit an.

☐ Ist der Marktpreis hoch, motiviert dies die Nachfrager, sparsamer mit diesem Gut umzugehen.

☐ Marktteilnehmer, die bei hohen Preisen nicht nachfragen bzw. bei niedrigen Preisen nicht anbieten wollen, scheiden aus dem Markt aus.

☐ Über den Marktpreis ergibt sich ein Gleichgewicht zwischen Angebot und Nachfrage.

☐ Anbieter werden Produktion und Verkauf danach ausrichten, wo die größte Nachfrage (und der höchste Preis) zu erwarten ist. Damit ist sichergestellt, dass nur angeboten wird, was der Markt auch nachfragt.

1. Ausgleichsfunktion
2. Signalfunktion
3. Lenkungsfunktion
4. Erziehungsfunktion
5. Ausschaltungsfunktion

20. Aufgabe ☐

Die Haus und Garten GmbH stellt verschiedene Güterarten her. Welche der folgenden Aussagen zu den Güterarten ist richtig?

1. Bei dem elektrischen Rasenmäher und dem dafür vorgesehenen extralangen Kabel handelt es sich um Substitutionsgüter.
2. Bei der elektrischen Heckenschere handelt es sich um ein Verbrauchsgut.
3. Bei dem Granulatdünger für Blumen handelt es sich um ein Verbrauchsgut.
4. Die Betonmischmaschine dient als gutes Beispiel für ein Konsumgut.
5. Die zum Kaffeevollautomaten angebotene Garantieverlängerung ist ein Beispiel für ein materielles Gut.

21. Aufgabe ☐

Die Haus und Garten GmbH hat die Verkaufsmöglichkeiten eines neu entwickelten Toasters in einer Marktanalyse prüfen lassen. Folgende Informationen liegen vor:

Preis/Toaster	**mögliche Verkaufsmenge**	**dabei anfallende Gesamtkosten**
32,00 €	12 000 Stück	227 000,00 €
30,00 €	14 000 Stück	259 000,00 €
28,00 €	16 000 Stück	291 000,00 €

Zu welchem Preis muss der Toaster angeboten werden, wenn die Haus und Garten GmbH Gewinnmaximierung anstrebt?

22. Aufgabe

Ordnen Sie folgende Begriffe den Buchstaben A bis E auf dem Schaubild zu und tragen Sie die Zahlen in dieser Reihenfolge von links nach rechts in die Lösungskästchen ein.

1. Gleichgewichtspreis
2. Angebot
3. Nachfrage
4. Nachfrageüberhang
5. Angebotsüberhang

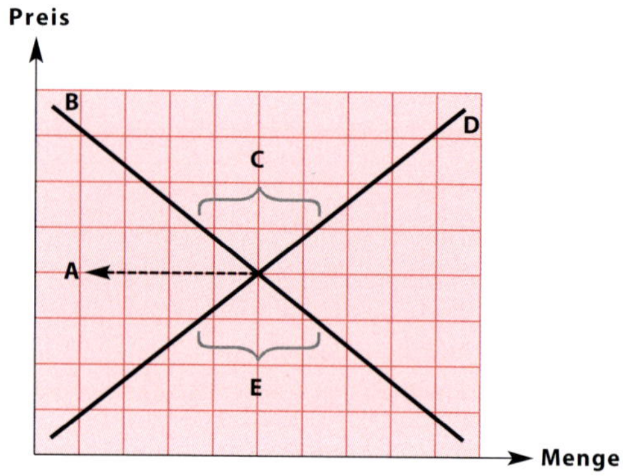

23. Aufgabe

Der Preis „P1" ist kleiner als der Gleichgewichtspreis. Stellen Sie fest, welche Situation zum Preis „P1" zutrifft.

1. Zum Preis P1 besteht ein Angebotsüberhang.
2. Zum Preis P1 besteht dann kein Angebot.
3. Die zum Preis P1 abgesetzte Menge kann an der Angebotskurve abgelesen werden.
4. Die zum Preis P1 abgesetzte Menge kann an der Nachfragekurve abgelesen werden.
5. Durch den Preis P1 werden zusätzliche Anbieter am Markt aktiv.

24. Aufgabe

Stellen Sie fest, in welcher Situation die Tendenz besteht, dass die Preise steigen.

1. Angebot und Nachfrage bleiben gleich.
2. Die Nachfrage steigt stärker als das Angebot.
3. Das Angebot steigt bei gleichbleibender Nachfrage.
4. Die Nachfrage sinkt, wohingegen das Angebot steigt.
5. Das Angebot steigt stärker als die Nachfrage.

Situation zu den Aufgaben 25 bis 26:

Ein Marktforschungsinstitut hat für die Haus und Garten GmbH das Nachfrageverhalten für Induktionsherde ermittelt und die entsprechenden Daten in ein Diagramm übertragen. Um den Marktauftritt zu optimieren, sollen die Ergebnisse nun analysiert werden.

25. Aufgabe

Welchen Umsatz kann die Haus und Garten GmbH erzielen, wenn sie ihren neuen Induktionsherd zu einem Preis von 1 000,00 € am Markt anbietet?

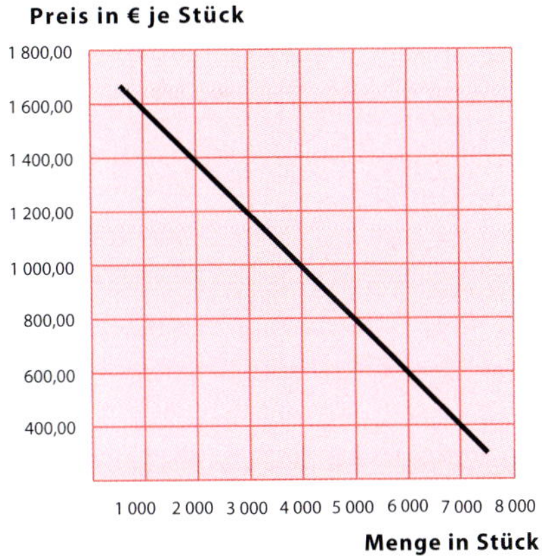

26. Aufgabe

Das Unternehmen plant, zur besseren Auslastung der Produktionskapazität den Preis um 100,00 € zu senken. Um wie viel € würde der Umsatz mit dieser Maßnahme steigen?

27. Aufgabe

Welche der folgenden Behauptungen ist korrekt?

1. Existieren wenige Anbieter und nur ein Nachfrager, so herrscht ein beschränktes Nachfragemonopol.
2. Bei einem Anbieter und einem Nachfrager spricht man von einem mehrseitigen Monopol.
3. Treffen wenige Anbieter auf viele Nachfrager, so spricht man vom beschränkten Angebotsmonopol.
4. Trifft ein Nachfrager auf viele Anbieter, so handelt es sich um ein beschränktes Nachfragemonopol.
5. Bei einem Polypol treffen viele Nachfrager auf wenige Anbieter.

28. Aufgabe

Da viele neue Hersteller auf den Markt drängen, steigt das Angebot von Induktionsherden. Welche Aussage zum Angebot trifft zu?

1. Das Angebot verteuert sich, wodurch sich die Angebotskurve nach links verschiebt.
2. Als Ergebnis der Angebotssteigerung steigen die Gleichgewichtsmenge und der Gleichgewichtspreis.
3. Das steigende Angebot hat keine Auswirkung auf die Gleichgewichtsmenge und den Gleichgewichtspreis.
4. Die Nachfragekurve verschiebt sich nach rechts, wodurch der Gleichgewichtspreis sinkt.
5. Die Angebotskurve verschiebt sich nach rechts.

29. Aufgabe ☐

Der Preis für Rohkaffee verändert sich Tag für Tag. In welchem Fall erfolgt die Preisänderung aufgrund einer nicht marktkonformen Situation?

1. Der Preis sinkt, da ein Überangebot an Kaffeebohnen besteht.
2. Der Preis steigt, da die Kaffeebohnen aufgrund von Unruhen in den Erzeugergebieten schwieriger zu beschaffen sind.
3. Der Preis steigt, da die Bundesregierung einen Mindestpreis festlegt, um fairen Handel zu fördern.
4. Der Preis sinkt aufgrund von Preissenkungen der Konkurrenten.
5. Der Preis steigt aufgrund der gestiegenen Nachfrage.

Situation zu den Aufgaben 30 bis 45:
Im Rahmen der Vorbereitung zur Abschlussprüfung haben Sie sich einer Lerngruppe angeschlossen, um Fragen zur wirtschaftlichen Kooperation und Konzentration zu besprechen.

30. Aufgabe ☐

Welche Aussage über wirtschaftliche Kooperation ist richtig?

1. Durch wirtschaftliche Kooperation sinkt die Zahl der Unternehmen.
2. Bei wirtschaftlicher Kooperation geben Unternehmen ihre rechtliche und wirtschaftliche Unabhängigkeit auf.
3. Kartellbildung ist eine Form der Kooperation, die ordnungspolitisch unkritisch betrachtet werden sollte.
4. Die Ziele einer Kooperation liegen meist darin, die Leistungsfähigkeit der einzelnen Teilnehmer zu stärken und auf dem Markt wettbewerbsfähig zu bleiben.
5. Unter einem Preiskartell versteht man die Absprache maximaler Produktionsquoten.

31. Aufgabe ☐

Welche der folgenden Arten von Zusammenarbeit beschreibt einen Trust?

1. Im Mittelpunkt stehen gemeinsame Interessen, die im Verbund leichter durchgesetzt werden können.
2. Vertragliche Absprache zwischen Unternehmen derselben Branche, bei denen es z. B. um Preise, Produktionsmengen oder Geschäftsbedingungen geht.
3. Sowohl die wirtschaftliche als auch die rechtliche Selbstständigkeit geht verloren, wobei es entweder zu einer Übernahme eines Unternehmens durch ein anderes oder zu einer Neugründung kommt.
4. Unternehmen kooperieren zur Durchführung eines gemeinsamen Projekts oder eines Auftrags.
5. Die Unternehmen geben ihre wirtschaftliche Selbstständigkeit auf, bleiben aber rechtlich selbstständig.

32. Aufgabe

☐

Welche der von der Haus und Garten GmbH geplanten Maßnahmen würde zu einem Verstoß gegen das Wettbewerbsrecht führen?

1. Die Auslaufmodelle im Bereich Brotbackmaschinen sollen zu Sonderpreisen angeboten werden.
2. Teile des Sortiments sollen an verschiedene Zielgruppen zu unterschiedlichen Preisen verkauft werden.
3. Man plant folgenden Slogan für den neuen Induktionsherd: „Der beste Induktionsherd, den es von der Haus und Garten GmbH je gab!"
4. Um den Absatz anzukurbeln, soll der neue Induktionsherd für 6 Monate unter den Herstellungskosten verkauft werden.
5. Man vergleicht in Zeitungsanzeigen die Größe der Kochfelder mit denen der Konkurrenz.

33. Aufgabe

☐

Grundlage des Kartellrechts in Deutschland ist das Gesetz gegen Wettbewerbsbeschränkungen (GWB). Welche der aufgeführten Aussagen zur Fusionskontrolle ist falsch?

1. Sobald ein Zusammenschluss nach den Bestimmungen des GWB vorliegt, ist dieser immer vor dem Vollzug beim Bundeskartellamt anzumelden.
2. Die missbräuchliche Ausnutzung einer marktbeherrschenden Stellung durch ein oder mehrere Unternehmen ist verboten.
3. Ein Unternehmen ist nach dem GWB marktbeherrschend, wenn es keinem Wettbewerb ausgesetzt ist.
4. Ist das Unternehmen nach der Fusion marktbeherrschend und der Zusammenschluss wurde rechtzeitig angezeigt, bestehen vonseiten des Bundeskartellamtes keine Bedenken gegen die Fusion.
5. Liegt ein Zusammenschluss nach dem GWB vor, ist dieser lediglich anzumelden, wenn bestimmte Umsatzzahlen nicht überschritten werden.

34. Aufgabe

☐

Führende Unternehmen der Dialogmarketingbranche vereinbaren zur Renditesicherung, in Zukunft einen einheitlichen Preis in Abhängigkeit von der Dauer des Gespräches pro Nettokontakt zu verlangen. Wie ist diese Absprache gesetzlich zu bewerten?

1. Das Kartellgesetz verbietet generell alle Preisabsprachen.
2. Das Kartellgesetz besagt, dass die Preisabsprache vorher von der Kartellbehörde geprüft und genehmigt werden muss.
3. Das Kartellgesetz verbietet gemeinsame Preisabsprachen, wenn sie zu einer Preiserhöhung führen.
4. Die Preisabsprache ist zulässig, sobald sie der Kartellbehörde angezeigt wird.
5. Die Preisabsprache ist überflüssig, da eine Preisbindung pro Call bereits existiert.

35. Aufgabe ☐

Unter bestimmten Voraussetzungen ist eine Freistellung vom Kartellverbot nach § 2 GWB möglich. Prüfen Sie anhand des nachstehenden Gesetzesauszugs, welche der unten aufgeführten Voraussetzungen dazu nicht notwendig ist.

AUSZUG AUS DEM GESETZ GEGEN WETTBEWERBSBESCHRÄNKUNGEN (GWB)
§ 2 Freigestellte Vereinbarungen
(1) Vom Verbot des § 1 freigestellt sind Vereinbarungen zwischen Unternehmen, Beschlüsse von Unternehmensvereinigungen oder aufeinander abgestimmte Verhaltensweisen, die unter angemessener Beteiligung der Verbraucher an dem entstehenden Gewinn zur Verbesserung der Warenerzeugung oder -verteilung oder zur Förderung des technischen oder wirtschaftlichen Fortschritts beitragen, ohne dass den beteiligten Unternehmen
1. Beschränkungen auferlegt werden, die für die Verwirklichung dieser Ziele nicht unerlässlich sind, oder
2. Möglichkeiten eröffnet werden, für einen wesentlichen Teil der betreffenden Waren den Wettbewerb auszuschalten. (...)

1. Der Verbraucher muss aus dem gebildeten Kartell Vorteile ziehen können.
2. Das Kartell muss einen wirtschaftlichen Nutzen haben (Effizienzgewinn).
3. Die am Kartell beteiligten Unternehmen müssen verschiedene soziale Projekte als Ausgleichsmaßnahme fördern.
4. Die vereinbarten Absprachen müssen für das Funktionieren des Kartells unverzichtbar sein. Sonst darf nichts vereinbart werden (Unerlässlichkeit).
5. Das Kartell darf nicht zur Ausschaltung des Wettbewerbs führen.

36. Aufgabe ☐

Unternehmenszusammenschlüsse können in verschiedenen Formen erfolgen. In welcher Zeile ist ein Unternehmenszusammenschluss zu einem Konzern richtig beschrieben?

1. Zwischen Unternehmen A und Unternehmen B wird vereinbart, bei der Beschaffung zu kooperieren.
2. Unternehmen A übernimmt das Unternehmen B. Das Unternehmen B erlischt.
3. Unternehmen A und Unternehmen B vereinbaren, ihre Produkte über eine gemeinsame Zweigstelle im Ausland abzusetzen.
4. Das Unternehmen B erwirbt mehr als die Hälfte der Anteile des Unternehmens A und bestimmt die wirtschaftlichen Geschicke des Unternehmens A, indem es Einfluss auf die Leitung nimmt.
5. Unternehmen A ist Zulieferer von Unternehmen B und hat mit Unternehmen B einen langfristigen Vertrag ausgehandelt.

37. Aufgabe ☐

Die Dialogfix GmbH und die KommunikativAktiv KG stehen in geschäftlicher Beziehung zueinander. Welche der folgenden Situationen ist gemäß § 1 GWB als problematisch einzustufen?

> **AUSZUG AUS DEM GESETZ GEGEN WETTBEWERBSBESCHRÄNKUNGEN (GWB)**
> **§ 1 Verbot wettbewerbsbeschränkender Vereinbarungen**
> Vereinbarungen zwischen Unternehmen, Beschlüsse von Unternehmensvereinigungen und aufeinander abgestimmte Verhaltensweisen, die eine Verhinderung, Einschränkung oder Verfälschung des Wettbewerbs bezwecken oder bewirken, sind verboten.

1. Die Dialogfix GmbH beauftragt die KommunikativAktiv KG, den Service für eine bestimmte Produktsparte für sie zu übernehmen.
2. Dialogfix GmbH und KommunikativAktiv KG vereinbaren, sich in Peak-Zeiten gemäß Vertrag zu unterstützen.
3. Dialogfix GmbH und KommunikativAktiv KG teilen sich den regionalen Markt auf. Die Dialogfix GmbH übernimmt alle Kunden nördlich von Köln, die KommunikativAktiv KG alle Kunden südlich von Köln.
4. Dialogfix GmbH und KommunikativAktiv KG werben gemeinsam einen Auftrag ein, den sie zusammen erfüllen.
5. Dialogfix GmbH und KommunikativAktiv KG beteiligen sich gemeinsam an einem Institut zur Fortbildung von Callcenter-Führungskräften.

38. Aufgabe ☐

Welche Einrichtung ist für die Überwachung des Wettbewerbs zuständig?

1. Industrie- und Handelskammer
2. Handwerkskammer
3. Finanzministerium
4. Bundeskartellamt
5. Bundesbank

39. Aufgabe

Prüfen Sie, ob es sich bei den folgenden Fällen jeweils um eine Kooperation oder eine Konzentration handelt.

☐ Die Haus und Garten GmbH ist im Verband der Haushaltsgerätehersteller organisiert.
☐ Zwei Hersteller von Haushaltsgeräten planen, Absatzgebiete in Norddeutschland untereinander aufzuteilen.
☐ Ein Onlineanbieter von Haushaltsgeräten wird von einem Anbieter mit Filialnetz übernommen.
☐ Zwei Bauunternehmen bilden ein Konsortium zur Abwicklung einer Großbaustelle.
☐ Die Haus und Garten GmbH kauft die Firma Heimwerk Möller KG.

1. Kooperation
2. Konzentration

40. Aufgabe ☐☐

Welche zwei Aussagen über Kooperation treffen nicht zu?

1. Arbeitsgemeinschaften werden gegründet, um z. B. ein gemeinsames Projekt durchzuführen.
2. Die Zusammenarbeit von Arbeitsgemeinschaften ist in allen Fällen auf wenige Monate begrenzt.
3. Bei einem Kartell werden vertragliche Absprachen zwischen Unternehmen unterschiedlicher Branchen getroffen.
4. Ein mögliches Ziel der Kartellbildung ist es, den Wettbewerb auszuhebeln.
5. Das Kartellgesetz nennt man auch „Gesetz gegen Wettbewerbsbeschränkungen".
6. Bei Missbrauchsverdacht hat das Bundeskartellamt weitreichende Ermittlungsbefugnisse.

41. Aufgabe ☐

Welche Aussage über Konzentration trifft nicht zu?

1. Bei anorganischen Zusammenschlüssen steht Risikostreuung im Mittelpunkt.
2. Beim vertikalen Zusammenschluss schließen sich Unternehmen aus einer Branche, aber aus unterschiedlichen Wirtschaftsstufen zusammen.
3. Bei einer Konzernbildung geben die Unternehmen sowohl ihre wirtschaftliche als auch ihre rechtliche Selbstständigkeit auf.
4. Eine Fusion kann entweder durch Übernahme oder durch Neugründung erfolgen.
5. Bei einem horizontalen Zusammenschluss geht es vorrangig um Kostenvorteile und einen Ausbau der Marktstellung.

42. Aufgabe ☐

Ein Onlinehändler für Haushaltsgeräte wird von einem Haushaltsgerätehändler mit Filialnetz übernommen und verliert dabei seine rechtliche und wirtschaftliche Selbstständigkeit. Welche Begriffskombination trifft auf diese Situation zu?

1.	Vertikaler Zusammenschluss	Fusion	Übernahme
2.	Horizontaler Zusammenschluss	Fusion	Neugründung
3.	Vertikaler Zusammenschluss	Fusion	Neugründung
4.	Vertikaler Zusammenschluss	Konzern	Neugründung
5.	Horizontaler Zusammenschluss	Fusion	Übernahme

43. Aufgabe ☐

Welche der folgenden Aussagen über staatliche Wettbewerbspolitik trifft nicht zu?

1. Bei Unternehmenszusammenschlüssen sind Fusionskontrollen rechtlich vorgeschrieben.
2. Die Ministererlaubnis besagt, dass der Bundeswirtschaftsminister ausnahmsweise eine vom Bundeskartellamt untersagte Fusion erlauben kann, wenn dies im Interesse der Allgemeinheit geboten scheint.
3. Die Missbrauchsaufsicht ist ein Instrument staatlicher Wettbewerbspolitik.
4. Das Gesetz gegen den unlauteren Wettbewerb dient einem fair geführten Wettbewerb.
5. Das Gesetz gegen Wettbewerbsbeschränkungen soll verhindern, dass eine bestehende Marktmacht missbraucht wird.

44. *Aufgabe* ☐

Je nachdem, aus welchen Branchen die sich zusammenschließenden Unternehmen stammen, werden drei Arten von Zusammenschlüssen unterschieden. Welche Aussage ist richtig?

1. Schließen sich Unternehmen verschiedener Branchen und verschiedener Wirtschaftsstufen zusammen, handelt es sich um einen vertikalen Zusammenschluss.
2. Schließen sich Unternehmen der gleichen Branche und aufeinander folgender Wirtschaftsstufen zusammen, handelt es sich um einen horizontalen Zusammenschluss.
3. Schließen sich Unternehmen der gleichen Branche und verschiedener Wirtschaftsstufen zusammen, spricht man von einem diagonalen Zusammenschluss.
4. Schließen sich Unternehmen der gleichen Branche und derselben Wirtschaftsstufe zusammen, spricht man von einem vertikalen Zusammenschluss.
5. Schließen sich Unternehmen der gleichen Branche und derselben Wirtschaftsstufe zusammen, spricht man von einem horizontalen Zusammenschluss.

45. *Aufgabe* ☐

Eine Form der Konzentration ist die Fusion. Welche Aussage trifft auf die Fusion zu?

1. Die sich zusammenschließenden Unternehmen behalten ihre rechtliche Selbstständigkeit.
2. Im Zuge einer Fusion entsteht eine Holding.
3. Nach der Fusion besteht nur noch ein rechtlich selbstständiges Unternehmen.
4. Alle beteiligten Unternehmen behalten ihre wirtschaftliche Selbstständigkeit.
5. Eine Fusion erfolgt immer durch die Aufnahme eines schwächeren Unternehmens durch ein stärkeres Unternehmen.

Situation zu den Aufgaben 46 bis 49:
Die Dialogfix GmbH muss stets das Gesetz gegen Wettbewerbsbeschränkungen (GWB, Kartellgesetz) sowie weitere Gesetze beachten.

46. *Aufgabe* ☐

Prüfen Sie, in welchem Fall die Dialogfix GmbH gegen dieses Gesetz verstößt.

1. Um eine bessere Wettbewerbsposition zu erhalten, soll die Gesprächszeit um 10 Sekunden verkürzt werden.
2. Bei Neukunden wird ein Rabatt von 10 % gewährt.
3. Bei verschiedenen Ausschreibungen von Projekten werden Preisabsprachen mit Mitbewerbern getroffen.
4. Konkurrenzbedingt ist der Preis je Call im letzten Quartal um 8 % gesunken.
5. Um die Buchhaltung effizienter zu gestalten, erwirbt das Unternehmen eine neue Softwarelizenz.

47. Aufgabe ☐

Welches vorrangige Ziel verfolgt der Staat mit dem Gesetz gegen Wettbewerbsbeschränkungen?

1. Schutz der Verbraucher vor zu großer Marktmacht der Unternehmen
2. Erhalt von Arbeitsplätzen
3. Beschränkung der unternehmerischen Aktivitäten
4. Achtung von Arbeitnehmerrechten
5. Einhaltung von Mindestpreisen zum Schutz der Unternehmen

48. Aufgabe ☐

Beim Fusionieren von Unternehmen kann es zu Wettbewerbsstörungen in der Marktwirtschaft kommen. Welche Auswirkung beschreibt diese korrekt?

1. Die Preise für den Verbraucher bleiben konstant, da die Nachfrage das Angebot dominiert.
2. Über den Wettbewerb pendelt sich der Preis wieder auf dem Ursprungsniveau ein.
3. Der Preis steigt, da die Unternehmen ihre marktbeherrschende Stellung ausnutzen.
4. Die Preise sinken, da die Unternehmen bei bestehender Nachfrage ihr Angebot ausweiten.
5. Die Wettbewerbskräfte des Marktes führen zum Zerfall der Fusion.

49. Aufgabe ☐

Die Dialogfix GmbH nennt in telefonischen Verkaufsgesprächen mit Verbrauchern immer den Verkaufspreis inklusive Mehrwertsteuer (Bruttopreis). Stellen Sie fest, welche rechtliche Vorgabe hier umgesetzt wird.

1. Recht der Allgemeinen Geschäftsbedingungen (AGB)
2. Preisangabenverordnung (PAngV)
3. Bruttopreisgesetz (BPG)
4. Gesetz gegen Wettbewerbsbeschränkungen (GWB)
5. Handelsgesetzbuch (HGB)

Situation zu den Aufgaben 50 bis 61:
Im Berufsschulunterricht diskutieren Sie über die Aufgaben des Staates in der Wirtschaft.

50. Aufgabe ☐

Wodurch wird die Rolle des Staates im Modell der freien Marktwirtschaft zutreffend charakterisiert?

1. Die optimale Verteilung der Produktionsmittel obliegt dem Staat.
2. Aufgabe des Staates ist die Aufstellung von Investitionsplänen für die Industrie.
3. Der Staat gewährleistet lediglich die Rahmenbedingungen für einen störungsfreien Ablauf des Wirtschaftsgeschehens.
4. Der Staat kümmert sich nur um die sozial Schwachen und die Arbeitslosen.
5. Neben der Gewährung von Subventionen legt der Staat auch Mindestpreise fest.

51. Aufgabe

Welche Handlungsmöglichkeit hat der Staat auch in der freien Marktwirtschaft?

1. Gesetzliche Maßnahmen zu ergreifen, um die Gewerbefreiheit zu sichern
2. Die Produktion in der Landwirtschaft zu begrenzen, um eine Überproduktion zu verhindern
3. Aktive Eingriffe in die Tarifverhandlungen
4. Gestaltung von Verbrauchssteuern, um Konsumentscheidungen zu lenken
5. Sozialbindung des Eigentums vorschreiben

52. Aufgabe

Prüfen Sie, welche zwei Aussagen die Wirtschaftsordnung der Bundesrepublik Deutschland zutreffend beschreiben.

1. Die Investitionsentscheidungen werden von den Unternehmen getroffen.
2. Alle Tarifverträge müssen vom Staat genehmigt werden.
3. Für Grundnahrungsmittel werden Höchstpreise festgesetzt.
4. Die Preisbildung auf dem Markt erfolgt ausschließlich durch Angebot und Nachfrage.
5. Unternehmen können jederzeit unbeeinflusst vom Staat agieren.
6. Die Produktionsmittel befinden sich überwiegend in Privateigentum.

53. Aufgabe

In der sozialen Marktwirtschaft greift der Staat in das Wirtschaftsgeschehen ein. Welches der aufgeführten Ziele findet dabei keine Berücksichtigung?

1. Erfüllung kollektiver Bedürfnisse
2. Soziale Sicherheit
3. Stabilisierung bestehender großer Einkommensunterschiede
4. Kontrolle der Aufrechterhaltung des Wettbewerbs
5. Schaffung gerechter Arbeitsverhältnisse

54. Aufgabe

Stellen Sie fest, in welchem Fall ein Merkmal der sozialen Marktwirtschaft der Bundesrepublik Deutschland korrekt beschrieben wird.

1. In der sozialen Marktwirtschaft besteht ausschließlich Privateigentum an Produktionsmitteln.
2. Die richtungsweisenden Wirtschaftsentscheidungen werden von der Bundesregierung in Fünfjahresplänen niedergeschrieben.
3. Es besteht eine Übereinkunft darin, den Wettbewerb in keinerlei Form über wettbewerbsordnende Gesetze zu reglementieren.
4. Einkommensschwache Gruppen erhalten staatliche Zuwendungen.
5. Der Staat spielt beim Zusammentreffen von Angebot und Nachfrage auf dem Markt eine aktive Rolle, da er die Preise festlegt.

55. Aufgabe ☐

Welche Aussage über die staatlichen Aktivitäten in der sozialen Marktwirtschaft ist zutreffend?

1. Der Staat kontrolliert die Preise und setzt den volkswirtschaftlich optimalen Preis fest.
2. Die staatlichen Subventionen können zu einer Verzerrung des Wettbewerbs führen.
3. Bei Tarifverhandlungen greift der Staat zum Schutz der Arbeitnehmer ein.
4. Der Staat sorgt stets für vollständige Konkurrenz auf den Gütermärkten.
5. Durch die Fusionskontrolle schützt der Staat seine Bürger vor ökologischen Risiken.

56. Aufgabe ☐

In welcher Zeile sind die von der sozialen Marktwirtschaft gewährten Freiheitsrechte und ihre Einschränkungen richtig zugeordnet?

1. Gewerbefreiheit – die Regelungen der AGB dürfen nicht schlechter als die des BGB sein.
2. Tarifautonomie – es ist jedem Verbraucher freigestellt, welchen Handytarif er wählen möchte.
3. Freihandel – die Verträge zwischen Gewerkschaften und Arbeitgeberverbänden werden ohne Einmischung des Staates ausgehandelt.
4. Freier Wettbewerb – Fusionen werden nur dann untersagt, wenn das entstehende Unternehmen eine marktbeherrschende Stellung erhielte.
5. Konsumfreiheit – gegen Entschädigung können Grund und Boden zur Ausbeutung von Bodenschätzen enteignet werden.

57. Aufgabe ☐

Welches Merkmal unterscheidet die soziale Marktwirtschaft von der freien Marktwirtschaft?

1. Privateigentum an Produktionsmitteln
2. Angebot und Nachfrage bestimmen den Preis
3. Erwerbswirtschaftliches Prinzip
4. Wirtschaftspolitische Eingriffe des Staates
5. Nutzenmaximierung bei den Verbrauchern

58. Aufgabe ☐

Um die soziale Lage von Familien mit Kindern zu verbessern, erwägt die Bundesregierung einige Maßnahmen. Prüfen Sie, welche Maßnahme <u>nicht</u> den Grundsätzen der sozialen Marktwirtschaft entspricht.

1. Erhöhung des Kindergeldes ab dem dritten Kind um 50,00 €
2. Befreiung einkommensschwacher Familien von den Kindergartenbeiträgen
3. Vergabe kostenloser Schulbücher
4. Steuervorteile für kinderreiche Familien
5. Festsetzen von Höchstpreisen für Babynahrung

59. Aufgabe

Die Auszubildende Julia Lauer hört anlässlich des Firmenjubiläums der Dialogfix GmbH die Ansprache eines Vertreters der IHK. Er verwendet darin den Begriff „strukturschwache Gegend“:

> „Callcenter galten lange als Hoffnung für strukturschwache Gegenden. Die Ansiedlung wurde durch Subventionen attraktiv gemacht. Davon profitierten vor allem die Neuen Bundesländer und das Ruhrgebiet. Viele Arbeitsplätze wurden geschaffen. Problematisch gestaltet sich die Ansiedlung in wirtschaftlichen Boomregionen wie Baden-Württemberg, da hier die Löhne vergleichsweise hoch sind. Solange die notwendigen Arbeitskräfte zur Verfügung stehen und die Telekommunikationsinfrastruktur stimmt, sind selbst ländlich geprägte Gebiete ein lohnender Standort!“

Welche Zeile erläutert die Aussage des IHK-Vertreters zutreffend?

1. Strukturschwache Gegenden gelten als besonders lohnende Standorte, an denen sich Betriebe ansiedeln wollen.
2. In strukturschwachen Gegenden ist nicht mit einer staatlichen Förderung zu rechnen.
3. Eine strukturschwache Gegend zeichnet sich durch eine geringe Arbeitslosigkeit aus.
4. Unter einer strukturschwachen Gegend versteht man zumeist ländliche Räume oder Gebiete, die stark durch eine nicht mehr wettbewerbsfähige Industrie geprägt sind.
5. Unter einer strukturschwachen Gegend versteht man Gebiete, in denen die Ansiedlung von Betrieben aufgrund der hohen Löhne erschwert wird.

60. Aufgabe

Die Bundesregierung möchte die Höhe der Arbeitslosigkeit reduzieren. Welche der folgenden Maßnahmen ist mit der Wirtschaftsordnung der Bundesrepublik Deutschland nicht vereinbar?

1. Gespräche mit Arbeitgebern und Gewerkschaften, um über Beschäftigungsanreize zu diskutieren
2. Gezielte staatliche Investitionen in die Erforschung von Zukunftstechnologien an Spitzenuniversitäten
3. Einführung eines Höchstlohns im Dienstleistungssektor, um die Kosten der Unternehmen dauerhaft zu senken
4. Die Qualität der Arbeitsvermittlung erhöhen durch Umorganisation der Beratung in den Arbeitsagenturen
5. Belebung strukturschwacher Regionen durch gezielte Infrastrukturmaßnahmen.

61. Aufgabe

Welcher staatliche Eingriff in das Wirtschaftsgeschehen ist mit der sozialen Marktwirtschaft in der Bundesrepublik Deutschland unvereinbar?

1. Den Mineralölkonzernen werden Preisabsprachen verboten.
2. Verbrauchsarme Pkw erhalten eine vorübergehende Befreiung von der Kfz-Steuer.
3. Die Ökosteuer auf Benzin wird verdoppelt.
4. Der Kauf von Benzin für Pkw wird mengenmäßig beschränkt.
5. Elektroautos werden staatlich subventioniert.

Lösungen zu Kapitel 21

1. Aufgabe 3, 2, 4, 1, 5
2. Aufgabe 3
3. Aufgabe 5
4. Aufgabe 3
5. Aufgabe 2
6. Aufgabe 4
7. Aufgabe 4
8. Aufgabe 4
9. Aufgabe 5
10. Aufgabe 3
11. Aufgabe 5 200 Sack
12. Aufgabe 3 000 Sack
13. Aufgabe 98,00 €
14. Aufgabe 3
15. Aufgabe 3
16. Aufgabe 3
17. Aufgabe 5
18. Aufgabe 2
19. Aufgabe *2, 4, 5, 1, 3*
20. Aufgabe *3*
21. Aufgabe *30,00 €*
22. Aufgabe *1, 3, 5, 2, 4*
23. Aufgabe *3*
24. Aufgabe 2
25. Aufgabe 4 000 000,00 €
26. Aufgabe 50 000,00 €
27. Aufgabe 1
28. Aufgabe 5
29. Aufgabe *3*
30 Aufgabe 4
31. Aufgabe 3
32. Aufgabe 4
33. Aufgabe 4
34. Aufgabe *1*
35. Aufgabe 3
36. Aufgabe 4
37. Aufgabe 3
38. Aufgabe 4
39. Aufgabe 1, 1, 2, 1, 2
40. Aufgabe 2, 3
41. Aufgabe 3
42. Aufgabe 5
43. Aufgabe 1
44. Aufgabe 5
45. Aufgabe 3
46. Aufgabe 3
47. Aufgabe 1
48. Aufgabe 3
49. Aufgabe 2
50. Aufgabe 3
51. Aufgabe 1
52. Aufgabe 1, 6
53. Aufgabe 3
54. Aufgabe 4
55. Aufgabe 2
56. Aufgabe 4
57. Aufgabe 4
58. Aufgabe 5
59. Aufgabe 4
60. Aufgabe 3
61. Aufgabe 4

22 Grundzüge der Wirtschaftspolitik in der sozialen Marktwirtschaft

Hinweis: Dieses Kapitel enthält die Themen
- Ziele und Zielkonflikte der Wirtschaftspolitik (Aufgabe 1 bis 18),
- Konjunkturpolitik (Aufgabe 19 bis 25).

1. Aufgabe ☐

Welches der folgenden Ziele wird nicht in § 1 des Stabilitätsgesetzes (Gesetz zur Förderung der Stabilität und des Wachstums der Wirtschaft) aufgeführt?

1. Gerechte Lohnentwicklung
2. Hoher Beschäftigungsstand
3. Außenwirtschaftliches Gleichgewicht
4. Stetiges und angemessenes Wirtschaftswachstum
5. Preisniveaustabilität

2. Aufgabe ☐

Das „magische Viereck" der wirtschaftspolitischen Ziele ist im Laufe der Zeit um einige Zielerweiterungen ergänzt worden. Welches Ziel ist erst nachträglich aufgenommen worden?

1. Preisniveaustabilität
2. Außenwirtschaftliches Gleichgewicht
3. Angemessener Haushaltsüberschuss
4. Umweltschutz
5. Einfaches und gerechtes Steuersystem

3. Aufgabe ☐☐

Prüfen Sie, welche zwei Aussagen zu den wirtschaftspolitischen Zielen des „magischen Vierecks" zutreffend sind.

1. Die einzelnen wirtschaftspolitischen Ziele sind voneinander unabhängig.
2. Ein hohes Wirtschaftswachstum wirkt sich immer positiv auf die Preisniveaustabilität aus.
3. Von einem gesamtwirtschaftlichen Gleichgewicht spricht man, wenn das Wirtschaftswachstum bei genau 0 % liegt.
4. Die wirtschaftspolitischen Ziele können quantitativ nicht gemessen werden.
5. Das Erreichen eines wirtschaftspolitischen Zieles geht häufig zulasten eines oder mehrerer anderer Ziele.
6. Ein hoher Beschäftigungsstand wird durch ein starkes Wirtschaftswachstum unterstützt (Zielharmonie).

4. Aufgabe ☐

Ob die wirtschaftspolitischen Ziele erreicht wurden, lässt sich mit verschiedenen Maßgrößen überprüfen. Welche Größe ist geeignet, das Wirtschaftswachstum zu messen?

1. Veränderung des realen Bruttoinlandsprodukts
2. Zahl der neu geschaffenen Stellen
3. Handelsbilanz
4. Auftragseingänge
5. Zunahme der Lohnsumme

5. Aufgabe ☐

In welcher Zeile ist die jeweilige Maßgröße den Zielen der Wirtschaftspolitik korrekt zugeordnet?

1. Außenbeitrag – stetiges und angemessenes Wirtschaftswachstum
2. Veränderung des realen BIP – hoher Beschäftigungsstand
3. Verbraucherpreisindex – Preisniveaustabilität
4. Human Development Index – außenwirtschaftliches Gleichgewicht
5. Arbeitslosenquote – hoher Lebensstandard

6. Aufgabe ☐

In einem Bericht über die konjunkturelle Lage der Bundesrepublik Deutschland wird der Begriff „Kaufkraft" verwendet. Stellen Sie fest, welche der folgenden Aussagen einen zutreffenden Zusammenhang beschreibt.

1. Die Kaufkraft steigt, wenn man mehr Geld aufwenden muss, um die gleiche Menge Güter zu erwerben.
2. Die Veränderung der Kaufkraft wird von Statistikern mithilfe eines Warenkorbes ermittelt, der sämtliche Waren und Dienstleistungen enthält, die aktuell von den Konsumenten am häufigsten gekauft werden.
3. Eine steigende Kaufkraft wird mit dem Begriff Inflation bezeichnet.
4. Geldwertstabilität, also konstante Kaufkraft, bedeutet, dass der Verbraucherpreisindex kontinuierlich ansteigt.
5. Die Wertstabilität des Geldes kann von jedem Konsumenten durch Vergleich seiner eigenen Ausgaben und Einnahmen am Monatsende ermittelt werden.

7. Aufgabe ☐

In welchem Fall ist eine Steigerung des Beschäftigungsstandes zu erwarten?

1. Die Investitionsneigung der Unternehmen bleibt unverändert.
2. Die Preise für Importgüter erhöhen sich deutlich.
3. Zur Sanierung des Staatshaushaltes wird die Umsatzsteuer deutlich erhöht.
4. Das Wirtschaftswachstum liegt dauerhaft über 3 %.
5. Der Außenbeitrag schrumpft über einen längeren Zeitraum.

8. Aufgabe ☐

Welche Aussage zum Begriff Wirtschaftswachstum ist zutreffend?

1. Wirtschaftswachstum liegt vor, wenn das BIP sinkt.
2. Wirtschaftswachstum tritt zeitgleich mit einer Verminderung der Arbeitslosigkeit ein.
3. Wirtschaftswachstum schont automatisch die Umwelt.
4. Wirtschaftswachstum zeichnet sich durch konstante Wachstumsraten aus.
5. Wirtschaftswachstum führt bei gleichbleibenden Steuersätzen zu höheren Staatseinnahmen.

9. Aufgabe ☐

Welche der folgenden Aussagen gibt die wirtschaftlichen Zusammenhänge richtig wieder?

1. Stetiges Wirtschaftswachstum tritt immer gleichzeitig mit Preisniveaustabilität auf.
2. Die Gewinner einer Inflation sind die Schuldner.
3. Für Deutschland ist das außenwirtschaftliche Gleichgewicht unwichtig, da Deutschland exportunabhängig ist.
4. Die Ziele „gleiches Einkommen für alle“ und „ökologisches Wirtschaften“ ergänzen das magische Viereck zum magischen Sechseck.
5. Ein steigender Export hat zwingend ein Ansteigen der Arbeitslosigkeit zur Folge.

10. Aufgabe ☐

Bei der Messung des außenwirtschaftlichen Gleichgewichts wird die Zahlungsbilanz betrachtet, die sich wiederum aus einigen anderen Teilbilanzen zusammensetzt. Welcher Vorgang beeinflusst dabei die Dienstleistungsbilanz?

1. Import von Spielwaren aus China
2. Ausgaben deutscher Urlauber in den USA
3. Kauf von spanischen Aktien durch deutsche Anleger
4. Überweisungen von ausländischen Erntehelfern in ihre Heimatländer
5. Export pharmazeutischer Erzeugnisse nach Algerien

11. Aufgabe ☐☐

Der Staat greift auf vielfältige Weise in das Wirtschaftsgeschehen ein. Stellen Sie fest, in welchen zwei Fällen es sich um eine Transferzahlung handelt.

1. Ausbau der Förderung von Solarenergie
2. Bezug von Wohngeld
3. Erhöhung der Beamtenbezüge
4. Zahlung des Kindergeldes
5. Gewährung von Bürgschaften an Banken
6. Vergabe von Subventionen, um die Ansiedlung von Unternehmen zu unterstützen

12. Aufgabe ☐

Ein vielbeachteter wirtschaftpolitischer Indikator ist die Lohnquote. Geben Sie an, was damit gemessen wird.

1. Grad der Verschuldung der privaten Haushalte
2. Anteil des Arbeitnehmereinkommens am Volkseinkommen
3. Entwicklung des Reallohns der Arbeitnehmer
4. Verhältnis von Einkommen und Ausgaben der privaten Haushalte
5. Anteil der Konsumausgaben am verfügbaren Einkommen der Arbeitnehmer

13. Aufgabe ☐

Bei welchem wirtschaftspolitischen Ziel ist infolge eines langanhaltenden, überdurchschnittlichen Wirtschaftswachstums tendenziell eine unerwünschte Entwicklung zu erwarten?

1. Preisniveaustabilität
2. Außenwirtschaftliches Gleichgewicht
3. Hoher Beschäftigungsstand
4. Umweltschutz
5. Gerechte Einkommens- und Vermögensverteilung

14. Aufgabe ☐

Stellen Sie fest, welche Maßnahme eine inflatorische Wirkung erwarten lässt.

1. Die Tarifabschlüsse liegen unter dem Produktivitätsfortschritt.
2. Die Sparneigung der privaten Haushalte steigt an.
3. Der Staat baut Subventionen ab.
4. Aufgrund negativer Erwartungen reduzieren Unternehmen ihre Investitionen.
5. Eine starke Zunahme der Staatsausgaben wird kreditfinanziert.

15. Aufgabe ☐

Welche Aussage beschreibt das ökonomische Phänomen der Deflation zutreffend?

1. Löhne und Gehälter steigen über einen längeren Zeitraum kräftig an.
2. Deflation tritt vorrangig während des Aufschwungs und der Hochkonjunktur auf.
3. In einer Deflation ist die gesamtwirtschaftliche Nachfrage geringer als das Angebot.
4. Bei einem allgemein ansteigenden Preisniveau spricht man von Deflation.
5. Deflationäre Phasen sind von einer hohen Konsumfreudigkeit geprägt.

16. Aufgabe ☐

In welcher Zeile sind die Maßnahmen gegen Inflation bzw. Deflation richtig zugeordnet?

	Maßnahmen gegen Inflation	**Maßnahmen gegen Deflation**
1	Staatliche Investitionen vorziehen	Staatsausgaben kürzen
2	Steuervergünstigungen für Arbeitnehmer streichen	Kindergeld kürzen
3	Staatliche Konsumgutscheine verteilen	Aktive Wirtschaftsförderung betreiben
4	Staatliche Infrastrukturprojekte zeitlich verschieben	Einkommensteuer senken
5	Sozialausgaben erhöhen	Zur Lohnzurückhaltung auffordern

Situation zu den Aufgaben 17 und 18:
Im Wirtschaftsteil der Tageszeitung sehen Sie folgende Abbildung:

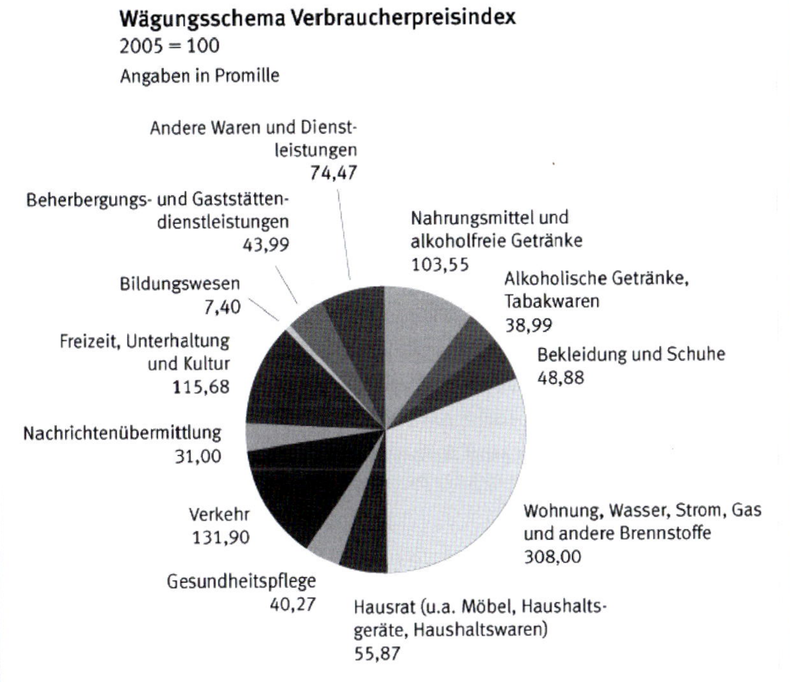

Quelle: http://www.destatis.de/jetspeed/portal/cms/Sites/destatis/Internet/DE/Grafiken/Preise/Diagramme/Waegungsschema,templateId=renderPrint.psml (Stand: 2008)

17. Aufgabe

Prüfen Sie, welche zwei Aussagen Sie der Grafik nicht entnehmen können!

1. Die Grafik stellt dar, in welchem Verhältnis zueinander die einzelnen Komponenten bei der Berechnung des Verbraucherpreisindexes berücksichtigt werden.
2. Die Kosten für Nachrichtenübermittlung stellen die zweitkleinste Komponente bei der Berechnung des Verbraucherpreisindexes dar.
3. Die Preisentwicklung von Wohnung, Wasser und Energie geht mit dem größten Anteil in die Berechnung ein.
4. Die Kosten für das Bildungswesen haben mit 7,40 Promille den kleinsten Anteil an der Gesamtheit der betrachteten Komponenten.
5. Nahrungsmittel und alkoholfreie Getränke werden mit 103,55 % bei der Zusammensetzung des Warenkorbes berücksichtigt.
6. Die Ausgaben für alkoholische Getränke und Tabakwaren sind seit einigen Jahren rückläufig.

18. Aufgabe ☐

Aus dem Zeitungsartikel geht weiter hervor, dass es im vergangenen Jahr einen Preisrückgang für die Nachrichtenübermittlung von 4 % gab. Stellen Sie fest, welche der nachfolgenden Aussagen demnach zutreffend ist.

1. Eine 4 %ige Verminderung der Preise für die Kosten der Nachrichtenübermittlung führt zu einer Inflationssteigerung zwischen 0,2 bis 1 %, sofern die anderen Preise gleich bleiben.
2. Eine 4 %ige Verminderung der Preise für die Kosten der Nachrichtenübermittlung wird dadurch ausgeglichen, dass die Preise für alkoholische Getränke und Tabakwaren stärker fallen.
3. Eine 4 %ige Verminderung der Preise für die Kosten der Nachrichtenübermittlung führt zusammen mit einer 4 %igen Erhöhung der Preise für Bekleidung und Schuhe zu einer Erhöhung des Verbraucherpreisindexes.
4. Eine 4 %ige Verminderung der Preise für die Kosten der Nachrichtenübermittlung kann durch eine Erhöhung der Verbraucherpreise im Bereich Wohnung, Wasser, Energie in geringerem Umfang nicht neutralisiert werden.
5. Eine solche Veränderung zeigt keine Auswirkungen auf den Preisindex.

19. Aufgabe ☐☐

Die wirtschaftliche Entwicklung einer Volkswirtschaft lässt sich anhand der vier Konjunkturphasen Aufschwung, Hochkonjunktur, Abschwung und Depression beschreiben. Welche zwei Merkmale lassen sich der Phase Hochkonjunktur zuordnen?

1. Die Arbeitslosenquote steigt an.
2. Die Produktionskapazitäten der Volkswirtschaft sind nahezu ausgelastet.
3. Das Vertrauen der Unternehmen in die wirtschaftliche Entwicklung steigt langsam an.
4. Das Preisniveau steigt spürbar an.
5. Die Konsumneigung der privaten Haushalte ist gering ausgeprägt.
6. Das Zinsniveau ist sehr niedrig.

20. Aufgabe ☐

In der Tageszeitung lesen Sie, dass sich die Wirtschaft in Deutschland derzeit im konjunkturellen Aufschwung befindet. Welche Entwicklungen können Sie demnach beobachten?

1. Wirtschaftswachstum sinkt, Inflationsrate steigt
2. Wirtschaftswachstum steigt, Arbeitslosigkeit sinkt
3. Inflationsrate sinkt, Wirtschaftswachstum stagniert
4. Arbeitslosigkeit steigt, Inflationsrate sinkt
5. Arbeitslosigkeit sinkt, Inflationsrate sinkt

21. Aufgabe ☐

Prüfen Sie, wobei es sich um einen konjunkturellen Spätindikator handelt.

1. Arbeitslosigkeit
2. Industrielle Produktion
3. Kapazitätsauslastung
4. Zukunftserwartungen in der Wirschaft
5. Aktienkurse

22. Aufgabe ☐

Bei welchem Indikator handelt es sich um einen konjunkturellen Frühindikator?

1. Nachfrage nach Arbeitskräften
2. Veränderung der Verbraucherpreise
3. Auftragseingänge in der Industrie
4. Entwicklung von Löhnen und Gehältern
5. Mehrwertsteueraufkommen

23. Aufgabe ☐

Der Staat möchte durch seine Wirtschaftspolitik die Konjunktur beleben. Stellen Sie fest, welche Maßnahme dazu nicht geeignet ist.

1. Investitionen in den Straßenbau.
2. Erhöhung der Einkommensteuer.
3. Verbesserte Abschreibungsmöglichkeiten für Unternehmen.
4. Förderung neuer Arbeitsplätze durch Steuervergünstigungen.
5. Ausbau der Subventionen für Windkraftanlagen.

24. Aufgabe ☐

In einer Phase der Konjunkturüberhitzung will der Staat dämpfend eingreifen und zugleich der Inflation entgegentreten. Prüfen Sie, welches Maßnahmenbündel dazu geeignet ist.

1. Abschreibungsmöglichkeiten einschränken, Steuern senken.
2. Abschreibungsmöglichkeiten einschränken, öffentliche Ausgaben erhöhen.
3. Steuern erhöhen, Abschreibungsmöglichkeiten verbessern.
4. Öffentliche Ausgaben senken, Steuern senken.
5. Öffentliche Ausgaben senken, Steuern erhöhen.

25. Aufgabe ☐

Im Jahreswirtschaftsbericht der Bundesregierung lesen Sie, dass im vergangenen Jahr die Wirtschaft nominal um 3,6 % und real um 1,4 % gewachsen ist. Welche zutreffende Schlussfolgerung können Sie daraus ziehen?

1. Im vergangenen Jahr herrschte Rezession.
2. Im vergangenen Jahr lag der Außenbeitrag bei 2,2 %.
3. Im vergangenen Jahr sind die Preise um 2,2 % gefallen.
4. Im vergangenen Jahr sind die Preise um 2,2 % gestiegen.
5. Im vergangenen Jahr lag das staatliche Defizit bei 2,2 %.

Lösungen zu Kapitel 22

1. Aufgabe	1
2. Aufgabe	4
3. Aufgabe	5, 6
4. Aufgabe	1
5. Aufgabe	3
6. Aufgabe	2
7. Aufgabe	4
8. Aufgabe	5
9. Aufgabe	2
10. Aufgabe	2
11. Aufgabe	2, 4
12. Aufgabe	2
13. Aufgabe	1
14. Aufgabe	5
15. Aufgabe	3
16. Aufgabe	4
17. Aufgabe	5, 6
18. Aufgabe	3
19. Aufgabe	2, 4
20. Aufgabe	2
21. Aufgabe	1
22. Aufgabe	3
23. Aufgabe	2
24. Aufgabe	5
25. Aufgabe	4

Anhang: Prüfungsraster

Die einzelnen Themengebiete finden sich wie folgt in den Prüfungen wieder:

	Themengebiet lt. Ausbildungsordnung	ZP	AP SFK	AP KDM
1	Dienstleistungsangebot	□	✎	□
2	Arbeitsorganisation, Kooperation, Teamarbeit	□	✎	□
3	Betriebliche Prozessorganisation, qualitätssichernde Maßnahmen	–	✎	□
4	Sprachliche und schriftliche Kommunikation	□	✎	□
5	Kundenbetreuung	□	✎	□
6	Kundenbindung	□	✎	□
7	Kundengewinnung	–	✎	□
8	Vertrieb und Marketing	–	–	□
9	Informations- und Kommunikationssysteme	□	□	□
10	Projektvorbereitung	–	□	✎
11	Projektdurchführung	–	□	✎
12	Projektcontrolling	–	□	✎
13	Personal	–	–	✎
14	Kaufmännische Steuerung und Kontrolle, Qualitätssicherung der Auftragsdurchführung	–	–	✎
15	Sicherheit und Gesundheitsschutz bei der Arbeit	□	✎	✎
16	Umweltschutz	□	✎	✎
17	Notwendigkeit des Wirtschaftens	–	□	□
18	Rechtliche Rahmenbedingungen des Wirtschaftens	□	□	□
19	Menschliche Arbeit im Betrieb	□	□	□
20	Steuern	–	□	□
21	Markt und Preis/Wirtschaftsordnung	–	□	□
22	Grundzüge der Wirtschaftspolitik in der sozialen Marktwirtschaft	–	□	□

ZP: Zwischenprüfung (identisch für SFK/KDM)
AP SFK: Abschlussprüfung Servicefachkraft für Dialogmarketing
AP KDM: Abschlussprüfung Kaufmann/Kauffrau für Dialogmarketing
□: Programmierte (gebundene) Fragen
✎: Offene (ungebundene) Fragen

Sachwortverzeichnis